2025年版全国一级建造师执业资格考试辅导

公路工程管理与实务

章 节 刷 题

全国一级建造师执业资格考试辅导编写委员会　编写

中国建筑工业出版社
中国城市出版社

图书在版编目（CIP）数据

公路工程管理与实务章节刷题/全国一级建造师执业资格考试辅导编写委员会编写. -- 北京：中国城市出版社，2025.1. --（2025年版全国一级建造师执业资格考试辅导）. -- ISBN 978-7-5074-3798-0

Ⅰ. U415.1-44

中国国家版本馆 CIP 数据核字第 2025XB6518 号

责任编辑：田立平
责任校对：李美娜

2025年版全国一级建造师执业资格考试辅导

公路工程管理与实务章节刷题

全国一级建造师执业资格考试辅导编写委员会　编写

*

中国建筑工业出版社、中国城市出版社出版、发行（北京海淀三里河路9号）

各地新华书店、建筑书店经销

建工社（河北）印刷有限公司印刷

*

开本：787毫米×1092毫米　1/16　印张：19¾　字数：480千字

2025年3月第一版　　2025年3月第一次印刷

定价：**68.00**元（含增值服务）

ISBN 978-7-5074-3798-0

（904814）

如有内容及印装质量问题，请与本社读者服务中心联系

电话：（010）58337283　QQ：2885381756

（地址：北京海淀三里河路9号中国建筑工业出版社604室　邮政编码：100037）

出 版 说 明

　　为了满足广大考生的应试复习需要，便于考生准确理解考试大纲的要求，尽快掌握复习要点，更好地适应考试，根据"一级建造师执业资格考试大纲"（2024 年版）（以下简称"考试大纲"）和"2025 年版全国一级建造师执业资格考试用书"（以下简称"考试用书"），我们组织全国著名院校和企业以及行业协会的有关专家教授编写了"2025 年版全国一级建造师执业资格考试辅导——章节刷题"（以下简称"章节刷题"）。此次出版的章节刷题共 13 册，涵盖所有的综合科目和专业科目，分别为：

- 《建设工程经济章节刷题》
- 《建设工程项目管理章节刷题》
- 《建设工程法规及相关知识章节刷题》
- 《建筑工程管理与实务章节刷题》
- 《公路工程管理与实务章节刷题》
- 《铁路工程管理与实务章节刷题》
- 《民航机场工程管理与实务章节刷题》
- 《港口与航道工程管理与实务章节刷题》
- 《水利水电工程管理与实务章节刷题》
- 《矿业工程管理与实务章节刷题》
- 《机电工程管理与实务章节刷题》
- 《市政公用工程管理与实务章节刷题》
- 《通信与广电工程管理与实务章节刷题》

　　《建设工程经济章节刷题》《建设工程项目管理章节刷题》《建设工程法规及相关知识章节刷题》包括单选题和多选题，专业工程管理与实务章节刷题包括单选题、多选题、实务操作和案例分析题。章节刷题中附有参考答案、难点解析、案例分析以及综合测试等。为了帮助应试考生更好地复习备考，我们开设了在线辅导课程，考生可通过中国建筑出版在线网站（wkc.cabplink.com）了解相关信息，参加在线辅导课程学习。

　　为了给广大应试考生提供更优质、持续的服务，我社对上述 13 册图书提供网上增值服务，包括在线答疑、在线视频课程、在线测试等内容。

　　章节刷题紧扣考试大纲，参考考试用书，全面覆盖所有知识点要求，力求突出重点，解释难点。题型参照考试大纲的要求，力求练习题的难易、大小、长短、宽窄适中。各科目考试时间、分值见下表：

序　号	科目名称	考试时间（小时）	满　分
1	建设工程经济	2	100
2	建设工程项目管理	3	130
3	建设工程法规及相关知识	3	130
4	专业工程管理与实务	4	160

本套章节刷题力求在短时间内切实帮助考生理解知识点，掌握难点和重点，提高应试水平及解决实际工作问题的能力。希望这套章节刷题能有效地帮助一级建造师应试人员提高复习效果。本套章节刷题在编写过程中，难免有不妥之处，欢迎广大读者提出批评和建议，以便我们修订再版时完善，使之成为建造师考试人员的好帮手。

中国建筑工业出版社

中国城市出版社

购正版图书　享超值服务

凡购买我社章节刷题的读者，均可凭封面上的增值服务码，免费享受网上增值服务。增值服务包括在线答疑、在线视频、在线测试等内容，使用方法如下：

1．计算机用户

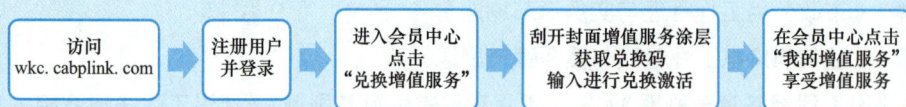

访问 wkc.cabplink.com → 注册用户并登录 → 进入会员中心点击"兑换增值服务" → 刮开封面增值服务涂层获取兑换码输入进行兑换激活 → 在会员中心点击"我的增值服务"享受增值服务

2．移动端用户

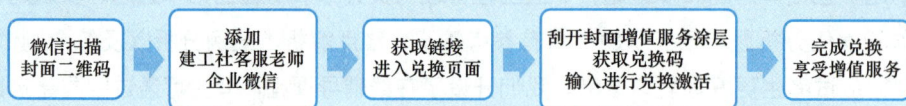

微信扫描封面二维码 → 添加建工社客服老师企业微信 → 获取链接进入兑换页面 → 刮开封面增值服务涂层获取兑换码输入进行兑换激活 → 完成兑换享受增值服务

读者如果对图书中的内容有疑问或问题，可关注微信公众号【建造师应试与执业】，与图书编辑团队直接交流。

建造师应试与执业

目　　录

第 2 篇　公路工程相关法规与标准

第 3 篇　公路工程项目管理实务

第1篇 公路工程技术

第1章 路 基 工 程

1.1 路基施工

复习要点

1．路基施工准备

路基施工前应做好组织、物质和技术三大准备。技术准备工作的内容主要包括熟悉设计文件、现场调查核对、设计交桩、复测与放样、试验及试验路段施工等。

2．原地基处理要求

3．土质路堑施工技术

掌握横向挖掘法（单层横向全宽挖掘法、多层横向全宽挖掘法）、纵向挖掘法（分层纵挖法、通道纵挖法、分段纵挖法）、混合式挖掘法的概念与施工方法。

掌握机械开挖作业方式。

4．石质路堑施工技术

开挖方式：爆破法、机械开挖、静态破碎法。

按照爆破的规模与方式，可将爆破分为钻孔爆破和硐室爆破。路基常用的爆破施工技术有光面爆破、预裂爆破、微差爆破和定向爆破。

5．路基填料的选择

用于公路路基的填料要求挖取方便，压实容易，强度高，水稳定性好。其中强度要求是按 CBR 值确定，应通过取土试验确定填料最小强度和最大粒径。

6．土质路堤施工技术

水平分层填筑、纵向分层填筑、横向填筑、联合填筑的填筑方法。

7．填石路堤填料要求

硬质岩石、中硬岩石可用于路堤和路床填筑；软质岩石可用于路堤填筑，不得用于路床填筑；膨胀岩石、易溶性岩石和盐化岩石不得用于路基填筑。路基的浸水部位，应采用稳定性好、不易膨胀崩解的石料填筑。路堤填料粒径应不大于 500mm，并宜不超过层厚的 2/3。路床底面以下 400mm 范围内，填料最大粒径不得大于 150mm，其中小于 5mm 的细料含量应不小于 30%。

8．填石路堤施工要求与施工技术

填筑方法有竖向填筑法（倾填法）、分层压实法（碾压法）、冲击压实法、强力夯实法。

1

9．土石路堤施工技术

10．高填方路堤施工技术

11．粉煤灰路堤施工技术

12．台背与墙背填筑施工技术

13．路基雨期施工技术

雨期施工地段的选择、雨期填筑路堤施工技术要求、雨期开挖路堑施工技术要求。

14．路基冬期施工技术

路基工程可冬期进行的项目、冬期填筑路堤、冬期施工开挖路堑表层冻土的方法、冬期开挖路堑。

15．一般路堤拓宽施工要求

16．高路堤与陡坡路堤拓宽施工要求

17．软土的工程特性及软土地基处治施工技术

软土地基处理施工具体方法有垫层与浅层处理、爆炸挤淤、竖向排水体、真空预压、真空堆载联合预压、粒料桩、加固土桩、水泥粉煤灰碎石桩、刚性桩、强夯和强夯置换等。

18．膨胀土作为路基填料时的要求与膨胀土的填筑

19．黄土的工程特性及湿陷性黄土路基施工

除采用防止地表水下渗的措施外，还可根据湿陷性黄土工程特性和工程要求，因地制宜采取换填法、冲击碾压法、强夯法、挤密桩法、桩基础法等措施对地基进行处理。掌握湿陷性黄土填筑路堤填筑、湿陷性黄土路堑施工相关知识点。

20．滑坡防治的工程措施

滑坡防治的工程措施主要有排水、力学平衡和改变滑带土三类。

21．滑坡地段路基的施工技术要点

22．平面控制测量

平面控制测量应采用卫星定位测量、导线测量、三角测量或三边测量方法进行。掌握平面控制测量等级与技术要求。

23．高程控制测量

高程控制测量应采用水准测量或三角高程测量的方法。掌握高程控制测量等级与技术要求。

24．中线放样

测量放样方法有：切线支距法、偏角法、坐标法、GPS-RTK技术放样。高速公路、一级公路宜采用坐标法进行测量放样。

一　单项选择题

1．土质路堑施工方法中的单层横向全宽挖掘法适用于挖掘（　　）的路堑。

    A．浅且长　　　　　　　　　　B．浅且短

    C．深且短　　　　　　　　　　D．深且长

2．某二级公路挖方路段，路面下面有总厚度 2.8～3.3m 的过湿土，其换填厚度宜

为（　　　）。

    A．0.5～0.8m   B．上路床厚度

    C．路床厚度   D．2.8～3.3m

3．低路堤应对地基表层土进行超挖、分层回填压实，其处理深度应不小于（　　　）。

    A．路床厚度   B．路面厚度

    C．垫层厚度   D．路基最小填土高度

4．填石路堤采用分层强夯施工，每一分层连续挤密式夯击，夯后形成的夯坑，其填补填料应采用（　　　）。

    A．黏土   B．碎石土

    C．级配碎石   D．同类型石质

5．用于公路路基的填料要求强度高，其强度要求是按（　　　）指标确定。

    A．密度   B．回弹模量

    C．弯沉   D．*CBR* 值

6．按照爆破的规模与方式，可将爆破分为钻孔爆破和（　　　）。

    A．深孔爆破   B．钢钎炮

    C．定向爆破   D．硐室爆破

7．一段较长的土质路堑纵向开挖，采用沿路堑全宽，以深度不大的纵向分层进行挖掘作业，这种作业方法称作（　　　）。

    A．分层纵挖法   B．通道纵挖法

    C．分段纵挖法   D．混合式纵挖法

8．可在冬期进行路基施工的工程项目是（　　　）。

    A．一级公路的土路基开挖   B．挖掘填方地段的台阶

    C．岩石地段的路堑开挖   D．整修路基边坡

9．下列关于雨期路基施工的说法，错误的是（　　　）。

    A．每一填筑层表面应做成 2%～4% 单向路拱横坡

    B．高出设计洪水位 0.5m 以下部位应选用透水性好、饱水强度高的填料分层填筑

    C．开挖路堑，当挖至路床顶面以上 300～500mm 时应停止开挖

    D．雨期开挖岩石路基，炮孔宜水平设置

10．在下列施工区域，应该按照冬期施工要求进行路基施工的是（　　　）。

    A．在季节性冻土地区，昼夜平均温度在 0℃以下，且连续 10d 以上

    B．在季节性冻土地区，昼夜平均温度在 –3℃以下，且连续 7d 以上

    C．在季节性冻土地区，昼夜平均温度在 0℃以下，且连续 7d 以上

    D．在季节性冻土地区，昼夜平均温度在 –3℃以下，且连续 10d 以上

11．路肩式挡土墙路基拼接时，上部支挡结构物应予拆除，宜拆除至（　　　）以下。

    A．路槽底面   B．路床底面

    C．设计标高   D．设计水位

12．在开挖限界处按适当间隔排列炮孔，在没有侧向临空面和最小抵抗线的情况

下，用控制药量的方法爆炸，使拟爆体与山体分开，作为隔振减振带，起保护开挖限界以外山体或建筑物和减弱爆破振动对其破坏的作用，这种爆破称为（　　　）。

    A．光面爆破　　　　　　　　B．微差爆破

    C．预裂爆破　　　　　　　　D．定向爆破

13．抛石挤淤施工时，当横坡陡于1∶10时，正确的填筑方式是（　　　）。

    A．沿路线中线向前呈等腰三角形抛填

    B．沿路线中线向前呈长方形抛填

    C．自高侧向低侧渐次抛填

    D．自小桩号向大桩号抛填

14．采用粒料桩处理软土地基时，其施工工艺程序为（　　　）。

    A．整平地面→振冲器就位对中→成孔→清孔→加料振密→关机停水→振冲器移位

    B．整平地面→振冲器移位→振冲器就位对中→成孔→清孔→加料振密→关机停水

    C．整平地面→振冲器就位对中→振冲器移位→成孔→清孔→加料振密→关机停水

    D．整平地面→振冲器就位对中→振冲器移位→成孔→加料振密→清孔→关机停水

15．下列关于在软土地基上直接填筑路堤的说法，错误的是（　　　）。

    A．水面以上可用一般土或轻质材料填筑

    B．反压护道宜与路堤同时填筑

    C．应在路堤达到路基设计标高前完成反压护道施工

    D．填筑路基的土宜从取土场取用

16．滑坡防治的工程措施主要有力学平衡、改变滑带土以及（　　　）三类。

    A．护面　　　　　　　　　　B．排水

    C．植树　　　　　　　　　　D．注浆

17．高速公路的高程控制测量等级是（　　　）。

    A．高等　　　　　　　　　　B．一等

    C．四等　　　　　　　　　　D．五等

18．公路高程测量应采用（　　　）测量。

    A．水准　　　　　　　　　　B．三角高程

    C．GPS高程　　　　　　　　D．全站仪高程

19．一级公路宜采用（　　　）进行测量放样。

    A．坐标法　　　　　　　　　B．切线支距法

    C．偏角法　　　　　　　　　D．解析法

20．季节性冻土地区，在冻融以后应对导线点进行（　　　）。

    A．加固　　　　　　　　　　B．改移

    C．加密　　　　　　　　　　D．复测

1. 路基施工技术准备工作的内容包括（　　　）。
   A．工程变更　　　　　　　　B．设计交桩
   C．复测与放样　　　　　　　D．试验检测验收
   E．试验路段施工

2. 高速公路、一级公路路床填料宜采用（　　　）。
   A．砂砾　　　　　　　　　　B．碎石
   C．粉质土　　　　　　　　　D．级配好的碎石土、砾石土
   E．黄土

3. 冬期施工开挖路堑表层冻土的方法有（　　　）。
   A．爆破冻土法　　　　　　　B．机械破冻法
   C．火烧法　　　　　　　　　D．蒸汽放热解冻法
   E．人工开挖法

4. 公路工程施工常用的土方机械设备有（　　　）。
   A．推土机　　　　　　　　　B．平地机
   C．装载机　　　　　　　　　D．空压机
   E．挖掘机

5. 雨期路基施工地段一般应选择（　　　）。
   A．砂类土地段　　　　　　　B．碎砾石地段
   C．岩石地段　　　　　　　　D．黏土地段
   E．路堑的弃方地段

6. 靠近路堑边坡部位的硬质岩应采用的爆破方法有（　　　）。
   A．光面爆破　　　　　　　　B．预裂爆破
   C．硐室爆破　　　　　　　　D．裸露爆破
   E．定向爆破

7. 粒料桩施工质量标准要求中应检查的项目有（　　　）。
   A．桩距　　　　　　　　　　B．压实度
   C．桩径　　　　　　　　　　D．粒料灌入率
   E．地基承载力

8. 竖向排水体处理软基包括（　　　）。
   A．打袋装砂井　　　　　　　B．真空预压
   C．打粒料桩　　　　　　　　D．打加固土桩
   E．插打塑料排水板

9. 路基施工前应设置标识桩的位置有（　　　）。
   A．截水沟　　　　　　　　　B．路基用地界
   C．取土坑　　　　　　　　　D．路堤坡脚
   E．护坡道

10. 平面控制测量应采用（   ）方法进行。

    A．卫星定位测量   B．导线测量

    C．三边测量   D．三角测量

    E．水准测量

11. 宜增设水准点的地点或路段有（   ）。

    A．隧道洞口附近   B．涵洞附近

    C．高填深挖路段   D．急弯陡坡路段

    E．工程量集中及地形复杂路段

【答案与解析】

一、单项选择题（有答案解析的题号前加 ∗，以下同）

1．B；   2．A；   ∗3．A；   4．D；   ∗5．D；   6．D；   ∗7．A；   8．C；

9．A；   ∗10．D；   11．B；   12．C；   ∗13．C；   ∗14．A；   15．C；   16．B；

17．C；   ∗18．A；   ∗19．A；   20．D

【解析】

3．答案 A

根据《公路路基施工技术规范》JTG/T 3610—2019 的规定，低路堤应对地基表层土进行超挖、分层回填压实，其处理深度应不小于路床厚度，这样处理后压实效果方能达到要求。

5．答案 D

用于公路路基的填料要求挖取方便，压实容易，强度高，水稳定性好。其中强度要求是按 CBR 值确定，应通过取土试验确定填料最小强度和最大粒径。

7．答案 A

分层纵挖法：沿路堑全宽，以深度不大的纵向分层进行挖掘，适用于较长的路堑开挖。

10．答案 D

在季节性冻土地区，昼夜平均温度在 −3℃ 以下，且连续 10d 以上，进行路基施工称为路基冬期施工。

13．答案 C

当软土地层平坦，横坡缓于 1∶10 时，应沿路线中线向前呈等腰三角形抛填、渐次向两侧对称抛填至全宽，将淤泥挤向两侧；当横坡陡于 1∶10 时，应自高侧向低侧渐次抛填，并在低侧边部多抛投形成不小于 2m 宽的平台。

14．答案 A

粒料桩处理软基的工艺：按整平地面→振冲器就位对中→成孔→清孔→加料振密→关机停水→振冲器移位的施工工艺程序进行。

18．答案 A

公路高程测量应采用水准测量。在水准测量确有困难的地段，四、五等水准测量可以采用三角高程测量。

19．答案 A

高速公路、一级公路宜采用坐标法进行测量放样。坐标法速度快、精度高。

二、多项选择题

1．B、C、E；　　　　*2．A、B、D；　　　3．A、B、C、D；　　4．A、B、C、E；

*5．A、B、C、E；　　6．A、B；　　　　7．A、C、D、E；　　*8．A、E；

9．B、C、D、E；　　*10．A、B、C、D；　　*11．A、C、E

【解析】

2．答案 A、B、D

高速公路、一级公路路床填料宜采用砂砾、碎石等水稳性好的粗粒料，也可采用级配好的碎石土、砾石土等；粗粒料缺乏时，可采用无机结合料改良细粒土。

5．答案 A、B、C、E

雨期路基施工地段一般应选择砂类土、碎砾石和岩石地段以及路堑的弃方地段。

8．答案 A、E

竖向排水体可采用袋装砂井和塑料排水板。竖向排水体可按正方形或等边三角形布置。

10．答案 A、B、C、D

根据《公路路基施工技术规范》JTG/T 3610—2019 的规定，平面控制测量应采用卫星定位测量、导线测量、三角测量或三边测量方法进行。

11．答案 A、C、E

沿路线每 500m 宜有一个水准点，高速公路、一级公路宜加密，每 200m 有一个水准点。在结构物附近、高填深挖路段、工程量集中及地形复杂路段，宜增设水准点。

1.2　路基防护与支挡

复习要点

1．路基防护工程类型

路基防护工程分坡面防护（植物防护、骨架植物防护、工程防护）和沿河路基防护（直接防护、间接防护）。

直接防护：植物防护、砌石防护、抛石防护或石笼防护、浸水挡土墙等。

间接防护：丁坝、顺坝、防洪堤、拦水坝等以及疏浚河床、改移河道。

2．常用防护工程施工技术要点

3．路基支挡工程的类型

常用的支挡工程类型有挡土墙、边坡锚固、土钉支护、抗滑桩等。

4．重力式挡土墙工程施工技术

重力式挡土墙墙背形式可分为仰斜、俯斜、垂直、凸形折线（凸折式）和衡重式五种。

开挖完成后应及时进行检验，检验合格后应及时进行下道工序施工。

砌石墙身应分层错缝砌筑，咬缝应不小于砌块长度的 1/4，且不得出现贯通竖缝。片石、砌块应大面朝下砌筑，砌块不应直接接触，间距宜不小于 20mm。混凝土墙身应水平分层浇筑，分层振捣。分层厚度应不超过 300mm。挡土墙混凝土或砂浆强度达到设计强度的 75% 时，应及时进行墙背回填。距墙背 0.5～1.0m 内，不得使用重型振动压路机碾压。

5. 加筋土挡土墙工程施工技术

加筋土挡土墙由填料、在填料中布置的拉筋以及墙面板三部分组成。加筋土挡土墙施工简便、快速，并且节省劳力和缩短工期，一般包括下列工序：基槽（坑）开挖、地基处理、排水设施、基础浇（砌）筑、构件预制与安装、筋带铺设、填料填筑与压实、墙顶封闭等，其中现场墙面板拼装、筋带铺设、填料填筑与压实等工序是交叉进行的。

6. 锚杆挡土墙工程施工技术

锚杆挡土墙由于锚固地层、施工方法、受力状态以及结构形式等的不同，有各种各样的形式。按墙面的结构形式可分为柱板式锚杆挡土墙和壁板式锚杆挡土墙。

锚杆挡土墙施工工序主要有基坑开挖、基础浇（砌）筑、锚杆制作、钻孔、锚杆安放与注浆锚固、肋柱和挡土板预制、肋柱安装、挡土板安装、墙后填料填筑与压实等。

一　单项选择题

1. 抗滑桩类型按埋入状态划分，分为埋入式抗滑桩和（　　）。
   A. 桩板式抗滑桩　　　　　　　　B. 悬臂式抗滑桩
   C. 预应力锚索抗滑桩　　　　　　D. 全埋式抗滑桩

2. 下列防护措施中，属于骨架植物防护的是（　　）。
   A. 水泥混凝土空心块护坡　　　　B. 干砌片石护坡
   C. 锚杆钢丝网喷浆　　　　　　　D. 石笼

3. 不宜设置在挖方路段的挡土墙是（　　）。
   A. 锚杆挡土墙　　　　　　　　　B. 加筋土挡土墙
   C. 重力式挡土墙　　　　　　　　D. 衡重式挡土墙

4. 护面墙基础修筑在不同岩层上时，应在变化处设置（　　）。
   A. 台阶　　　　　　　　　　　　B. 沉降缝
   C. 垫层　　　　　　　　　　　　D. 防滑坎

二　多项选择题

1. 关于抗滑桩施工的说法，正确的有（　　）。
   A. 钢筋笼搭接接头不得在土石分界和滑动面处
   B. 桩身强度达到设计强度的 70% 后方可开挖邻桩
   C. 开挖桩群应沿滑坡主轴向两端开挖
   D. 开挖应分节进行，不得在土石层变化处和滑动面处分节
   E. 桩身混凝土灌注应根据桩长分段进行

2. 沿河路基直接防护有（　　）。

A．抛石   B．丁坝

C．砌石   D．浸水挡土墙

E．石笼

3．锚杆挡土墙的锚固工序包括有（　　　）。

A．养护   B．钻孔

C．灌浆   D．插入锚杆

E．勾缝

4．加筋土挡土墙靠近墙面板 1m 范围内的路基碾压可采用（　　　）。

A．羊足碾碾压   B．小型机具夯实

C．人工夯实   D．夯锤强力夯实

E．18t 的振动压路机压实

【答案与解析】

一、单项选择题

1．A；　　*2．A；　　3．B；　　4．B

【解析】

2．答案 A

骨架植物防护包括浆砌片石（或混凝土）骨架植草、水泥混凝土空心块护坡、锚杆混凝土框架植草。干砌片石护坡、锚杆钢丝网喷浆属于圬工防护，石笼属于沿河路基直接防护。

二、多项选择题

1．A、D；　　　　　2．A、C、D、E；　　　*3．A、B、C、D；　　　*4．B、C

【解析】

3．答案 A、B、C、D

锚杆挡土墙是利用锚杆技术形成的一种挡土结构物。锚杆一端与工程结构物连接，另一端通过钻孔、插入锚杆、灌浆、养护等工序锚固在稳定的地层中，以承受土压力对结构物所施加的推力，从而利用锚杆与地层间的锚固力来维持结构物的稳定。

4．答案 B、C

路基施工分层厚度及每层碾压遍数，应根据拉筋间距、碾压机具和密实度要求，通过试验确定，不得使用羊足碾碾压。靠近墙面板 1m 范围内，应使用小型机具夯实或人工夯实，不得使用重型压实机械压实。

1.3 路基排水

复习要点

1. 路基地下水排水设置与施工

当地下水影响路基强度或稳定时，应根据地下水类型、含水层埋藏深度、地层的

渗透性等条件及对环境的影响，采取拦截、引排、疏干、降低或隔离等措施，将路基范围内的地下水位降低或拦截地下水并将其排除至路基范围以外。

当黏质土地段地下水位埋深小于0.5m或粉质土地段地下水位埋深小于1.0m时，细粒土填筑的低路堤底部宜设置排水垫层和隔离层。

路基基底范围有泉水外涌时，宜设置暗沟（管）将水引排至路堤坡脚外或路堑边沟内。

有地下水出露的挖方路基、斜坡路堤、路基填挖交替地段，当地下水埋藏浅或无固定含水层时，为降低地下水位或拦截地下水，可在地面以下设置渗沟。渗沟有填石渗沟、管式渗沟、洞式渗沟、边坡渗沟、支撑渗沟等。

在路基附近无河流、沟渠、洼地，地面水或浅层地下水无法排除，影响路基稳定，而距地面下不深之处有渗透性土层存在，且该土层水流方向背离路基，同时地面水流量不大的地区设置渗井。

排水隧洞适用于截断和引排深层地下水，与渗井或渗管群联合使用，以排除具有多层含水层的复杂地层中的地下水。排水隧洞要埋入欲截引的主要含水层附近的稳定地层中。

2．路基地面水排水设置与施工

路基地面排水可采用边沟、截水沟、排水沟、跌水与急流槽、拦水带、蒸发池等设施。其作用是拦截影响路基稳定的地面水，并排除到路基范围以外，防止地表水漫流、停积或下渗。

平曲线处边沟施工时，沟底纵坡应与曲线前后沟底纵坡平顺衔接，不允许曲线内侧有积水或外溢现象发生。曲线外侧边沟应适当加深，其增加值等于超高值。土质地段当沟底纵坡大于3%时应采取加固措施。

截水沟的位置。在无弃土堆的情况下，截水沟的边缘离开挖方路基坡顶的距离视土质而定，以不影响边坡稳定为原则。如是一般土质至少应离开5m，对黄土地区不应小于10m并应进行防渗加固。

排水沟线形应平顺，转弯处宜为弧线形。排水沟的出水口应设置跌水或急流槽，水流应引出路基或引入排水系统。

急流槽基础应嵌入稳固的基面内，底面应按设计要求砌筑抗滑平台或凸榫。对超挖、局部坑洞，应采用相同材料与急流槽同时施工。急流槽应分节砌筑，分节长度宜为5~10m，接头处应采用防水材料填缝。混凝土预制块急流槽，分节长度宜为2.5~5.0m，接头应采用榫接。

一 单项选择题

1．路基基底范围有泉水外涌时，宜设置的引水排水设施是（　　　）。

　　A．渗沟　　　　　　　　　　B．暗沟

　　C．渗井　　　　　　　　　　D．边沟

2．蒸发池应远离村镇等人口密集区，四周应采用（　　　）进行围护，高度应不低于1.8m，并设置警示牌。

A．隔离栅   B．护栏

C．围墙   D．施工围栏

3. 渗沟的作用是（   ）。

  A．降低地下水位   B．排除边沟水

  C．减少冰冻深度   D．连接排水沟与渗井

4. 排水沟或暗沟通过软、硬岩层分界处时应设置（   ）。

  A．渗水孔   B．反滤层

  C．检查井   D．伸缩缝和沉降缝

5. 渗沟沟壁反滤层应采用中粗砂或（   ）。

  A．块片石   B．土工格栅

  C．中细砂   D．渗水土工织物

6. 平曲线边沟施工时，沟底纵坡应与曲线前后沟底纵坡平顺衔接，曲线外侧边沟应适当加深，其增加值等于（   ）。

  A．加宽值   B．积水深度值

  C．超高值   D．边沟原深度的1/2

二 多项选择题

1. 边坡渗沟用于（   ）。

  A．疏干潮湿边坡

  B．引排边坡上局部出露的上层滞水或泉水

  C．支撑边坡

  D．降低地下水位

  E．排除截水沟的水流

2. 填石渗沟、管式渗沟和洞式渗沟均应设置（   ）。

  A．排水层（或管、洞）   B．反滤层

  C．透水层   D．防冻层

  E．封闭层

3. 排水隧洞适用于截断和引排深层地下水，与（   ）联合使用，以排除具有多层含水层的复杂地层中的地下水。

  A．支撑渗沟   B．边坡渗沟

  C．排水垫层   D．渗井

  E．渗管群

4. 路基地面排水设施有（   ）。

  A．边沟   B．急流槽

  C．蒸发池   D．仰斜式排水孔

  E．边坡渗沟

5. 土工织物连接可采用（   ）。

  A．铰接法   B．拼接法

C. 焊接法　　　　　　　　　　D. 搭接法

E. 缝合法

【答案与解析】

*1. B;　　2. A;　　*3. A;　　4. D;　　5. D;　　6. C

【解析】

1. 答案 B

路基基底范围有泉水外涌时，宜设置暗沟（管）将水引排至路堤坡脚外或路堑边沟内。

3. 答案 A

为降低地下水位或拦截地下水，可在地面以下设置渗沟。

二、多项选择题
1. A、B、C;　　　　*2. A、B、E;　　　　*3. D、E;　　　　4. A、B、C;

5. D、E

【解析】

2. 答案 A、B、E

渗沟有填石渗沟、管式渗沟和洞式渗沟三种形式，三种渗沟均应设置排水层（或管、洞）、反滤层和封闭层。

3. 答案 D、E

排水隧洞适用于截断和引排深层地下水，与渗井或渗管群联合使用，以排除具有多层含水层的复杂地层中的地下水。排水隧洞要埋入欲截引的主要含水层附近的稳定地层中。

1.4 路基工程质量通病及防治措施

复习要点

1. 路基压实质量问题防治

掌握路基行车带压实度不足的原因及防治、路基边缘压实度不足的原因及防治。

2. 路基边坡病害防治

路基边坡的常见病害有滑坡、塌落、落石、崩塌、堆塌、表层溜坍、错落、冲沟等。掌握边坡滑塌病害及防治措施、边坡塌落病害的原因分析及防治措施。

3. 高填方路基沉降防治

高填方路堤的沉降表现为均匀沉降和不均匀沉降。均匀沉降一般发生在自然环境基本一致，如路线通过地质、地形、地下水和地表水变化不大，并且路基用土、机械设备、施工管理、质量控制等方面无显著变化的路段。不均匀沉降一般发生在地质、地形、地下水、地表水、填挖结合部及筑路材料发生显著变化处。

4．路基裂缝防治

掌握路基纵向开裂的原因分析及防治措施、路基横向裂缝的原因分析及防治措施、路基网裂的原因分析及防治措施。

1．路基施工中压实度不能满足质量标准要求，甚至局部出现"弹簧"现象，主要原因不包含（　　）。

    A．含水率大于最佳含水率　　　　B．压路机质量偏小

    C．采用不符合要求的填料　　　　D．填土松铺系数小

2．为防止路基边坡存在病害，原地面坡度大于12%的路段，应采用（　　）施工，沿纵坡分层并逐层填压密实。

    A．横向水平分层法　　　　　　　B．竖向填筑法

    C．混合填筑法　　　　　　　　　D．纵向水平分层法

3．路基填筑时，填筑层有效宽度不够，边坡进行二期贴补，最有可能造成（　　）。

    A．路基弹簧　　　　　　　　　　B．边坡崩塌

    C．边坡滑坡　　　　　　　　　　D．路基网裂

4．下列关于路基网裂原因的说法，错误的是（　　）。

    A．路基下层土过湿

    B．路基碾压时土含水率偏大，且成型后未能及时覆土

    C．路基填料为膨胀土

    D．土的塑性指数偏低

5．路基填料直接使用了液限指数大于50、塑性指数大于26的土，易造成的路基病害是（　　）。

    A．路基均匀沉降　　　　　　　　B．路基不均匀沉降

    C．路基横向裂缝　　　　　　　　D．边坡滑坡

1．产生边坡滑坡病害的原因有（　　）。

    A．路基基底存在软土且厚度不均

    B．超宽填筑

    C．填土速率过快

    D．换填土时清淤不彻底

    E．路基填筑层有效宽度不够，边坡二期贴补

2．高填方路基沉降主要由施工方面造成的原因有（　　）。

    A．施工时压路机工效过大

    B．原地面未清除草根、树根等

    C．填筑顺序不当

D．压实不足

E．在填挖交界处没有挖台阶

【答案与解析】

【解析】

3．答案 C

路基弹簧是路基碾压中的病害，与边坡修补无关；崩塌（崩落、垮塌或塌方）是较陡斜坡上的岩土体在重力作用下突然脱离母体崩落、滚动、堆积在坡脚（或沟谷）的地质现象，填方路基边坡一般缓于 1：1.5，不会产生崩塌；路基网裂一般是路基顶面的病害，与边坡修补无关。选项 A、B、D 错误。路基填筑时，填筑层有效宽度不够，边坡进行二期修补在两部分结合之处处理不好，加之宽度窄不易碾压，则可能造成边坡滑坡。

【解析】

1．答案 A、C、D、E

边坡滑坡病害原因分析：设计对地震、洪水和水位变化影响考虑不充分；路基基底存在软土且厚度不均；换填土时清淤不彻底；填土速率过快，施工沉降观测、侧向位移观测不及时；路基填筑层有效宽度不够，边坡二期贴补；路基顶面排水不畅；用透水性较差的填料填筑路堤处理不当；边坡植被不良；未处理好填挖交界面；路基处于陡峭的斜坡面上。

第2章 路面工程

2.1 路面基层（底基层）施工

复习要点

微信扫一扫
在线做题＋答疑

1. 路面基层（底基层）用料要求

掌握粒料基层原材料的技术要求、沥青稳定基层原材料的技术要求、无机结合料稳定基层原材料的技术要求。

水泥：强度等级为42.5，且满足规范要求的普通硅酸盐水泥均可使用，所有水泥初凝时间应大于3h，终凝时间应大于6h且小于10h。在水泥稳定材料中掺加缓凝剂或早强剂时，应对混合料进行试验验证。

石灰：石灰技术指标应符合规定。应尽量缩短石灰的存放时间。石灰在野外堆放时间较长时，应覆盖防潮。

粉煤灰：干排或湿排的硅铝粉煤灰和高钙粉煤灰均可用作基层或底基层的结合料。粉煤灰中 SiO_2、Al_2O_3 和 Fe_2O_3 的总含量应大于70%，粉煤灰的烧失量应小于或等于20%；粉煤灰的比表面积应大于 $2500cm^2/g$；0.3mm 筛孔通过率应大于或等于90%；0.075mm 筛孔通过率应大于或等于70%；湿粉煤灰的含水率应小于或等于35%。

2. 无机结合料组成设计

3. 路面粒料分类及适用范围

粒料分为嵌锁型（泥结碎石、泥灰结碎石、填隙碎石等）和级配型（级配碎石，级配砾石，符合级配的天然砂砾，部分砾石经轧制掺配而成的级配砾、碎石等）。

级配碎石可用于各级公路的基层和底基层。级配碎石可用作较薄沥青面层与半刚性基层之间的中间层。级配砾石、级配碎砾石以及符合级配、塑性指数等技术要求的天然砂砾，可适用于轻交通的二级和二级以下公路的基层以及各级公路的底基层。填隙碎石可用于各等级公路的底基层和二级以下公路的基层。

4. 粒料基层施工一般要求

5. 粒料基层施工方法

级配碎石路拌法施工、级配碎石集中厂拌法施工、填隙碎石施工。

6. 沥青稳定类基层分类及适用范围

沥青稳定类基层包括热拌沥青碎石、沥青贯入碎石、乳化沥青碎石混合料等。

热拌沥青碎石适用于柔性路面上基层及调平层。沥青贯入式碎石可设在沥青混凝土与粒料基层之间，作上基层，此时应不撒封层料，也不作上封层。乳化沥青碎石混合料适于各级公路调平层。

7. 沥青稳定类基层施工一般要求

8. 沥青稳定基层施工方法

热拌沥青碎石基层施工、沥青贯入碎石基层施工方法、乳化沥青碎石基层施工方法。

9．无机结合料稳定类基层分类及适用范围

无机结合料稳定类基层分为水泥稳定土（水泥稳定级配碎石，未筛分碎石、砂砾、碎石土、砂砾土、煤矸石，各种粒状矿渣等）、石灰稳定土（石灰稳定级配碎石，未筛分碎石、砂砾、碎石土、砂砾土、煤矸石，各种粒状矿渣等）、石灰工业废渣稳定土（石灰粉煤灰类、石灰其他废渣类）。

水泥稳定土可适用于各级公路的基层和底基层，但水泥稳定细粒土不能用做二级和二级以上公路高级路面的基层。石灰稳定土适用于各级公路的底基层，以及二级和二级以下公路的基层，但石灰土不得用做二级公路的基层和二级以下公路高级路面的基层。石灰工业废渣稳定土可适用于各级公路的基层和底基层，但二灰、二灰土和二灰砂不应做二级和二级以上公路高级路面的基层。

10．无机结合料稳定类基层施工一般要求

11．无机结合料稳定类基层施工方法

无机结合料稳定基层施工根据施工方法不同可以分为：无机结合料基层路拌法施工、无机结合料基层中心站集中厂拌法施工。对于二级以下的公路，用石灰工业废渣做基层和底基层时，可以采用路拌法施工；对于二级公路，应采用专用的稳定土拌合机，或用集中厂拌法拌制混合料。对于高速公路和一级公路，直接铺筑在土基上的底基层下层可以用专用的稳定土拌合机进行路拌法施工，如土基上层已用石灰或固化剂处理，则底基层的下层也应用集中厂拌法拌制混合料。其上的各个稳定土层都应用集中厂拌法拌制混合料，并应用摊铺机摊铺基层混合料。

一　**单项选择题**

1．镁质生石灰中，其氧化镁含量应大于（　　　）。

    A．2%　　　　　　　　　　　　B．5%

    C．20%　　　　　　　　　　　　D．50%

2．级配碎石的级配曲线宜为（　　　）。

    A．抛物线　　　　　　　　　　B．竖曲线

    C．圆滑曲线　　　　　　　　　D．悬链线

3．高速公路和一级公路的基层所用石灰，宜采用（　　　）。

    A．Ⅲ级钙质生石灰　　　　　　B．Ⅲ级镁质生石灰

    C．磨细消石灰　　　　　　　　D．块状生石灰

4．下列粒料类基层中，属于嵌锁型的是（　　　）。

    A．填隙碎石　　　　　　　　　B．级配碎石

    C．级配砾石　　　　　　　　　D．天然砂砾

5．高速公路基层用的碎石，其碎石的加工工艺应采用（　　　）。

    A．颚式破碎　　　　　　　　　B．锤式破碎

    C．反击式破碎　　　　　　　　D．冲击式破碎

6．下列填隙碎石施工工艺流程顺序正确的是（　　　）。

    A．初压→撒布填隙料→振动压实→摊铺粗碎石

B．摊铺粗碎石→振动压实→撒布填隙料→初压

C．摊铺粗碎石→初压→撒布填隙料→振动压实

D．摊铺粗碎石→初压→振动压实→撒布填隙料

7．乳化沥青碎石基层采用阳离子乳化沥青时，当集料湿润后仍不能与乳液拌和均匀，其正确的处理方法是（　　　）。

A．用 6% 浓度的氯化钙水溶液代替水预先润湿集料表面

B．待破乳后再次搅拌

C．再加水拌和使集料总含水量达到 8%

D．改用破乳速度更慢的乳液

8．乳化沥青碎石在拌和与摊铺过程中对已破乳的混合料，正确的处理方法是（　　　）。

A．再加沥青重新拌和　　　　　　　B．应予废弃

C．降级利用　　　　　　　　　　　D．增加碾压遍数

9．用于高速公路的无机结合料稳定基层可以选择（　　　）。

A．水泥稳定细粒土　　　　　　　　B．二灰砂

C．水泥稳定未筛分碎石　　　　　　D．石灰稳定级配碎石

10．平时习惯称为"二灰土"的基层属于（　　　）。

A．水泥灰稳定类　　　　　　　　　B．石灰泥稳定类

C．水泥石灰综合稳定类　　　　　　D．石灰工业废渣稳定类

11．二级公路的基层和二级以下公路高级路面的基层不得使用（　　　）。

A．水泥稳定未筛分碎石　　　　　　B．石灰土

C．水泥稳定碎石土　　　　　　　　D．二灰砾石

12．石灰稳定土基层分层施工时，下层石灰稳定土碾压完成后，在铺筑上一层石灰稳定土前（　　　）。

A．需要 1d 养护期　　　　　　　　B．需要 7d 养护期

C．需要 15d 养护期　　　　　　　　D．不需要专门的养护期

二 多项选择题

1．无机结合料稳定材料组成目标配合比设计应包括的技术内容有（　　　）。

A．选择级配范围

B．确定料仓供料比例

C．确定混合料的最佳含水率、最大干密度

D．确定结合料类型及掺配比例

E．验证混合料相关的设计及施工技术指标

2．级配碎石或砾石类材料中宜掺加（　　　）等材料。

A．水泥　　　　　　　　　　　　　B．粉煤灰

C．石屑　　　　　　　　　　　　　D．粗砂

E．细砂

3．热拌沥青混合料运料车用篷布覆盖主要起到（　　　）的作用。

A. 防雨   B. 防污染

C. 防日晒   D. 保温

E. 防扬尘

4. 无机结合料稳定材料组成设计中施工参数应确定的有（   ）。

A. 确定结合料的剂量   B. 确定合理含水率

C. 确定结合料类型及掺配比例   D. 最大干密度

E. 确定料仓供料比例

5. 无机结合料基层的养护方式可采取洒水养护、草帘覆盖养护以及（   ）。

A. 薄膜覆盖养护   B. 土工布覆盖养护

C. 铺设湿砂养护   D. 洒布水泥养护

E. 洒铺乳化沥青养护

【答案与解析】

一、单项选择题

1. B;   *2. C;   3. C;   4. A;   *5. C;   6. C;   *7. D;   *8. B;

9. C;   10. D;   11. B;   12. D

【解析】

2. 答案 C

级配碎石粒料的级配组成应符合相应试验规程的要求，同时，级配曲线宜为圆滑曲线。

5. 答案 C

高速公路基层用的碎石，应采用反击式破碎的加工工艺。颚式破碎主要用于粗碎和中碎加工。锤式破碎针片状含量大。冲击式破碎一般用于制砂。

7. 答案 D

乳化沥青碎石基层采用阳离子乳化沥青时，乳液拌和前需用水湿润集料，使集料总含水量达到 5% 左右，天气炎热宜多加，低温潮湿可少加。当集料湿润后仍不能与乳液拌和均匀时，应改用破乳速度更慢的乳液，或用 1%～3% 浓度的氯化钙水溶液代替水预先润湿集料表面。

8. 答案 B

拌和与摊铺过程中已破乳的混合料，应予废弃。乳化沥青混合料过早破乳造成混合料离析，对其成型以及路面结构强度造成不利影响。

二、多项选择题

*1. A、D、E;   2. C、D;   *3. A、B、D;   4. A、B、D;

5. A、B、C、E

【解析】

1. 答案 A、D、E

目标配合比设计应包括下列技术内容：① 选择级配范围；② 确定结合料类型及掺配比例；③ 验证混合料相关的设计及施工技术指标。生产配合比设计应包括下列技内容：① 确定料仓供料比例；② 确定水泥稳定材料的容许延迟时间；③ 确定结合料剂量的标定曲线；④ 确定混合料的最佳含水率、最大干密度。

3．答案 A、B、D

运料车应用篷布覆盖，用以保温、防雨、防污染。

2.2 沥青路面施工

复习要点

1. 沥青路面结构组成

沥青路面结构层可由面层、基层、底基层、垫层组成。

面层是直接承受车轮荷载反复作用和自然因素影响的结构层，可由 1～3 层组成。基层是设置在面层之下，并与面层一起将车轮荷载的反复作用传布到底基层、垫层、土基，起主要承重作用的层次。底基层是设置在基层之下，并与面层、基层一起承受车轮荷载反复作用，起次要承重作用的层次。垫层是设置在底基层与土基之间的结构层，起排水、隔水、防冻、防污等作用。

2. 沥青路面分类

按技术品质和使用情况分：沥青混凝土路面、沥青碎石路面、沥青贯入式路面、沥青表面处治路面。

按组成结构分：密实 – 悬浮结构、骨架 – 空隙结构、密实 – 骨架结构。

按矿料级配分：密级配沥青混凝土混合料、半开级配沥青混合料、开级配沥青混合料、间断级配沥青混合料。

按矿料粒径分：砂粒式沥青混合料、细粒式沥青混合料、中粒式沥青混合料、粗粒式沥青混合料、特粗式沥青混合料。

按施工温度分：热拌热铺沥青混合料、常温沥青混合料。

3. 沥青路面施工准备

高速公路和一级公路的沥青路面在施工前应铺筑试验段。其他等级公路在缺乏施工经验或初次使用重大设备时，也应铺筑试验段。当同一施工单位在材料、机械设备及施工方法与其他工程完全相同时，也可利用其他工程的结果，不再铺筑新的试验路段。试验段的长度应根据试验目的确定，通常为 100～200m，宜选在正线上铺筑。

4. 沥青路面用料要求

5. 沥青路面面层施工

掌握热拌沥青混凝土路面施工工艺、施工准备、沥青混合料的拌和、混合料的运输、混合料的摊铺、混合料的压实、接缝处理、检查试验。

6. 透层施工技术

透层的作用：为使沥青面层与基层结合良好，在基层上浇洒乳化沥青、煤沥青或液体沥青而形成的透入基层表面的薄层。

透层的适用条件：沥青路面各类基层都必须喷洒透层油，沥青层必须在透层油完全渗透入基层后方可铺筑。基层上设置下封层时，透层油不宜省略。

7. 粘层施工技术

粘层的作用：使上下层沥青结构层或沥青结构层与结构物（或水泥混凝土路面）完全粘结成一个整体。

符合下列情况，必须喷洒粘层沥青：双层式或三层式热拌热铺沥青混合料路面的沥青层之间；水泥混凝土路面、沥青稳定碎石基层或旧沥青路面层上加铺沥青层；路缘石、雨水进水口、检查井等构造物与新铺沥青混合料接触的侧面。

8. 封层的施工技术

封层的作用：一是封闭某一层起保水防水作用；二是起基层与沥青表面层之间的过渡和有效连结作用；三是路的某一层表面破坏离析松散处的加固补强；四是基层在沥青面层铺筑前，要临时开放交通，防止基层因天气或车辆作用出现水毁。封层可分为上封层和下封层。就施工类型来分，可采用拌和法或层铺法的单层式表面处治，也可以采用乳化沥青稀浆封层。

封层的适用条件：各种封层适用于加铺薄层罩面、磨耗层、水泥混凝土路面上的应力缓冲层、各种防水和密水层、预防性养护罩面层。

9. 水泥路面改造加铺沥青面层

包括直接加铺法与碎石化法。

10. 旧沥青路面再生

包括现场冷再生法、现场热再生法、厂拌冷再生法、厂拌热再生法。

一 单项选择题

1. 各种材料都必须在施工以前以"批"为单位进行检查，对沥青而言一"批"是指（　　）。

 A．从同一料源、同一次购入并运至生产现场的相同规格的沥青

 B．从同一料源、同一次购入且储入同一沥青罐的同一规格的沥青

 C．从同一产地、同一次购入并运至生产现场的相同规格的沥青

 D．同一次购入并运至生产现场的相同规格的沥青

2. 适合于各个等级的公路，适用于任何场合和层次的沥青等级是（　　）。

 A．A 级沥青   B．特级沥青

 C．一级沥青   D．PC 级沥青

3. 工程中使用的沥青碎石混合料（AM）的组成结构属于（　　）。

 A．密实 – 悬浮结构   B．骨架 – 空隙结构

 C．密实 – 骨架结构   D．连续级配结构

4. 品种及代号为 PA–3 的乳化沥青适用于（　　）。

 A．表处、贯入式路面及下封层用

 B．粘层油用

 C．透层油及基层养护用

 D．稀浆封层或冷拌沥青混合料用

5. 属于半开级配沥青混合料的是（　　）。

A. 沥青玛琋脂碎石   B. 改性沥青稳定碎石

C. 沥青混凝土   D. 排水式沥青磨耗层混合料

6. 划分沥青混合料是否属于粗粒式沥青混合料的指标是（   ）。

A. 组成结构   B. 矿料级配

C. 矿料最大粒径   D. 矿料最小粒径

7. 粉煤灰作为填料使用时，用量不得超过填料总量的（   ）。

A. 25%   B. 32.5%

C. 46.5%   D. 50%

8. 某沥青混合料出厂温度为 200℃，该沥青混合料应（   ）。

A. 尽快使用   B. 废弃

C. 加冷料重新拌和   D. 冷却后使用

9. 热拌沥青混凝土路面，其混合料运至施工现场的温度控制在（   ）℃。

A. 120～150   B. 140～165

C. 150～170   D. 160～180

10. 水泥路面碎石化施工时，表面凹处在 10cm×10cm 以上的应利用（   ）找平，以保证加铺沥青面层的平整度。

A. 沥青混合料   B. 密级配碎石

C. 乳化沥青   D. 水泥混凝土

11. 有轻度车辙、龟裂，磨耗层损坏较小的旧沥青路面最适合采用（   ）修复。

A. 现场冷再生法   B. 整形再生法

C. 复拌再生法   D. 厂拌热再生法

12. 下列情况应喷洒粘层沥青的是（   ）。

A. 沥青混凝土面层的下面层和二灰稳定碎石基层之间

B. 沥青混凝土面层与检查井侧面之间

C. 半刚性基层上铺筑沥青层

D. 多雨地区空隙较大的沥青面层下部

二   多项选择题

1. 二级及二级公路以下公路的各个层次可采用的道路石油沥青有（   ）。

A. 特级沥青   B. A 级沥青

C. B 级沥青   D. C 级沥青

E. D 级沥青

2. 沥青混合料按组成结构分类原则可分为（   ）。

A. 密实 - 悬浮结构   B. 骨架 - 空隙结构

C. 密实 - 骨架结构   D. 嵌挤级配结构

E. 连续级配结构

3. 上封层的类型有（   ）。

A. 乳化沥青稀浆封层   B. 微表处

C. 改性沥青集料封层　　　　　　　　D. 薄层磨耗层

E. 沥青贯入层

4. 热拌沥青混凝土路面施工前的准备工作包括（　　　）。

A. 备料　　　　　　　　　　　　　　B. 恢复中线

C. 洒布封层　　　　　　　　　　　　D. 铺筑试验段

E. 原材料符合性检验

5. 热拌沥青混凝土路面施工工艺包括（　　　）。

A. 配合比调试　　　　　　　　　　　B. 沥青混合料抽提等试验

C. 试验段施工　　　　　　　　　　　D. 养护

E. 沥青混凝土配合比设计

6. 根据路面破损情况的不同和对修复后路面质量等级的不同要求，就地热再生技术应用的施工工艺主要有（　　　）。

A. 整形再生法　　　　　　　　　　　B. 重铺再生法

C. 复拌再生法　　　　　　　　　　　D. 破碎再生法

E. 间接再生法

7. 必须喷洒粘层沥青的情况有（　　　）。

A. 双层或三层式热拌热铺沥青混合料路面的沥青层之间

B. 水泥混凝土路面上加铺沥青层

C. 二灰稳定基层上铺沥青混合料路面

D. 旧沥青路面层上加铺沥青层

E. 路缘石与新铺沥青混合料接触的侧面

【答案与解析】

一、单项选择题

*1. B;　　2. A;　　3. B;　　4. B;　　5. B;　　*6. C;　　7. D;　　8. B;

9. A;　　10. A;　　11. B;　　*12. B

【解析】

1. 答案 B

各种材料都必须在施工以前以"批"为单位进行检查，不符合现行《公路沥青路面施工技术规范》JTG F40—2004 要求的材料不得进场。对各种矿料是以同一料源、同一次购入并运至生产现场的相同规格材料为一"批"；对沥青是指从同一料源、同一次购入且储入同一沥青罐的同一规格的沥青为一"批"。

6. 答案 C

粗粒式沥青混合料：矿料最大粒径为 26.5mm 或 31.5mm（圆孔筛 30～40mm）的沥青混合料。

12. 答案 B

根据规范要求，符合下列情况，必须喷洒粘层沥青：① 双层式或三层式热拌热铺沥青混合料路面的沥青层之间；② 水泥混凝土路面、沥青稳定碎石基层或旧沥青路面层上加铺沥青层；③ 路缘石、雨水进水口、检查井等构造物与新铺沥青混合料接触的侧面。

二、多项选择题

1. A、B；　　　2. A、B、C；　　　3. A、B、C、D；　　　*4. A、B、D、E；

5. A、B、C、E；　　6. A、B、C；　　7. A、B、D、E

【解析】

4. 答案 A、B、D、E

热拌沥青混凝土路面施工前的准备工作包括：① 选购经调查试验合格的材料进行备料，矿料应分类堆放，矿粉必须是石灰岩磨细而成且不得受潮，必要时做好矿料堆放场地的硬化处理和场地四周排水及搭设矿粉库房或储存罐；② 做好配合比设计报送监理工程师审批，对各种原材料进行符合性检验；③ 在验收合格的基层上恢复中线（底面层施工时），在边线外侧 0.3～0.5m 处每隔 5～10m 钉边桩进行水平测量，拉好基准线，画好边线；④ 对下承层进行清扫，底面层施工前两天在基层上洒透层油，在中底面层上喷洒粘层油；⑤ 试验段开工前 28d 安装好试验仪器和设备，配备好的试验人员报请监理工程师审核。各层开工前 14d 在监理工程师批准的现场备齐全部机械设备进行试验段铺筑，以确定松铺系数、施工工艺、机械配备、人员组织、压实遍数，并检查压实度、沥青含量、矿料级配、沥青混合料马歇尔各项技术指标等。

2.3　水泥混凝土路面施工

复习要点

1. 水泥混凝土路面施工准备
2. 水泥混凝土路面用料要求
3. 水泥混凝土路面的分类与特点

水泥混凝土路面，包括普通混凝土（素混凝土）、钢筋混凝土、连续配筋混凝土、预应力混凝土、装配式混凝土、钢纤维混凝土和混凝土小块铺砌等面层板和基（垫）层所组成的路面。目前采用最广泛的是就地浇筑的普通混凝土路面，简称混凝土路面。所谓普通混凝土路面，是指除接缝区和局部范围（边缘和角隅）外不配置钢筋的混凝土路面。

优点：使用寿命长；强度高；稳定性好；耐久性好；养护费用少、经济效益高；有利于夜间行车；有利于带动当地建材业的发展。

缺点：对水泥和水的需要量大；有接缝；开放交通较迟；修复困难。

4. 水泥混凝土路面的施工方法

目前通常采用的水泥混凝土面层铺筑的技术方法有小型机具铺筑、滑模摊铺机施工、三辊轴机组铺筑和碾压混凝土四种方法。

5. 水泥混凝土路面施工技术

施工步骤包括模板及其架设与拆除、混凝土拌合物搅拌、混凝土拌合物的运输、轨道式摊铺机进行混凝土面层铺筑、混凝土振捣（小型机具施工）、整平饰面、纵缝设置与施工、横缝设置与施工、胀缝设置与施工、抗滑构造施工、混凝土路面养护、灌缝。

一 单项选择题

1. 有抗冰冻、抗盐冻要求时，用于公路面层混凝土的再生粗集料质量不应低于（　　）级。
    A．Ⅰ
    B．Ⅱ
    C．Ⅲ
    D．Ⅳ

2. 中、轻交通荷载等级公路面层混凝土路面使用的机制砂应（　　）。
    A．不低于Ⅱ级
    B．不低于Ⅲ级
    C．不高于Ⅱ级
    D．不高于Ⅲ级

3. 有抗冰冻、抗盐冻要求时，各级公路水泥混凝土面层及暴露结构物混凝土应掺入（　　）。
    A．引气剂
    B．早强剂
    C．缓凝剂
    D．阻锈剂

4. 水泥混凝土路面的传力杆应无毛刺，两端应加工成（　　）或半径为 2～3mm 的圆倒角。
    A．球形
    B．圆锥形
    C．棱台形
    D．矩形

5. 碾压混凝土施工可采用的施工机械为（　　）。
    A．三辊轴机组
    B．沥青摊铺机
    C．轨道摊铺机
    D．滑模机械

6. 水泥混凝土路面的养护时间应根据（　　）增长情况而定，应特别注重前 7d 的保湿（温）养护。一般养护天数宜为 14～21d，高温天不宜小于 14d，低温天不宜小于 21d。
    A．抗压强度
    B．温度与湿度
    C．弯拉强度
    D．施工方法

7. 水泥混凝土路面纵向施工缝应设（　　）。
    A．传力杆
    B．压力杆
    C．导向杆
    D．拉杆

二 多项选择题

1. 不宜采用滑模摊铺机进行水泥混凝土路面摊铺的路段有（　　）。
    A．上坡纵坡大于 5% 的路段
    B．下坡纵坡大于 6% 的路段
    C．超高横坡超过 7% 的路段
    D．合成坡度超过 8% 的路段
    E．平面半径小于 100m 的路段

2. 路面胀缝和桥台隔离缝等应在填缝前，凿去接缝板顶部嵌入的木条，涂胶粘剂后，嵌入胀缝专用多孔橡胶条或灌进适宜的填缝料，当（　　）时，必须灌缝。

A．胀缝的宽度不一致　　　　　　B．掉角

C．胀缝的长度小于 3m　　　　　D．胀缝的宽度大于 15mm

E．有啃边

3．水泥混凝土试验路段铺筑应达到的目的有（　　　）。

A．检验工、料、机配置情况，计算混凝土综合单价

B．检验施工组织方式、质量控制水平和人员配备

C．检验混凝土的施工性能、技术参数和实测强度

D．确定拌合楼的相关参数、实际生产能力和配料进度

E．检验铺筑机械、工艺参数及与拌和能力匹配情况

4．必须采用硬刻槽方式制作抗滑构造的水泥混凝土路面有（　　　）。

A．使用圆盘抹面机精平后的混凝土路面

B．钢纤维混凝土路面

C．使用叶片式抹面机精平后的混凝土路面

D．轻交通路面

E．胀缝附近的路面

5．水泥混凝土路面的横向缩缝的切缝方式有（　　　）。

A．深切缝　　　　　　　　　　B．浅切缝

C．软硬结合切缝　　　　　　　D．全部软切缝

E．全部硬切缝

【答案与解析】

一、单项选择题

1．B；　　 *2．B；　　 *3．A；　　4．B；　　5．B；　　6．C；　　7．D

【解析】

2．答案 B

极重、特重、重交通荷载等级公路面层水泥混凝土用机制砂的质量不应低于Ⅱ级，中、轻交通荷载等级公路的面层、水泥混凝土可使用Ⅲ级机制砂。

3．答案 A

引气剂应选用表面张力降低值大、水泥稀浆中起泡容量多而细密、泡沫稳定时间长、不溶残渣少的产品。有抗冰（盐）冻要求的地区，各交通等级路面、桥面、路缘石、路肩及贫混凝土基层必须使用引气剂；无抗冰（盐）冻要求的地区，二级及二级以上公路路面混凝土中应使用引气剂。

二、多项选择题

*1．A、B、C；　　　 2．A、B、E；　　　 3．B、C、E；　　　 4．A、B、C；

*5．C、D、E

【解析】

1．答案 A、B、C

上坡纵坡大于 5%、下坡纵坡大于 6%、平面半径小于 50m 或超高横坡超过 7% 的

路段，不宜采用滑模摊铺机进行摊铺。

5. 答案 C、D、E

横向缩缝的切缝方式有全部硬切缝、软硬结合切缝和全部软切缝三种，切缝方式的选用，应由施工期间该地区路面摊铺完毕到切缝时的昼夜温差确定。

2.4 中央分隔带及路肩施工

复习要点

1. 中央分隔带的开挖

当路面基层施工完毕后，即可进行中央分隔带的开挖，先挖集水槽后挖纵向盲沟，一般采用人工开挖的方式。

2. 中央分隔带防水层施工

沟槽开挖完毕并经验收符合设计要求后，即进行防水层施工，可喷涂双层防渗沥青。防渗层沥青要求涂布均匀，厚薄一致，无漏涂现象，涂布范围应是中央分隔带范围内的路基及路面结构层。防水层也可铺设 PVC 防水板等，PVC 防水板铺设时两端应拉紧，不应有褶皱，PVC 板材纵横向应搭接，铺完后用铁钉固定。

3. 纵向碎石盲沟的铺设

碎石盲沟应做到填筑充实、表面平整。反滤层可用筛选过的中砂、粗砂、砾石等渗水性材料分层填筑，目前高等级公路多采用土工布作为反滤层。

碎石盲沟上铺设土工布，与回填土隔离，较之砂石料作反滤层，施工方便，有利于排水并可保持盲沟长期利用。

4. 埋设横向塑料排水管

路基施工完毕后，即可进行埋设横向塑料排水管的施工。

埋设要求：一端应插入中央分隔带范围内的纵向排水盲沟位置，另一端应伸出路基边坡外。横向塑料排水管的进口须用土工布包裹，防止碎石堵塞。

接头处理：当塑料管不足一次埋设的长度时，需套接。套接时，管口要对齐，并靠紧，接头处用一短套管套紧相邻两根塑料排水管，套管两端需用不透水材料扎紧。

5. 中央分隔带缘石安装

路缘石的预制安装或现场浇筑应符合图纸所示的线型和坡度。路缘石应在路面铺设之前完成。

6. 土路肩施工

对填方路段来说，采用培路肩的方法施工既经济又简便，土路肩通常随着路面结构层的铺筑，相应地分层培筑，可以先培也可以后培，各有利弊。先培路肩的优点是，已培好的路肩在结构层碾压时起支撑作用，可以减轻或避免结构层侧移影响边缘的厚度和平整度；先培路肩的缺点是，横断面上易形成一个三角区。

施工流程：备料→推平→平整→静压→切边→平整→碾压。

7. 硬路肩施工

一 单项选择题

1. 培土路肩施工流程正确的是（　　　）。
   - A. 备料→推平→平整→静压→切边→平整→碾压
   - B. 备料→推平→平整→静压→平整→碾压→切边
   - C. 备料→平整→推平→切边→静压→平整→碾压
   - D. 备料→切边→推平→静压→平整→碾压→平整

2. 路堑段当开挖到设计标高时，路肩部分宜停止开挖，路面部分继续开挖直至（　　　）。
   - A. 路床顶面
   - B. 设计标高 –20cm
   - C. 路床顶面 –20cm
   - D. 路面标高 –20cm

二 多项选择题

1. 中央分隔带防水层材料可选择（　　　）。
   - A. PVC 防水板
   - B. 双层防渗沥青
   - C. 水泥砂浆
   - D. 彩条布
   - E. 防水土工布

2. 下列关于中央分隔带缘石施工的说法，正确的有（　　　）。
   - A. 槽底基础和后背填料必须夯打密实
   - B. 路缘石的预制安装或现场浇筑应符合图纸所示线形和坡度的要求
   - C. 路缘石应在路面铺设之后完成
   - D. 预制缘石应铺筑在厚度不小于 2cm 的砂垫层上，砌筑砂浆的水泥与砂的体积比应为 2∶1
   - E. 缘石铺安装完后应检查顶面高程、底面高程、相邻两块高差、缝宽

3. 中央分隔带纵向盲沟的反滤层材料可选择（　　　）。
   - A. 土工布
   - B. 片石
   - C. 筛选过的中砂、粗砂、砾石
   - D. 胶泥
   - E. 重黏土

【答案与解析】

一、单项选择题

1. A；　*2. A

【解析】

2. 答案 A

路堑段的路肩是开挖出来的，当开挖到设计标高时，路肩部分宜停止开挖，路面部分继续开挖直至路床顶面。

1．A、B、E；   2．A、B、E；   *3．A、C

【解析】

3．答案 A、C

反滤层可用筛选过的中砂、粗砂、砾石等渗水性材料分层填筑，目前高等级公路多采用土工布作为反滤层。

2.5　路面工程质量通病及防治措施

复习要点

1．无机结合料稳定类基层裂缝防治

掌握原因分析、石灰稳定土基层裂缝的主要防治方法、水泥稳定土基层裂缝的主要防治方法。

2．沥青路面接缝病害防治

掌握原因分析、横向接缝的主要防治方法、纵向接缝的主要防治方法。

3．水泥混凝土路面裂缝防治

掌握原因分析、横向裂缝的主要防治方法、纵向裂缝的主要防治方法、龟裂的主要防治方法。

4．水泥混凝土路面断板防治

掌握原因分析、断板的主要防治方法。

裂缝的修补：裂缝的修补方法有直接灌浆法、压注灌浆法、扩缝灌注法、条带罩面法、全深度补块法。

局部修补：对轻微断裂，裂缝有轻微剥落的，先画线放样，按画线范围凿开成深 5～7cm 的长方形凹槽，刷洗干净后，用快凝细石混凝土填补。对轻微断裂，裂缝较宽且有轻微剥落的断板，应按裂缝两侧至少各 20cm 的宽度放样，按画线范围开凿成深至板厚一半的凹槽，此凹槽底部裂缝应与中线垂直，刷洗干净凹槽，在凹槽底部裂缝的两侧用冲击钻离中线沿平行方向，间距为 30～40cm，打眼贯通至板厚达基层表面，然后再清洗凹槽和孔眼，在孔眼安设 Π 形钢筋，冲击钻钻头采用 ϕ30mm 规格，Π 形钢筋采用 ϕ22mm 热轧带肋钢筋制作，安设钢筋完成后，用高等级砂浆填塞孔眼至密实，最后用与原路面相同等级的快凝混凝土浇筑至路面齐平。较为彻底的办法是将凹槽凿至贯通板厚，在凹槽边缘两侧板厚中央打洞，深 10cm，直径为 4cm，水平间距为 30～40cm。每个洞应先将其周围润湿，插入一根直径为 18～20mm、长约 20mm 的钢筋，然后用快凝砂浆填塞捣实，待砂浆硬后浇筑快凝混凝土夯捣实齐平路面即可。

整块板更换：对于严重断裂，裂缝处有严重剥落，板被分割成 3 块以上，有错台或裂块并且已经开始活动的断板，应采用整块板更换的措施。

1. 在石灰土基层与路面间铺筑一层（　　），可有效避免石灰稳定土基层裂缝。

　　A．碎石过渡层　　　　　　　　B．透层

　　C．粘层　　　　　　　　　　　D．双层防渗沥青

2. 水泥混凝土路面的混凝土板的切缝深度不够，压缝距离过大，最有可能造成的病害是（　　）。

　　A．横向开裂　　　　　　　　　B．纵向开裂

　　C．龟裂　　　　　　　　　　　D．断板

3. 对于水泥混凝土严重断裂，裂缝处有严重剥落，板被分割成3块以上，有错台或裂块并且已经开始活动的断板，宜采用的处理方法是（　　）。

　　A．直接灌浆法　　　　　　　　B．条带罩面法

　　C．扩缝灌注法　　　　　　　　D．整块板更换

4. 在拓宽路基路段铺设水泥混凝土路面，在拓宽路段的强度低于旧路时，旧路基界面处也未采用格栅处理，路面最可能发生的病害是（　　）。

　　A．横向裂缝　　　　　　　　　B．纵向裂缝

　　C．路面断板　　　　　　　　　D．路面不平整

1. 为预防水泥稳定土基层裂缝，采用改善施工用土的土质时，其措施有（　　）。

　　A．采用塑性指数较低的土　　　B．适量掺加粉煤灰

　　C．掺砂　　　　　　　　　　　D．降低水泥用量

　　E．增大压实含水量

2. 沥青混凝土路面接缝病害的原因有（　　）。

　　A．新旧混合料的粘结不紧密　　B．采用了平接缝

　　C．摊铺不当　　　　　　　　　D．碾压不当

　　E．采用了斜接缝

3. 水泥混凝土路面产生龟裂的原因有（　　）。

　　A．混凝土浇筑后，表面没有及时覆盖

　　B．混凝土拌制时水胶比过大

　　C．模板与垫层过于干燥

　　D．混凝土路面切缝不及时

　　E．混凝土表面过度振捣或抹平

4. 水泥混凝土路面纵向裂缝的修复方法有（　　）。

　　A．镘刀压抹　　　　　　　　　B．扩缝嵌填

　　C．扩缝加筋　　　　　　　　　D．浇筑专用修补剂

　　E．抹面修补法

【答案与解析】

一、单项选择题

1. A；　*2. D；　*3. D；　4. B

【解析】

2. 答案 D

混凝土板断板的原因分析：① 混凝土板的切缝深度不够、不及时，以及压缝距离过大；② 车辆过早通行；③ 原材料不合格；④ 由于基层材料的强度不足，水稳性不良，以致受力不均，出现应力集中而导致的开裂断板；⑤ 基层标高控制不严和不平整；⑥ 混凝土配合比不当；⑦ 施工工艺不当；⑧ 边界原因。

3. 答案 D

对于严重断裂，裂缝处有严重剥落，板被分割成 3 块以上，有错台或裂块并且已经开始活动的断板，应采用整块板更换的措施。

二、多项选择题

1. A、B、C；　　　2. A、C、D；　　　3. A、B、C、E；　　*4. B、C、D

【解析】

4. 答案 B、C、D

水泥混凝土路面纵向裂缝的修复，如采用一般性的扩缝嵌填或浇筑专用修补剂有一定效果，但耐久性不易保证；采用扩缝加筋的办法进行修补具有较好的增强效果。

第3章 桥梁工程

3.1 桥梁构造与施工准备

复习要点

1. 桥梁构造

桥梁一般由上部结构、下部结构、支座系统和附属设施四个基本部分组成。

上部结构通常又称为桥跨结构，是线路跨越障碍的主要承重结构。

下部结构包括桥墩、桥台和基础。其中桥墩与桥台又分为重力式桥墩（台）、轻型桥墩（台）；基础通常可分为浅基础、桩基础、沉井、地下连续墙等。

2. 桥梁相关尺寸术语

梁式桥净跨径、总跨径、计算跨径、桥梁全长、桥梁高度、桥下净空高度、建筑高度、净矢高、计算矢高、矢跨比、涵洞等概念。

3. 桥梁的分类

按受力体系划分，桥梁有梁式、拱式、悬吊式三大基本体系。其他还有几种由基本体系组合而成的组合体系等。

按桥梁全长和跨径的不同，分为特大桥、大桥、中桥和小桥。

按主要承重结构所用的材料划分，有圬工桥（包括砖、石、混凝土桥）、钢筋混凝土桥、预应力混凝土桥、钢桥、钢－混凝土组合桥、木桥等。

按上部结构的行车道位置，分为上承式桥、下承式桥和中承式桥。

4. 桥梁作用分类

作用是公路桥涵设计专业术语，其定义为：施加在结构上的一组集中力或分布力，或引起结构外加变形或约束变形的原因，前者称为直接作用，亦称荷载，后者称间接作用。公路桥涵设计采用的作用分为永久作用、可变作用、偶然作用和地震作用四类。

5. 桥梁工程作用取值方法
6. 作用组合效应
7. 桥梁施工测量

桥梁工程施工的平面控制测量要求与桥梁工程施工的高程控制测量要求。

一 单项选择题

1. 下列作用中，属于桥梁永久作用的是（　　）。
   A. 疲劳荷载
   B. 流水压力
   C. 汽车荷载
   D. 水的浮力
2. 桥跨结构相邻两支座中心之间的距离称为（　　）。
   A. 标准跨径
   B. 理论跨径
   C. 计算跨径
   D. 经济跨径

3. 桥面与低水位之间的高差称为（　　　）。

    A．桥梁建筑高度　　　　　　　　B．桥梁高度

    C．桥下净空高度　　　　　　　　D．桥梁通航高度

4. 桥下净空高度是指（　　　）。

    A．设计洪水位或计算通航水位至桥跨结构最下缘之间的距离

    B．设计洪水位或通航水位与桥跨结构最上缘之间的距离

    C．设计洪水位或通航水位与最低水位之间的距离

    D．设计洪水位或通航水位与测时水位之间的距离

5. 容许建筑高度是指（　　　）。

    A．桥面（或轨顶）标高与设计洪水位之高差

    B．桥面（或轨顶）标高与通航净空顶部之高差

    C．桥跨结构最下缘与设计洪水位之高差

    D．桥面（或轨顶）标高与桥跨结构最下缘之间的距离

6. 拱矢度是指拱桥中拱圈（或拱肋）的（　　　）。

    A．净矢高与计算跨径之比　　　　B．计算矢高与净跨径之比

    C．净矢高与净跨径之比　　　　　D．计算矢高与计算跨径之比

7. 拱式桥与同跨径的梁式桥相比，其弯矩和变形要小很多，原因在于（　　　）的作用。

    A．水平推力　　　　　　　　　　B．竖向力

    C．剪力　　　　　　　　　　　　D．弯矩

8. 梁式桥的承重结构是以梁的（　　　）来承受荷载的。

    A．抗剪能力　　　　　　　　　　B．抗弯能力

    C．抗倾能力　　　　　　　　　　D．抗扭能力

9. 下列关于作用组合效应的说法，正确的是（　　　）。

    A．可变作用的出现对结构或结构构件产生有利影响时，该作用应参与组合

    B．多个偶然作用应不同时参与组合

    C．地震作用应与偶然作用同时参与组合

    D．施工阶段作用效应的组合，结构上的施工人员和施工机具设备宜作为临时荷载加以考虑

10. 计算桥梁作用时，不属于永久作用的是（　　　）。

    A．混凝土收缩、徐变作用　　　　B．人群荷载

    C．基础变位作用　　　　　　　　D．水的浮力

11. 桥梁施工准备工作中，应熟悉设计文件，重点对（　　　）和关键施工参数进行核对，设计单位应进行设计交底。

    A．桥梁结构尺寸　　　　　　　　B．施工工艺

    C．施工预算　　　　　　　　　　D．设计文件批复

12. 大桥和特大桥的每端应全少设置（　　　）个水准点，作为水准网的控制点。

    A．1　　　　　　　　　　　　　　B．2

    C．3　　　　　　　　　　　　　　D．4

1. 公路桥涵设计采用的作用分为（　　）。
   A. 永久作用　　　　　　　　B. 偶然作用
   C. 可变作用　　　　　　　　D. 地震作用
   E. 重力作用

2. 按桥梁的结构体系划分，其基本体系有（　　）。
   A. 梁式　　　　　　　　　　B. 拱式
   C. 悬吊式　　　　　　　　　D. 刚构式
   E. 斜拉式

3. 桥下净空高度是（　　）至桥跨结构最下缘间的距离。
   A. 设计洪水位　　　　　　　B. 低水位
   C. 计算通航水位　　　　　　D. 高水位
   E. 桥下线路路面

4. 钢管混凝土中承式拱桥是根据（　　）划分的。
   A. 承重结构的材料　　　　　B. 跨越障碍的性质
   C. 行车道的位置　　　　　　D. 桥梁的用途
   E. 桥梁的全长

5. 不与汽车制动力同时参与组合的作用有（　　）。
   A. 流水压力　　　　　　　　B. 冰压力
   C. 支座摩阻力　　　　　　　D. 波浪力
   E. 汽车离心力

6. 公路桥涵设计采用的偶然作用包括（　　）。
   A. 船舶的撞击作用　　　　　B. 漂流物的撞击作用
   C. 汽车冲击力　　　　　　　D. 汽车撞击作用
   E. 地震作用

7. 关于桥梁工程施工测量的说法，正确的有（　　）。
   A. 施工过程中，应对控制网（点）进行不定期的检测和定期复测，定期复测周期应不超过6个月
   B. 施工测量所用的仪器、设备等应经法定计量机构检定和校验，合格后方可使用
   C. 平面控制测量应采用卫星定位测量、导线测量、三角测量或三边测量等方法进行
   D. 大桥和特大桥的每端应至少设置1个水准点，作为水准网的控制点
   E. 高程控制测量应采用水准测量或三角高程测量的方法进行

【答案与解析】

一、单项选择题

*1. D；   *2. C；   *3. B；   *4. A；   5. B；   *6. D；   7. A；   *8. B；

9. B；   10. B；   11. A；   12. B

【解析】

1. 答案 D

桥梁永久作用包括结构重力（包括结构附加重力）、预加力、土的重力、土侧压力、混凝土收缩与徐变作用、水的浮力、基础变位作用。选项 A、B、C 均属于可变作用。

2. 答案 C

计算跨径对于具有支座的桥梁，是指桥跨结构相邻两个支座中心之间的距离，用 l 表示。

3. 答案 B

桥梁高度简称桥高，是指桥面与低水位之间的高差，或为桥面与桥下线路路面之间的距离。

4. 答案 A

桥下净空高度是设计洪水位或计算通航水位至桥跨结构最下缘之间的距离，以 H 表示，它应保证能安全排洪，并不得小于对该河流通航所规定的净空高度。

6. 答案 D

矢跨比是拱桥中拱圈（或拱肋）的计算矢高 f 与计算跨径 l 之比（f/l），也称拱矢度，它是反映拱桥受力特性的一个重要指标。

8. 答案 B

梁式体系的承重结构是以梁的抗弯能力来承受荷载的。

二、多项选择题

*1. A、B、C、D；   *2. A、B、C；   3. A、C；   4. A、C；

5. A、B、C、D；   *6. A、B、D；   7. A、B、C、E

【解析】

1. 答案 A、B、C、D

公路桥涵设计采用的作用分为永久作用、可变作用、偶然作用和地震作用四类。

2. 答案 A、B、C

按受力体系分类，桥梁有梁式、拱式、悬吊式三大基本体系，其中梁桥以受弯为主、拱桥以受压为主、悬索桥以受拉为主。另外，由上述三大基本体系相互组合，派生出在受力上也具有组合特征的多种桥型，如刚构桥、斜拉桥等组合体系桥梁。

6. 答案 A、B、D

公路桥涵设计采用的偶然作用包括有船舶的撞击作用、漂流物的撞击作用、汽车撞击作用三类。汽车冲击力属于可变作用，地震作用是与偶然作用并列的另一大类作用。

3.2 常用模板、支架和拱架设计与施工

复习要点

1. 模板、支架设计一般要求

模板宜采用钢材、胶合板或其他适宜的材料制作；支架宜采用钢材或常备式定型钢构件等材料制作。

模板上设置吊环应采用 HPB300 钢筋，严禁采用冷加工钢筋制作。每个吊环应按两肢截面计算，在模板自重标准值作用下，吊环拉应力应不大于 65MPa。

2. 模板、支架的设计与验算

模板和支架均应进行施工图设计，经批准后方可用于施工。模板背面应设置主肋和次肋作为其支承系统，主肋和次肋的布置应根据模板的荷载和刚度要求进行。

模板、支架设计计算的荷载组合。

3. 模板制作及安装

模板制作与安装施工工艺流程如下：选择模板及支撑材料→模板设计与绘图→构件基础平整及支撑系统施工→模板加工制作与安装→模板表面及接缝处理→模板安装质量检验→钢筋安装及质量检验→混凝土浇筑→混凝土养护→拆除模板。

4. 支架制作及安装

宜采用标准化、系列化、通用化的钢构件制作拼装。木支架的两相邻立柱连接接头宜分设在不同水平面上，并应减少长杆件接头。主要压力杆的接长连接，宜使用对接法，并采用木夹板或铁夹板夹紧；次要构件的连接可采用搭接法。

支架宜根据其结构形式、所用材料和地基情况的不同，在施工前确定是否对其进行预压。对位于刚性地基上的刚度较大且非弹性变形可确定控制在一定范围内的支架，经计算并通过一定审核程序，确认其满足强度、刚度和稳定性等要求的前提下，可不预压；但施工过程中应对支架的材料和安装施工质量采取严格的管控措施。对位于软土地基或软硬不均地基上的支架，宜通过预压的方式，消除地基不均匀沉降和支架的非弹性变形。对支架进行预压时，预压荷载宜为支架所承受荷载的 1.05～1.10 倍，预压荷载的分布宜模拟需承受的结构荷载及施工荷载。

5. 模板、支架的拆除

非承重侧模板应在混凝土抗压强度达到 2.5MPa，且能保证其表面及棱角不致因拆模而受损坏时方可拆除。模板、支架的拆除应遵循后支先拆、先支后拆的原则顺序进行。墩、台模板宜在其上部结构施工前拆除。拆除梁、板等结构承重模板时，横向应同时、纵向应对称均衡卸落。简支梁、连续梁结构模板宜从跨中向支座方向依次循环卸落；悬臂梁结构模板宜从悬臂端开始顺序卸落。

6. 拱架的设计要求

设计荷载应根据拱架结构特点和施工荷载特性分析取用，拱圈的自重荷载宜乘以1.2 倍系数。

验算拱架各截面的强度时，应根据拱架结构形式和所承受的荷载大小，按分环分段浇筑或砌筑施工的工况，分别验算其拱顶、拱脚和 1/4 跨等特征截面的应力，并对

特征拱架节点进行受力分析。落地式拱架的弹性挠度应不大于相应结构跨度的 1/2000；拱式拱架的弹性挠度应不大于相应结构跨度的 1/1000。

7. 拱架的制作及安装

拱架拼装时尚应设置足够的平联、斜撑和剪刀撑，保证其横向稳定。

拱架应设置施工预拱度和卸落装置。各类拱架的顶部高程应符合拱圈下缘加预拱度后的几何线形，允许偏差宜为 ±10mm；拱架纵轴的平面位置偏差应不大于跨度的 1/1000，且不大于 30mm。

拱架安装完成应按设计荷载进行预压。

8. 拱架的拆卸

现浇混凝土拱圈的拱架拆除期限应符合设计规定；设计未规定时，应在拱圈混凝土强度达到设计强度的 85% 后，方可卸落拆除。

卸落拱架应按提前拟定的卸落程序进行，且宜分步卸落；纵向应对称均衡卸落，横向应同时一起卸落。满布式落地拱架卸落时，可从拱顶向拱脚依次循环卸落；拱式拱架可在两支座处同时均匀卸落；多孔拱桥卸架时，若桥墩允许承受单孔施工荷载，可单孔卸落，否则应多孔同时卸落，或各连续孔分阶段卸落。

一 单项选择题

1. 在模板上设置的吊环应采用（　　　）钢筋。
   A．HPB300　　　　　　　　　　B．HRB400
   C．RRB400　　　　　　　　　　D．CRB550

2. 现浇混凝土拱圈的拱架，拆除期限应符合设计规定；设计未规定时，应在拱圈混凝土强度达到设计强度的（　　）后，方可卸落拆除。
   A．80%　　　　　　　　　　　B．85%
   C．90%　　　　　　　　　　　D．95%

3. 下列关于支架安装施工的说法，正确的是（　　　）。
   A．对位于软土地基或软硬不均地基上的支架，宜通过预压的方式，消除地基的不均匀沉降和支架的弹性变形
   B．对位于刚性地基上的刚度较大且非弹性变形可确定控制在一定范围内的支架，在经计算并通过一定审核程序，确认其满足强度、刚度和稳定性等要求的前提下，可不预压
   C．对支架进行预压时，预压荷载宜为支架所承受荷载的 1.15～1.25 倍，预压荷载的分布宜模拟需承受的结构荷载及施工荷载
   D．支架应结合模板的安装一并考虑设置预拱度，设置的预拱度值主要是施工需要的预拱度这一项

4. 下列关于模板、支架的拆除的说法，正确的是（　　　）。
   A．拆除梁、板等结构承重模板时，横向、纵向应对称均衡卸落
   B．悬臂梁结构模板宜从 0 号块开始顺序卸落
   C．简支梁、连续梁结构模板宜从支座向跨中方向依次循环卸落

D．应遵循后支先拆、先支后拆的原则顺序进行

5．卸落拱架时，应设专人对拱圈挠度和（　　　）等情况进行监测，当有异常时，应暂停卸落，查明原因并采取相应措施后方可继续进行。

A．墩台位移 　　　　　　　　B．墩台沉降

C．拱圈温度 　　　　　　　　D．拱圈强度

二 多项选择题

1．墩台等厚大建筑物的侧模板，设计计算的荷载组合包括（　　　）。

A．施工人员及施工设备、施工材料等荷载

B．新浇筑混凝土对模板侧面的压力

C．振捣混凝土时产生的振动荷载

D．船只及其他漂浮物的撞击力

E．混凝土入模时产生的水平方向冲击荷载

2．计算设于水中支架的强度和稳定时，应考虑的荷载有（　　　）。

A．风力 　　　　　　　　　　B．水流压力

C．流冰压力 　　　　　　　　D．船只漂流物的冲击力

E．土压力

3．为便于支架和拱架的拆卸，应根据结构形式、承受的荷载大小及需要的卸落量，在支架和拱架适当部位设置相应的（　　　）等落模设备。

A．横梁 　　　　　　　　　　B．木楔

C．砂筒 　　　　　　　　　　D．木马

E．千斤顶

4．计算模板、支架时，除了考虑模板、支架自重外，还应考虑的设计荷载有（　　　）。

A．新浇筑混凝土、钢筋、预应力筋或其他圬工结构物的重力

B．作用在模板、支架和拱架上的温度应力

C．新浇筑混凝土对模板侧面的压力

D．振捣混凝土时产生的振动荷载

E．施工人员及施工设备、施工材料等荷载

5．验算拱架各截面的强度时，应根据拱架结构形式和所承受的荷载大小，按分环分段浇筑或砌筑施工的工况，分别验算其（　　　）等特征截面的应力，并对特征拱架节点进行受力分析。

A．拱顶 　　　　　　　　　　B．整桩里程

C．拱脚 　　　　　　　　　　D．1/4 跨

E．1/3 跨

【答案与解析】

一、单项选择题

*1. A；　　*2. B；　　3. B；　　4. D；　　5. A

【解析】

1. 答案 A

在模板上设置的吊环应采用 HPB300 钢筋，严禁采用冷加工钢筋制作。每个吊环应按两肢截面计算，在模板自重标准值作用下，吊环的拉应力应不大于 65MPa。

2. 答案 B

现浇混凝土拱圈的拱架，拆除期限应符合设计规定；设计未规定时，应在拱圈混凝土强度达到设计强度的 85% 后，方可卸落拆除。

二、多项选择题

1. B、E；　　　　　*2. A、B、C、D；　　*3. B、C、D、E；　　4. A、C、D、E；
5. A、C、D

【解析】

2. 答案 A、B、C、D

计算模板、支架和拱架的强度和稳定性时，应考虑作用在模板、支架和拱架上的风力。对于设于水中的支架，尚应考虑水流压力、流冰压力和船只漂流物的冲击力等。

3. 答案 B、C、D、E

为便于支架和拱架的拆卸，应根据结构形式、承受的荷载大小及需要的卸落量，在支架和拱架适当部位设置相应的木楔、木马、砂筒或千斤顶等落模设备。

3.3　钢筋、混凝土和钢结构施工

复习要点

1. 钢筋施工

钢筋应具有出厂质量证明书和试验报告单，进场时除应检查其外观和标志外，尚应按不同的钢种、等级、牌号、规格及生产厂家分批抽取试样进行力学性能检验，检验试验方法应符合现行国家标准的规定。钢筋经进场检验合格后方可使用。钢筋在运输过程中应避免锈蚀、污染或被压弯；在工地存放时，应按不同品种、规格，分批分别堆置整齐，不得混杂，并应设立识别标志，存放的时间不宜超过 6 个月。

钢筋的级别、种类和直径应按设计规定采用，当需要代换时，应得到设计人员的书面认可。预制构件的吊环，必须采用未经冷拉的热轧光圆钢筋制作，且其使用时的计算拉应力应不大于 50MPa。

普通钢筋的加工制作要点、预应力钢筋的加工制作要点。

2. 混凝土施工

在进行混凝土强度试配和质量评定时，混凝土的抗压强度应以边长为 150mm 的立方体尺寸标准试件测定。试件以同龄期者三块为一组，并以同等条件制作和养护，每组试件的抗压强度应以三个试件测值的算术平均值为测定值，如有一个测值与中间值的差值超过中间值的 15% 时，则取中间值为测定值；如有两个测值与中间值的差值均超过 15% 时，则该组试件无效。

混凝土抗压强度应为标准方式成型的试件，置于标准养护条件下［温度为（20±2）℃及相对湿度不低于 95%］养护 28d 所得的抗压强度值（MPa）进行评定。采用蒸汽养护的混凝土抗压强度，试件应先随构件同条件蒸汽养护，再转入标准条件下养护，累计养护时间应为 28d。当混凝土中掺用粉煤灰等矿物掺合料时，确定混凝土抗压强度时的龄期应符合设计规定。

混凝土的配合比，应以质量比计，并应通过设计和试配选定。

配制混凝土时，应根据结构情况和施工条件确定混凝土拌合物的坍落度，当工程需要获得较大的坍落度时，可在不改变混凝土的水胶比，不影响混凝土的质量的情况下，适当掺加外加剂。

混凝土外加剂用的品种应根据设计和施工要求选择，应采用减水率高、坍落度损失小、能明显改善混凝土性能的质量稳定产品。

掌握大体积混凝土施工、高强度混凝土、高性能混凝土的施工要点。

混凝土运至浇筑地点后发生离析、严重泌水或坍落度不符合要求时，应进行第二次搅拌。二次搅拌时不得任意加水，确有必要时，可同时加水和水泥以保持其原水胶比不变。如二次搅拌仍不符合要求，则不得使用。

3. 预应力混凝土施工
4. 钢结构施工
5. 钢混组合结构施工

一 单项选择题

1. 预应力筋采用应力控制方法张拉时，应以（　　　）进行校核。

   A. 平均张拉力 　　　　　　　B. 伸长值

   C. 截面面积 　　　　　　　　D. 弹性模量

2. 钢筋的焊接接头宜采用（　　　）。

   A. 闪光对焊 　　　　　　　　B. 电弧焊

   C. 气压焊 　　　　　　　　　D. 电渣压力焊

3. 高强度混凝土的掺合料不可选用（　　　）。

   A. 硅灰 　　　　　　　　　　B. 石灰粉

   C. 粒化高炉矿渣粉 　　　　　D. 粉煤灰

4. 在对预应力筋进行拉伸试验中，应同时测定其（　　　）。

   A. 硬度 　　　　　　　　　　B. 抗剪强度

   C. 密度 　　　　　　　　　　D. 弹性模量

5. 对于螺纹钢筋，分批检验时每批质量应不大于 100t，对表面质量应逐根目视检查，外观检查合格后在每批中任选 2 根钢筋截取试件进行拉伸试验。试验结果如有一项不合格时，则另取（　　　）数量的试件重做全部各项试验。

A. 2%   B. 4%

C. 单倍   D. 双倍

6. 夹片式等具有自锚性能的锚具，采用先张法预应力筋张拉的程序是（　　　）。

A. 0→初应力→ $1.05\sigma_{con}$（持荷 5min）→0→σ_{con}（锚固）

B. 0→初应力→ $1.05\sigma_{con}$（持荷 5min）→σ_{con}（锚固）

C. 0→初应力→ σ_{con}（持荷 5min 锚固）

D. 0→初应力→ $1.05\sigma_{con}$（持荷 5min）→$0.9\sigma_{con}$→σ_{con}（锚固）

7. 采用扭矩法施拧高强度螺栓连接副时，初拧、复拧和终拧应在同一工作日内完成。复拧扭矩等于（　　　）。

A. 终拧扭矩的 75%   B. 终拧扭矩的 90%

C. 终拧扭矩   D. 初拧扭矩

二　多项选择题

1. 高性能混凝土水泥宜选用品质稳定、标准稠度需水量低、强度等级不低于 42.5 的（　　　）。

A. 硅酸盐水泥   B. 普通硅酸盐水泥

C. 粉煤灰硅酸盐水泥   D. 矿渣硅酸盐水泥

E. 火山灰质硅酸盐水泥

2. 切断预应力筋可采用的机械设备有（　　　）。

A. 切断机   B. 电弧

C. 砂轮锯   D. 弯曲机

E. 火焰切割机

3. 预应力筋的下料长度要通过计算确定，计算时应考虑的因素有（　　　）。

A. 台座长度   B. 锚夹具厚度

C. 预应力筋的松弛长度   D. 千斤顶长度

E. 弹性回缩值

4. 对施加预应力所用的机具设备及仪表应重新进行标定的情况有（　　　）。

A. 使用时间超过 6 个月

B. 张拉次数超过 300 次

C. 温度低于 0℃

D. 使用过程中千斤顶或压力表出现异常情况

E. 千斤顶检修或更换配件后

5. 泵送混凝土的水泥宜选用（　　　）。

A. 硅酸盐水泥   B. 普通硅酸盐水泥

C. 矿渣硅酸盐水泥   D. 粉煤灰硅酸盐水泥

E. 快硬硫铝酸盐水泥

6. 钢 – 混凝土接头常用的连接件形式有（　　　）。

A. 焊钉连接件   B. 开孔板连接件

C．型钢连接件　　　　　　　　D．铆钉连接件

E．钢铰连接件

【答案与解析】

一、单项选择题

1．B；　　2．A；　　*3．B；　　4．D；　　5．D；　　6．C；　　*7．D

【解析】

3．答案 B

高强度混凝土水泥宜选用硅酸盐水泥和普通硅酸盐水泥。掺合料可选用粉煤灰、粒化高炉矿渣粉和硅灰等，粉煤灰等级应不低于Ⅱ级。

7．答案 D

高强度螺栓施拧采用的扭矩扳手，作业前后均应进行校正，其扭矩误差不得超过使用扭矩值的 ±5%。采用扭矩法施拧高强度螺栓连接副时，初拧、复拧和终拧应在同一工作日内完成。初拧扭矩宜为终拧扭矩的 50%，复拧扭矩等于初拧扭矩。

二、多项选择题

*1．A、B；　　　　2．A、C；　　　　*3．A、B、D、E；　　4．A、B、D、E；

5．A、B、C、D；　　6．A、B、C

【解析】

1．答案 A、B

高性能混凝土水泥宜选用品质稳定、标准稠度需水量低、强度等级不低于 42.5 的硅酸盐水泥或普通硅酸盐水泥，不宜采用矿渣硅酸盐水泥、火山灰质硅酸盐水泥及粉煤灰硅酸盐水泥。

3．答案 A、B、D、E

预应力筋的下料长度应通过计算确定并考虑结构的孔道长度或台座长度、锚夹具厚度、千斤顶长度、镦头预留量、冷拉伸长值、弹性回缩值、张拉伸长值和张拉工作长度等因素。

3.4　桥梁下部结构施工

复习要点

1．桩基础施工

沉入桩施工、钻孔灌注桩施工。

2．沉井施工

沉井施工前的准备、沉井制作、沉井浮运与就位、沉井下沉、沉井接高、沉井着床、基底检验与沉井封底。

3．地下连续墙施工

地下连续墙是利用挖槽机械，借助于泥浆护壁，在地下挖出一条窄而深的沟槽，

并在槽内施工钢筋混凝土等合适材料，形成一道具有防渗（水）、挡土和承重功能的、连续的地下墙体。地下连续墙施工一般包括挖槽、下放钢筋笼、浇筑混凝土、槽段间的连接四个主要工序。

4．基坑施工

土石围堰工程包括土围堰、土袋围堰、膜袋围堰，其堰顶高程应高出施工期间可能出现的最高水位（包括浪高）0.5～0.7m。

基坑边缘的顶面应设置截水沟等防止地面水流入基坑的设施。基坑开挖应对边缘顶面的各种荷载进行严格限制，并在基坑边缘与荷载之间设置护道。

桥梁施工中常用的基坑降排水方法有集水坑、井点降水法、止水帷幕法等。

基底处理方法通常有换填土法、桩体挤密法、砂井法、袋装砂井法、预压法加固地基、强夯法、电渗法、振动水冲法、深层搅拌桩法、高压喷射注浆法、化学固化剂法等。

5．承台施工

当承台处于干处时，一般直接采用明挖基坑，并根据基坑状况采取一定措施后，在其上安装模板，浇筑承台混凝土。当承台位于水中时，一般先设围堰（钢板桩围堰、套箱围堰、双壁钢围堰等）将群桩围在堰内，然后在堰内河底灌注水下混凝土封底，凝结后，将水抽干，使各桩处于干处，再安装承台模板，在干处灌筑承台混凝土。

6．墩台施工

钢筋混凝土墩台施工、石砌墩台施工。

7．后背回填施工

桥涵台背及锥坡、护坡后背的填料宜采用天然砂砾、二灰土、水泥稳定土或粉煤灰等轻质材料，不得采用含有泥草、腐殖质或冻块的土。采用膨胀性聚苯乙烯泡沫塑料、泡沫轻质土等特殊材料回填施工时，应符合相关规范规定。

后背回填应顺路线方向，自台身起，其填土的长度在顶面应不小于桥台高度加2m，在底面应不小于2m；拱桥台背填土的长度应不小于台高的3～4倍。锥坡填土应与台背填土同时进行，并按设计宽度一次填足。

后背回填的顺序应符合设计规定。设计未规定时，拱桥的台背填土宜在主拱圈安装或砌筑以前完成；梁式桥轻型桥台的台背填土宜在梁体安装完成以后，在两端桥台平衡地进行；埋置式桥台的台背填土宜在柱侧对称、平衡地进行。

一 单项选择题

1. 桩径或最小边宽度小于（　　　）mm时不得采用人工挖孔施工。
   A．1000　　　　　　　　　　　B．1200
   C．1300　　　　　　　　　　　D．1500

2. 地下连续墙的清底工序应包括清除槽底沉淀的泥渣和（　　　）。
   A．置换槽中的泥浆　　　　　　B．清除槽中的淤泥
   C．水下混凝土灌注　　　　　　D．修槽工作

3. 下列关于桥梁基坑地基基底检验的说法，错误的是（　　　）。

A．小桥涵的地基，一般采用直观或触探方法

B．特殊设计的小桥涵对地基沉陷有严格要求且土质不良时，宜进行荷载试验

C．对经加固处理后的特殊地基，一般采用荷载试验

D．大、中桥地基，一般由检验人员用直观、触探、挖试坑或钻探试验等方法，确定土质容许承载力是否符合设计要求

4．下列关于基坑开挖边坡失稳的预防及处理措施的说法，错误的是（　　）。

A．基坑开挖之前，应先做好地面排水系统

B．坑顶边缘应有一定的距离作护道，动载距坑缘不小于 0.5m

C．基坑开挖宜安排在枯水或少雨季节进行并连续施工

D．基坑坑壁坡度宜为 1∶0.5

5．下列关于钻孔灌注桩施工中护筒作用的说法，错误的是（　　）。

A．起到钻头导向作用　　　　　　　B．隔离地表水

C．支护桩壁　　　　　　　　　　　D．固定桩孔位置

6．地下连续墙施工主要工序一般包括：挖槽、下放钢筋笼、浇筑混凝土和（　　）。

A．槽段间的连接　　　　　　　　　B．回填

C．清理槽底　　　　　　　　　　　D．构筑导墙

7．钻孔灌注桩施工的主要工序是（　　）。

A．钻孔→埋设护筒→制备泥浆→清孔与成孔检查→钢筋笼制作与安装→灌注水下混凝土

B．埋设护筒→制备泥浆→钻孔→清孔与成孔检查→钢筋笼制作与安装→灌注水下混凝土

C．钻孔→灌注水下混凝土→埋设护筒→制备泥浆→钻孔→清孔与成孔检查→钢筋笼制作与吊装

D．制备泥浆→埋设护筒→钻孔→钢筋笼制作与吊装→清底→灌注水下混凝土

8．在浮运、就位的任何时间内，沉井露出水面的高度均不应小于（　　）m，并应考虑预留防浪高度或采取防浪措施。

A．1.0　　　　　　　　　　　　　B．1.5

C．2.0　　　　　　　　　　　　　D．2.5

9．高度大于或等于 40m 的高墩施工，钢筋的主筋宜采用（　　）。

A．机械方式连接　　　　　　　　　B．焊接

C．钢筋绑扎连接　　　　　　　　　D．直螺纹接头连接

10．双壁钢围堰拼焊后应进行焊接质量检验及（　　）。

A．水密性试验　　　　　　　　　　B．抗压试验

C．针入度试验　　　　　　　　　　D．抗倾覆试验

11．下列关于墩、台身圬工砌体施工要求的说法，错误的是（　　）。

A．砌块在使用前应浇水湿润

B．砌筑基础的第一层砌块时，基底为岩层，可直接坐浆砌筑

C．砌体宜分层砌筑，砌体较长时可分段分层砌筑

D．各砌层应先砌外圈定位行列，再砌筑里层

二　多项选择题

1. 人工挖孔桩作业应配备的防护用品有（　　　）。
   - A. 安全帽
   - B. 安全带
   - C. 防滑鞋
   - D. 绝缘手套
   - E. 安全绳

2. 钻孔灌注桩在终孔后，应对桩孔的（　　　）进行检验。
   - A. 孔位
   - B. 孔径
   - C. 孔形
   - D. 倾斜度
   - E. 孔底沉淀厚度

3. 挖孔桩在挖孔达到设计高程并经确认后，应将孔底的松渣、杂物和沉淀泥土等清除干净，应及时对（　　　）等进行检验。
   - A. 桩孔孔位
   - B. 桩孔孔径
   - C. 桩孔孔深
   - D. 挖孔桩坡度
   - E. 孔底处理情况

4. 桥涵台背及锥坡、护坡后背的填料宜采用（　　　）。
   - A. 天然砂砾
   - B. 膨胀土
   - C. 二灰土
   - D. 粉煤灰
   - E. 水泥稳定土

5. 下列关于钻孔灌注桩正循环回转法的说法，正确的有（　　　）。
   - A. 它是利用钻具旋转切削土体钻进，泥浆泵将泥浆压进泥浆笼头，通过钻杆中心从钻头喷入钻孔内
   - B. 泥浆输入钻孔内，然后从钻头的钻杆下口吸进，通过钻杆中心排出至沉淀池内
   - C. 泥浆挟带钻渣沿钻孔上升，从护筒顶部排浆孔排出至沉淀池
   - D. 泥浆是从上向下流动
   - E. 需设置泥浆槽、沉淀池等

6. 沉入桩的施工方法主要有（　　　）。
   - A. 锤击沉桩
   - B. 振动沉桩
   - C. 射水沉桩
   - D. 自动沉桩
   - E. 重复沉桩

7. 钢围堰的混凝土封底厚度应符合设计规定；设计未规定时，应根据（　　　）等因素经计算后确定。
   - A. 桩周摩擦力
   - B. 浮力
   - C. 围堰结构自重
   - D. 封底混凝土自身强度
   - E. 围堰基底应力

8. 套箱围堰的平面尺寸应根据（　　　）确定。
   - A. 承台结构尺寸

B．封底混凝土厚度

C．承台底标高

D．安装及放样误差

E．施工期间可能出现的最高水位及浪高

9．套箱围堰的封底混凝土厚度应根据（　　　）等计算确定。

A．桩周摩擦力　　　　　　　　B．浮力

C．设计荷载　　　　　　　　　D．围堰结构自重

E．封底混凝土自身强度

10．下列关于高墩施工的说法，正确的有（　　　）。

A．混凝土的垂直输送宜采用泵送方式，泵管宜布设在塔式起重机上

B．绑扎和安装钢筋时，应在作业面设置具有外围护的操作平台

C．宜设置塔式起重机或其他可靠的起重设备

D．施工过程中应对墩身的平面位置和垂直度进行监控

E．养护用的水管可布设在墩身上，且应与电缆分开设置

【答案与解析】

一、单项选择题

*1．B；　　2．A；　　3．C；　　4．B；　　5．C；　　*6．A；　　7．B；　　8．B；

*9．A；　　10．A；　　11．B

【解析】

1．答案B

桩径或最小边宽度小于1200mm时不得采用人工挖孔施工。

6．答案A

地下连续墙施工一般包括：挖槽、下放钢筋笼、浇筑混凝土和槽段间的连接四个主要工序。

9．答案A

整体制作安装的钢筋应有保证刚度防止变形的可靠措施。钢筋的主筋宜采用机械方式连接，机械连接的施工要求应符合相关规定。

二、多项选择题

1．A、B、C、E；　　2．A、B、C、D；　　*3．A、B、C、E；　　*4．A、C、D、E；

5．A、C、E；　　*6．A、B、C；　　7．A、B、C、D；　　*8．A、D；

9．A、B、D、E；　　10．B、C、D、E

【解析】

3．答案A、B、C、E

挖孔达到设计高程并经确认后，应将孔底的松渣、杂物和沉淀泥土等清除干净。及时对桩孔孔位、孔径、孔深、倾斜度及孔底处理情况等进行检验。

4．答案A、C、D、E

桥涵台背及锥坡、护坡后背的填料应符合设计规定。设计未规定时，宜采用天然

砂砾、二灰土、水泥稳定土或粉煤灰等轻质材料，不得采用含有泥草、腐殖质或冻块的土。采用膨胀性聚苯乙烯泡沫塑料、泡沫轻质土等特殊材料回填施工时，应符合相关规范规定。

6. 答案 A、B、C

沉入桩的施工方法主要有：锤击沉桩、振动沉桩、射水沉桩等。

8. 答案 A、D

套箱围堰的平面尺寸应根据承台结构尺寸、安装及放样误差确定，套箱顶标高应根据施工期间可能出现的最高水位及浪高等因素确定，套箱底板标高根据承台底标高及封底混凝土厚度确定。

3.5 桥梁上部结构施工

> **复习要点**

1. 桥梁上部结构装配式施工

先张法预制梁板、预制梁（板）的吊装、后张法预制梁板。

2. 桥梁上部结构支架及逐孔施工

支架施工工序、逐孔施工。

3. 桥梁上部结构悬臂施工

悬臂拼装施工：悬臂拼装施工包括块件的预制、运输、拼装及合龙。它与悬浇施工具有相同的优点，不同之处在于悬拼以吊机将预制好的梁段逐段拼装。梁段预制方法分长线法及短线法。长线法施工工序：预制场、存梁区布置→梁段浇筑台座准备→梁段浇筑→梁段吊运存放、修整→梁段外运→梁段吊拼。

悬臂浇筑施工法：适用于大跨径的预应力混凝土悬臂梁桥、连续梁桥、T形刚构桥、连续刚构桥。其特点是无须建立落地支架，无须大型起重与运输机具，主要设备是一对能行走的挂篮。挂篮是悬浇箱梁的主要设备，它是沿着轨道行走的活动脚手架及模板支架。国内外现有的挂篮按结构形式可分为桁架式、三角斜拉带式、预应力束斜拉式、斜拉自锚式；按行走方式可分为滑移式和滚动式；按平衡方式可分为压重式和自锚式。对某一具体工程，应根据梁段分段情况，根据对挂篮的重量、要求承受荷载及施工经验对挂篮进行认真详细的设计。除必须满足强度、刚度、稳定性要求外，还要使其行走、锚固方便可靠，重量不大于设计规定。挂篮由主桁架、锚固、平衡系统及吊杆、纵横梁等部分组成，由工厂或现场根据挂篮设计图纸精心加工而成。挂篮试拼后，必须进行荷载试验。

4. 桥梁上部结构顶推施工

顶推法多应用于预应力钢筋混凝土等截面连续梁桥和斜拉桥梁的施工。梁体在桥头逐段浇筑或拼装，用千斤顶纵向顶推，使梁体通过各墩顶的临时滑动支座面就位的施工方法。顶推施工是在桥台的后方设置预制施工场地，分节段浇筑梁体，并用纵向预应力筋将浇筑节段与已完成的梁体连成整体，在梁体前安装长度为顶推跨径 0.7 倍左右的钢导梁，然后通过水平千斤顶施力，将梁体向前方顶推出施工场地。这样分段预制，逐段顶推，待全部顶推就位后，落梁、结构体系转换、更换正式支座，完成桥梁施工。顶推施工的方法可分为单点顶推和多点顶推。

掌握顶推法施工工序及顶推施工中的施工要点。

5．钢箱梁安装

按照力学体系分类，钢桥有梁、拱、索三大基本体系和组合体系桥；按照主梁结构形式，可分为钢板梁、钢箱梁、钢桁梁和结合梁；按照截面沿跨度方向有无变化，可分为等截面钢梁和变截面钢梁；按照连接方式，可分为铆接、焊接、栓接以及栓焊连接。若钢桥构件在工厂焊接后运到工地，再全部用焊接组装成钢桥，称为工地全焊连接；若在工地部分构件用高强度螺栓连接，另一部分用焊缝焊接组装成钢桥，则称为合用连接。

钢桥架设基本作业程序包括杆件预拼、杆件拼装、高强度螺栓栓接、工地焊接、顶落钢梁、墩面移梁与临时支座及其转换、钢梁定位与支座安装等工序。

掌握大节段钢箱梁架设。

6．拱桥的施工

掌握拱（支）架上现浇混凝土拱圈、无支架和少支架预制安装、转体施工、劲性骨架拱、钢管混凝土拱、悬臂浇筑、钢拱桥的施工要点。

7．斜拉桥的施工

斜拉桥由梁、塔、索三种基本构件组成桥梁结构体系。

斜拉桥的桥面如同多孔的弹性支承连续梁，斜拉的每根钢索如同桥墩，众多的桥墩斜向集中到一根塔柱上再集中传到地基上。斜拉桥的索承受巨大拉力，塔、梁承受巨大压力，但塔的左右水平力自我平衡。斜拉桥的施工主要包括主塔的施工、主梁的施工、拉索的施工等。

8．悬索桥的施工

大跨径悬索桥的结构形式按吊索和加劲梁的形式可分为：竖直吊索，钢桁架作加劲梁；三角形布置的斜吊索，以扁平流线形钢箱梁作加劲梁；竖直吊索和斜吊索的混合形，流线形钢箱梁作加劲梁；除了具有一般悬索桥的缆索体系外，还设有若干加强用的斜拉索。

按照加劲梁的支承结构不同悬索桥可分为单跨两铰加劲梁、三跨两铰加劲梁和三跨连续加劲梁悬索桥。

悬索桥下部工程包括锚碇基础、锚体和塔柱基础等施工，上部工程包括主塔、主缆和加劲梁的施工。施工架设主要工序为：基础施工→塔柱和锚碇施工→先导索渡河（海）工程→牵引系统和猫道系统→猫道面层和抗风缆架设→索股架设→索夹和吊索安装→加劲梁架设和桥面铺装施工。

悬索桥的施工主要分四部分：锚碇施工、主塔和索鞍施工、加劲梁施工、主缆施工。

9．桥梁监测

监测系统对以下几个方面进行监控：桥梁结构在正常环境与交通条件下运营的物理与力学状态；桥梁重要非结构构件（如支座）和附属设施（如振动控制元件）的工作状态；结构构件耐久性；桥梁所处环境条件等。

监测范围包括敏感部位监测和总体监测。监测方式有人工监测和自动监测。

常规监测的工作参数有位移（绝对位移和相对位移，静位移和动位移）、变形（静动挠度、静动应变等）、力、动力参数（如速度、加速度，可转换成频率、振型，再转换成张力、位移）、外观和完整率（如气蚀、磨损、裂缝、剥落）、物理化学现象（如混凝土碱集料反应、混凝土中性化、钢材锈蚀）和环境（如风速、风向、空气或桥体温度、地震、交通量和荷载）。

一 单项选择题

1. 装配式桥的构件在安装时，混凝土强度应不低于设计规定的吊装强度；设计未规定时，应不低于设计强度的（   ）。

  A．80%   B．85%

  C．90%   D．95%

2. 下列双导梁架桥机施工工艺流程中，顺序正确的是（   ）。

  A．试吊→架桥机及导梁拼装→架桥机前移至安装跨

  B．支顶前支架→试吊→架桥机前移至安装跨

  C．支顶前支架→运梁、喂梁→吊梁、纵移到位

  D．吊梁、纵移到位→安放支座、落梁→降梁、横移到位

3. 对于大跨径的预应力混凝土悬臂梁桥，其0号、1号块的施工一般采用落地支架或（   ）。

  A．扇形托架浇筑   B．满堂架浇筑

  C．预制吊装   D．挂篮浇筑

4. 下列关于箱梁整孔预制安装的说法，正确的是（   ）。

  A．架桥机过孔时，抗倾覆稳定系数应不小于1.3

  B．箱梁混凝土宜一次连续浇筑完成，且宜采取水平分层、水平推进的方式浇筑

  C．对箱梁预应力钢束的终张拉，应在其混凝土抗压强度达到设计强度的75%、弹性模量不小于设计值的75%后进行

  D．箱梁安装后的吊梁孔应采用收缩补偿混凝土封填

5. 支架现浇时，钢筋、预应力筋安装的紧前工序是（   ）。

  A．模板系统安装   B．支架加载预压

  C．支架搭设   D．内模安装

6. 挂篮与悬浇梁段混凝土的重量比宜不大于（   ）。

  A．0.5   B．0.6

  C．0.7   D．0.8

7. 下列连续刚构桥悬臂浇筑施工工艺流程中，顺序正确的是（   ）。

  A．0号块混凝土浇筑→0号块预应力钢束张拉→组拼挂篮→挂篮预压

  B．组拼挂篮→挂篮预压→0号块预应力钢束张拉→对称悬臂浇筑1号块

  C．对称悬臂浇筑1号块→挂篮分离，前移就位→1号块预应力钢束张拉

D. 悬臂浇筑 2 号块及后续块段施工→中跨合龙→边跨合龙（边跨现浇混凝土浇筑）

8. 下列关于拱圈砌筑的说法，正确的是（　　）。

A. 跨径小于 10m 的拱圈，当采用满布式拱架砌筑时宜分段、对称地先砌筑拱脚和拱顶段，后砌 1/4 跨径段

B. 跨径 10～20m 的拱圈，不论采用何种拱架，每半跨均应分成三段砌筑，先砌拱脚段和拱顶段，后砌 1/4 跨径段，且两半跨应同时对称地进行

C. 砌筑拱圈时，应在拱脚、拱顶石两侧和分段点等部位设置胀缝

D. 应根据拱圈的跨径、设计荷载、桥台类型，提前设计并确定拱圈砌筑的程序

9. 悬索桥施工主要工序中，索股架设的紧前工序是（　　）。

A. 猫道面层和抗风缆架设　　　　B. 索夹和吊索安装

C. 牵引系统安装　　　　　　　　D. 加劲梁架设

10. 劲性骨架拱圈的浇筑采用水箱压载分环浇筑法施工时，应严格控制（　　）跨截面附近的劲性骨架的变形，预防混凝土开裂。

A. 1/2　　　　　　　　　　　　B. 1/3

C. 1/4　　　　　　　　　　　　D. 1/5

11. 斜拉桥施工时，在主梁悬梁浇筑或悬臂拼装过程中，确保主梁线形和顺、正确是第一位的，施工中以（　　）控制为主。

A. 拉索索力　　　　　　　　　　B. 标高

C. 预制块件接缝转角　　　　　　D. 混凝土强度

12. 根据钢桥基本构件结构外形和构造的不同进行划分，钢管拱桥属于（　　）。

A. 杆系结构　　　　　　　　　　B. 板系结构

C. 柱系结构　　　　　　　　　　D. 管系结构

二　多项选择题

1. 支架现浇梁单个施工单元施工工艺流程包括（　　）。

A. 支架加载预压　　　　　　　　B. 内模安装

C. 预应力孔道压浆　　　　　　　D. 铰缝施工

E. 落架、模板支架拆除

2. 关于箱梁运输的说法，正确的有（　　）。

A. 纵向坡度应不大于 3%

B. 横向坡度（人字坡）应不大于 4%

C. 重载运行时的速度宜控制在 5km/h 以内

D. 曲线、坡道地段应严格控制在 5km/h 以内

E. 在运梁车通过的限界内，不得有任何障碍物

3. 桥梁上部结构的转体施工按转动方向分为（　　）。

A. 斜向转体施工法　　　　　　　B. 竖向转体施工法

C．平面转体施工法　　　　　　D．空间转体施工法

E．平竖结合转体法

4．适用于平转施工的桥梁有（　　　）。

A．刚构梁式桥　　　　　　　　B．斜拉桥

C．钢管混凝土拱桥　　　　　　D．钢架拱桥

E．连续梁桥

5．桥梁施工控制方法有（　　　）。

A．最小宽容度控制法　　　　　B．事后控制法

C．自适应控制法　　　　　　　D．预测控制法

E．最大宽容度控制法

6．跨径较大的拱圈或拱肋，分段浇筑的分段的位置宜设置在（　　　）。

A．$L/4$ 部位　　　　　　　　　B．$L/3$ 部位

C．拱架节点　　　　　　　　　D．拱脚

E．拱顶

7．斜拉桥的索塔施工时，应对其（　　　）等进行监测和控制。

A．索塔偏位　　　　　　　　　B．平面位置

C．应力　　　　　　　　　　　D．倾斜度

E．线形

8．斜拉桥按主梁的受力状态分为（　　　）。

A．漂浮体系　　　　　　　　　B．支承体系

C．塔梁固结体系　　　　　　　D．刚构体系

E．桁架体系

9．挂篮按主要承重结构形式可分为（　　　）。

A．桁架式　　　　　　　　　　B．斜拉式

C．锚固式　　　　　　　　　　D．刚性模板式

E．钢板梁式

【答案与解析】

一、单项选择题

*1．A；　　*2．C；　　3．A；　　4．D；　　5．B；　　6．A；　　*7．A；　　8．B；

*9．A；　　10．C；　　*11．B；　　*12．D

【解析】

1．答案 A

《公路桥涵施工技术规范》JTG/T 3650—2020 规定，装配式桥的构件在脱底模、移运、存放和安装时，混凝土强度应不低于设计规定的吊装强度；设计未规定时，应不低于设计强度的 80%。

2．答案 C

双导梁架桥机施工工艺流程主要包括：① 梁体预制及运输、铺设轨道→② 架桥

机及导梁拼装→③ 试吊→④ 架桥机前移至安装跨→⑤ 支顶前支架→⑥ 运梁、喂梁→⑦ 吊梁、纵移到位→⑧ 降梁、横移到位→⑨ 安放支座、落梁→⑩ 重复第⑤～⑨步，架设下一片梁→⑪ 铰缝施工，完成整跨安装→⑫ 架桥机前移至下一跨，直至完成整桥安装。

7. 答案 A

连续刚构桥悬臂浇筑施工流程：0 号块支架搭设、预压→0 号块混凝土浇筑→0 号块预应力钢束张拉→组拼挂篮→挂篮预压→对称悬臂浇筑 1 号块→1 号块预应力钢束张拉→挂篮分离，前移就位→悬臂浇筑 2 号块及后续块段施工→边跨合龙（边跨现浇混凝土浇筑）→中跨合龙。

9. 答案 A

悬索桥施工主要工序包括：基础施工→塔柱和锚碇施工→先导索渡河（海）工程→牵引系统和猫道系统→猫道面层和抗风缆架设→索股架设→索夹和吊索安装→加劲梁架设和桥面铺装施工。

11. 答案 B

斜拉桥施工时，在主梁悬臂浇筑或悬臂拼装过程中，确保主梁线形和顺、正确是第一位的，施工中以标高控制为主。

12. 答案 D

根据钢桥基本构件结构外形和构造的不同，钢桥制造可分为杆系、板系、管系结构。管系结构是指钢管拱桥，通常在工厂制成管状拱肋节段安装，跨中合龙；或者在桥位岸侧拼装成半跨，转体就位、跨中合龙。

二、多项选择题

*1. A、B、C、E;　　2. A、B、C、E;　　*3. B、C、E;　　4. A、B、C;
5. B、C、D、E;　　*6. A、C、D、E;　　7. B、C、D、E;　　8. A、B、C、D;
*9. A、B、E

【解析】

1. 答案 A、B、C、E

支架现浇梁单个施工单元施工工艺流程主要包括：地基处理→支架搭设→模板系统安装→支架加载预压→钢筋、预应力筋安装→内模安装→混凝土浇筑→混凝土养护→预应力张拉→预应力孔道压浆→落架、模板支架拆除。

3. 答案 B、C、E

转体施工按转动方向分为竖向转体施工法、平面转体施工法和平竖结合转体法。

6. 答案 A、C、D、E

跨径较大的拱圈或拱肋，应沿拱跨方向分段对称浇筑，分段的位置应以拱架受力对称、均匀和变形小为原则，且宜设置在拱顶、$L/4$ 部位、拱脚及拱架节点等处。

9. 答案 A、B、E

挂篮按主要承重结构形式可分为桁架式、斜拉式及钢板梁式；按受力原理可分为垂直吊杆式、斜拉式、刚性模板式；按抗倾覆平衡方式可分为压重式、锚固式、半压重式半锚固式；按移动方式可分为滑动式、滚动式、组合式。

3.6 桥面及附属工程

复习要点

1. 支座施工

支座安装前，应对支座垫石的混凝土强度、平面位置、顶面高程、预留地脚螺栓孔和预埋钢垫板等进行复核检查。

掌握板式橡胶支座、盆式支座、球型支座安装规定。

2. 伸缩装置施工

伸缩装置宜在桥面铺装施工完成后，采用反开槽的方式进行安装；当采用先安装再铺装桥面的方式时，应采取有效措施对安装好的伸缩装置进行妥善保护。

伸缩装置安装固定后应在能自由伸缩的开放状态下进行两侧过渡段混凝土的浇筑，过渡段宜采用环氧树脂混凝土或纤维混凝土。混凝土浇筑完成后应及时覆盖并洒水养护，养护时间应不少于 7d。过渡段混凝土在未达到设计要求的强度前，不得开放交通。

掌握橡胶伸缩装置、模数式伸缩装置的安装规定。

3. 桥面铺装

掌握混凝土桥面、钢桥面铺装施工要点。

4. 桥面防护设施

掌握混凝土防撞护栏、人行道安装、桥面安全带和缘石的安装规定。

5. 钢筋混凝土桥头搭板施工

钢筋混凝土搭板及枕梁宜采用就地浇筑的方式施工。搭板钢筋与其下垫层间宜设置交错布置的垫块。浇筑搭板混凝土时应按搭板的坡度由低处向高处进行。

一 单项选择题

1. 伸缩装置安装前应对预留槽口的混凝土进行（　　　）。
   A. 防锈处理　　　　　　　　　B. 防水处理
   C. 切割并清理　　　　　　　　D. 凿毛并清理干净

2. 橡胶伸缩装置应根据气温和缝宽进行必要的调整后，再将伸缩装置安装就位并使其处于（　　　）。
   A. 受拉状态　　　　　　　　　B. 受压状态
   C. 受弯拉状态　　　　　　　　D. 受剪状态

3. 钢桥面铺装应采用（　　　）检测钢桥面沥青混凝土铺装质量。
   A. 无损检测法　　　　　　　　B. 钻孔法
   C. 水袋法　　　　　　　　　　D. 振动台法

4. 浇筑搭板混凝土时应按（　　　）进行，振捣时应避免碰撞钢筋、模板。
   A. 路基的横坡度由高处向低处　　B. 路基的横坡度由低处向高处
   C. 搭板的坡度由高处向低处　　　D. 搭板的坡度由低处向高处

二 多项选择题

1. 支座安装前，应对支座垫石的（ ）等进行复核检查，确认符合设计要求后方可进行安装。
   A. 混凝土强度
   B. 平面位置
   C. 顶面高程
   D. 底面高程
   E. 预留地脚螺栓孔

2. 下列关于混凝土防撞护栏施工的说法，正确的有（ ）。
   A. 宜采用坍落度较高的混凝土，浇筑时应分层进行
   B. 结构重心位于梁体以外的悬臂式防撞护栏，应在与主梁横向联结或拱上结构完成后方可施工
   C. 防撞护栏的钢筋应与梁体的预留钢筋可靠连接
   D. 防撞护栏应在桥面两侧对称施工
   E. 模板宜采用钢模

【答案与解析】

一、单项选择题

1. D； 2. B； 3. A； *4. D

【解析】

4. 答案 D

浇筑搭板混凝土时应按搭板的坡度由低处向高处进行，这样浇筑的混凝土才会匀质、平整，否则低处易出现浆体过厚的现象。

二、多项选择题

*1. A、B、C、E； 2. B、C、D、E

【解析】

1. 答案 A、B、C、E

支座安装前，应对支座垫石的混凝土强度、平面位置、顶面高程、预留地脚螺栓孔和预埋钢垫板等进行复核检查，确认符合设计要求后方可进行安装。

3.7 桥梁工程质量通病及防治措施

复习要点

1. 钻孔灌注桩断桩防治

掌握原因分析、钻孔灌注桩断桩的主要防治措施。

2. 钢筋混凝土梁桥预拱度偏差防治

掌握原因分析、钢筋混凝土梁桥预拱度偏差的主要防治措施。

3．箱梁两侧腹板混凝土厚度不均防治

掌握原因分析、箱梁两侧腹板混凝土厚度不均的主要防治措施。

4．钢筋混凝土结构构造裂缝防治

掌握原因分析、钢筋混凝土结构构造裂缝的主要防治措施。

5．悬臂浇筑钢筋混凝土箱梁施工（挠度）控制

掌握原因分析、悬臂浇筑钢筋混凝土箱梁的施工（挠度）控制的主要防治措施。

6．桥面铺装病害防治

掌握原因分析、桥面铺装病害的主要防治措施。

7．桥梁伸缩缝病害防治

掌握原因分析、桥梁伸缩缝病害的主要防治措施。

8．桥头跳车防治

掌握原因分析、桥头跳车的主要防治措施。

一 单项选择题

1．钻孔灌注桩施工时，导管使用前，要对导管进行检漏和（　　），以防导管渗漏。

  A．抗压试验　　　　　　　　　B．抗拉力试验

  C．抗弯试验　　　　　　　　　D．抗折试验

2．钢筋混凝土梁桥预拱度偏差防治措施中，应严格控制张拉时的混凝土强度，控制张拉的试块应与梁板同条件养护，对于预制梁还需控制混凝土的（　　）。

  A．坍落度　　　　　　　　　　B．容重

  C．伸长值　　　　　　　　　　D．弹性模量

3．桥面铺装病害形成原因不包括（　　）。

  A．桥梁结构的大变形引起沥青混凝土铺装层的破坏

  B．桥头跳车和伸缩缝破坏引起的连锁破坏

  C．铺装防水层破损导致桥面铺装的破坏

  D．梁体预拱度过小，采用桥面铺装厚度来调整施工允许误差

4．如果没有对称浇筑箱梁混凝土，可能造成的质量病害是（　　）。

  A．箱梁梁体出现构造裂缝

  B．箱梁梁体表面不平整

  C．箱梁两侧腹板混凝土厚度不均

  D．箱梁顶板变厚

二 多项选择题

1．桥梁伸缩缝损坏的施工因素有（　　）。

  A．伸缩缝安装不合格

  B．养护时间不够

C．锚件焊接内在质量差

D．伸缩装置两侧填充混凝土强度不达标

E．填充到伸缩缝内的外来物未能及时清除

2．钻孔灌注桩断桩的原因有（　　　）。

A．混凝土坍落度小，石料粒径过大，导管直径较小，在混凝土灌注过程中堵塞导管，且在混凝土初凝前未能疏通好

B．由于测量及计算错误，致使导管底口距孔底距离较大，使首批灌注的混凝土不能埋住导管

C．在导管提拔时，导管提拔过量，从而使导管拔出混凝土面

D．导管埋置深度过深，无法提起或将导管拔断

E．导管渗漏致使空气进入导管内，在混凝土内形成软弱层

3．悬臂浇筑钢筋混凝土箱梁桥的施工合龙标高误差的影响因素有（　　　）。

A．张拉有效预应力的大小　　　　B．海拔高度不同

C．施工临时荷载大小　　　　　　D．日照及温度差异

E．桥墩变位

【答案与解析】

一、单项选择题

*1．B；　　2．D；　　3．D；　　4．C

【解析】

1．答案 B

导管的直径应根据桩径和石料的最大粒径确定，尽量采用大直径导管；对每节导管进行组装编号，导管安装完毕后要建立复核和检验制度。导管使用前，要对导管进行检漏和抗拉力试验，以防导管渗漏。

二、多项选择题

1．A、B、C、D；　　　*2．A、B、C、D；　　　3．A、C、D、E

【解析】

2．答案 A、B、C、D

选项 E 应为导管接口渗漏致使泥浆进入导管内，在混凝土内形成夹层，造成断桩。

3.8　桥梁工程改（扩）建

复习要点

1．桥梁工程改（扩）建要求

桥梁改建时应充分考虑原桥的技术状况、沿线的地质条件、合理的横向连接方式、新旧桥梁结构的变形协调、新旧结构合理的控制拼接时间以及在不中断原桥交通时的新桥施工方法等。

桥梁拓宽上部结构形式应与旧桥上部结构形式相同或相近，这样可以保持上部结构受力的一致性；保证新旧桥梁上部结构的受力和温度作用变形协调。下部结构形式也应与旧桥下部结构协调一致；新旧桥台也应采用匹配一致的形式。

新旧桥基础沉降差应控制在计算值 5mm 以内，拓宽桥梁基础宜采用桩基础形式。

2．桥梁拓宽改建拼接施工

掌握新旧混凝土结合面的处理和拼接施工、桥梁拓宽改建桥面铺装施工。

一 单项选择题

1．要求桥梁拓宽上部结构形式应与旧桥上部结构形式相同或相近，其主要目的是（　　）。

    A．保证桥梁整体效果美观　　　　B．提高工程经济性

    C．保持上部结构受力的一致性　　D．保证施工安全

2．新旧桥梁上部结构拼接时，对于预应力混凝土 T 梁，新旧 T 梁之间拼接宜采用（　　）。

    A．企口连接　　　　　　　　　　B．铰接连接

    C．塔板连接　　　　　　　　　　D．刚性连接

3．凿除既有桥梁铺装层后，对存在缺陷的部位，应进行修补。对空洞和破损处，应在凿除疏松部分混凝土后，采用（　　）填筑密实。

    A．同等强度的细石混凝土　　　　B．高一级强度的细石混凝土

    C．同等强度的砂浆　　　　　　　D．低一级强度的砂浆

二 多项选择题

1．下列关于桥梁工程改扩建要求的说法，正确的有（　　）。

    A．新旧桥基础沉降差应控制在计算值 10mm 以内

    B．新旧桥台应采用匹配一致的形式

    C．拓宽桥梁基础宜采用桩基础形式

    D．下部结构形式也应与旧桥下部结构协调一致

    E．桥梁拓宽上部结构形式应与旧桥上部结构形式相同或相近

2．下列关于新旧桥梁上部结构拼接连接方式的说法，正确的有（　　）。

    A．钢筋混凝土实心板和预应力混凝土空心板桥，新旧板梁拼接之间宜采用铰接或近似于铰接连接

    B．钢架桥梁，新旧箱梁之间拼接宜采用柔性连接

    C．预应力混凝土 T 梁或组合 T 梁桥，新旧 T 梁之间拼接宜采用刚性连接

    D．连续箱梁桥，新旧箱梁之间拼接宜采用铰接连接

    E．斜拉桥梁，新旧箱梁之间拼接宜采用刚性连接

【答案与解析】

一、单项选择题

*1. C;　　2. D;　　3. B

【解析】

1. 答案 C

桥梁拓宽上部结构形式应与旧桥上部结构形式相同或相近，这样可以保持上部结构受力的一致性；保证新旧桥梁上部结构的受力和温度作用变形协调。

二、多项选择题

1. B、C、D、E;　　*2. A、C、D

【解析】

2. 答案 A、C、D

根据桥梁上部结构不同类型一般采用以下的拼接连接方式：

（1）钢筋混凝土实心板和预应力混凝土空心板桥，新旧板梁拼接之间宜采用铰接或近似于铰接连接。

（2）预应力混凝土 T 梁或组合 T 梁桥，新旧 T 梁之间拼接宜采用刚性连接。

（3）连续箱梁桥，新旧箱梁之间拼接宜采用铰接连接。

第4章　隧道工程

4.1　隧道围岩分级与隧道构造

复习要点

1．公路隧道围岩分级

隧道围岩分级是设计、施工的基础。施工方法的选择、衬砌结构类型及尺寸的确定、隧道施工劳动定额、材料消耗标准的制定都要以围岩分级作为主要依据。

2．围岩分级的判定方法

围岩级别分为Ⅰ（硬）～Ⅵ（软）。隧道围岩分级的综合评判方法宜采用两步分级，第一步先根据岩石的坚硬程度和岩体完整程度两个定性特征和定量的岩体基本质量指标 BQ，进行初步分级；第二步对围岩进行细化定级，此时应在岩体基本质量分级的基础上考虑修正因素（地下水、主要软弱结构面、初始应力状态）的影响，对岩体基本质量指标 BQ 进行修正降低指标值，按修正后的岩体质量指标 $[BQ]$，结合岩体的定性特征综合评判、确定围岩的详细分级。

3．隧道的构造

公路隧道结构构造，由主体构造物和附属构造物两大类组成。主体构造物通常指洞身衬砌和洞门构造物，附属构造物是主体构造物以外的其他建筑物，是为了运营管理、维修养护、给水排水、供蓄发电、通风、照明、通信、安全等而修建的构造物。

隧道洞门可以拦截、汇集地下水，并沿排水渠道排离洞门进入道路两侧的排水沟，防止地表水沿洞门漫流。洞门形式主要有两类，即：端墙式洞门和明洞式洞门。端墙式洞门包括：墙式洞门、翼墙式洞门、台阶式洞门、柱式洞门、拱墙式洞门。洞门端墙应根据需要设置伸缩缝、沉降缝和泄水孔。明洞式洞门包括：直削式洞门、削竹式洞门、倒削式洞门、喇叭口式洞门、棚洞式洞门和框架式洞门。明洞式洞门（除棚洞式明洞和框架式洞门外）是隧道洞门段衬砌突出于山体坡面的结构。棚洞式洞门和框架式洞门均为明洞式洞门，在仰坡、边坡较高，易发生碎落的洞口采用棚洞；在隧道上方覆盖层较薄，又有公路从上方跨越或有其他建筑物在隧道上方时，采用框架式洞门；在地质条件有明显变化的地段，应设置沉降缝；气温变化较大地区，可根据明洞长度设置伸缩缝。

隧道分类，按跨度分类可分为小跨度隧道、一般跨隧道、中跨度隧道和大跨度隧道四类。按长度分类可分为特长隧道、长隧道、中隧道和短隧道四类。隧道衬砌按隧道断面形状分为曲墙式、直墙式和连拱式等。

一　单项选择题

1．隧道工程的主体结构物通常指（　　）。

    A．洞内行车道路　　　　　　　　　　B．洞身衬砌和洞门构造物

C．洞身预支护与衬砌　　　　　　D．防水排水构造物

2．隧道围岩分级是（　　）的基础。

    A．规划　　　　　　　　　　　　B．设计

    C．规划、设计　　　　　　　　　D．设计、施工

3．明洞结构类型分为（　　）和矩形明洞。

    A．拱形明洞　　　　　　　　　　B．端墙形明洞

    C．环框形明洞　　　　　　　　　D．遮光形明洞

4．洞门墙应根据实际需要设置泄水孔和（　　）。

    A．施工缝或伸缩缝　　　　　　　B．施工缝或沉降缝

    C．施工缝或结构缝　　　　　　　D．沉降缝和伸缩缝

5．下列隧道洞门形式中，属于明洞式的是（　　）。

    A．台阶式洞门　　　　　　　　　B．拱翼式洞门

    C．削竹式洞门　　　　　　　　　D．翼墙式洞门

6．隧道围岩详细定级时，不是对围岩 BQ 指标进行修正的因素是（　　）。

    A．地下水的影响　　　　　　　　B．主要软弱结构面影响

    C．初始应力的影响　　　　　　　D．有瓦斯涌出的影响

7．下列不以隧道围岩分级作为主要依据的是（　　）。

    A．施工方法选择　　　　　　　　B．衬砌类型及尺寸的确定

    C．隧道通风形式确定　　　　　　D．材料消耗标准的制定

8．下列关于公路隧道结构构造的说法，正确的是（　　）。

    A．翼墙是隧道洞口垂直于路线的路基边坡支挡结构

    B．隧道洞门属于附属构造物

    C．洞门端墙应设置胀缝、施工缝和泄水孔

    D．公路隧道结构构造由主体构造物和附属构造物组成

9．某公路山岭隧道穿越的岩层主要是坚硬岩，岩体较完整，该围岩的定性分级应该是（　　）级。

    A．Ⅱ　　　　　　　　　　　　　B．Ⅲ

    C．Ⅳ　　　　　　　　　　　　　D．Ⅴ

10．隧道围岩分级一般采用两步分级的综合评判方法，其初步分级考虑的基本因素是（　　）。

    A．围岩的坚硬程度和地下水

    B．岩石的坚硬程度和岩体的完整程度

    C．围岩完整程度和初始应力

    D．岩体的完整程度和地下水

11．有关设置明洞的论述错误的是（　　）。

    A．隧道洞口受塌方、落石、泥石流、岩堆等危害时，宜设置明洞

    B．明洞结构类型为两大类，即拱形明洞和矩形明洞

    C．当拱形明洞侧压力较大或地基承载力不足时，可以设仰拱

    D．防落石危害的明洞，应验算落石冲击荷载下明洞结构的安全性

12. 隧道开挖宽度大于等于 14m 小于 18m 的是（　　）隧道。

    A．小跨度   B．一般跨度

    C．中等跨度   D．大跨度

13. 隧道长度大于 500m 小于等于 1000m 的隧道是（　　）隧道。

    A．特长   B．长

    C．中   D．短

二 多项选择题

1. 隧道围岩分级的综合评判方法根据（　　）来确定隧道围岩分级。

    A．岩石坚硬程度   B．岩体完整程度

    C．有无地下水   D．存在高初始应力与否

    E．细化定级的修正因素

2. 隧道的洞门形式主要有（　　）洞门。

    A．端墙式   B．拱翼式

    C．台阶式   D．削竹式

    E．明洞式

3. 隧道衬砌按断面形状分为（　　）。

    A．曲墙式   B．直墙式

    C．连拱式   D．前竹式

    E．薄壁式

4. 隧道附属构造物是为了（　　）而修建的建筑物。

    A．运营管理   B．维修养护

    C．结构排水   D．通风

    E．照明

5. 隧道围岩分级时，确定岩体质量指标 BQ 值需考虑的修正因素有（　　）。

    A．地下水   B．岩石的坚硬程度

    C．主要软弱结构面   D．岩体完整程度

    E．初始地应力

【答案与解析】

一、单项选择题

1．B；   2．D；   *3．A；   4．D；   *5．C；   6．D；   7．C；   8．D；

*9．A；   10．B；   11．C；   12．C；   13．C

【解析】

3．答案 A

明洞结构类型分为拱形明洞和矩形明洞。

5．答案 C

明洞式洞门包括：直削式洞门、削竹式洞门、倒削式洞门、喇叭口式洞门、棚洞式洞门和框架式洞门。

9．答案 A

Ⅱ级围岩或土体主要定性特征是坚硬岩，岩体较完整。

二、多项选择题

*1. A、B、E；　　　2. A、E；　　　3. A、B、C；　　　4. A、B、D、E；
5. B、D

【解析】

1．答案 A、B、E

隧道围岩分级的综合评判方法宜采用两步分级：根据岩石坚硬程度和岩体完整程度两个定性特征和计算出定量的岩体基本质量指标 BQ，进行初步分级；对围岩进行细化定级时，应在岩体基本质量分级的基础上考虑修正因素的影响，修正其岩体质量指标值。

4.2 隧道地质超前预报和监控量测技术

复习要点

1．隧道地质超前预报

隧道地质超前预报方法主要有：地质调查法、超前钻探法、超前导洞法、水力联系观测法、物理勘探法［TSP（Tunnel Seismic Prediction）法、TGP 法或 TRT 法］。

地质调查法适用于各种地质条件隧道地质超前预报，调查内容应包括隧道地表补充地质调查和隧道内地质素描。物理勘探法适用于长、特长隧道或地质复杂隧道的地质超前预报。当隧道排水或突涌水对地下水资源或周围建筑物产生重大影响时，应进行水力联系观测。

富水构造破碎带、富水岩溶发育地段、煤系或油气地层、瓦斯发育区、采空区以及重大物探异常地段等地质复杂隧道和水下隧道必须采用超前钻探法预报、评价前方地质情况。

2．TSP法

TSP法适用于各种地质条件，对断层、软硬接触面等面状结构反射信号较为明显，每次预报的距离宜为 100～150m，连续预报时，前后两次应重叠 10m 以上。

3．地质超前预报的分级和分类

根据地质复杂程度，包括岩溶发育程度、涌水涌泥程度、断层稳定程度、地应力影响程度和瓦斯影响程度，地质预测预报分为 A、B、C 和 D 四个等级。地质超前预报按预报长度可以分为短距离预报、中距离预报、长距离预报三类。

4．隧道施工监控量测技术

监控量测的目的是掌握围岩和支护的动态信息并及时反馈，指导施工作业；通过对围岩和支护的变位、应力量测，修改支护系统设计；分析各项量测信息，确认或修正设计参数。

采用复合式衬砌和喷锚衬砌的隧道，必须将现场监控量测项目列入施工组织设计。量测计划应根据隧道的围岩条件、支护类型和参数、施工方法以及所确定的量测目的进行编制。同时应考虑量测费用的经济性，并注意与施工的进程相适应。

量测的内容，在复合式衬砌和喷锚衬砌隧道施工时必须进行 5 项必测项目的量测。应根据设计要求、隧道横断面形状和断面大小、埋深、围岩条件、周边环境条件、支护类型和参数、施工方法等综合确定选测项目。地表下沉是必测还是选测根据隧道埋深确定。

富水软弱破碎围岩、流沙、软岩大变形、含水黄土、膨胀岩土等不良地质和特殊岩土段必须进行拱脚下沉量测。

洞内必测项目，各测点宜在靠近掌子面、不受爆破影响范围内尽快安设，初读数应在每次开挖后 12h 内、下一循环开挖前取得，最迟不得超过 24h。选测项目测点埋设时间宜根据实际需要确定。测点应牢固、可靠、易于识别，应能真实反映围岩、支护的动态变化信息。洞内必测项目各测点应埋入围岩中，深度不应小于 0.2m，不应焊接在钢架上，外露部分应有保护装置。各项量测作业均应持续到量测断面开挖支护全部结束，临时支护拆除完成，且变形基本稳定后 15～20d。

应及时对现场量测数据绘制时态曲线（或散点图）和空间关系曲线。当位移－时间曲线趋于平缓时，应进行数据处理回归分析，以推算最终位移和掌握位移变化规律。当位移－时间曲线出现反弯点时，则表明围岩和支护已呈不稳定状态，此时应密切监视围岩动态，并加强支护，必要时暂停开挖。隧道监控量测工作应根据控制基准建立预警机制，可按位移管理等级表实行分级管理。

一 单项选择题

1. 作为隧道地质超前预报的基础，适用于各种地质条件隧道地质超前预报的方法是（　　）。

   A．地质雷达法　　　　　　　　　B．地质调查法

   C．高分辨直流电法　　　　　　　D．超前导洞法

2. 下列隧道超前地质预报方法中，属于物理勘探法的是（　　）。

   A．地质调查法　　　　　　　　　B．超前导洞法

   C．地质雷达法　　　　　　　　　D．水力联系观测法

3. 隧道周边位移的测量仪器一般采用（　　）。

   A．收敛计　　　　　　　　　　　B．测缝计

   C．声波仪　　　　　　　　　　　D．水平仪

4. 下列关于隧道地质超前预报的说法，正确的是（　　）。

   A．软弱地层中 TSP 法每次预报的距离宜为 10～20m

   B．超前水平钻探每循环钻孔长度应不低于 30m

   C．采用地质雷达法预报时，每次预报的距离宜为 100～150m

   D．富含瓦斯的煤系地层必须采用物探法进行探测

5. 隧道监控量测时，当位移 – 时间曲线出现反弯点时，则表明围岩（　　　）。

    A．刚刚稳定   B．已经稳定

    C．不稳定   D．已经垮塌

6. 围岩处于稳定状态，可正常施工的是（　　　）。

    A．实测位移值 U 小于等于 2/3 设计极限位移值 U_0 时

    B．实测位移值 U 大于 2/3 设计极限位移值 U_0 时

    C．实测位移值 U 小于等于 1/3 设计极限位移值 U_0 时

    D．实测位移值 U 小于 1/3 设计极限位移值 U_0 时

二　多项选择题

1. 隧道地质超前预报方法主要有（　　　）。

    A．超前钻探法   B．地质调查法

    C．TSP 法   D．TGP 法

    E．TBM 法

2. 施工全过程监控量测方案的编制内容应包括（　　　）。

    A．量测项目   B．测点布置

    C．组织机构   D．地质条件

    E．组织机构

3. 富水软弱破碎围岩的复合式衬砌隧道的必测项目有（　　　）。

    A．周边位移   B．拱顶下沉

    C．锚杆轴力   D．围岩压力

    E．拱脚下沉

4. 隧道地质超前预报的内容有（　　　）。

    A．地层岩性   B．地质构造

    C．不良地质   D．地下水

    E．断层

【答案与解析】

一、单项选择题

*1. B；　　2. C；　　3. A；　　4. B；　　5. C；　　6. D

【解析】

1. 答案 B

地质调查法是隧道施工地质超前预报的基础，适用于各种地质条件隧道，调查内容应包括隧道地表补充地质调查和隧道内地质素描。

二、多项选择题

1. A、B、C、D；　　*2. A、B、C、E；　　3. A、B、E；　　　　4. A、B、C、D

2. 答案 A、B、C、E

隧道开工前，应根据设计要求，结合隧道规模、地形地质条件、施工方法、支护类型和参数、工期安排等编制施工全过程监控量测方案。编制内容应包括：量测项目、量测仪器选择、测点布置、量测频率、数据处理、信息反馈、组织机构、管理体系等。

4.3 隧道施工

复习要点

1. 施工准备与施工测量

施工准备主要包括施工调查，设计文件核对，施工场地布置，临时工程和设施布设，施工便道，施工人员、材料和设备准备，风险控制准备。

隧道施工测量包括控制测量、放样测量、贯通误差测定及调整、交（竣）工测量。

2. 隧道洞口、明洞施工

洞口工程是指洞口土石方、边仰坡、洞门及其相邻的翼墙、挡土墙及洞口排水系统等。明洞工程地段土石方的开挖方式、边坡和仰坡坡度以及支护施工，应符合设计规定。地形、地质条件、边仰坡稳定程度等与设计有差异时，应提出变更。宜边开挖边支护，并注意监测和检查山坡的稳定情况。

3. 公路隧道的开挖方式

公路隧道的开挖方式主要有全断面法、台阶法、环形开挖预留核心土法、中隔壁法、交叉中隔壁法、双侧壁导坑法及中导洞法等，应根据隧道长度、断面大小、结构形式、工期要求、机械设备、地质条件等，选择适宜的开挖方案，并应具有较大适应性。

（1）全断面法：按设计断面一次基本开挖成形的施工方法。（2）台阶法：先开挖上半断面，待开挖至一定距离后再同时开挖下半断面，上下半断面同时并进的施工方法。台阶法分为二台阶法、三台阶法。（3）环形开挖预留核心土法：先开挖上台阶成环形，并进行支护，再分部开挖中部核心土、两侧边墙的施工方法。（4）中隔壁法（CD法）：在软弱围岩大跨隧道中，先开挖隧道的一侧，并施作中隔壁墙，然后再分步开挖隧道的另一侧的施工方法。（5）交叉中隔壁法（CRD法）：是一种在中隔壁法的基础上增加临时仰拱，更快地封闭初期支护的施工方法。（6）双侧壁导坑法：先开挖隧道两侧的导坑，并进行初期支护，再分部开挖剩余部分的施工方法。（7）中导洞法：在连拱隧道或单线隧道的喇叭口地段，先开挖两洞之间立柱（或中墙）部分，并完成立柱（或中墙）混凝土浇筑后，再进行左右两洞开挖的施工方法。

4. 预裂爆破

预裂爆破实质上也是光面爆破的一种形式，其爆破原理与光面爆破原理相同。只是在爆破的顺序上，光面爆破是先引爆掏槽眼，接着引爆辅助眼，最后才引爆周边眼；而预裂爆破则是首先引爆周边眼，使沿周边眼的连心线炸出平顺的预裂面并保证连心线上的预裂面产生贯通裂缝，形成光滑的岩壁。预裂爆破适用于稳定性差而又要求控制开挖轮廓的软弱岩层。但预裂爆破的周边孔间距和最小抵抗线都要比光面爆破的小，要增加炮孔数量。

5．隧道施工预支技术

隧道施工中遇到软弱破碎围岩时，其自支护能力比较弱，经常采用的预支护措施有：超前锚杆、插板或小钢管，管棚，超前小导管注浆，开挖工作面及围岩预注浆等。

6．辅助坑道的选择

根据隧道长度、施工工期、地形、地质、水文等条件，结合施工和营运期间通风、排水、逃生救灾及弃渣等需要，通过技术经济比较确定。主要类型有竖井、斜井、平行导坑、横洞等。辅助坑道断面尺寸，应满足施工工期、施工方法、施工机械设备、施工通风、施工排水等的需要。

7．盾构法

其是暗挖法施工中的一种全机械化施工方法。它是将盾构机械在地层中推进，通过盾构外壳和管片支承四周围岩防止发生隧道内的坍塌。同时在开挖面前方用切削装置进行土体开挖，通过出土机械运出洞外，靠千斤顶在后部加压顶进，并拼装预制混凝土管片，形成隧道结构的一种机械化施工方法。密闭式盾构机又可分为土压式和泥水式两种。

8．TBM

TBM 是隧道掘进机的英文"Tunnel Boring Machine"缩写，习惯上将用于软土地层的全断面隧道掘进机称为盾构，将用于岩石地层的全断面隧道掘进机称为 TBM。TBM 是一种依靠刀盘旋转破岩推进，隧道支护与出渣同时进行，并使隧道全断面一次成形的大型专用装备，是以岩石地层为掘进对象，它与盾构的主要区别就是不具备泥水压、土压等维护掌子面稳定的功能。TBM 具有掘进、出渣、导向、支护四大基本功能，对于复杂地层，还配备地质超前预报设备。

一　单项选择题

1．隧道围岩为Ⅰ～Ⅲ级的中小跨度隧道，宜采用（　　　）。
　　A．全断面法　　　　　　　　B．环形开挖预留核心土法
　　C．中隔壁法　　　　　　　　D．双侧壁导坑法

2．下列关于隧道施工技术要求的说法，正确的是（　　　）。
　　A．二次衬砌混凝土的拱、墙混凝土应一次连续浇筑
　　B．初期支护喷射混凝土应采用干喷法施工
　　C．喷射混凝土完成初喷后复喷应一次作业
　　D．仰拱填充混凝土与仰拱衬砌混凝土应一次浇筑

3．隧道洞内为一字坡，进出口同时掘进时，有一个进口端应当采用（　　　）。
　　A．水泵抽水　　　　　　　　B．井点降水
　　C．深井降水　　　　　　　　D．平坡排水

4．下列关于公路隧道开挖方法适用范围的说法，正确的是（　　　）。
　　A．全断面法可用于Ⅳ级围岩的大跨度隧道
　　B．超短台阶法可用于Ⅴ级围岩隧道

C. 环形开挖留核心土法开挖每循环进尺，V级围岩应小于1榀钢架间距

D. 交叉中隔壁法各分部开挖时，开挖进尺应小于1榀钢架间距

5. 影响光面爆破参数选择的最大因素是（　　）。

    A. 岩石的爆破性能　　　　　　　　B. 炸药品种

    C. 一次爆破的断面形状　　　　　　D. 地质条件

6. 下列关于采用工字钢钢拱架进行隧道支护的说法，错误的是（　　）。

    A. 混凝土能充满钢拱架和围岩间空隙，钢拱架与喷射混凝土粘结好

    B. 可用于混凝土内作为永久衬砌的一部分

    C. 架设后能立即承载

    D. 在V～Ⅵ级较软弱破碎围岩中或塌方时使用较多

7. 目前解决长隧道施工通风比较有效的通风方式是（　　）。

    A. 巷道式通风　　　　　　　　　　B. 压入式通风

    C. 抽出式通风　　　　　　　　　　D. 混合式通风

8. 不是稳定掌子面的方法是（　　）。

    A. 超前锚杆支护　　　　　　　　　B. 钢拱架

    C. 超前小导管支护　　　　　　　　D. 管棚

9. 下列关于隧道光面爆破特点的说法，正确的是（　　）。

    A. 增加了对围岩的扰动　　　　　　B. 开挖轮廓成型不规则

    C. 减少了超欠挖量　　　　　　　　D. 加重了应力集中现象

10. 下列关于隧道逃生通道的说法，正确的是（　　）。

    A. 逃生通道距离掌子面不得大于20m

    B. 逃生通道内径不宜小于1.0m

    C. 逃生通道应随开挖进尺的增加不断加长

    D. 逃生通道应设置在洞口至二次衬砌之间

11. 下列关于喷射混凝土作业的说法，正确的是（　　）。

    A. 初喷混凝土可分多次施作

    B. 复喷后一层应在前一层喷射混凝土终凝后进行

    C. 宜挂模喷射

    D. 收集混凝土回弹物，重新作喷射混凝土材料

12. 下列关于隧道放样测量的说法，错误的是（　　）。

    A. 用中线法进行洞内测量的隧道，直线地段宜采用正倒镜延伸直线法

    B. 供衬砌用的临时中线点的间距宜与模板长度一致

    C. 曲线段可使用激光设备导向

    D. 开挖前应校核中线点，并在开挖断面上标出设计断面轮廓线

13. 有涌水工作面不稳定的土层，上部有河川、湖沼、海洋等水压高、水量大的地层时，适合采用盾构的是（　　）。

    A. 土压平衡　　　　　　　　　　　B. 泥水平衡

    C. 半机械式　　　　　　　　　　　D. 三个选项都是

二 多项选择题

1. 洞内结构防水排水，符合要求的有（   ）。
   - A．防水板宜采用专用台架
   - B．防水板宜选用高分子材料
   - C．止水带采用钉子固定
   - D．防水板的搭接缝焊接质量应按充气法检查
   - E．中心排水管（沟）设在仰拱下时，应在仰拱、底板完成后施工

2. 隧道施工通风按照风道的类型和通风安装位置，通风类型有（   ）。
   - A．风管式通风
   - B．射流机通风
   - C．巷道式通风
   - D．无风道通风
   - E．风墙式通风

3. 适用于双车道公路隧道Ⅴ级围岩地段的施工方法有（   ）。
   - A．全断面法
   - B．超短台阶法
   - C．环形开挖留核心土法
   - D．双侧壁导坑法
   - E．长台阶法

4. 公路隧道辅助坑道施工类型有（   ）。
   - A．竖井
   - B．斜井
   - C．横井
   - D．平行导坑
   - E．横洞

5. 公路隧道超前支护工程的主要技术措施有（   ）。
   - A．钢拱架和格栅钢架
   - B．超前小导管
   - C．管棚
   - D．围岩预注浆加固
   - E．超前锚杆

6. 隧道开挖方法转换应符合的要求有（   ）。
   - A．转换前应进行围岩级别核对
   - B．转换前无需进行技术交底
   - C．支护变弱应在较好的围岩段中进行
   - D．转换过程中各开挖分部的支护应及时闭合
   - E．转换应迅速过渡

【答案与解析】

一、单项选择题

*1. A；   2. A；   *3. A；   4. B；   5. D；   *6. A；   7. A；   8. B；
9. C；   10. A；   11. B；   12. C；   13. B

【解析】

1. 答案A

全断面法适用于Ⅰ～Ⅲ级围岩的中小跨度隧道，Ⅳ级围岩中跨度隧道和Ⅲ级围岩大跨度隧道在采用了有效的预加固措施后，也可采用全断面法开挖。

3. 答案A

洞内反坡排水时，必须采取机械抽水，因为一字坡时有一个进口端是反坡。

6. 答案A

钢拱架与围岩间的空隙难以用喷射混凝土紧密充填，与喷射混凝土粘结也不好，导致钢拱架附近喷射混凝土易出现裂缝。

二、多项选择题

1. A、B、D；   *2. A、C、E；   3. B、C、D；   4. A、B、D、E；

5. B、C、D、E；   6. A、C、D

【解析】

2. 答案A、C、E

实施机械通风，必须具有通风机和风道，按照风道的类型和通风安装位置，有如下几种通风方式：风管式通风、巷道式通风、风墙式通风。

4.4 特殊地段施工

复习要点

隧道特殊地段主要是指涌水地段、塌方地段、岩溶地段、瓦斯地段、流沙地段、岩爆地段、膨胀岩土地段、软岩大变形地段。

1. 涌水地段施工

处理涌水的辅助施工办法有超前钻孔或辅助坑道排水、超前小导管预注浆堵水、超前围岩预注浆堵水、轻型井点降水及深井降水。

2. 塌方地段施工

隧道开挖时导致塌方的原因有多种：一是自然因素，即地质状态、受力状态、地下水变化等；二是人为因素，即不适当的设计，或不适当的施工作业方法等。预防塌方的施工方法是"先治水、短开挖、弱爆破、强支护、早衬砌、勤量测"；隧道塌方应根据发生的部位、规模及地质条件，采取"治塌先治水、治塌先加强"的原则，采取喷锚支护、注浆、管棚、加强二次衬砌、设置护拱等技术措施，不失时机、不留隐患地进行处理；同时加强防水排水工作，视塌方规模大小和地质情况加强塌方地段的衬砌。

3. 岩溶地段施工

岩溶地段隧道分别以"疏导、堵填、注浆加固、跨越、宣泄"等措施进行处理。

4. 瓦斯地段施工

瓦斯放出的类型分为渗出、喷出和突出三种类型。瓦斯的渗出，是缓慢、均匀、不停地从煤层或岩层的暴露面的空隙中渗出，延续时间很久，有时带有一种嘶声并且放出的瓦斯量最大。瓦斯的喷出，比上述渗出更强烈，从煤层或岩层裂缝或孔洞中放出，喷出的时间有长有短，通常有较大的响声和压力。瓦斯的突出，在短时间内，从煤层或岩层中，突然猛烈地喷出大量瓦斯，喷出的时间，可能从几分钟到几小时，喷出时常有巨大轰响，并夹有煤块或岩石。瓦斯浓度为9.5%时爆炸最强烈，瓦斯浓度大于14%～16%时一般不爆炸，但遇火能平静地燃烧。

5. 流沙地段施工

隧道通过流沙地段，处理地下水的问题，是解决隧道流沙、流泥施工难题中的首要关键技术。施工时，因地制宜，采用"防、截、排、堵"的治理方法。

6. 岩爆地段施工

隧道施工中可能发生岩爆时，应遵循以防为主，防治结合的原则，对开挖面前方的围岩特性、水文地质情况等进行预测预报，当发现有较强烈岩爆存在的可能性时，应及时研究施工对策，作好施工前的准备。岩爆隧道施工应根据设计资料及地质超前预报制定针对不同强度岩爆的专项施工方案。

7. 膨胀岩土地段施工

泥岩、凝灰岩、页岩、蛇纹岩、泥质凝灰岩及有地热效应的土质地层等具有膨胀特性。膨胀岩土隧道开挖后，洞壁缓慢向洞内挤入，挤压支撑或衬砌，使其承受很大的土压。在膨胀岩土中开挖隧道，除事前需要调查膨胀岩土的特性和规模，并参考其他类似工程实例之外，施工中有必要对围岩压力、岩体流变、地下水情况进行充分的调查和量测，以便根据围岩动态采取适当的施工措施。

膨胀岩土地段施工应注意隧道开挖、隧道防排水、初期支护及二衬施工符合相关规定。

8. 软岩大变形地段施工

高地应力软岩、流变蠕变岩土地段隧道施工，应根据围岩初始地应力及应力变化规律、围岩特性、围岩变形、结构受力性状、地下水活动状态等因素综合确定施工方案。主要关注软岩大变形地段隧道开挖和支护符合相关规定。

一 单项选择题

1. 流沙地段施工应首先关注的重点是（　　　）。
   A. 开挖面加固　　　　　　　　B. 治水
   C. 尽快衬砌　　　　　　　　　D. 封闭成环

2. 下列不属于岩溶岩层的是（　　　）。
   A. 石灰岩　　　　　　　　　　B. 白云岩
   C. 石膏　　　　　　　　　　　D. 花岗岩

3. 瓦斯地段隧道施工时，爆炸最强烈的瓦斯浓度是（　　　）。
   A. 5%　　　　　　　　　　　　B. 8%
   C. 9.5%　　　　　　　　　　　D. 14%

4. 治理流沙措施错误的是（　　　）。
   A. 加强调查，制定方案　　　　B. 因地制宜，排堵结合

C. 先护后挖，加强支护　　　　D. 尽早衬砌，封闭成环

5. 岩溶地段爆破开挖时，宜采用（　　）的措施。

　　A. 少打孔，打浅孔，多分段　　B. 多打孔，打深孔，多分段

　　C. 多打孔，打浅孔，少分段　　D. 多打孔，打浅孔，多分段

6. 隧道涌水处理，可用的辅助施工办法是（　　）。

　　A. 深井井点降水　　　　　　　B. 超前围岩预注浆堵水

　　C. 轻型井点降水　　　　　　　D. 前三项都是

二　多项选择题

1. 涌水地段施工采用辅助坑道排水时应符合的要求有（　　）。

　　A. 坑道应和正洞平行或接近平行

　　B. 坑道应和正洞斜交

　　C. 坑道底标高应低于正洞底标高

　　D. 坑道应超前正洞 10～20m

　　E. 坑道应超前正洞 5m 左右

2. 涌水地段施工采用超前钻孔排水时应符合的要求有（　　）。

　　A. 应使用轻型探水钻机或凿岩机钻孔

　　B. 钻孔孔位（孔底）应在水流上方

　　C. 超前钻孔的孔底应超前开挖面 1m 左右

　　D. 超前钻孔的孔底应超前开挖面 1～2 个循环进尺

　　E. 钻孔孔位（孔底）应在水流下方

3. 正确的预防隧道施工塌方的措施包括（　　）。

　　A. 先治水　　　　　　　　　　B. 长开挖

　　C. 弱爆破　　　　　　　　　　D. 强支护

　　E. 早衬砌

4. 下列关于岩爆地段隧道施工的说法，正确的有（　　）。

　　A. 隧道开挖过程中，可采用工程类比法进行岩爆宏观预报

　　B. 岩爆隧道施工时，应力释放孔直径不宜小于 $\phi70mm$

　　C. 隧道开挖过程中，采用岩爆预报方法是以地震波法为主，辅以超前探孔等手段

　　D. 防岩爆锚杆可采用楔管式、缝管式、水胀式等能及时受力的锚杆

　　E. 一旦发生岩爆，应立即增加及时受力的摩擦型锚杆（不能代替系统锚杆）

【答案与解析】

一、单项选择题

1. B;　　2. D;　　*3. C;　　4. B;　　5. D;　　6. D

3. 答案 C

瓦斯爆炸浓度界限见表 4-1。

表 4-1　瓦斯爆炸浓度界限表

瓦斯浓度（%）	爆炸界限	瓦斯浓度（%）	爆炸界限
5～6	瓦斯爆炸下界限	8.0	最易点燃，低于
14～16	瓦斯爆炸上界限	5.0	大于
9.5	爆炸最强烈	14～16	不爆炸，与火焰接触部分燃烧

二、多项选择题

1. A、C、D；　　　　2. A、B、D；　　　*3. A、C、D、E；　　4. A、B、D、E

【解析】

3. 答案 A、C、D、E

预防塌方的施工方法是"先治水、短开挖、弱爆破、强支护、早衬砌、勤量测"。

4.5　隧道工程质量通病及防治措施

复习要点

1. 隧道水害、冻害的防治

隧道水害原因有：隧道穿过含水的地层和隧道衬砌防水及排水设施不完善。隧道水害的防治措施有：因势利导，给地下水以可排走的通道，将水迅速地排到洞外；将流向隧道的水源截断，或尽可能使其水量减少；堵塞衬砌背后的渗流水，集中引导排出；合理选择防水材料；严格施工工艺。

隧道冻害的原因主要有：寒冷气温、季节冻结圈的形成、围岩的岩性对冻胀的影响、隧道设计和施工的影响。隧道冻害的基本防治措施有：综合治水、更换土壤、保温防冻、结构加强、防止融坍等，可根据实际情况综合运用。

2. 隧道衬砌病害防治

隧道衬砌病害主要有衬砌腐蚀病害和衬砌裂缝病害。衬砌腐蚀病的原因是物理性腐蚀和化学性腐蚀；预防措施主要是以排为主，排、堵、截并用的综合治水。衬砌裂缝病害的原因主要有：围岩压力不均、衬砌背后局部空洞、衬砌厚度严重不足、混凝土收缩、不均匀沉降及施工管理不善等。预防措施有：设计时正确选取衬砌形式及衬砌厚度，使之具有足够的承载能力；施工过程中发现围岩地质情况有变化应及时变更设计，使衬砌符合实际需求；欠挖必须控制在容许范围内；钢筋保护层必须保证不小于 3cm；混凝土强度必须符合设计要求，宜采用较大的骨灰比，降低水胶比，合理选用外加剂；确定分段灌注长度及浇筑速度；混凝土拆模时，内外温差不得大于 20℃；加强养护，混凝土温度的变化速度不宜大于 5℃/h；衬砌背后如有可能形成水囊，应对围岩进行止水处理，根据设计施作防水隔离层；衬砌施工时应严格按要求正确设置沉降缝、伸缩缝。

3. 隧道震害防治

防止和减轻隧道震害的指导思想是综合治理、预防为主，并贯穿于隧道选线、设计、施工和维护保养各个阶段。位于地震基本烈度Ⅵ度以上地区的生命线工程，设计必须进行地震设防，并进行专门地震安全性评价工作。有7种情况需要采用抗震加固措施。

一 单项选择题

1. 隧道工程水害的防治措施不包括（　　　）。

    A. 种植树木、草皮，减少流沙

    B. 堵塞衬砌背后的渗流水，集中引导排出

    C. 将流向隧道的水源截断，或尽可能使其水量减少

    D. 因势利导，让地下水有可排走的通道，将水迅速地排到洞外

2. 为防止隧道衬砌施工中裂缝的产生，衬砌厚度应根据（　　　）确定。

    A. 衬砌混凝土的强度要求   B. 衬砌混凝土的坍落度要求

    C. 围岩类别、形状、结构   D. 超挖和欠挖情况

3. 隧道衬砌时为了防止裂缝产生，钢筋保护层必须保证不小于（　　　）cm。

    A. 1.5   B. 2

    C. 2.5   D. 3

4. 隧道衬砌裂缝形成的原因不包括（　　　）。

    A. 围岩压力不均   B. 衬砌背后有局部空洞

    C. 混凝土涨缩   D. 衬砌厚度严重不足

5. 造成水害的原因中，不属于隧道穿过含水层地层的是（　　　）。

    A. 砂类土和漂卵石类土含水地层

    B. 节理、裂隙发育，含裂隙水的岩层

    C. 花岗岩、云岩等可溶性岩的地层

    D. 浅埋隧道地段，地表水可沿覆盖层的裂隙、孔洞渗透到隧道内

二 多项选择题

1. 隧道水害的防治措施包括（　　　）。

    A. 因势利导，给地下水以排走的出路，将水迅速地排到洞外

    B. 将流向隧道的水源截断，或尽可能使其水量减少

    C. 用各种耐腐蚀材料敷设在混凝土衬砌的表面

    D. 分析病害成因，对症整治

    E. 堵塞衬砌背后的渗流水，集中引导排出

2. 下列关于衬砌裂缝病害防治的说法，正确的有（　　　）。

    A. 正确选取衬砌形式及衬砌厚度

    B. 欠挖必须控制在容许范围内

C. 钢筋保护层厚度必须保证不小于 2cm

D. 混凝土配合比设计，宜采用较小的骨灰比

E. 混凝土拆模时，内外温差不得大于 20℃

【答案与解析】

一、单项选择题

1. A；　*2. C；　*3. D；　4. C；　5. C

【解析】

2. 答案 C

设计时应根据围岩级别、性状、结构等地质情况，正确选取衬砌形式及衬砌厚度，确保衬砌具有足够的承载能力。

3. 答案 D

钢筋保护层必须保证不小于 3cm，钢筋使用前应作除锈、清污处理。

二、多项选择题

1. A、B、E；　　2. A、B、E

第 5 章 交 通 工 程

5.1 交通安全设施

复习要点

（1）交通安全设施主要包括交通标志、交通标线、防撞设施、隔离栅、轮廓标、防眩设施、桥梁护网、里程标、百米标、公路界碑等。

（2）关注各种交通安全设施的功能与构成。

（3）关注各种交通安全设施的施工安装要求。

一 单项选择题

1. 属于视线诱导设施的是（　　　）。
   - A．合流诱导标
   - B．旅游区标志
   - C．道路施工安全标志
   - D．指路标志

2. 主要起到提示、诱导、指示作用的交通安全设施是（　　　）。
   - A．交通标志
   - B．交通标线
   - C．A 类突起路标
   - D．B 类突起路标

3. 下列属于人造防眩设施的结构形式的是（　　　）。
   - A．钢板网
   - B．防眩网
   - C．电焊网
   - D．编织网

4. 关于公路工程标线施工技术要求的说法，错误的是（　　　）。
   - A．标线工程正式开工前应在试验室进行试划试验
   - B．新铺沥青路面的交通标线施工，可在路面施工完成 7 日后开始
   - C．新建水泥混凝土路面的交通标线施工，应在混凝土养护膜老化起皮并清除后开始
   - D．交通标线宜在白天施工，在雨、雪、沙尘暴、强风、气温低于材料规定施工温度的天气，应暂停施工

5. 交通标志是用图形符号、颜色和文字向交通参与者传递特定信息，用于管理交通的设施，主要作用是（　　　）。
   - A．提示、诱导、指示
   - B．警告、禁止、指示
   - C．禁止、引导、防护
   - D．提示、引导、禁止

6. 交通标线施工，正式施划前应做试验路段，试验路段应有代表性，长度不宜短于（　　　）m。
   - A．150
   - B．200
   - C．250
   - D．300

7. 能对驾驶人进行有效视线诱导，且结构形式和材料应尽可能降低误驶撞上的车

辆和人员所受伤害的交通设施是（　　　）。

    A．防眩设施   B．视线诱导设施

    C．隔离墙   D．护栏

二　多项选择题

1．下列关于突起路标的说法，正确的有（　　　）。

    A．突起路标宜在交通标线施工完成前安装

    B．应根据设计文件的要求确定突起路标的设置位置，突起路标反射体应面向行车方向

    C．路面和突起路标底部应清洁干燥，并涂加胶粘剂

    D．胶粘剂应通过检测单位的抗拉拔能力及抗衰老能力检测

    E．突起路标就位后，应在其顶部施加压力，排除空气，并调整就位

2．下列选项中，属于交通安全设施中隔离栅的形式的有（　　　）。

    A．编织网   B．焊接网

    C．隔离墙   D．实体网

    E．钢板网

3．下列设施中，属于交通标志的有（　　　）。

    A．警告标志   B．指示标志

    C．指令标志   D．提示标志

    E．旅游区标志

4．下列关于隔离栅、桥梁护网施工技术要求的说法，错误的有（　　　）。

    A．隔离栅宜在路面工程完工后尽早实施

    B．隔离栅立柱的埋设应分段进行，先拉线埋设中间立柱，然后埋设两端的立柱

    C．立柱纵向应在一条直线上，不得出现参差不齐的现象

    D．安装隔离栅网片时，应从立柱端部开始安装

    E．安装桥梁护网前，应对桥梁预埋件进行检查

【答案与解析】

一、单项选择题

1．A；　　*2．A；　　3．B；　　*4．A；　　5．A；　　6．B；　　7．B

【解析】

2．答案A

突起路标根据其是否具备逆反射性能分为 A、B 两类：具备逆反射性能的为 A 类突起路标；不具备逆反射性能的为 B 类突起路标。

4．答案A

正式试划前应在试验路段进行试划，试验路段应有代表性，长度不宜短于200m，

高速公路、一级公路可按单向计算。

1. B、C、D、E；　　2. A、B、C、E；　　3. A、B、E；　　4. A、B

5.2　交通机电工程

复习要点

1. 监控系统

（1）省级高速公路的监控系统管理体制一般采用二级或三级管理的方式。

（2）监控系统按其功能可分为九个子系统：交通（信号）监控子系统、视频监控子系统、调度（指令）电话子系统、火灾自动报警子系统、隧道通风控制子系统、隧道照明控制子系统、电力监控子系统、隧道紧急电话子系统、隧道广播子系统。

（3）监控各子系统的功能与构成。

（4）监控系统主要设施的施工技术要求。

2. 收费系统

（1）省内联网收费总体框架一般由省级管理中心、路段收费分中心（或者区域收费分中心）、收费站三级组成。

（2）一条高速公路收费系统，按其基本功能可分为计算机系统、收费视频监视系统、内部对讲系统、安全报警系统、电源系统、计重系统、车牌自动识别系统、ETC车道系统等。计算机系统根据级别可分为车道计算机系统、收费站计算机系统、路段收费分中心计算机系统、省级收费管理中心计算机系统。

（3）收费系统主要设施的施工安装要求。

3. 通信系统

（1）高速公路通信系统主要由光纤数字传输系统、语音交换系统、会议电视系统、呼叫服务中心、紧急电话系统、有线广播系统、通信电源系统、光电缆工程及通信管道工程等组成。

省高速公路通信中心的通信系统主要由光纤数字传输系统、语音交换系统、支撑网系统、会议电视系统、呼叫服务中心和通信电源系统等组成。

（2）通信系统的主要功能包括：为高速公路日常运营管理、事故处理、救护、养护、收费等部门提供可靠的通信手段；为收费、监控、会议电视和管理信息（办公自动化）等系统的数据、图像和语音提供传输通道；通过呼叫服务中心、紧急电话、广播等为道路使用者提供紧急呼救求援和帮助等服务。

（3）通信系统主要设施的施工安装要求。

4. 供配电及照明系统

（1）通常公路供配电系统主要由10kV电源线路、变配电所、供配电线路、低压配电箱和接地系统等构成。

（2）供配电及照明系统主要设施的施工安装要求。

1. 下列不属于"隧道照明控制系统的功能"的是（　　）。
    A．合理地设置隧道照明系统能避免隧道黑洞效应
    B．养护工作需照明
    C．根据洞外的照度变化，交通量的变化对洞内照明强度进行调节
    D．节约用电，降低运营费用

2. 下列关于隧道火灾报警系统的说法，错误的是（　　）。
    A．火灾报警系统由人工和自动报警两个系统合成，是保障隧道安全运行系统中的一个重要子系统
    B．自动报警系统由洞内火灾自动检测设备、监控分中心（监控所）的火灾报警控制器以及传输通道等组成
    C．火灾报警系统用于隧道内、变电所等发生火灾时，人工发出紧急信号，迅速通告监控室或监控分中心
    D．人工手动报警系统与自动报警系统的构成相似，通常是在隧道内每50m间距的消防洞处设一个手动报警按钮

3. （　　）是高速公路监控系统的主要系统，为管理部门提供有效的管理手段。
    A．交通（信号）监控系统　　　　B．隧道广播系统
    C．隧道通风控制系统　　　　　　D．调度（指令）电话系统

4. 交通（信号）监控系统的外场设备不包括（　　）。
    A．车辆检测器　　　　　　　　　B．气象检测器
    C．能见度检测器　　　　　　　　D．一氧化碳透过率检测器

5. 隧道照明控制系统能根据交通量的变化及（　　）对洞内照明强度进行调节。
    A．电源电压变化　　　　　　　　B．风速的变化
    C．洞外照度的变化　　　　　　　D．温、湿度的变化

6. 通风控制是根据一氧化碳、（　　）、风速风向检测器检测到的环境数据、交通量数据等控制风机的运转进行通风。
    A．温度检测器　　　　　　　　　B．压力检测器
    C．透过率检测器　　　　　　　　D．亮度检测器

7. 省级高速公路监控系统三级管理机构的组成是（　　）。
    A．一级监控中心、二级监控中心、三级监控中心
    B．道路监控中心、桥梁监控中心、隧道监控中心
    C．省级监控中心、地级监控中心、县级监控中心
    D．省级监控中心、路监控分中心、基层监控单元

8. 不属于隧道火警报警中的自动报警系统组成的为（　　）。
    A．洞内火灾自动检测设备　　　　B．光强检测器
    C．传输通道　　　　　　　　　　D．监控分中心的火灾控制器

9. 人工手动报警系统通常是在隧道内每（　　）m间距的消防洞处设一个手动报

警按钮，由传输通道将其连接到监控分中心（监控所）的火灾报警控制器。

    A．30   B．50

    C．100   D．150

10．下列不属于区域／路段中心收费系统中子系统的是（   ）。

    A．车牌自动识别系统   B．紧急电话系统

    C．计算机系统   D．计重系统

11．收费系统施工中，车道内埋设抓拍和计数线圈的位置应为（   ）。

    A．素混凝土板，并保证没有板块接缝

    B．钢筋混凝土板横向接缝处

    C．连续配筋混凝土板，并保证没有板块接缝

    D．预应力混凝土板纵向接缝处

12．ETC 车道预告类标志设置在收费站前（   ）m 适当位置，主要用于告知驾驶员前方收费站设有 ETC 车道。

    A．400   B．450

    C．500   D．550

13．ETC 车道系统中，固定安装方式的 RSE（路侧设备）支持户外安装，宜采用顶挂方式安装，且吊装在车道正中，挂装高度不低于（   ）m。

    A．4   B．4.5

    C．5   D．5.5

14．下列关于车道计算机系统设备施工技术的要求，错误的是（   ）。

    A．车道埋设抓拍和计数线圈的位置应为钢筋混凝土板块

    B．车道埋设抓拍和计数线圈的位置应保证没有板块的接缝

    C．计重收费系统中计重称台安装后其平整度应符合车道平整度要求

    D．计重收费系统中所有的连接电缆均应穿管

15．对省内联网收费实施区域联网收费的，其区域框架由（   ）级组成。

    A．二   B．三

    C．四   D．五

16．一条高速公路的通信系统由（   ）子系统构成。

    A．光纤数字传输系统、语音交换系统、支撑网系统、会议电视系统、呼叫服务中心和通信电源系统

    B．光纤数字传输系统、语音交换系统、会议电视系统、呼叫服务中心、紧急电话系统、有线广播系统、通信电源系统、光电缆工程及通信管道工程

    C．光纤数字传输系统、语音交换系统、会议电视系统、有线广播系统、通信电源系统、光电缆工程及通信管道工程

    D．光纤数字传输系统、语音交换系统、紧急电话系统、有线广播系统、通信电源系统、光电缆工程及通信管道工程

17．公路供配电线路构成中，下列选项中错误的是（   ）。

    A．10kV 高压线路可采用架空电线路或电缆线路

    B．10kV 高压线路只能采用电缆线路

C．低压配电线路一般采用电缆线路

D．按电压等级可分为 10kV 高压线路、380/220V 低压配电线路

18．语音交换系统主要功能是（　　　）。

A．为高速公路运营管理机构办理业务提供语音服务，包括业务电话和调度指令电话等

B．为高速公路运营管理机构办理业务提供数据和图像传输通道

C．为高速公路运营管理机构办理业务提供数字同步时钟和会议电视

D．为高速公路运营管理机构办理业务提供网络管理和维护

19．电线槽内电缆捆绑要牢固，松紧适度、紧密、顺直、端正。电缆转弯应均匀圆滑，电缆半径应大于（　　　）mm。

A．40 　　　　　　　　　　　B．50

C．55 　　　　　　　　　　　D．60

20．下列符合敷设光缆时的牵引力设计要求的是（　　　）。

A．在一般情况下不宜超过 3000kN，敷设电缆时牵引力应小于电缆允许拉力的90%

B．在一般情况下不宜超过 2000kN，敷设电缆时牵引力应小于电缆允许拉力的80%

C．在一般情况下不宜超过 3000kN，敷设电缆时牵引力应小于电缆允许拉力的80%

D．在一般情况下不宜超过 2000kN，敷设电缆时牵引力应小于电缆允许拉力的90%

21．光缆的曲率半径必须大于光缆直径的（　　　）倍。

A．10 　　　　　　　　　　　B．15

C．20 　　　　　　　　　　　D．25

22．敷设管道光、电缆时严禁使用（　　　）。

A．石蜡油 　　　　　　　　　B．滑石粉

C．无机油脂 　　　　　　　　D．有机油脂

23．监控主要外场设备基础安装要求，基础混凝土一般采用（　　　）混凝土浇筑。

A．C15 　　　　　　　　　　　B．C20

C．C25 　　　　　　　　　　　D．C50

24．为保证监控、收费、通信、消防、应急照明等一级负荷用电，公路变配电所宜采用独立的两路（　　　）kV 电源同时供电，或一路电源主用一路电源备用、单母线分段运行的供电方式。

A．10 　　　　　　　　　　　B．20

C．30 　　　　　　　　　　　D．50

25．在中性点直接接地的低压配电系统中，宜采用（　　　）。

A．AG 　　　　　　　　　　　B．PE

C．TN 　　　　　　　　　　　D．PL

26．下列关于电缆线路敷设的说法，错误的是（　　　）。

A. 直埋电缆上下部应铺以不小于 100mm 厚的碎石层

B. 管道敷设时，电缆管内径与电缆外径之比不得小于 1.5

C. 三相或单相的交流单芯电缆，不得单独穿于钢管内

D. 电缆在沟内敷设时，应遵循低压在下，高压在上的原则

27. 通常公路供配电系统主要由（　　）kV 电源线路、变配电所、供配电线路、低压配电箱和接地系统等构成。

A. 10　　　　　　　　　　　B. 20

C. 30　　　　　　　　　　　D. 50

28. 不同用途和不同电压的电力设备，除有另外规定，应使用一个总的接地体。交流工作接地、直流工作接地、信号接地、安全保护接地、防雷保护接地宜共用一组接地装置，其接地电阻应符合（　　）的要求。

A. 最大值的 50%　　　　　　B. 平均值

C. 最大值　　　　　　　　　D. 最小值

29. 低压配电系统接地系统形式有 TN-S、TN-C、TT、IT 及（　　）等。

A. 联合接地　　　　　　　　B. Y-Y

C. TN-C-S　　　　　　　　　D. 人工接地

30. 直埋电缆的埋深不小于（　　）cm。

A. 30　　　　　　　　　　　B. 50

C. 70　　　　　　　　　　　D. 100

31. 电缆在沟内敷设时，应遵循（　　）的原则。

A. 低压在上　　　　　　　　B. 低压在下

C. 高压在下　　　　　　　　D. 不分高压低压

二　多项选择题

1. 监控系统的主要构成有（　　）。

A. 计重收费子系统　　　　　B. 视频监控子系统

C. 火灾自动报警子系统　　　D. 调度（指令）电话子系统

E. 隧道广播子系统

2. 省级高速公路监控系统三级管理机构的组成包括（　　）。

A. 省级监控中心　　　　　　B. 路段监控分中心

C. 基层监控单元　　　　　　D. 隧道监控中心

E. 县级监控中心

3. 设备开箱检查必须由（　　）共同参加。

A. 业主　　　　　　　　　　B. 承包方

C. 监理　　　　　　　　　　D. 勘查单位

E. 设计单位

4. 下列关于监控系统主要设备安装的说法，正确的有（　　）。

A. 设备开箱检查必须由业主、承包方和监理共同参加

B. 设备安装完毕后,应重点检查电源线、地线等配线正确无误,方可通电

C. 室内布缆、布线,一般均在防静电地板下交叉排列

D. 本机调试应进行通电试验

E. 对有静电要求的设备开箱检查、安装、插接件的插拔,必须穿化纤服装

5. 交通信号监控系统的外场设备包括( )。

A. 一氧化碳/透过率检测器   B. 车辆检测器

C. 气象检测器   D. 能见度检测器

E. 风速风向检测器

6. 就一条高速公路收费系统来说,其计算机系统应包括( )。

A. 车道计算机系统   B. 收费站计算机系统

C. 路段分中心计算机系统   D. 省收费结算中心计算机系统

E. ETC 计算机收费系统

7. 监控主要外场设备基础接地电阻符合要求的有( )。

A. 2Ω B. 3Ω

C. 4Ω D. 5Ω

E. 6Ω

8. 全国联网收费系统由( )等组成。

A. 收费公路联网结算管理中心

B. 省(自治区或直辖市)联网结算管理中心

C. 安全报警系统

D. 区域/路段中心

E. ETC 门架和收费站

9. 收费系统主要设施施工要求中,关于 ETC 门架系统的设备施工技术要求的说法,正确的有( )。

A. ETC 门架系统由上、下行双方向门架组成

B. 上、下行双方向门架宜面向错开布置

C. 省界 ETC 门架系统,上、下行方向可设置两个门架

D. ETC 门架系统前方 500m 处应设置预告标志和路面标记

E. 尽量避免 5.8GHz 相近频点干扰

10. ETC 门架系统前方 500m 处应设置( )。

A. 预告标志   B. 指示标志

C. 指路标志   D. 路面标记

E. 轮廓标

11. 下列关于通信系统光、电缆敷设相关要求的说法,正确的有( )。

A. 敷设管道光、电缆时应以有机油脂作为润滑剂

B. 按要求堵塞光、电缆管孔,光、电缆端头应做密封防潮处理,不得浸水

C. 光、电缆在每个入孔内应及时拴写光、电缆牌号

D. 敷设光缆时的牵引力应符合设计要求,在一般情况下不宜超过 2000kN

E. 敷设电缆时的牵引力应小于电缆允许拉力的 80%

12. 敷设管道光、电缆时，可以用作润滑剂的有（　　）。

    A．水　　　　　　　　　　　　B．石蜡油

    C．有机油脂　　　　　　　　　D．柴油

    E．滑石粉

13. 下列关于光缆接续的说法，正确的有（　　）。

    A．光缆接续前核对光缆程式、接头位置并根据预留长度的要求留足光缆

    B．根据光缆的端别，核对光纤、铜导线并编号作永久标记

    C．光纤接续宜采用 V 形槽法

    D．增强保护方法采用热可缩管法、套管法和 U 形槽法

    E．光缆加强芯的连接应根据接头盒的结构夹紧、夹牢，并能承受与光缆同样的拉力，加强芯按悬浮处理

14. 下列关于敷设电缆线的说法，正确的有（　　）。

    A．交、直流电源的馈电电缆必须分开布设，电源电缆、信号电缆、用户电缆应分离布放，避免在同一个线束内

    B．电源线的规格、熔丝的容量均应符合设计要求，电源线外皮完整，中间可以有接头

    C．采用胶皮绝缘线作直流馈电线时，每对馈电线缆应保持平行，正负线两端应有统一的红蓝标识

    D．电源线与设备端子连接时，不应使端子受到机械压力

    E．截面在 $10mm^2$ 以上的单芯或者多芯电源线可与设备直接连接

15. 下列关于直埋地缆敷设要求的说法，正确的有（　　）。

    A．直埋电缆的埋设不应小于 0.5m

    B．直埋电缆的上、下部应铺以不小于 100mm 厚的软土砂层

    C．管道敷设时，电缆管内径与电缆外径之比不得小于 1.5

    D．三相或单相的交流单芯电缆，可以同时穿于钢管之中

    E．电缆在沟内敷设时，应遵循低压在下、高压在上的原则

16. 下列关于接地系统的说法，正确的有（　　）。

    A．接地系统应满足人身、设备安全和设备特别是信息系统设备正常运行的要求

    B．低压配电系统接地的形式一般分为：TN-S 系统、TN-C 系统、TM-TC 系统、TT 系统和 IT 系统

    C．在中性点直接接地的低压配电系统中，宜采用 TN 系统

    D．不同用途和不同电压的电力设备，除另有规定外，应使用一个总的接地体

    E．交流工作接地、直流工作接地、信号接地、安全保护接地、防雷保护接地宜共用一组接地装置

17. 公路低压配电系统中的接地的形式有（　　）。

    A．TN-S 系统　　　　　　　　B．TN-C 系统

    C．TN-C-S 系统　　　　　　　D．TT 系统和 IT 系统

    E．TM-TC 系统

18. 照明系统根据照明方式可以分为（　　　）。

    A. 一般照明   B. 应急照明

    C. 局部照明   D. 混合照明

    E. 正常照明

19. 公路供配电系统主要由（　　　）构成。

    A. 10kV 电源线路   B. 变配电所

    C. 变压器   D. 供配电线路

    E. 接地系统

【答案】

一、单项选择题

1. B；   2. C；   3. A；   4. D；   5. C；   6. C；   7. D；   8. B；

9. B；   10. B；   11. A；   12. C；   13. D；   14. A；   15. C；   16. B；

17. B；   18. A；   19. D；   20. B；   21. C；   22. D；   23. C；   24. A；

25. C；   26. A；   27. A；   28. D；   29. C；   30. C；   31. B

二、多项选择题

1. B、C、D、E；   2. A、B、C；   3. A、B、C；   4. A、B、D；

5. B、C、D；   6. A、B、C；   7. A、B、C；   8. A、B、D、E；

9. A、C、D、E；   10. A、D；   11. B、C、D、E；   12. B、E；

13. A、B、E；   14. A、C、D；   15. B、C、E；   16. A、C、D、E；

17. A、B、C、D；   18. A、C、D；   19. A、B、D、E

第2篇　公路工程相关法规与标准

第6章　相关法规

6.1　公路建设法规体系和标准体系

复习要点

（1）公路建设管理法规体系是梯形的，分为二级五层次。

（2）公路工程标准体系范围包括公路工程从规划到养护管理全过程所需要制定的技术、管理与服务标准，也包括相关的安全、环保和经济方面的评价等标准。

（3）公路工程标准体系的主要术语、结构与编号定义。

一　单项选择题

1. 在公路工程体系编号中，由交通运输部发布的标准编号为（　　）。

　　A．JTJ　　　　　　　　　　　　B．JTG

　　C．CJJ　　　　　　　　　　　　D．JGJ

2. 公路建设管理体系是梯形的，分为二级五层次。第一级为（　　）。

　　A．国家级　　　　　　　　　　B．地方级

　　C．省级　　　　　　　　　　　D．市级

二　多项选择题

1. 公路工程标准的体系结构分为（　　）。

　　A．板块　　　　　　　　　　　B．模块

　　C．标准　　　　　　　　　　　D．公路运营

　　E．公路养护

【答案】

一、单项选择题

1. B；　2. A

二、多项选择题

1. A、B、C

6.2 公路建设管理相关规定

复习要点

1. 公路工程施工企业资质类别、等级的划分
2. 公路施工企业承包工程范围
3. 公路建设市场管理的相关规定
4. 《公路工程设计施工总承包管理办法》的主要规定
5. 《公路工程施工分包管理办法》的主要规定
6. 公路建设信用信息管理相关规定
7. 公路工程设计变更管理的相关规定

设计变更指自公路工程初步设计批准之日起至通过竣工验收正式交付使用之日止，对已批准的初步设计文件、技术设计文件或施工图设计文件所进行的修改、完善等活动。

公路工程设计变更分为重大设计变更、较大设计变更和一般设计变更。

8. 公路工程施工招标投标管理的相关规定
9. 公路验收相关规定

（1）交工验收是检查施工合同的执行情况，评价工程质量是否符合技术标准及设计要求，是否可以移交下一阶段施工或者是否满足通车要求，对各参建单位工作进行初步评价。

（2）竣工验收是综合评价工程建设成果，对工程质量、参建单位和建设项目进行综合评价。

（3）公路工程竣（交）工验收应具备的条件和主要工作内容。

一 单项选择题

1. 根据《公路工程施工分包管理办法》，分包人业绩证明由（　　）出具。
   A. 承包人与发包人共同　　　　B. 发包人和监理共同
   C. 发包人　　　　　　　　　　D. 承包人

2. 项目法人应当加强对施工单位工程分包的管理，对所有分包合同须经（　　）审查，并报项目法人备案。
   A. 总包单位　　　　　　　　　B. 施工单位
   C. 监理　　　　　　　　　　　D. 项目经理

3. 下列工程任务不得分包的是（　　）。
   A. 勘察工作　　　　　　　　　B. 设计工作
   C. 施工工作　　　　　　　　　D. 监理工作

4. 项目所在地省级交通运输主管部门评定的最高信用等级的是（　　）。
   A. 单 A　　　　　　　　　　　B. 双 A
   C. 三 A　　　　　　　　　　　D. 四 A

5. 投标行为和履约行为初始分值为 100 分，实行累计扣分制。其中，投标行为占
（　　　），履约行为占（　　　　）。

  A．20%，80%   B．30%，70%

  C．40%，60%   D．50%，50%

6. 根据《公路施工企业信用评价规定》，下列关于信用评价等级的说法，错误的
是（　　　）。

  A．公路施工企业资质升级的，其信用评价等级不变

  B．企业分立的，按照新设立企业确定信用评价等级，但不得高于原评价等级

  C．企业合并的，按照合并前信用评价等级较高企业等级确定

  D．联合体参与投标时，其信用等级按照联合体各方面最低等级认定

7. 公路施工企业投标行为由（　　　）负责评价，履约行为由（　　　）负责评价，
其他行为由（　　　）负责评价。

  A．项目法人，招标人，负责行业监管的相应地方人民政府交通运输主管部门

  B．招标人，项目法人，负责行业监管的相应地方人民政府交通运输主管部门

  C．负责行业监管的相应地方人民政府交通运输主管部门，招标人，项目法人

  D．招标人，负责行业监管的相应地方人民政府交通运输主管部门，招标人

8. 下列关于公路设计变更的说法，正确的是（　　　）。

  A．公路工程设计变更分为重大设计变更、较大设计变更和较小设计变更

  B．公路工程重大、较大设计变更实行审批制，经批准的设计变更最多不得变
   更 3 次

  C．公路工程勘察设计及监理等单位可以向项目法人提出公路工程设计变更的
   建议

  D．重大设计变更由交通运输部负责审批

9. 根据《公路工程设计变更管理办法》，下列情形中，属于重大设计变更的是
（　　　）。

  A．连续长度 2km 以下的路线方案调整的

  B．特大桥的结构形式发生变化的

  C．隧道施工方案发生变化的

  D．工程费用超过施工图设计批准预算的

10. 下列设计变更不属于较大设计变更范畴的是（　　　）。

  A．超过施工图设计批准预算

  B．收费方式及站点位置、规模发生变化

  C．单项工程费用变化超过 500 万元的变更

  D．隧道的数量或方案发生变化

11. 按《公路工程设计变更管理办法》的要求，重大设计变更由（　　　）负责审批。

  A．国务院   B．交通运输部

  C．交通运输厅   D．设计院

12. 对于公路工程中出现的一般设计变更的审查，应由（　　　）负责。

  A．建设单位   B．设计单位

C. 监理单位　　　　　　　　　　D. 交通运输行政主管部门

13. 交工验收工程质量等级分为（　　　）。

A. 优良、合格与不合格　　　　　B. 合格与不合格

C. 优良、中等、合格与不合格　　D. 优质、合格与不合格

14. 根据《公路工程设计施工总承包管理办法》，招标人应当确定投标人编制投标文件所需要的合理时间，自招标文件开始发售之日起至投标人提交投标文件截止时间止，不得少于（　　　）日。

A. 15　　　　　　　　　　　　　B. 30

C. 45　　　　　　　　　　　　　D. 60

15. 分包工程中的关系是（　　　）。

A. 发包人与分包人有合同关系　　B. 承包人与分包人有合同关系

C. 监理人与分包人有合同关系　　D. 监理人与分包人有监理关系

16. 工程各合同段交工验收结束后，由（　　　）对整个工程项目进行工程质量评定。

A. 项目法人　　　　　　　　　　B. 监督机构

C. 监理单位　　　　　　　　　　D. 竣工验收委员会

17. 不属于公路工程交工验收应具备的条件的是（　　　）。

A. 监理单位对工程质量评定合格

B. 监督机构对工程进行了检测，并出具检测意见

C. 监理单位已完成本合同段的工作总结报告

D. 已通车试运营 2 年

18. 竣工验收质量评定中，工程质量评分得分大于等于（　　　）分为优良。

A. 80　　　　　　　　　　　　　B. 85

C. 90　　　　　　　　　　　　　D. 95

19. 公路工程竣工验收的主要目的是综合评价（　　　）。

A. 工程建设项目　　　　　　　　B. 施工合同履行情况

C. 投资落实情况　　　　　　　　D. 技术标准执行情况

20. 从业单位表彰奖励类良好行为信息主要有（　　　）。

A. 从业单位在从事公路建设活动以及信用信息填报过程中违反有关法律、法规、标准等要求，受到市级及以上交通运输主管部门、与公路建设有关的政府监督部门或机构行政处罚及通报批评的信息

B. 模范履约、诚信经营，受到市级及以上交通运输主管部门、与公路建设有关的政府监督部门或机构表彰和奖励的信息

C. 司法机关、审计部门认定的违法违规信息

D. 被省级及以上交通运输主管部门评价为最低信用等级（D 级）的记录

二　多项选择题

1. 项目管理机构应当具有与分包工程的规模、技术复杂程度相适应的技术、经济管理人员，其中（　　　）必须是专业分包人本单位人员。

A. 项目负责人 B. 设计人员

C. 安全主要管理人员 D. 质量主要管理人员

E. 计量主要管理人员

2. 根据《公路工程施工分包管理办法》，下列情形中，属于违法分包的有（　　）。

A. 承包人将承包的全部工程发包给他人的

B. 分包人以他人名义承揽分包工程的

C. 分包合同未报发包人备案的

D. 分包人将分包合同再进行分包的

E. 承包人将工程分包给不具备相应资格的企业或个人的

3. 下列关于公路施工企业信用评价规则的说法，正确的有（　　）。

A. 公路施工企业信用评价工作实行定期评价和动态管理相结合的方式

B. 评价内容由公路施工企业投标行为、履约行为和其他行为构成

C. 被 1 个省级交通运输主管部门直接认定为 D 级的企业，其全国综合评价直接定为 D 级

D. 公路施工企业信用升级实行逐级上升制，每年只能上升一个等级，不得越级

E. 联合体参与投标时，其信用等级按照联合体各方最低等级认定

4. 下列行为中，不属于转包的有（　　）。

A. 承包人将承包的全部工程发包给他人的

B. 承包人将工程分包给不具备相应资格的企业或者个人的

C. 分包人以他人名义承揽分包工程的

D. 分包人将分包工程再进行分包的

E. 承包人将承包的全部工程肢解以后以分包的名义分别发包给他人的

5. 根据《公路工程设计施工总承包管理办法》，总承包单位（包括总承包联合体成员单位）不得是总承包项目的（　　）。

A. 初步设计单位 B. 代建单位

C. 勘察单位 D. 监理单位

E. 代建单位的附属单位

6. 下列关于公路施工企业信用评价等级的说法，正确的有（　　）。

A. 公路施工企业信用评价等级分为 AA、A、B、C、D 五个等级

B. D 级为最低信用等级

C. AA 级为信用好

D. B 级为信用较好

E. C 级为信用较差

7. 根据《公路工程施工分包管理办法》，分包人应当具备的条件有（　　）。

A. 具有经工商登记的法人资格

B. 具有与分包工程相适应的注册资金

C. 具有从事类似工程经验的管理与技术人员

D. 具有（自有或租赁）分包工程所需的施工设备

E. 具有与承包人相同的施工资质

8. 公路工程建设项目验收分为（　　　）。

    A. 中间交工验收　　　　　　　　B. 交工验收

    C. 工序验收　　　　　　　　　　D. 竣工验收

    E. 工程质量验收

9. 根据《公路工程建设项目招标投标管理办法》，可以不进行招标的情形有（　　　）。

    A. 需要采用不可替代的专利或者专有技术的

    B. 采购人自身具有工程施工或者提供服务的资格和能力的

    C. 需要向原中标人采购工程或者服务，否则将影响施工或者功能配套要求的

    D. 新增配套工程估算 1000 万元，原中标单位具备施工能力的

    E. 已通过招标方式选定的特许经营项目投资人依法能够自行施工的

10. 竣工验收委员会由（　　　）组成。

    A. 交通运输主管部门　　　　　　B. 公路管理机构

    C. 质量监督机构　　　　　　　　D. 监理单位

    E. 设计单位

11. 根据《公路建设市场管理办法》，公路工程质量保证体系包括（　　　）。

    A. 政府监督　　　　　　　　　　B. 法人管理

    C. 社会监理　　　　　　　　　　D. 企业自检

    E. 行业自律

12. 公路工程竣工验收的条件包括（　　　）。

    A. 通车试运营 2 年以上

    B. 档案、环保等单项验收合格，土地使用手续已办理

    C. 监理单位对工程质量评定合格

    D. 工程决算编制完成，竣工决算已经审计，并经交通运输主管部门或其授权单位认定

    E. 质量监督机构对工程质量检测鉴定合格，并形成工程质量鉴定报告

13. 公路建设市场信用信息包括公路建设从业单位的（　　　）。

    A. 不良行为信息　　　　　　　　B. 表彰奖励类良好行为信息

    C. 自有及租赁设备基本情况　　　D. 资质、资格情况

    E. 信用评价信息

【答案与解析】

一、单项选择题

*1. A;　　2. C;　　3. D;　　4. B;　　5. A;　　*6. C;　　7. B;　　8. D;

*9. B;　　10. B;　　*11. B;　　*12. A;　　13. B;　　14. D;　　15. B;　　16. A;

17. D;　　18. C;　　19. A;　　20. B

【解析】

1. 答案 A

分包人有权与承包人共同享有分包工程业绩。分包人业绩证明由承包人与发包人

共同出具。

6.答案 C

公路施工企业资质升级的，其信用评级等级不变。企业分立的，按照新设立企业确定信用评价等级，但不得高于原评价等级。企业合并的，按照合并前信用等级较低企业等级确定。联合体参与投标时，其信用等级按照联合体各方最低等级认定。

9.答案 B

有下列情形之一的属于重大设计变更：连续长度 10km 以上的路线方案调整的；特大桥的数量或结构形式发生变化的；特长隧道的数量或通风方案发生变化的；互通式立交的数量发生变化的；收费方式及站点位置、规模发生变化的；超过初步设计批准概算的。

11.答案 B

重大设计变更由交通运输部负责审批。较大设计变更由省级交通运输主管部门负责审批。

12.答案 A

建设单位负责对一般设计变更进行审查，并应当加强对公路工程设计变更实施的管理。

二、多项选择题

1. A、C、D、E;   2. B、C、D、E;   3. A、B、D、E;   4. B、C、D;

5. A、B、D、E;   6. A、B、C、E;   7. A、B、C、D;   8. B、D;

9. A、C、E;   10. A、B、C;   11. A、B、C、D;   12. A、B、D、E;

13. A、B、D、E

第7章 相 关 标 准

7.1 公路工程施工安全生产相关规定

微信扫一扫
在线做题＋答疑

复习要点

1. 公路工程安全施工生产条件
2. 公路工程承包安全责任
3. 公路工程项目施工安全风险评估
4. 公路工程施工生产安全事故报告

一 单项选择题

1. 施工单位应当设置安全生产管理机构或者配备专职安全生产管理人员。施工单位应根据工程施工作业特点、安全风险以及施工组织难度，按照年度施工产值配备专职安全生产管理人员。合同金额在 2 亿元以上的不少于（　　）名。

　　A. 1　　　　　　　　　　　　　B. 2

　　C. 3　　　　　　　　　　　　　D. 5

2. 下列不属于项目负责人对项目安全生产工作的职责的是（　　）。

　　A. 按规定配足项目专职安全生产管理人员

　　B. 组织制定项目安全生产教育和培训计划

　　C. 及时、如实报告生产安全事故并组织自救

　　D. 组织或者参与本合同段施工应急救援演练

3. 下列关于公路桥梁和隧道工程安全风险评估相关要求的说法，错误的是（　　）。

　　A. 施工安全风险评估范围，与由各地工程建设条件、技术复杂程度有关

　　B. 多跨或跨径大于 40m 的石拱桥应进行施工风险评估

　　C. 桥梁拆除工程可以不进行施工风险评估

　　D. 墩高或净空大于 100m 的桥梁工程应进行施工风险评估

4. 下列不属于施工单位的专职安全生产管理人员履行的职责的是（　　）。

　　A. 组织或者参与拟订本单位安全生产规章制度、操作规程，以及合同段施工专项应急预案和现场处置方案

　　B. 督促落实本单位施工安全风险管控措施

　　C. 督促项目安全生产费用的规范使用

　　D. 组织或者参与本合同段施工应急救援演练

5. 当专项风险等级为（　　）级且无法降低时，必须提高现场防护标准，并视情况开展第三方施工监测。

　　A. Ⅰ　　　　　　　　　　　　　B. Ⅱ

C. Ⅲ D. Ⅳ

6. 公路水运工程交工验收前，（   ）应当组织对工程质量是否合格进行检测，出具交工验收质量检测报告。

A．建设单位 B．施工单位

C．监理单位 D．接养单位

7. 下列不属于交通运输主管部门或者其委托的建设工程质量监督机构可以采取的监督检查方式的是（   ）。

A．随机抽查 B．固定抽查

C．备案核查 D．专项督查

8. 下列关于高速公路路堑高边坡工程施工安全风险评估的说法，错误的是（   ）。

A．高速公路路堑高边坡工程施工安全风险评估划分为总体风险评估和专项风险评估两个阶段，一般采用专家调查评估法、指标体系法

B．总体风险评估结论应作为编制路堑边坡工程施工组织设计的依据

C．专项风险评估为在总体风险评估基础上，将风险等级达到高度风险（Ⅱ级）及以上的路堑段作为评估单元，进行风险辨识、分析、估测

D．专项风险评估结论应作为编制或完善专项施工方案的依据

9. 施工安全风险评估工作包括：① 制定评估计划；② 开展风险分析；③ 确定风险等级；④ 选择评估方法；⑤ 进行风险估测；⑥ 编制评估报告。最优的评估步骤是（   ）。

A．①②④③⑤⑥ B．①③②④⑤⑥

C．①②④⑤③⑥ D．①④②⑤③⑥

10. 高速公路路堑高边坡工程总体风险评估工作和专项风险评估工作分别由（   ）负责组织。

A．监理单位、施工单位 B．建设单位、施工单位

C．交通运输主管部门、施工单位 D．施工单位、监理单位

11. 安全事故自发生之日起（   ）日内，事故造成的伤亡人数发生变化的，应当及时补报。

A．10 B．20

C．30 D．40

12. 关于公路工程承包人安全责任的说法，错误的是（   ）。

A．建设单位对施工现场的安全生产负主体责任

B．施工单位主要负责人依法对项目安全生产工作全面负责

C．建设工程实行施工总承包的，由总承包单位对施工现场的安全生产负总责

D．分包单位不服从管理导致生产安全事故的，由分包单位承担主要责任

二 多项选择题

1. 高速公路路堑高边坡工程施工安全风险评估划分为（   ）。

A．总体风险评估 B．整体风险评估

C．分项风险评估　　　　　　　　　D．专项风险评估

E．重大风险评估

2．"四不放过"原则指的有（　　　）。

A．事故原因不查清不放过

B．事故相关人员没有受到教育不放过

C．事故责任人没受到处理不放过

D．没有制定安全生产管理制度不放过

E．防范类似事故的再次发生的措施没落实不放过

3．工程质量鉴定报告应当以工程交工质量核验意见为参考，包括（　　　）。

A．交工遗留问题和试运行期间出现的质量问题及整改

B．主体结构工程实体质量等情况

C．是否存在影响工程正常使用的质量缺陷

D．工程质量用户满意度调查

E．工程质量复测和鉴定结论

4．项目负责人对项目安全生产工作负有的职责包括（　　　）。

A．结合项目特点，组织制定并实施项目安全生产规章制度和操作规程

B．组织或者参与本单位安全生产教育和培训，如实记录安全生产教育和培训情况

C．依据风险评估结论，完善施工组织设计和专项施工方案

D．制止和纠正违章指挥、强令冒险作业、违反操作规程的行为

E．组织制定本合同段应急预案并定期组织演练

5．根据《公路桥梁和隧道工程施工安全风险评估指南（试行）》的规定，当隧道工程满足（　　　）时，应进行施工安全风险评估。

A．穿越高地应力区、岩溶发育区、区域地质构造、煤系地层、采空区等工程地质或水文地质条件复杂的隧道，黄土地区、水下或海底隧道工程

B．浅埋、偏压、大跨度、变化断面等结构受力复杂的隧道工程

C．长度2000m及以上的隧道工程，Ⅵ、Ⅴ级围岩连续长度超过50m或合计长度占隧道全长的20%及以上的隧道工程

D．连拱隧道和小净距隧道工程

E．采用新技术、新材料、新设备、新工艺的隧道工程

6．根据《公路桥梁和隧道工程施工安全风险评估指南（试行）》的规定，应当进行施工安全风险评估的有（　　　）。

A．长度200m的钢筋混凝土拱桥

B．跨径350m的斜拉桥

C．长度3500m的隧道

D．浅埋偏压隧道

E．连拱隧道

一、单项选择题

1. D；　　2. D；　　3. C；　　4. C；　　5. D；　　6. A；　　7. B；　　8. C；

9. D；　　10. B；　　11. C；　　12. A

二、多项选择题

1. A、D；　　　　2. A、B、C、E；　　3. A、C、D、E；　　4. A、C、E；

5. A、B、D、E；　　6. A、C、D、E

7.2　公路工程质量管理的相关规定

复习要点

1. 公路工程施工单位质量责任和义务
2. 公路工程质量事故的等级划分及报告的规定
3. 公路工程质量监督管理相关规定

一　单项选择题

1. 一般及以上工程质量事故均应报告，事故发生后现场有关人员应立即向事故责任单位负责人报告。事故报告责任单位应在接报的（　　　）h内，核实、汇总并向负责项目监管的交通运输主管部门及其工程质量监督机构报告。

　　A. 2　　　　　　　　　　　　　　B. 4

　　C. 6　　　　　　　　　　　　　　D. 8

2. 根据公路工程质量事故等级标准，下列选项属于重大质量事故的是（　　　）。

　　A. 死亡 10 人以上，29 人以下

　　B. 直接经济损失 300 万元以上，不满 500 万元

　　C. 中小型桥梁主体结构垮塌

　　D. 特大型桥梁主体结构垮塌

3. 若施工单位未按规定对原材料、混合料、构配件等进行检验，造成工程质量事故的，应（　　　）。

　　A. 处 1 万元以上 3 万元以下的罚款

　　B. 处 10 万元以上 15 万元以下的罚款

　　C. 处 15 万元以上 20 万元以下的罚款

　　D. 处所涉及单位工程合同价款 3% 以上 4% 以下的罚款

4. 下列关于质量事故的说法，错误的是（　　　）。

　　A. 特别重大质量事故是指造成直接经济损失 1 亿元以上的事故

　　B. 公路水运建设工程质量事故分为特别重大、重大、较大和一般质量事故四个等级

C．一般质量事故是指 1000 万元以下直接经济损失的事故

D．特长隧道结构坍塌是重大质量事故

5．公路工程项目交工验收前，当发生质量事故时，应由（　　　　）报告有关部门。

A．建设单位 　　　　　　　　B．施工单位

C．监理单位 　　　　　　　　D．管养单位

6．公路水运工程交工验收前，（　　　　）应当组织对工程质量是否合格进行检测，出具交工验收质量检测报告。

A．建设单位 　　　　　　　　B．施工单位

C．监理单位 　　　　　　　　D．接养单位

7．工程项目交工验收前，（　　　　）为工程质量事故报告的责任单位。

A．建设单位 　　　　　　　　B．监理单位

C．施工单位 　　　　　　　　D．施工总承包单位

二　多项选择题

1．根据直接经济损失或工程结构损毁情况，公路水运建设工程质量事故分为（　　　　）。

A．较大质量事故 　　　　　　B．重大质量事故

C．一般质量事故 　　　　　　D．特大质量事故

E．特别重大质量事故

2．工程质量事故快报内容包括（　　　　）。

A．工程项目名称 　　　　　　B．事故地点和发生时间

C．责任人处理情况 　　　　　D．事故经过

E．采取的措施

3．根据公路工程质量事故管理相关规定，对公路水运建设工程质量事故划分为四个等级，下列属于重大事故的有（　　　　）。

A．造成直接经济损失 1 亿元以上

B．特大桥主体结构垮塌

C．特长隧道结构坍塌

D．大型水运工程主体结构坍塌、报废

E．造成直接经济损失 1000 万元以上 5000 万元以下

4．根据公路工程质量事故管理相关规定，对公路水运建设工程质量事故划分为四个等级，下列属于较大质量事故的有（　　　　）。

A．直接经济损失 500 万元 　　B．直接经济损失 2000 万元

C．高速公路中桥垮塌 　　　　D．特大桥主体结构报废

E．特长隧道主体结构坍塌

【答案】

一、单项选择题

1. A；　2. D；　3. C；　4. C；　5. B；　6. A；　7. C

二、多项选择题

1. A、B、C、E；　2. A、B、D、E；　3. B、C、D；　4. B、C

第3篇 公路工程项目管理实务

第8章 公路工程企业资质与施工组织

8.1 公路工程企业资质

复习要点

微信扫一扫
在线做题＋答疑

1. 设计企业资质

公路工程设计企业资质分为六类别和相应的等级，第一、二、四、五类的工程设计综合资质、公路行业设计资质、特大桥专业设计资质、特长隧道专业设计资质只有一个甲级资质等级，第三类的公路专业设计资质有甲、乙、丙三个等级，第六类交通工程设计资质有甲、乙两个等级。

公路工程设计企业承包工程范围。工程设计综合资质是各行业设计规模不受限制。凡是甲级资质在其对应的行业或专业设计规模不受限制。公路专业设计乙级可以承接二级及以下等级（即中小规模）公路、交通安全设施、管理养护设施等项目设计；丙级可承接三级、四级公路（即小规模）及其交通安全、管理、养护等实施设计。交通工程专业设计乙级可承接二级公路（即中小规模）的收费系统及管理、养护、服务设施设计。

2. 公路工程施工企业资质类别和等级划分

公路工程施工企业资质共分为六大类，分别是：一类公路工程施工总承包资质和五类公路路基、公路路面、桥梁、隧道、公路交通工程专业承包资质。

公路工程施工企业资质中前五个除总承包资质多一个特级外都有一、二、三级资质；公路交通工程专业承包资质按施工内容分为两个分项施工资质，交通工程分为公路安全设施分项承包一级或二级资质与公路机电工程分项承包一级或二级资质。

3. 公路工程施工承包工程范围

凡是带有一级的资质为在其专业范围内各级公路（含高速）的路基（含中小桥涵等）、路面、桥梁、隧道（但总承包是含3000m以下长隧道）、交通工程安全和机电。二级路基资质为一级标准以下路基（含中小桥涵等）、路面、单跨150m以下或单座桥梁总长1000m以下（含）桥梁（即是大桥，不包含特大桥）、断面60m² 以下且单洞长度1000m以下的隧道工程（即中隧道）、交通工程安全和机电。三级路基资质为二级标准以下路基（含中小桥涵等）、路面、单跨50m以下或单座桥梁总长120m（但总承包三级是500m）以下桥梁、断面40m² 以下且单洞长度500m以下的隧道工程。总承包资质基本可承包除交通工程外的各类专业工程，但是总承包三级资质不能承包隧道工程是个例外。

1. 公路行业设计资质的类别和等级是（　　）。
   A. 第三类乙级资质　　　　　　B. 第二类乙级资质
   C. 第三类甲级资质　　　　　　D. 第二类甲级资质

2. 根据国家相关规定，可承担各级公路及其桥梁、长度3000m以下的隧道工程的施工总承包的企业是（　　）。
   A. 施工总承包三级　　　　　　B. 施工总承包二级
   C. 施工总承包一级　　　　　　D. 施工总承包特级

3. 根据公路工程施工企业资质类别划分要求，桥梁工程专业承包企业资质划分为（　　）。
   A. 一级、二级　　　　　　　　B. 一级、二级、三级
   C. 特级、一级、二级　　　　　D. 特级、一级、二级、三级

4. 三级公路工程施工总承包企业可以承包的工程是（　　）。
   A. 高速公路工程　　　　　　　B. 单跨跨度小于40m的桥梁工程
   C. 长度2000m的隧道工程　　　D. 各种桥梁工程

5. 公路工程施工企业资质等级不包括（　　）。
   A. 一级公路工程施工总承包　　B. 三级路面工程专业承包
   C. 三级桥梁工程专业分包　　　D. 通信、收费综合系统工程分项承包

6. 桥梁工程专业承包三级资质企业可承包的工程范围是（　　）。
   A. 单跨跨度100m以下的桥梁工程
   B. 桥长为500m以下的桥梁工程
   C. 单跨跨度60m以下的桥梁工程
   D. 桥长为120m以下的桥梁工程

7. 专业承包二级资质企业许可部门是（　　）。
   A. 国务院住房和城乡建设部
   B. 省级住房和城乡建设主管部门
   C. 地级市住房和城乡建设主管部门
   D. 企业注册地的地级市住房和城乡建设主管部门

8. 能进行枢纽型互通立体交叉和相应级别公路的交通安全设施设计的企业资质是（　　）。
   A. 特大桥专业设计资质　　　　B. 交通工程甲级设计资质
   C. 公路专业设计甲级资质　　　D. 公路行业乙级设计资质

二 多项选择题

1. 可承担单跨100m及以下桥梁工程的施工的企业包括（　　）。
   A. 公路工程施工总承包特级企业　　B. 桥梁工程专业承包一级企业

C．桥梁工程专业承包二级企业　　　D．桥梁工程专业承包三级企业

E．公路工程施工总承包一级企业

2．下列关于公路总承包三级企业承包的工程范围的说法，正确的有（　　）。

A．桥长为 120m 以下的桥梁工程　　B．单洞长度 100m 以下的隧道工程

C．单跨跨度 50m 以下的桥梁工程　　D．一级公路路基工程

E．二级标准以下的公路工程

3．能进行枢纽型互通立体交叉设计的企业资质有（　　）。

A．特大桥专业设计资质　　　　　　B．工程设计综合资质

C．公路专业设计资质　　　　　　　D．公路行业设计资质

E．公路专业设计甲级资质

【答案与解析】

一、单项选择题

1. D；　　2. C；　　3. B；　　4. B；　　5. D；　　*6. D；　　7. B；　　8. C

【解析】

6. 答案 D

三级桥梁专业资质可承担单跨 50m 以下、单座桥梁总长 120m 以下桥梁工程的施工，故选项 D 正确。选项 C 的 60m 错误。选项 B 是三级总承包资质承包的工程范围。

二、多项选择题

1. A、B、C、E；　　　*2. C、E；　　　　　*3. A、B、D、E

【解析】

2. 答案 C、E

总承包三级资质企业可承担二级标准以下公路，单座桥长 500m 以下、单跨跨度 50m 以下的桥梁工程的施工，故选项 C、E 正确。选项 A 的 120m 错了。总承包企业不承包交通工程，选项 B 错误。

3. 答案 A、B、D、E

参考住房和城乡建设部于 2007 年 3 月重新修订的《工程设计资质标准》附件 3 各行业建设项目设计规模划分表的第 14 个表"公路行业建设项目设计规模划分表"（表 8-1）。

表 8-1　公路行业建设项目设计规模划分表

序号	建设项目	单位	大型	中型	小型	备注
1	公路	公路等级或立交形式	高速公路，一级公路、枢纽型互通式立体交叉及其交通安全设施	二级公路及其交通安全设施	三级、四级公路及其交通安全、管理、养护等设施	
2	特大桥梁	长度或跨径	墩高 80m 以上或单跨跨径 150m 以上的桥梁			
3	特长隧道	长度或车道	长度大于 3000m 或横断面 3 个及以上车道的隧道			
4	交通工程	公路等级	高速公路、一级公路的监控系统、通信系统、收费系统及管理、养护、服务设施	二级公路的收费系统及管理、养护、服务设施		

8.2 施工项目管理机构

复习要点

1. 施工项目管理机构

施工项目经理部不具备法人资格，是企业根据建设工程施工项目而组建的非常设（即临时性）的外派下属机构，为完成具体的路桥施工任务负责施工现场的全面管理工作，以实现质量、工期、成本、安全和文明施工相统一的综合效益目标。

公路工程施工项目经理部的组织结构模式一般有四种，即直线式、职能式、直线职能式、矩阵式。项目经理部一般设置六个职能部门，在管理层下设置各专业作业队即作业层，再往下设作业班组。

2. 项目管理机构的工作内容

项目管理机构管理的对象是项目，其要围绕项目管理目标的实现，进行全过程、全方位的规划、组织、控制与协调。要贯穿从工程项目中标至项目交竣工的全过程管理。在项目的不同阶段工作的重心不同，要确保项目施工全过程管理受控。其工作内容主要有：进度、技术质量、安全环保、物资、机械设备、分包、成本等这几方面的管理；还包括有计量结算、财务、税务、保险、人力资源劳动力、信息化、后勤综合等方面的管理。

一 单项选择题

1. 公路工程施工项目经理部的组织结构模式一般有四种，即直线式、职能式、矩阵式和（　　）。

    A. 代建制度式   B. 顶层设计式

    C. 联合组建式   D. 直线职能式

2. 项目管理机构工作的主要内容是（　　）。

    A. 进度管理   B. 税务管理

    C. 保险管理   D. 财务管理

3. 关于项目经理部，论述不足或不完善的是（　　）。

    A. 项目经理部施工企业为完成具体路桥施工任务而设立的组织

    B. 项目经理部是以实现质量和成本为控制目标的组织机构

    C. 项目经理部是施工企业派驻施工现场实施管理的非常设下属机构

    D. 项目经理部负责施工现场的全面管理工作

二 多项选择题

1. 项目经理部管理层一般设置的部门有（　　）。

    A. 工程技术部   B. 安全管理部

    C. 材料设备部   D. 合同经营部

E．专业施工队
2．项目管理机构工作的主要内容有（　　）。

A．技术质量管理　　　　　　B．机械设备管理

C．安全环保管理　　　　　　D．人力资源管理

E．分包工程管理

【答案与解析】

一、单项选择题
1．D；　　2．A；　　3．B
二、多项选择题
*1．A、B、C、D；　　　　2．A、B、C、E
【解析】
1．答案 A、B、C、D

选项 E 专业施工队是作业层不是管理层。

8.3　施工组织设计

复习要点

1．公路工程项目施工组织设计编制

公路工程施工组织设计的主要内容：编制说明，编制依据，工程概况，施工总体部署，主要工程项目的施工方案，施工进度计划，各项资源需求计划，施工总平面图设计，大型临时工程，主要分项工程施工工艺，季节性施工技术措施，质量管理与质量控制的保证措施，项目职业健康安全管理和安全保证措施，环境保护和节能减排的措施及文明施工，工程需研究的关键技术课题及需进行总结的技术专题。

路基工程施工组织设计的编制特点是应重点考虑：确定施工方法和土方调配，编制施工进度计划，确定工地施工组织，规定各工程队施工所需的机械数量。

路面工程施工组织设计的编制特点是路面各结构层的质量检验和材料准备以及试验路段，按均衡流水法组织施工，注意流水的搭接类型（前后工序的速度）和搭接时距（工作面的长度除以两者间的快的速度），路上与基地统筹兼顾，布置好堆料点、运料线、行车路线，主要施工机械的数量和规格，路面施工的特殊技术要求，劳动力、其他设备、材料供应计划。

桥涵工程施工组织设计的编制特点是桥梁工程的分部分项工程较多应注意技术与组织管理的结合。桥梁下部施工组织时如果资源受限也应当组织流水施工，如果简化表示应注意原本衔接的关系将变成了搭接关系。

隧道工程施工组织设计的编制特点是以洞口为中心的施工场地总布置应注意结合工程规模、工期、地形特点、弃渣场和水源等情况，本着因地制宜，充分利用地形、合理布置、统筹安排的原则进行。按照不同岩层段确定开挖和出渣方案及方法。

公路工程施工组织设计的编制程序：（1）对工程项目设计图纸、合同、技术规范等进行分析研究，必要时进行相关资料的收集和调研；（2）计算施工工程数量；（3）选择施工方案，确定施工方法；（4）编制工程进度计划；（5）计算人工、材料、机具需要量，编制相关计划；（6）确定临时工程，编制水、电、气、热供应计划；（7）设计和布置施工平面图；（8）确定技术措施计划与计算技术经济指标；（9）确定施工组织管理机构；（10）编制质量、安全、环保和文明施工措施计划；（11）编写说明书。

2．公路工程施工组织设计的评价与优化

公路工程施工组织设计的评价可以通过劳动力需要量图分析，工程进度曲线（"S"形曲线）分析，以及施工周期、全员劳动生产率、各种资源的（包括劳动力资源）不均衡系数、综合机械化程度、"四新"项次及成果等主要技术经济指标分析进行评价。

公路工程施工组织设计的优化主要是施工方案的优化。施工方案优化主要包括：施工方法的优化、施工顺序的优化、施工作业组织形式的优化、施工劳动组织优化、施工机械组织优化等。

3．公路工程项目施工方案编制

施工方案的编制内容有：（1）编制依据；（2）工程概况；（3）工艺流程及操作要点、关键技术参数与技术措施等；（4）施工技术方案设计图；（5）技术方案的主要有关计算书；（6）安全、环保、质量保证、文物保护及文明施工措施；（7）预案措施。

一 单项选择题

1. 下列内容中，现场调查资料或报告不包括的是（   ）。
   A．道路沿线的地形、地貌、土壤、地质、水文和气象条件
   B．当地筑路材料、劳动力和能源的分布情况，对外交通运输情况
   C．各种定额及概预算资料，例如预算定额、施工定额、沿线地区性定额等
   D．沿线村镇、居民点、厂矿企业以及其他工程建设的分布情况

2. 路面工程各结构层之间的施工是（   ）。
   A．平行作业法
   B．依次作业法
   C．流水作业法
   D．均衡流水法

3. 在选择路面各结构层之间搭接类型时，后道工序快于前道工序时，应选择（   ）。
   A．STS
   B．STF
   C．FTS
   D．FTF

4. 不属于各项资源需求计划内容的是（   ）。
   A．材料需求计划
   B．农民工需求计划
   C．资金需求计划
   D．施工机械设备需求计划

5. 桥墩施工时，如果设备或者模板数量有限时宜采用（   ）。
   A．平行施工
   B．流水施工
   C．顺序施工
   D．平行顺序施工

6. 桥墩流水施工的桥墩数量太多时，将多个桥墩的相同工序合并为一个工序，简

化为相同桥墩不同工序之间的逻辑关系，此时的逻辑关系是（   ）。

    A．开始到完成　　　　　　　　B．完成到开始

    C．搭接关系　　　　　　　　　D．衔接关系

7．隧道施工中，以（   ）为中心布置施工场地。

    A．钻爆　　　　　　　　　　　B．支护

    C．洞口　　　　　　　　　　　D．项目部

8．确定隧道掘进循环进尺应注意的问题是（   ）。

    A．危险品库房按有关安全规定办理

    B．钻爆作业设计

    C．合理布置大堆材料堆放位置

    D．运输通道应统一规划、布局合理

9．下列计划中，不属于资源计划的是（   ）。

    A．劳动力需求计划　　　　　　B．材料需求计划

    C．机械设备需求计划　　　　　D．施工进度需求计划

10．施工方案的优化中，主要通过（   ）的优化使得在取得好的经济效益的同时还要有技术上的先进性。

    A．施工顺序　　　　　　　　　B．施工劳动组织

    C．施工方法　　　　　　　　　D．施工作业组织形式

11．作业组织合理采取顺序作业、平行作业、流水作业三种作业形式的一种或几种的综合方式是指（   ）。

    A．施工顺序的优化　　　　　　B．施工作业组织形式的优化

    C．施工方法的优化　　　　　　D．施工劳动组织优化

二　多项选择题

1．施工方案优化主要包括（   ）。

    A．施工方法的优化　　　　　　B．施工顺序的优化

    C．施工作业组织形式的优化　　D．施工劳动组织优化

    E．资源利用的优化

2．有关工程进度曲线论述正确的有（   ）。

    A．工程接近完工时曲线为凸形

    B．曲线呈凹形说明进度加快

    C．当斜率为零表明停工

    D．可反映资源需要量及其供应

    E．分析"S"形曲线的形状可定性分析施工内容安排的合理性

3．路基工程施工组织设计应重点考虑的内容有（   ）。

    A．确定施工方法和土方调配　　B．布置好堆料点

    C．布置好运料线　　　　　　　D．按均衡流水法组织施工

    E．确定工地施工组织

4. 山岭公路隧道掘进需考虑的因素有（　　　）。

    A．围岩级别　　　　　　　　　B．机具设备

    C．隧道月掘进进尺　　　　　　D．弃渣情况

    E．二次衬砌形式

5. 对于桥墩采用流水施工时应注意流水施工的相关时间参数有（　　　）。

    A．施工过程数　　　　　　　　B．施工段数

    C．流水节拍　　　　　　　　　D．流水步距

    E．技术间歇

6. 施工顺序优化包括（　　　）。

    A．同类工程的施工顺序优化　　　B．不同类工程的施工顺序优化

    C．分项工程的施工顺序优化　　　D．分部工程的施工顺序优化

    E．单位工程的施工顺序优化

7. 资源利用的优化主要包括（　　　）。

    A．施工顺序的优化

    B．施工作业组织形式的优化

    C．施工机械组织优化

    D．物资采购与供应计划的优化

    E．机械需要计划的优化

8. 有关劳动组织优化表述正确的有（　　　）。

    A．分工与协作是劳动组织优化的基本原理

    B．施工队、班（组）的工人技术平均等级不高于定额规定的平均等级

    C．各队、班组的工人技术等级要成比例，搭配合理，不能全高，也不能全低

    D．投入项目人工日数不超过项目人力全员计划的总数

    E．施工队、班（组）的工人施工水平应高于规定的施工定额水平

【答案与解析】

一、单项选择题

1. C；　　*2. D；　　*3. D；　　4. B；　　5. B；　　*6. C；　　*7. C；　　8. B；

9. D；　　10. C；　　11. B

【解析】

2. 答案 D

不能选 C 的原因是流水作业法包括均衡（有节拍）流水和非均衡（无节拍）流水施工。而路面工程各结构层之间的施工是均衡流水施工。

3. 答案 D

路面均衡流水施工时，前道工序快于后道工序是开始到开始（STS），否则是完成到完成（FTF）。

6. 答案 C

当很多个墩流水施工时，表示其流水关系显得工作（工序）太多和过于繁杂，如

果采用以下两种简化表示，应注意原本各工作（工序）之间衔接的逻辑关系，经过简化成为墩与墩的关系时，墩与墩的逻辑关系就变成搭接关系；或者多个墩相同工序合并为一个工作，就简化成为相同墩的不同工作之间的逻辑关系，此时的逻辑关系也变成搭接关系。

7. 答案 C

隧道工程施工组织设计的编制特点是以洞口为中心的施工场地总布置。

二、多项选择题

*1. A、B、C、D；　　2. A、B、C、E；　　3. A、E；　　4. A、B、C；

5. C、D、E；　　　　6. A、E；　　　　*7. D、E；　　8. A、B、C、D

【解析】

1. 答案 A、B、C、D

施工方案优化主要包括：施工方法的优化、施工顺序的优化、施工作业组织形式的优化、施工劳动组织优化、施工机械组织优化等。

7. 答案 D、E

资源利用的优化主要包括：物资采购与供应计划的优化、机械需要计划的优化。

第9章 工程招标投标与合同管理

9.1 工程招标投标

复习要点

1. 公路工程招标投标管理

施工招标条件：招标人已经依法成立；初步设计文件批准后，方可开展施工监理、设计施工总承包招标；施工图设计文件批准后，方可开展施工招标。公路工程建设项目，有六种情况可以不进行招标。

公路招标方式为公开招标和邀请招标。公开招标程序为15步；邀请招标程序为9步。

公路工程建设的开标和评标。投标文件按照招标文件规定采用双信封形式密封的，开标分两个步骤公开进行：第一步骤对第一信封内的商务文件和技术文件进行开标，对第二信封不予拆封并由招标人予以封存。第二步骤在对第一信封评审后，宣布通过商务文件和技术文件评审的投标人名单，对其第二信封内的报价文件进行开标，宣读投标报价。

公路工程建设评标办法有综合评估法和经评审的最低投标价法两大类型，综合评估法包括合理低价法、技术评分最低标价法和综合评分法，共四种评标方法。公路工程勘察设计和施工监理招标，应当采用综合评估法进行评标。公路工程施工招标，评标采用综合评估法或者经评审的最低投标价法。

公路工程施工招标评标，一般采用合理低价法或者技术评分最低标价法。技术特别复杂的特大桥梁和特长隧道项目主体工程，可以采用综合评分法。工程规模较小、技术含量较低的工程，可以采用经评审的最低投标价法。

2. 施工投标

施工投标流程：研究招标文件→标前调查研究→复核工程量→制定施工方案→确定投标策略→正式投标。在投标时需要注意的 5 个方面：投标的截止日期、投标文件的完备性、标书（即投标文件）的标准、投标的担保、工程分包的规定。

3. 公路工程工程量清单编制

招标时工程量清单通常由业主提供，是工程招标及实施工程时计量与支付的重要依据，是招标单位（业主）将要招标的工程按一定的原则（如按工程部位、性质等）进行分解，以明确工程的内容和范围，并将这些内容数量化而得到的一套工程项目表。工程量清单中所列的工程数量（也称为清单工程量），是在实际施工生产前根据设计施工图纸和说明及工程量计算规则所得到的一种准确性较高的预算数量，并不是中标者在施工时应予完成的实际的工程量。

工程量清单内容包括说明、工程量清单、计日工表、暂估价表和投标报价汇总表五部分。编制工程量清单要注意几点，将开办项目作为独立的工程子目单列出来；合理划分工程子目；工程子目的划分要大小合适；计日工清单或专项暂定金额不可缺少；应与工程量清单计量规则一致。

4．公路工程投标报价编制

投标报价的编制主要是投标人对承建招标工程所要发生的各种费用的计算。编制报价时，一是要合理，就是要做得来，并留有余地；二是要有竞争力，就是要符合市场的行情，并具有优势，能与强手相匹敌。投标报价编制的依据主要有13个方面。投标报价的组成主要有直接费、措施费、企业管理费、利润、规费、税金和风险费等。投标报价计算有工料单价计算法和综合单价计算法两种。标价分析评估可从3个方面进行：标价的宏观审核、标价的动态分析、标价的盈亏分析。

一 单项选择题

1．公路工程开展施工招标的强制性前提条件是（　　）。

 A．项目法人筹备组已经成立 B．项目资金全部到位

 C．施工图设计已获批准   D．项目已经按规定履行备案

2．法定公路招标方式是（　　）。

 A．公开招标和谈判招标 B．公开招标和邀请招标

 C．谈判招标和邀请招标 D．公开招标和议标

3．招标人采用邀请招标方式，应当向（　　）个以上具备承担招标项目能力、资信良好的特定法人或者其他组织发出投标邀请书。

 A．7   B．5

 C．3   D．2

4．开标由（　　）主持。

 A．招标人   B．公证机构

 C．监管部门   D．投资人

5．评标时，当有效投标不足3个时，有关说法正确的是（　　）。

 A．必须否决全部投标   B．应当否决全部投标

 C．不得进行评标   D．仍然具有竞争时可以进行评标

6．招标人定标（即确定中标人）的第一次公示内容和定标依据是（　　）。

 A．中标人和评标报告   B．中标候选人和评标报告

 C．中标人和评标办法   D．中标候选人和评标办法

7．符合投标文件完备性要求的行为是（　　）。

 A．投标文件在招标范围以外提出新的要求

 B．投标文件对招标文件提出的实质性要求和条件作出响应

 C．投标文件报价超过招标人的最高限价

 D．投标文件的工程工期超过招标人规定的工期

8．中标通知书发出后有关履约保证金说法正确的是（　　）。

 A．招标文件要求中标人提交履约保证金的，中标人拒绝提交，则视为放弃投标

 B．履约保证金不得超过中标合同金额的10%且不超过80万元

 C．招标人可在招标文件中指定履约保证金的支付形式

 D．对于履约保证金，中标人可以自主选择银行保函或者现金、支票等支付形式

9. 下列关于工程量清单的说法，错误的是（　　　）。

    A. 工程量清单是工程招标及实施工程时计量与支付的重要依据

    B. 标价的工程量清单是投标文件和合同文件的重要组成部分

    C. 工程量清单各章编号应与清单计价规则和技术规范相应章节编号一致

    D. 工程量清单中所列工程数量是承包人应予完成的实际工程量

10. 公路工程工程量清单的数量是（　　　）。

    A. 实际数量   B. 支付数量

    C. 计量数量   D. 估计数量

11. 下列关于工程量清单的编写说法，错误的是（　　　）。

    A. 清单说明主要说明在编制工程量清单时应遵守的规定及注意事项

    B. 不同种类的工作应分别列出项目

    C. 同一性质但施工部位或条件不同的工作应分别列出项目

    D. 劳务和施工机械两个计日工表的计量（或计价）单位是"日"

12. 招标的工程量清单是一份以一定计量单位说明工程实物（　　）的文件。

    A. 数量   B. 质量

    C. 总量   D. 价格

13. 已标价的工程量清单是一份以一定计量单位说明工程实物（　　）的文件。

    A. 数量   B. 质量

    C. 总量   D. 价格

14. 公路工程工程量清单编写的工程子目，根据工程的不同部位分为总则、路基、路面、桥梁涵洞、隧道、（　　　）及预埋管线、绿化及环境保护7个部分。

    A. 机械设备   B. 租赁设备

    C. 安全设施   D. 暂列金额

15. 不计入工程量清单汇总表中投标报价总价的是（　　　）。

    A. 计日工   B. 暂列金额

    C. 暂估价   D. 第 100 至 700 章合计

二　多项选择题

1. 公路工程施工招标应该具备的条件有（　　　）。

    A. 招标人依法成立   B. 公路工程项目已经审批或核准

    C. 公路工程初步设计已经批准   D. 公路工程技术设计已经批准

    E. 公路工程施工图设计已经批准

2. 依法必须招标项目的招标公告和公示信息应当在规定的媒体发布，该规定的媒体有（　　　）。

    A. 中国招标投标公共服务平台

    B. 中国建设报

    C. 项目所在地省级地方指定报纸

    D. 中国经济导报

E．项目所在地省级电子招标投标公共服务平台

3．资格审查方式有（　　）。

    A．资格预审　　　　　　　　　B．资格前审

    C．资格中审　　　　　　　　　D．资格后审

    E．资格终审

4．下列关于标前会议的说法，正确的有（　　）。

    A．标前会议也称为投标预备会

    B．可以对招标文件中的某些内容加以修改或补充说明

    C．可以回答会议上即席提出的问题

    D．标前会议纪要作为补充文件是投标文件的有效组成部分

    E．作为补充文件的标前会议纪要与原招标文件内容不一致时，以原招标文件
为准

5．公路施工项目评标方法有（　　）。

    A．合理低价法　　　　　　　　B．经评审的最低评标价法

    C．技术评分最低价法　　　　　D．综合评分法

    E．双信封法

6．公路项目工程量清单单价应包括的费用有（　　）。

    A．人工费　　　　　　　　　　B．管理费

    C．利润　　　　　　　　　　　D．暂列金额

    E．计日工

7．公路项目工程量清单是（　　）。

    A．合同文件的组成部分　　　　B．工程价款结算清单

    C．招标投标文件的组成部分　　D．索赔的依据

    E．拟建项目实际工程量的汇总

8．根据《公路工程标准施工招标文件》（2018年版），除合同另有规定外，已标价
的工程量清单综合单价均已包括了为实施和完成合同工程所需的（　　）费用。

    A．质量缺陷修复费　　　　　　B．安全生产费

    C．税费　　　　　　　　　　　D．勘察设计费

    E．施工人员保险费

9．计日工是指在工程实施过程中，业主有一些临时性的或新增加的项目需要按计
日（或计量）使用人工和（　　）所需的费用。

    A．材料　　　　　　　　　　　B．延长工期

    C．风险　　　　　　　　　　　D．资金周转

    E．施工机械

【答案与解析】

一、单项选择题

*1．C；　　2．B；　　3．C；　　4．A；　　5．D；　　6．B；　　7．B；　　*8．D；

9. D;　　10. D;　　11. D;　　*12. A;　　*13. D;　　14. C;　　15. C

【解析】

1. 答案 C

选项 A，项目法人筹备组是在项目建议书批准后成立，故错误。选项 B，项目资金只需落实而非全部到位，资金落实的含义是指到位资金一般为 50% 以上，故错误。选项 D，公路项目是实行审批制或核准制，而非备案制，故错误。

8. 答案 D

选项 A，拒绝提交履约保证金则视为放弃中标项目，故错误。选项 B，10% 中标合同金额是对的，但是无 80 万元限制；此处用投标保证金 80 万元限制做干扰，目的是要区分履约保证金与投标保证金概念的不同；作为投标保证金，《中华人民共和国招标投标法实施条例》规定不超过合同段投标价 2%，而《建设工程施工管理》考试用书要求，最高不超过 80 万元。需要说明的是公路建设项目，自 2016 年 2 月 1 日起施行《公路工程建设项目招标投标管理办法》（交通运输部令 2015 年第 24 号）后，就不受此 80 万元限制。因为该办法只强调 2% 无 80 万元限制，说明公路项目从此不再受此 80 万元限制。选项 C，招标人不得指定或变现指定履约保证金的支付形式，故错误。

12. 答案 A

招标的工程量清单只有数量表示，无价格和质量，数量概念比总量更好。

13. 答案 D

投标时已标价的工程量清单主要是表示工程实物的价格，而非偏重数量。

二、多项选择题

1. A、B、E;　　　*2. A、E;　　　3. A、D;　　　4. A、B、C、D;

5. A、B、C、D;　*6. A、B、C;　　7. A、C、D;　　8. A、C、E;

*9. A、E

【解析】

2. 答案 A、E

选项 B、D，在 2018 年 1 月 1 日《招标公告和公示信息发布管理办法》施行前是正确的，故错误。选项 C，是以往的常见做法，但是，不是"应当"的强制性发布媒体，故错误。

6. 答案 A、B、C

公路工程工程量清单计价应采用"全费用综合单价"计价（又称全部综合单价），全费用综合单价包括了为实施和完成合同工程所需的劳务、材料、机械、质检（自检）、安装、缺陷修复、管理、保险、税费、利润等费用，以及合同明示或暗示的所有责任、义务和一般风险。

9. 答案 A、E

计日工是指在工程实施过程中，业主有一些临时性的或新增加的项目需要按计日（或计量）使用人工、材料和施工机械所需的费用。

9.2 工程合同管理

复习要点

1. 公路工程合同体系结构

业主和承包人依法签订的施工合同是"核心合同"，业主又处于合同体系中的"核心位置"。承包商是工程施工的具体实施者，是工程承包合同的履行者。承包商通过投标等方式接受业主的委托，签订工程承包合同。除了与业主签订的承包合同之外，还形成了承包商复杂的合同关系，主要有分包合同、采购合同、运输合同、加工合同、租赁合同、劳务合同、保险合同、检测合同。

2. 公路工程施工合同履行与管理

组成合同的各项文件应互相解释，互为说明。解释合同文件的优先顺序如下：合同协议书及各种合同附件（含评标期间和合同谈判过程中的澄清文件和补充资料），中标通知书，投标函及投标函附录，项目专用合同条款，公路工程专用合同条款，通用合同条款，技术规范，图纸，已标价工程量清单，承包人有关人员、设备投入的承诺及投标文件中的施工组织设计，其他合同文件。

合同履行时，应严格按照施工合同的规定履行各自的义务。业主履行合同是承包商履行合同的基础。承包商的施工合同管理，要做到切实履行合同义务，有理、有利、有节地维护自身权益；建立6项完整的合同管理制度；关注人员的履约情况等。

3. 公路工程分包合同管理

分包工程的管理主要是严格履行开工申请手续，将分包工程列入工地会议议程，检查核实分包人实施分包工程的主要人员与施工设备，对分包工程实施现场监督检查。分包合同管理要做好4方面工作，理清分包合同的管理关系，做好分包工程的支付、变更和索赔管理。

4. 公路工程施工阶段工程变更管理

工程变更是合同变更的一种特殊形式，包括设计变更、进度计划变更、施工条件变更以及原招标文件和工程量清单中未包括的"新增工程"。变更工程的单价原则，其一是约定优先原则，其二是公平合理原则。变更引起价格调整的约定主要有：直接套用有单价支付项，间接套用原单价，重新定价。承包人提出的合理化建议发包人可以给予奖励。

5. 公路工程施工索赔管理

施工合同索赔是指在施工合同履行过程中，合同一方因对方不履行或不适当履行合同义务而遭受损失时向对方提出的价款与工期补偿的要求。索赔是双向的，它既包括承包商向业主提出的索赔，也包括业主向承包商提出的索赔。狭义索赔一般是承包商关于工期、质量和价款的争议向业主索赔；而业主向承包商的索赔一般是承包商承建项目未达到规定质量标准、工程拖期等原因引起。狭义索赔的内容有工期索赔（即延长工期）和费用索赔。

6. 公路工程计量管理

计量是按照工程量清单计量规则所规定的方法对承包人符合要求的已完工程的实

际数量所进行的测量、计算、核查和确认的过程。计量的任务是确定实际工程数量的多少。

工程计量程序分为 3 步，先进行现场计量的程序、驻地监理工程师对计量结果的审查、总监办对工程计量项目的审定。无论当地的习惯如何（除非合同中另有规定），计量必须以净值为准。计量管理的内容有落实计量职责，做好计量记录，计量分析。

一 单项选择题

1. 公路工程合同体系中处于核心位置的是（　　）。
  A. 业主   B. 承包人
  C. 监理人   D. 政府

2. 公路工程合同体系中的核心合同是（　　）。
  A. 勘察合同   B. 设计合同
  C. 施工合同   D. 供货合同

3. 承包商履行合同的基础是（　　）。
  A. 与供货商签订合同   B. 业主履行合同
  C. 协调现场周边环境   D. 如期进入现场

4. 分包工程中的关系是（　　）。
  A. 发包人与分包人有合同关系 B. 承包人与分包人有合同关系
  C. 监理人与分包人有合同关系 D. 监理人与分包人有监理关系

5. 根据《公路工程标准施工招标文件》（2018 年版），① 中标通知书；② 合同协议书；③ 技术规范；④ 项目专用合同条款，这四项合同文件解释的优先顺序是（　　）。
  A. ①③②④   B. ④②③①
  C. ②①④③   D. ③②①④

6. 在分包工程索赔管理中会涉及的人是（　　）。
  A. 承包人   B. 分包人
  C. 监理人   D. 三项都可能涉及

7. 具有劳务用工主体资格的是（　　）。
  A. 项目经理   B. 项目经理部
  C. 施工班组   D. 承包人

8. 工程变更通常实行分级审批管理制度，一般工程变更由（　　）签署工程变更令。
  A. 驻地监理工程师   B. 总监理工程师
  C. 业主   D. 国家计划主管部门

9. 变更工程的单价原则，其一是（　　），其二是公平合理原则。
  A. 发包人最终确定原则   B. 约定优先原则
  C. 监理工程师审批原则   D. 协商一致原则

10. 因季节性大雨，施工单位机械未能及时进场导致的工期延误，属于（　　）。
  A. 可原谅可补偿延误   B. 可原谅不可补偿延误

C．不可原谅可补偿延误　　　　　D．不可原谅不可补偿延误

11．施工合同索赔是指在施工合同履行过程中，合同一方因对方不履行或不适当履行合同义务而遭受损失时向对方提出的价款补偿与（或）（　　　）补偿的要求。

　　A．工期　　　　　　　　　　　B．计日工

　　C．人员工资　　　　　　　　　D．机械台班

12．因建设单位提交图纸不及时，造成施工单位工期和费用损失，能索赔（　　　）。

　　A．费用　　　　　　　　　　　B．工期

　　C．工期和费用　　　　　　　　D．工期费用以及利润

13．根据《公路工程标准施工招标文件》（2018年版）中施工合同条件第15.1款，不属于工程变更范围的是（　　　）。

　　A．更改工程有关的标高、位置、尺寸

　　B．改变合同中某一项工作的质量标准

　　C．改变工程施工的时间和顺序

　　D．业主要求追加的额外工作

二　多项选择题

1．工期延误按索赔结果分为（　　　）延误。

　　A．可原谅，可补偿　　　　　　B．可原谅，不可补偿

　　C．不可原谅　　　　　　　　　D．关键性

　　E．非关键性

2．建立完整的合同管理制度包括（　　　）。

　　A．合同审查批准制度　　　　　B．合同档案管理制度

　　C．合同管理绩效考核制度　　　D．合同管理的公证制度

　　E．印鉴及证书管理使用制度

3．下列关于分包的说法，错误的有（　　　）。

　　A．分包单位由业主（发包人）或监理人选择

　　B．分包合同须事先征得监理人的审查同意

　　C．承包人经发包人同意，可将中标项目中部分单位工程分包出去

　　D．若因非分包人原因造成分包人的损失，分包人有权向监理人提出索赔要求

　　E．分包人的违约行为承包人可以不需向发包人承担责任

4．根据《公路工程施工分包管理办法》，分包人应当具备的条件有（　　　）。

　　A．具有经依法登记的法人资格

　　B．具有从事类似工程经验的管理与技术人员

　　C．具有（自有或租赁）分包工程所需的施工设备和辅助设施

　　D．对于分包的分部工程，其分包人具备国家规定的相应专业承包资质条件

　　E．对于分包的分项工程，其分包人具备国家规定的相应专业承包资质条件

5．公路工程变更包括（　　　）。

　　A．设计变更　　　　　　　　　B．进度计划变更

C．施工条件变更　　　　　　　　D．人员资质变更

E．原招标文件和工程量清单中未包括的"新增工程"

6．除专用合同条款另有约定外，因变更引起的价格调整约定有（　　　）。

A．如果取消某项工作，则该项工作的总额价不予支付

B．已标价工程量清单中有适用于变更工作的子目的，采用该子目的单价

C．已标价工程量清单中无适用于变更工作的子目、但有类似子目的，可在合理范围内参照类似子目的单价，由监理工程师按合同约定商定或确定变更工作的单价

D．已标价工程量清单中无适用或类似子目的单价，可在综合考虑承包人在投标时所提供的单价分析表的基础上，由监理人按合同约定商定或确定变更工作的单价

E．如果本工程的变更指示是因双方过错或双方责任造成的，则发包人只承担50%这种引起的任何额外费用

【答案与解析】

一、单项选择题

*1．A；　　*2．C；　　3．B；　　4．B；　　5．C；　　6．D；　　7．D；　　8．B；

*9．B；　　10．D；　　*11．A；　　12．D；　　13．D

【解析】

1．答案 A

业主处于合同体系中的"核心位置"。

2．答案 C

业主和承包人签订的施工合同是"核心合同"。

9．答案 B

变更工程的单价原则，其一是约定优先原则，其二是公平合理原则。

11．答案 A

施工索赔是指在施工合同履行过程中，合同一方因对方不履行或不适当履行合同义务而遭受损失时向对方提出的价款与工期补偿的要求。

二、多项选择题

1．A、B、C；　　　　2．A、B、C、E；　　　3．A、C、D、E；　　　4．A、B、C；

*5．A、B、C、E；　　*6．A、B、C、D

【解析】

5．答案 A、B、C、E

工程变更包括设计变更、进度计划变更、施工条件变更以及原招标文件和工程量清单中未包括的"新增工程"。

6．答案 A、B、C、D

E 选项错误，应该是："如果本工程的变更指示是因承包人过错、承包人违反合同或承包人责任造成的，则这种违约引起的任何额外费用应由承包人承担。"

第 10 章　施工进度管理

10.1　施工进度计划

复习要点

1. 公路工程施工进度计划类型

公路工程施工进度计划的主要形式有横道图、"S"形曲线图、垂直图、斜率图、网络图（时间常数的含义与计算方法）。垂直图很适合表示公路、隧道等线形工程的总体施工进度。垂直图的斜率越陡进度越慢，斜率越平坦进度越快。

2. 公路工程施工进度计划编制

施工项目进度计划系统可以是由多个相互关联的不同计划功能的进度计划组成的计划系统，也可以由多个相互关联的不同计划深度的进度计划组成的计划系统，还可以是由多个相互关联的不同计划周期的进度计划组成的计划系统。

公路施工过程基本组织方法有顺序作业法、平行作业法、流水作业法。顺序作业法与平行作业法相比较的主要特点是前者工期长资源少，后者工期短资源多。流水作业法的主要特点是必须按工艺专业化进行分工协作，具有连续性、协调性、均衡性、经济性，适用于路面和桥涵施工。

常用的流水参数有工艺参数包括施工过程数 n（工序个数），流水强度 V；空间参数包括工作面 A、施工段 m、施工层；时间参数包括流水节拍 t、流水步距 K、技术间歇 Z、组织间歇、搭接时间。

流水施工按流水节拍可分为有节拍流水（等节拍流水、异节拍成倍流水）和无节拍流水。无节拍流水施工一般按照不窝工进行组织，通过用累加数列错位相减取大差的方法求流水步距来实现。累加时应注意将同工序各流水节拍值进行累加。

无节拍流水工期＝流水步距和＋最后一道工序流水节拍的和＋要求间歇的和

一　单项选择题

1. 公路工程进度计划的主要形式中，既能反映各分部（项）工程的进度，又能反映工程总体进度的是（　　）。

    A. 时标网络图

    B. "S"形曲线图和横道图结合的公路工程进度表

    C. 单代号搭接网络图

    D. "S"形曲线图

2. 属于公路工程常用的工艺空间参数的是（　　）。

    A. 流水步距   B. 流水强度

    C. 流水节拍   D. 技术间歇

3. 根据流水施工组织原理，异步距异节拍流水实质上是按无节拍流水组织，引入流水步距概念的目的是（　　　）。

    A．消除流水施工中存在的窝工现象

    B．计算流水工期

    C．统计资源需要量

    D．分析流水强度

  4．路面相邻结构层之间最小工作面长度是由（　　　）完成施工。

    A．前道工序　　　　　　　　　　B．后道工序

    C．两者中速度慢的工序　　　　　D．两者中速度快的工序

  5．在施工过程基本组织方法中，可以科学地利用工作面，实现不同专业队之间平行施工的是（　　　）。

    A．顺序作业法　　　　　　　　　B．平行作业法

    C．流水作业法　　　　　　　　　D．平行顺序作业法

  6．空心板梁预制时，有25个预制台座，而模板只有5套，最好的施工组织方法是（　　　）。

    A．顺序作业　　　　　　　　　　B．平行作业

    C．流水作业　　　　　　　　　　D．平行流水作业

  7．考虑沥青路面结构层持续时间时，不属于影响因素的是（　　　）。

    A．沥青拌合机的能力　　　　　　B．摊铺速度

    C．混合料的出厂温度　　　　　　D．开放交通的温度

  8．某公路桥梁工程结构物的流水施工的进度计划双代号网络图和节点时间参数如图10-1所示。

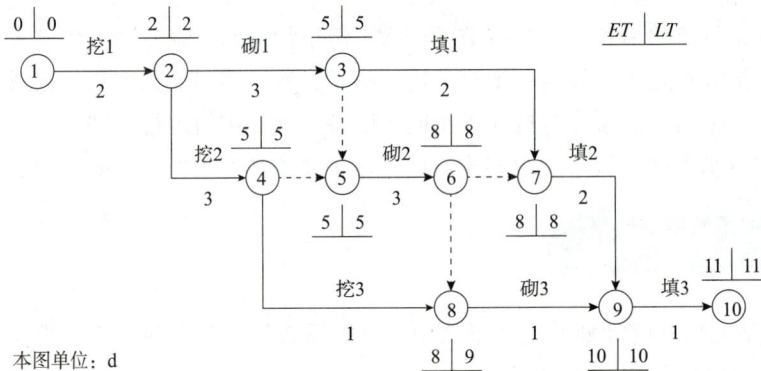

图 10-1　进度计划双代号网络图和节点时间参数

该网络计划的关键线路是（　　　）条。

    A．1　　　　　　　　　　　　　　B．2

    C．3　　　　　　　　　　　　　　D．4

  9．以公路里程或工程位置为横轴，以时间为纵轴，图中反映各分部分项工程施工进度的是（　　　）。

    A．横道图　　　　　　　　　　　B．垂直图

    C．"S"形曲线图　　　　　　　　D．斜率图

10. 公路工程进度计划图中，斜率越大表明进度越慢的形式是（　　）。

    A．横道图　　　　　　　　　　B．"S"形曲线图

    C．垂直图　　　　　　　　　　D．斜率图

11. 第8题图中关于挖3工序的最早开始时间和最早完成时间的论述，正确的是（　　）。

    A．挖3工序最早在第5天后开始并且最早在第6天晚上结束

    B．挖3工序最早在第5天早晨开始并且最早在第6天晚上结束

    C．挖3工序最早在第5天后开始并且最早在第8天晚上结束

    D．挖3工序最早在第5天早晨开始并且最早在第9天晚上结束

12. 第8题图中关于挖3工序的最迟开始时间和最迟完成时间的论述，正确的是（　　）。

    A．挖3工序最迟在第5天后开始并且最迟在第6天晚上结束

    B．挖3工序最迟在第5天早晨开始并且最迟在第8天晚上结束

    C．挖3工序最迟在第8天早晨开始并且最迟在第9天晚上结束

    D．挖3工序最迟在第8天后开始并且最迟在第9天晚上结束

13. 开工前，总承包单位向监理汇报总体工作进度计划时，还需要（　　）的进度计划。

    A．关键工程　　　　　　　　　B．重要分部工程

    C．临时工程　　　　　　　　　D．危大工程

二　多项选择题

1. 流水作业的特点有（　　）。

    A．必须进行专业化分工　　　　B．科学地利用工作面

    C．资源量较为均衡　　　　　　D．需要较强的组织管理能力

    E．资源量需求量大

2. 顺序作业法（也称为依次作业法）的主要特点有（　　）。

    A．没有充分利用工作面进行施工

    B．用于需要突击性施工时施工作业的组织

    C．施工现场的组织、管理比较简单

    D．专业化作业队能够连续作业

    E．有利于资源供应的组织工作

3. 路面各结构层线性流水施工时，影响路面流水工期的因素有（　　）。

    A．各结构层的持续时间　　　　B．搭接类型

    C．搭接时距　　　　　　　　　D．采用的计算方法

    E．施工组织方法

4. 下列公路工程施工进度计划中，以时间为横坐标或横轴绘制的进度计划有（　　）。

    A．垂直图　　　　　　　　　　B．"S"形曲线图

    C．横道图　　　　　　　　　　D．单代号网络图

E. 斜率图

5. 对"S"形曲线图描述正确的是（　　）。

A. 是工程进度的表达

B. 是对质量的统计分析

C. 又称为现金流动曲线

D. 以工期为横轴

E. 以累计完成的工程费用的百分比为纵轴

6. 路面各结构层的持续时间的考虑因素有（　　）。

A. 水泥稳定碎石的延迟时间　　　B. 沥青材料的拌和能力

C. 沥青混合料的温度要求　　　　D. 无机稳定类材料的养护时间

E. 最大工作面的要求

【答案与解析】

一、单项选择题

1. B；　　2. B；　　3. A；　　4. D；　　5. C；　　6. D；　　7. D；　　*8. B；

9. B；　　10. C；　　*11. A；　　*12. D；　　13. A

【解析】

8. 答案 B

关键线路两条分别是①②③⑤⑥⑦⑨⑩，①②④⑤⑥⑦⑨⑩。而③⑦填1不是关键工序，所以不是3条。

11. 答案 A

工序的最早开始时间在箭尾点的最早时间为5，是表示第5天后即第6天早晨，因为第一道工序的开始时间0表示为第0天后即第1天早晨开始；工序最早完成不能用箭头点的参数，只能通过工序开始时间加持续时间计算求得，5＋1＝6，所以A正确。

12. 答案 D

工序的最迟完成时间在箭头点的最迟时间为9，是表示第9天晚上结束；工序最迟开始不能用箭尾点的参数，只能通过工序完成时间减持续时间计算求得，9－1＝8，表示第8天后即第9天早晨。

二、多项选择题

1. A、B、C、D；　　2. A、C、E；　　3. A、B、C、E；　　4. B、C、E；

5. A、C、D、E；　　6. A、B、C、D

10.2　施工进度控制

复习要点

1. 公路工程进度控制方法措施

施工单位编制完进度计划后根据要求进行提交和审批，审批时对进度计划审查的重点内容是：工期和时间安排的合理性，施工准备的可靠性，计划目标与施工能力的适应性。

2. 工程进度的检查

公路工程项目进度检查应包括的内容有：工作量的完成情况，工作时间的执行情况，资源使用及进度的互配情况，上次检查提出问题的处理情况。进度计划检查的方法有：横道图比较法、"S"形曲线比较法、"香蕉"曲线比较法、网络图的前锋线比较法（或完工时点计算法，或时差计算法，常在案例分析中应用）。

3. 公路工程进度拖延处理

进度拖延可分以下两个方面：一是非承包人原因或责任引起的进度拖延，二是承包人原因导致的进度拖延。当发生工程进度计划延误时，首先通过检查判断其延误是否对总工期造成影响。非关键工作的延误只要不超过其总时差就不会造成总工期的拖延或增加，关键线路上任何工作（即关键工作）有延误，则一定会造成工期的拖延，就需要对拖延的工期进行处理。

进度计划的调整通常有两种方法，一是改变某些关键工作间的逻辑关系，二是缩短某些关键工作的持续时间。

一 单项选择题

1. 进度计划进行调整时，不是通常调整进度计划的方法是（   ）。

   A．缩短某些工作的持续时间　　　B．改变某些工作间的逻辑关系

   C．调整施工方案　　　　　　　　D．申请取消某些后续工作

2. 在对进度计划进行计划目标与施工能力的适应性审查时，应重点审查（   ）。

   A．施工总工期的安排应符合合同工期

   B．主要骨干人员及施工队伍的进场日期已经落实

   C．各项施工方案和施工方法应与施工经验和技术水平相适应

   D．所需主要材料和设备的运送日期已有保证

3. 在中标通知书发出后合同规定的时间内，承包人应向（   ）书面提交一份详细和格式符合要求的工程总体进度计划。

   A．监理工程师　　　　　　　　　B．业主

   C．质量监督站　　　　　　　　　D．上级公司

4. 某项工作的非匀速双比例单侧横道图（即计划进度和实际进度）如图10-2所示，下列描述错误的是（   ）。

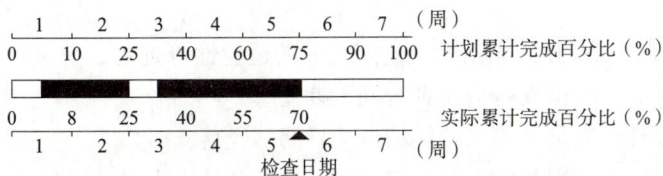

图 10-2　某项工作的非匀速双比例单侧横道图

   A．第2周内按计划正常进行

B．在第 3 周末按计划进行

C．截至第 4 周末拖欠 5% 的任务量

D．截至检查日实际进度拖后

5．当采用前锋线比较法比较实际进度与计划进度时，如果实际进展点落在检查日期的左侧，则表示该工作（　　）。

A．实际进度拖后　　　　　　　B．实际进度超前

C．实际进度与计划进度一致　　D．超额完成任务量

6．在公路工程进度表中，每个单项子目每月的计划量和实际完成量的累计百分数在横道图横线的下方和上方。下列关于工程进度表的论述，正确的是（　　）。

A．工程进度表只能反映各个单项子目的进度状况，无法反映工程总体进度

B．工程进度表只反映出承包人各个单项子目每月的累计工程量或工作量，承包人很难看出当月的实际完成量。

C．单项占合同价的百分比反映的是单项子目完成的实际进度

D．单项完成的百分比反映的是单项子目完成的实际进度

7．某双代号时标网络计划，在施工过程中的实际进度前锋线如图 10-3 所示，计划工期为 12 周，图中错误的表述是（　　）。

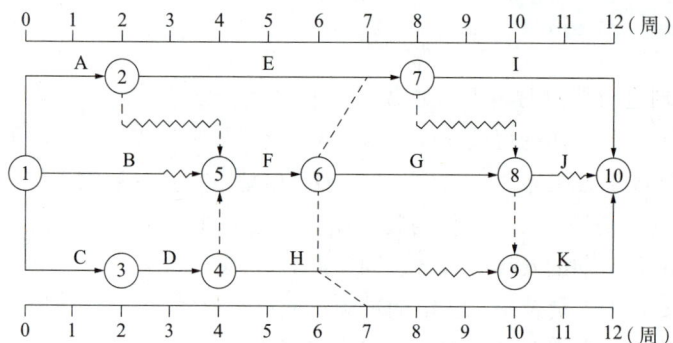

图 10-3　某双代号时标网络计划的实际进度前锋线

A．工作 E 进度正常，不影响工程工期

B．工作 G 进度拖延 1 周，影响工程工期 1 周

C．工作 H 进度拖延 1 周，影响工程工期 1 周

D．根据第 7 周末的检查结果，压缩工作 K 的持续时间 1 周，计划工期不变

二　多项选择题

1．在对进度计划进行计划目标与施工能力的适应性审查时，应重点审查（　　）。

A．施工总工期的安排应符合合同工期

B．主要骨干人员及施工队伍的进场日期已经落实

C．各项施工方案和施工方法应与施工经验和技术水平相适应

D．所需主要材料和设备的运送日期已有保证

E．关键线路上的施工力量安排应与非关键线路上的施工力量安排相适应

2. 某一非关键工作（工序）的持续时间为 8d，它的总时差为 5d，自由时差为 2d，在进度检查时发现拖延了 7d，以下论述正确的有（　　　）。

A. 该工程的工期将拖延 2d

B. 该工程的工期将拖延 3d

C. 该工序已经转变为关键工序，而且关键线路至少增加一条

D. 如果该工序拖延 2d 对后续工序无影响，对总工期也无影响

E. 由于上述拖延是发生在非关键工作中，即使是业主原因，也不批准工期延长的申请

3. 下列关于工程进度曲线（"S"形曲线）特点的说法，正确的有（　　　）。

A. 一般情况下，项目施工初期的曲线斜率是逐渐增大的

B. 一般情况下，项目施工后期的曲线为凹形

C. 工程进度曲线呈现为水平横线时，说明工程停工

D. 通过对"S"形曲线的形状分析，可以定性分析施工组织设计中工作内容安排的合理性

E. 在项目实施过程中，"S"形曲线可结合工程进度管理曲线（"香蕉"曲线）进行施工进度、费用控制

4. 公路工程项目计划检查包括（　　　）。

A. 工程量完成情况　　　　　　　B. 资源使用及进度的互配情况

C. 上次检查提出问题的处理情况　D. 标准化执行情况

E. 工作时间的执行情况

5. 下列方法中，不是时标网络进度计划检查的方法有（　　　）。

A. 前锋线比较法　　　　　　　　B. "香蕉"曲线比较法

C. 横道图比较法　　　　　　　　D. "S"形曲线比较法

E. 割线完工时点法

【答案与解析】

1. D;　　2. C;　　3. A;　　*4. A;　　5. A;　　*6. D;　　7. C

【解析】

4. 答案 A

从横道图中看出，选项 A 中"第 2 周内"是表示本周内工程量的比较，计划量＝25%−10% = 15%，实际量＝25%−8% = 17%，虽然累计量相同都是 25%，但第 2 周周内的进度在加快，所以选项 A 错误。选项 A 如果改为"第 2 周末按计划正常进行"，那就是正确表述了。选项 B，在第 3 周末累计值相等，自然按计划，进度正常。选项 C，截至第 4 周末实际累计 55%−计划累计 60% = −5%，正确表述。选项 D，截至检查日第 5 周末 70%−75%＜0，拖后。

6. 答案 D

选项 A 错在无法反映工程总体进度，两道三条"S"形曲线就是反映工程总体进度。

选项 B 错误，因为相邻两个月的累计完成量相减就能快捷的得到当月的实际完成量，这是工程进度表的明智选择，如果表示每月完成量，一旦需要获得累积量就要去做累加工作，时间越长计算量越大；相邻减总比多项累加轻松得多。选项 C，单项占合同价的百分比表示计划量，不是实际进度。选项 D，单项完成的百分比才是实际进度。公路工程进度表可参考图 10-4。

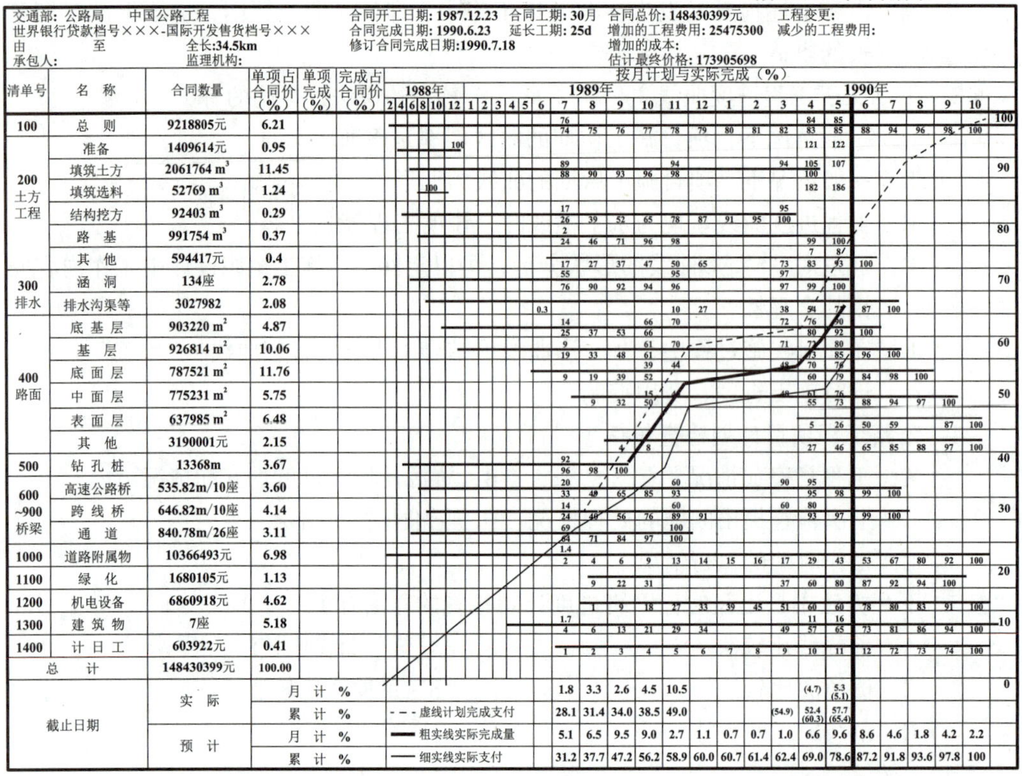

图 10-4　京津塘高速公路第 × 号合同段工程进度表（第二次修改后）

二、多项选择题

1. C、E；　　　　*2. A、D；　　　　3. A、C、D、E；　　　4. A、B、C、E；

5. B、C、D、E

【解析】

2. 答案 A、D

工期拖延时间为：工序拖延－工序总时差＝ 7－5 ＝ 2d。C 选项中该工序已经转变为关键工序的表述是正确的，但是关键线路至少增加一条是错的，因为有可能原来的关键线路变成了不关键。D 选项正确是因为拖延量没有超过该工序的自由时差 2d，对紧后工序无影响，自然对后续的工序也无影响。E 选项错误是因为此时该工序已经变成关键工序了，关键线路和关键工作是相对的，此时工期已经超了 2d，理论上应批准延长工期 2d。

第 11 章　施工质量管理

复习要点

（1）现场工程质量检查分开工前检查、施工过程中检查和分项工程完成后的检查。现场质量检查控制的方法主要有：测量、试验、观察、分析、记录、监督、总结改进。

（2）应根据不同管理层次和职能，针对施工过程中的重要项目、薄弱环节和关键部位；影响工期、质量、成本、安全、材料消耗等重要因素的环节；新材料、新技术、新工艺的施工环节以及质量信息反馈中缺陷频数较多的项目来设置质量控制关键点。关键点应随着施工进度和影响因素的变化而调整。

（3）质量缺陷性质的确定，是通过观察现场情况和查阅记录资料、检验与试验以及专题调研来确定。

（4）质量缺陷处理方法包括整修、返工以及综合处理办法。

（5）分项工程质量检验内容包括基本要求、实测项目、外观鉴定和质量保证资料四个部分。只有在其使用的原材料、半成品、成品及施工工艺符合基本要求的规定，且无严重外观缺陷和质量保证资料真实并基本齐全时，才能对分项工程质量进行检验评定。

（6）涉及结构安全和使用功能的重要实测项目为关键项目（分项工程中对安全、卫生、环境保护和公众利益起决定性作用的实测项目，在以下叙述以"△"标识），其合格率不得低于 90%（属于工厂加工制造的交通工程安全设施及桥梁金属构件不低于95%，机电工程为 100%），且检测值不得超过规定极值，否则必须进行返工处理。分项工程中除关键项目以外的实测项目为一般项目。

一　单项选择题

1. 可用于测定路基土方最佳含水量的试验方法是（　　）。
   - A．灌砂法
   - B．环刀法
   - C．重型击实试验法
   - D．核子密度湿度仪法

2. 在钻孔桩施工质量控制中，对于嵌岩桩与摩擦桩指标要求不同的是（　　）。
   - A．护筒埋深
   - B．泥浆指标控制
   - C．清孔质量
   - D．钢筋笼接头质量

3. 压实度是现场干密度和室内最大干密度的比值。其现场密度的测定方法有（　　）。
   - A．击实试验
   - B．环刀法
   - C．振动台法
   - D．表面振动击实仪法

4. 钢筋笼接头质量如果存在问题将会对（　　）施工质量产生影响。
   - A．扩大基础
   - B．钻孔桩

C．挖孔桩　　　　　　　　　　　D．沉井

5．施工中需要控制预拱度的桥梁是（　　　）。

A．简支梁桥　　　　　　　　　　B．连续梁桥

C．拱桥　　　　　　　　　　　　D．悬索桥

6．土方路基工程施工中所用的材料，必须采用设计和规范规定的适用材料，保证原材料合格，正确确定土的（　　　）和最佳含水量。

A．天然密度　　　　　　　　　　B．平均密度

C．毛体积密度　　　　　　　　　D．最大干密度

7．路基的压实度是（　　　）。

A．现场干密度和现场湿密度的比值

B．现场干密度和室内最大干密度的比值

C．现场湿密度和室内最大湿密度的比值

D．现场湿密度和室内最大干密度的比值

8．下列不属于公路工程施工质量管理现场检查控制办法的是（　　　）。

A．观察　　　　　　　　　　　　B．审核

C．分析　　　　　　　　　　　　D．记录

9．根据《公路工程质量检验评定标准　第一册　土建工程》JTG F80/1—2017，下列检测项目中，不属于沥青混凝土桥面铺装施工质量检验实测项目的是（　　　）。

A．弯沉值　　　　　　　　　　　B．厚度

C．平整度　　　　　　　　　　　D．抗滑构造深度

10．分项工程质量检验内容包括基本要求、实测项目、外观鉴定和（　　　）四个部分。

A．原材料产地　　　　　　　　　B．施工方法

C．质量保证资料　　　　　　　　D．新技术工艺

11．不属于路基质量检验中土方路基实测项目的是（　　　）。

A．压实度　　　　　　　　　　　B．弯沉值

C．宽度　　　　　　　　　　　　D．土的强度

12．下列选项中不属于水泥混凝土路面施工中常见质量控制关键点的是（　　　）。

A．混凝土材料的检查与试验　　　B．混凝土配合比设计和试件的试验

C．切缝时间和养护技术的采用　　D．施工缝留设和接缝时间的掌握

13．水泥稳定粒料基层实测项目中不包含（　　　）。

A．平整度　　　　　　　　　　　B．强度

C．压实度　　　　　　　　　　　D．透水度

14．属于浆砌挡土墙实测项目的是（　　　）。

A．砂浆强度、中线位置、顶面高程、边坡坡度和平顺度

B．顶面坡度、断面尺寸、底面高程、表面平整度

C．顶面高程、断面尺寸、基底强度、表面平整度

D．砂浆强度、平面位置、墙面坡度、断面尺寸

15．水泥混凝土面层实测项目中，属于关键项目的是（　　　）。

A．平整度 B．板厚度

C．抗滑构造深度 D．相邻板高差

16．沥青贯入式碎石基层施工时，配合比实际应采用（　　　）设计方法。

A．拉伸试验 B．针入度试验

C．马歇尔试验 D．软化点试验

17．梁、板安装实测项目通常不包括（　　　）。

A．预埋件位置 B．支座中心偏位

C．梁、板顶面高程 D．相邻梁、板顶面高差

18．水泥混凝土抗弯拉强度试验标准试件的尺寸为（　　　）。

A．150mm×150mm×400mm B．150mm×150mm×450mm

C．150mm×150mm×550mm D．150mm×150mm×300mm

19．下列不属于隧道喷射混凝土质量检验实测项目的是（　　　）。

A．喷射混凝土强度 B．喷层厚度

C．喷层与围岩接触状况 D．混凝土坍落度

20．在连续梁桥支架施工过程中，主要应注意控制（　　　）。

A．支架基础 B．拱架加载

C．卸架工艺 D．支架沉降

21．下列关于预应力筋加工和张拉质量检验基本要求的说法，错误的是（　　　）。

A．预应力束表面不应有损伤

B．单根钢绞线不得断丝

C．单根钢筋不得断筋或滑移

D．同一截面预应力筋接头面积不超过预应力筋总面积的50%

22．在建设项目中，根据签订的合同，具有独立施工条件的工程是（　　　）。

A．单位工程 B．分部工程

C．分项工程 D．工序

23．涉及结构安全和使用功能的重要实测项目为关键项目，其合格率不得低于（　　　）。

A．100% B．95%

C．90% D．85%

24．一般项目的合格率不低于（　　　）。

A．100% B．90%

C．80% D．75%

25．下列关于公路工程质量评定的说法，错误的是（　　　）。

A．工程质量等级应分为优良、合格与不合格

B．所含单位工程合格，该合同段评定为合格

C．所含合同段合格，该建设项目评定为合格

D．评定为不合格的分项工程、分部工程，经返工、加固、补强或调测，满足设计要求后，可重新进行检验评定

1. 钻孔灌注桩的实测关键项目有（　　　）。
   A．混凝土强度　　　　　　　　B．桩位
   C．孔深　　　　　　　　　　　D．孔径
   E．平面尺寸

2. 在桥梁基础工程施工中，沉井施工的主要质量控制点有（　　　）。
   A．初始平面位置的控制
   B．刃脚质量
   C．下沉过程中沉井倾斜度与偏位的动态控制
   D．封底混凝土的浇筑工艺确保封底混凝土的质量
   E．基底表面松散层的清理

3. 马歇尔试验的技术指标包括（　　　）。
   A．空隙率　　　　　　　　　　B．稳定度
   C．流值　　　　　　　　　　　D．沥青饱和度
   E．破碎比

4. 路基压实度的常用检测方法有（　　　）。
   A．贝克曼梁法　　　　　　　　B．灌砂法
   C．环刀法　　　　　　　　　　D．核子密度湿度仪法
   E．超声波检测

5. 先简支后连续梁桥的施工质量控制要点有（　　　）。
   A．预制拼装　　　　　　　　　B．后浇段工艺控制
   C．体系转换工艺控制　　　　　D．后浇段收缩控制
   E．临时支座安装与拆除控制

6. 属于土方路基工程施工质量控制关键点的有（　　　）。
   A．施工放样与断面测量
   B．确保路基的压实度、弯沉值、平整度
   C．控制每层的松铺厚度
   D．正确确定土的最大干密度
   E．控制填土的含水量，确保压实度达到设计要求

7. 填石路基实测项目有（　　　）。
   A．压实度　　　　　　　　　　B．纵断高程
   C．中线偏位　　　　　　　　　D．横坡
   E．边坡坡度和平顺度

8. 下列属于土方路基质量检验的关键项目是（　　　）。
   A．压实度　　　　　　　　　　B．边坡
   C．弯沉值　　　　　　　　　　D．宽度
   E．平整度

9. 水泥混凝土面层实测项目中包含（　　　）。

    A. 中线平面偏位　　　　　　　　B. 弯拉强度

    C. 弯沉值　　　　　　　　　　　D. 抗滑构造深度

    E. 抗剪强度

10. 沥青混凝土路面施工质量控制关键点有（　　　）。

    A. 沥青材料的检查与试验

    B. 沥青混凝土配合比设计和试验

    C. 沥青混凝土的拌和、运输及摊铺温度控制

    D. 沥青混凝土施工机械设备配置与压实方案

    E. 沥青混凝土摊铺厚度及水胶比的控制

11. 在薄壁墩与实心墩施工中，其控制要点不同之处有（　　　）。

    A. 墩身与承台联结处混凝土裂缝控制

    B. 模板接缝错台控制

    C. 墩顶实心段混凝土裂缝控制

    D. 墩顶支座预埋件位置、数量控制

    E. 墩身锚固钢筋预埋质量控制

12. 桥梁总体实测项目有（　　　）。

    A. 桥梁跨径　　　　　　　　　　B. 桥面宽

    C. 桥长　　　　　　　　　　　　D. 桥面中心偏位

    E. 桥面高程

13. 隧道总体质量检验的实测关键项目有（　　　）。

    A. 车行道宽度　　　　　　　　　B. 内轮廓宽度

    C. 喷层厚度　　　　　　　　　　D. 隧道偏位

    E. 内轮廓高度

14. 钢筋加工及安装施工的实测项目中，属于非关键项目的有（　　　）。

    A. 受力钢筋间距　　　　　　　　B. 箍筋、构造钢筋、螺旋筋间距

    C. 钢筋骨架尺寸　　　　　　　　D. 弯起钢筋位置

    E. 保护层厚度

15. 悬臂浇筑梁的实测项目中属于关键项目的有（　　　）。

    A. 混凝土强度　　　　　　　　　B. 轴线偏位

    C. 顶面高程　　　　　　　　　　D. 断面尺寸

    E. 平整度

16. 混凝土护栏的实测项目中属于非关键项目的有（　　　）。

    A. 护栏混凝土强度　　　　　　　B. 护栏断面尺寸

    C. 钢筋骨架尺寸　　　　　　　　D. 横向偏位

    E. 混凝土护栏快件之间的错位

17. 浆砌挡土墙实测项目中，属于关键项目的是（　　　）。

    A. 砂浆强度　　　　　　　　　　B. 断面尺寸

    C. 平面位置　　　　　　　　　　D. 顶面高程

E. 表面平整度

18. 热拌沥青混凝土配合比设计应通过目标配合比、生产配合比设计及生产配合比验证三个阶段确定沥青混合料的（　　）。

A. 材料品种 　　　　　　B. 配合比

C. 渗水系数 　　　　　　D. 矿料级配

E. 最佳沥青用量

19. 桥梁下部实心墩的常见质量控制关键点包括（　　）。

A. 墩身与承台联结处混凝土裂缝控制

B. 墩顶实心段混凝土裂缝控制

C. 墩身平面位置控制

D. 墩身垂直度控制

E. 模板接缝错台控制

20. 石方路基在质量检验时与土方路基相同的检测项目有（　　）。

A. 边坡平顺度 　　　　　　B. 弯沉值

C. 纵断高程 　　　　　　D. 横坡

E. 宽度

【答案与解析】

一、单项选择题

1. C；　　2. C；　　3. B；　　4. B；　　5. A；　　6. D；　　7. B；　　8. B；

9. A；　　*10. C；　　*11. D；　　12. D；　　*13. D；　　14. D；　　15. B；　　16. C；

17. A；　　18. C；　　19. D；　　*20. D；　　21. D；　　22. A；　　23. B；　　24. C；

25. A

【解析】

10. 答案 C

分项工程质量检验内容包括基本要求、实测项目、外观鉴定和质量保证资料四个部分。

11. 答案 D

土方路基实测项目有：压实度、弯沉值、纵断高程、中线偏位、宽度、平整度、横坡、边坡。

13. 答案 D

水泥稳定粒料基层主要检验内容包括：压实度（△）、平整度、纵断高程、宽度、厚度（△）、横坡、强度（△）。

20. 答案 D

在连续梁桥支架施工中应注意支架沉降量的控制。

二、多项选择题

1. A、C；　　　　2. A、B、C、D；　　3. A、B、C、D；　　4. B、C、D；

5. B、C、D、E；　　6. A、C、D、E；　　*7. B、C、D、E；　　8. A、C；

【解析】

7．答案 B、C、D、E

填石路基实测项目有：压实度（△）、弯沉度（△）、纵断高程、中线偏位、宽度、平整度、横坡、边坡坡度和平顺度。填石路基无法测压实度。

9．答案 A、B、D

水泥混凝土面层实测项目有：水泥混凝土面板的弯拉强度（△）、平整度、板厚度（△）、水泥混凝土路面的抗滑构造深度、相邻板间的高差、纵横缝顺直度、水泥混凝土路面中线平面偏位、路面宽度、纵断高程和路面横坡。

10．答案 A、B、C、D

沥青混凝土路面施工中常见质量控制关键点包括：

（1）基层强度、平整度、高程的检查与控制。

（2）沥青材料的检查与试验。沥青混凝土配合比设计和试验。

（3）沥青混凝土拌合设备及计量装置校验。

（4）路面施工机械设备配置与压实方案。

（5）沥青混凝土的拌和、运输及摊铺温度控制。

（6）沥青混凝土摊铺厚度的控制和摊铺中离析控制。

（7）沥青混凝土的碾压与接缝施工。

15．答案 A、D

悬臂浇筑梁的实测项目有：混凝土强度（△）、轴线偏位、顶面高程、断面尺寸（△）、合龙后同跨对称点高程差、横坡、平整度。

第 12 章　施工成本管理

12.1　施工预算

复习要点

1. 标后预算

标后预算是在施工企业中标后，施工前编制的施工预算。它是在中标的合同工程量清单（以下称主合同工程量清单）基础上，将企业费用和项目施工费用重新分解后计算的项目施工总费用，包括直接费、设备购置费、措施费、专项费用以及现场管理费。标后预算按照不同的管理阶段，可以分为项目预算（直接）成本、计划预算（直接）成本、实际预算（直接）成本等。

从项目管理的角度出发，标后预算的总费用可以划分为上缴企业费用、项目预算总成本、规费和税金四项。其中，项目预算总成本＝∑（标后预算清单单价×清单工程量），标后预算清单单价＝某工程细目（单位直接费或单位设备购置费＋单位措施费＋单位现场管理费）。

2. 公路工程标后预算编制

标后预算总费用中的项目预算总成本包括直接费、设备购置费、措施费、专项费用与现场管理费五项。直接费包括人工费、材料费、机械费。设备购置费是为满足公路初期运营、管理需要购置的构成固定资产标准的设备和虽低于固定资产标准但属于设计明确列入设备清单的设备费用。措施费是指直接费以外施工过程中发生的直接用于工程的费用。专项费用包括施工场地建设费和安全生产费。现场管理费是指企业在现场为组织和管理工程施工所需要的费用，是企业管理费中的一部分，包括：（1）保险费；（2）管理人员工资；（3）工资附加费；（4）指挥车辆使用费；（5）通信费、办公费、水电费、主副食运费、差旅交通费、取暖降温费等；（6）不可预见费；（7）其他费用。

一　单项选择题

1. 公路工程项目标后预算编制中，属于材料费的是（　　）。
   - A. 周转材料摊销费
   - B. 场内运输损耗费
   - C. 检验试验费
   - D. 含增值税的材料原价

2. 在施工过程中，根据年度生产计划中计划的工程量和标后预算清单单价计算的预算成本是（　　），它是成本管理中编制成本计划的依据。
   - A. 项目预算（直接）成本
   - B. 计划预算（直接）成本
   - C. 实际预算（直接）成本
   - D. 结算预算（直接）成本

3. 标后预算总费用中利润属于（　　）。
   - A. 上缴企业费用
   - B. 项目预算总成本
   - C. 企业管理费
   - D. 现场管理费

4．下列费用属于措施费的是（　　　）。

    A．财务费　　　　　　　　　　B．工资附加费

    C．施工辅助费　　　　　　　　D．招待费

5．根据年度生产计划中计划的工程量和标后预算清单单价计算的预算成本是（　　　）。

    A．项目预测成本　　　　　　　B．项目预算成本

    C．计划预算成本　　　　　　　D．实际预算成本

6．下列费用中属于自有机械使用费的不可变费用是（　　　）。

    A．电费　　　　　　　　　　　B．燃油费

    C．车船税　　　　　　　　　　D．安装辅助费

7．下列属于施工场地建设费用的是（　　　）。

    A．试验室建设费　　　　　　　B．贯通便道

    C．进出临时便道　　　　　　　D．拌合站设备安拆

二　多项选择题

1．标后预算按照不同的管理阶段分为（　　　）。

    A．项目估算（直接）成本　　　B．项目预算（直接）成本

    C．计划预算（直接）成本　　　D．实际预算（直接）成本

    E．实际决算（直接）成本

2．自有机械可变费用包括（　　　）。

    A．燃、油料费　　　　　　　　B．机驾人员工资

    C．电费　　　　　　　　　　　D．养路费及车船使用税

    E．折旧费

3．根据《公路工程建设项目概算预算编制办法》JTG 3830—2018 规定，属于施工场地建设费的有（　　　）。

    A．场区平整、场地硬化费用

    B．场区范围内临时用水支管修建费

    C．红线范围内进出场临时便道修建费

    D．工地试验室所发生的属于固定资产的试验设备租赁费

    E．施工扬尘污染防治措施费

【答案与解析】

一、单项选择题

1．A；　　2．B；　　3．A；　　*4．C；　　5．C；　　6．D；　　7．A

【解析】

4．答案 C

措施费是指直接费以外施工过程中发生的直接用于工程的费用。其内容包括冬期

施工增加费、雨期施工增加费、夜间施工增加费、特殊地区施工增加费、行车干扰工程施工增加费、施工辅助费、工地转移费等内容。

二、多项选择题

1．B、C、D；　　　　2．A、B、C、D；　　　　3．A、B、D、E

12.2　施工成本管理内容与方法

复习要点

1．公路工程施工成本管理内容

施工项目成本管理的内容有：成本预测、成本计划编制、成本控制、成本核算、成本分析、成本考核。

编制施工成本计划的关键是确定责任目标成本，这是成本计划的核心。工程项目施工成本计划应在项目经理的组织和主持下，根据合同文件、企业下达的责任目标成本、企业施工定额、经优化选择的施工方案以及生产要素成本预测信息等进行编制。通过施工预算成本的计算与平衡之后，形成的现场施工计划成本，作为现场施工成本控制的目标。

2．公路工程施工成本控制方法

公路施工项目成本控制的方法很多，主要有四种：以目标成本控制成本支出，以施工方案控制资源消耗，用净值法进行工期成本的同步控制，运用目标管理控制工程成本。关注8点降低公路工程项目施工成本的方法和途径。

3．公路工程施工成本核算方法

成本核算对象生产费用承担的客体也就是单位工程。施工成本核算的内容有：人工费的核算、材料费的核算、机械使用费的核算、措施费的核算、间接费用的核算。

一　单项选择题

1．成本计划的核心是（　　　）。

    A．全面成本管理　　　　　　　　B．确定责任目标成本

    C．科学管理成本　　　　　　　　D．有效管理成本

2．工程项目成本计划应在（　　　）的组织和主持下编制。

    A．公司总经济师　　　　　　　　B．公司造价师

    C．项目经理　　　　　　　　　　D．项目造价师

3．工程项目的"计划成本偏差"等于（　　　）。

    A．施工图预算成本－责任目标成本

    B．施工图预算成本－投标计划成本

    C．施工预算成本－责任目标成本

    D．施工预算成本－投标计划成本

4．施工企业编制公路项目施工成本计划的关键是（　　　）。

A. 优化施工方案，确定计划工程量

B. 确定责任目标成本，通常以项目成本总降低额和降低率来表示

C. 依据市场生产要素价格信息，确定施工预算成本

D. 施工预算成本与责任目标成本比较，确定计划成本偏差

5. （　　　）作为现场施工成本控制的目标。

A. 现场施工成本偏差　　　　　　　B. 现场施工成本降低额

C. 现场施工计划成本　　　　　　　D. 现场施工成本降低率

6. 对材料进行数量控制的主要方法是（　　　）。

A. 减少材料购买量　　　　　　　　B. 控制场外运输损耗

C. 控制保管损耗　　　　　　　　　D. 实行"限额领料"

7. 进行工期和成本同步控制的方法是（　　　）。

A. 偏差分析法　　　　　　　　　　B. 净值法

C. 控制消耗法　　　　　　　　　　D. 限额领料法

8. 公路工程施工成本管理包括：① 成本预测；② 成本核算；③ 成本计划；④ 成本考核；⑤ 成本分析；⑥ 成本控制。正确的流程是（　　　）。

A. ①③⑥⑤②④　　　　　　　　　B. ①③⑥②⑤④

C. ①⑥③④②⑤　　　　　　　　　D. ①⑥③⑤②④

9. 下列关于降低公路工程项目施工成本的方法和途径的说法，错误的是（　　　）。

A. 进行合同交底是降低成本的关键之一

B. 制定先进的、经济合理的施工方案是降低成本的关键之一

C. 提高机械利用率是降低成本的关键之一

D. 组织顺序施工以便减少资源投入以及放慢施工进度是降低成本的关键之一

10. 施工单位对工程项目是以（　　　）为成本核算对象。

A. 建设项目　　　　　　　　　　　B. 单项工程

C. 单位工程　　　　　　　　　　　D. 分部工程

二　多项选择题

1. 公路工程项目施工成本管理的内容有（　　　）。

A. 成本预测　　　　　　　　　　　B. 成本计划编制

C. 成本控制　　　　　　　　　　　D. 成本核算

E. 成本总结

2. 在公路项目施工中，控制材料成本的方法有（　　　）。

A. 以预算价格来控制材料的采购成本

B. 编制材料需要量计划和建立材料消耗台账

C. 控制工序施工质量，争取一次合格

D. 提高水泥、钢筋等主要材料的回收再利用率

E. 实行限额领料，控制材料领用数量

3. 成本目标通常以（　　　）来定量地表示。

A. 控制项目总成本额   B. 控制项目的人工消耗率

C. 项目成本总降低额   D. 控制项目的材料节约率

E. 项目成本总降低率

4. 施工成本核算的内容有（   ）。

A. 人工费核算   B. 材料费核算

C. 机械使用费核算   D. 措施费核算

E. 规费核算

【答案与解析】

一、单项选择题

*1. B;   2. C;   3. C;   4. B;   *5. C;   6. D;   7. B;   8. B;

9. D;   10. C

【解析】

1. 答案 B

编制施工成本计划的关键前提是确定责任目标成本，这是成本计划的核心。

5. 答案 C

通过施工预算成本的计算与平衡之后，形成的现场施工计划成本，作为现场施工成本控制的目标。

二、多项选择题

1. A、B、C、D;   *2. A、B、C、E;   *3. C、E;   4. A、B、C、D

【解析】

2. 答案 A、B、C、E

对材料成本控制，一是要以预算价格来控制材料的采购成本；二是对材料的数量控制。在工程项目的施工过程中，每月应根据施工进度计划，编制材料需用量计划，建立材料消耗台账，同时通过实行"限额领料"来控制材料领用数量，并控制工序施工质量，争取一次合格，避免因返工而增加材料损耗。

3. 答案 C、E

成本目标通常以项目成本总降低额和降低率来定量地表示。

第13章 施工安全管理

13.1 公路工程施工安全管理

复习要点

1. 公路工程施工项目安全管理制度

项目安全管理制度由项目负责人组织相关部门编制，主要有25个安全制度，安全生产责任制是核心，有一些是《中华人民共和国安全生产法》和《建设工程安全生产管理条例》强制性要求的制度，例如，安全风险分级管控、事故隐患排查治理、安全技术交底等。项目负责人还应组织制定本项目安全生产操作规程，操作规程应有针对性，符合有关技术规范等要求，及时发至相关部门和岗位。

2. 公路工程施工项目安全管理措施

安全管理措施主要有：路基工程施工安全管理措施、路面工程施工安全管理措施、桥梁工程施工安全管理措施、隧道工程施工安全管理措施、高处作业安全管理措施、水上作业安全管理措施、特种设备安全管理措施、其他安全管理措施。

一 单项选择题

1. 下列安全生产制度中，不是《中华人民共和国安全生产法》法律强制性要求的制度是（   ）。

    A. 全员安全生产责任制   B. 安全风险分级管控制度

    C. 隐患排查治理制度   D. 项目负责人施工现场带班生产制度

2. 安全管理制度中的核心是（   ）。

    A. 安全技术交底制度   B. 安全风险分级管控制度

    C. 全员安全生产责任制   D. 安全生产教育培训制度

3. 对滑坡地段进行开挖时应（   ）。

    A. 加强支撑和临时锚固，并监测其受力状态

    B. 滑坡体中部向两侧自上而下进行

    C. 滑坡体两侧向中部自下而上进行

    D. 全面拉槽开挖

4. 基坑外堆土时，堆土应距基坑边缘（   ）m以外，堆土高度不得超过1.5m。

    A. 0.5   B. 1

    C. 2   D. 3

5. 下列关于支架现浇法施工风险控制措施的说法，正确的是（   ）。

    A. 支架高度较高时，应设一根缆风绳

    B. 支架的立柱高于6m时，应设置一道水平剪刀撑

    C. 支架的立柱应设水平撑和双向斜撑，斜撑的水平夹角以45°为宜

D．预压荷载应为梁重的 1.05～1.10 倍

6．下列关于翻模法施工风险防控措施的论述，错误的是（　　　）。

A．高墩翻模施工应编制专项施工方案并组织专家论证

B．翻模强度刚度及稳定性应满足要求

C．翻模施工时使用起重设备应经检测合格安全装置齐全有效

D．高墩施工人员上下须使用一字形爬梯

7．下列关于悬臂浇筑施工风险控制措施的论述，错误的是（　　　）。

A．挂篮加工完成后应先进行试拼

B．挂篮拼装时应两边对称进行

C．浇筑墩顶段（0 号段）混凝土前应对托架模板进行检验和预压

D．预压的目的是消除杆件弹性变形和地基沉降

8．下列关于架桥机施工风险控制措施的论述，错误的是（　　　）。

A．架梁时其电源必须设专人进行控制并设合格的专职电工

B．向全体作业人员（含机械操作工）进行安全技术交底

C．架桥机纵向移动在充分准备情况下可以经过二次到位

D．架桥机应设置避雷装置

9．隧道工程洞口失稳控制措施中错误的开挖控制措施是（　　　）。

A．控制开挖量，减少围岩扰动

B．采用台阶开挖时第一步开挖的台阶高度不宜超过 1/4 的开挖高度

C．临时支护拆除后，及时施作二次衬砌

D．超前支护应及时到位，中间围岩开挖后及时封闭初期支护

10．下列关于安全带使用的论述，错误的是（　　　）。

A．安全带应高挂低用　　　　　B．安全带使用前应检查

C．安全带有效长度应大于 2m　　D．安全带的各部件不得随意更换或拆除

二　多项选择题

1．下列关于路基工程施工安全管理措施的说法，正确是有（　　　）。

A．地面横向坡度陡于 1：10 的区域，取土坑应设在路堤下侧

B．深路堑开挖中遇到地下水出露时，必须边排水边开挖

C．滑坡体可采用削陡坡减载方案整治，严禁爆破减载

D．路基范围内暂时不能迁移的结构物应预留土台，并应设置警示标志

E．雷雨季节高边坡爆破应采用弱电起爆法

2．下列关于安全带使用的论述，正确的有（　　　）。

A．严禁安全绳用作悬吊绳

B．安全带应低挂高用并应扣牢在牢固的物体上

C．安全带的安全绳不得打结使用，安全绳上不得挂钩

D．缺少或不易设置安全带吊点的工作场所宜设置安全带母索

E．安全带的各部件不得随意更换或拆除

3. 特种设备使用的相关记录有（　　　　）。
   A. 特种设备日常使用状态记录　　　B. 特种设备维护保养记录
   C. 特种设备检查记录　　　　　　　D. 特种设备运行故障和事故记录
   E. 不定期检验整改记录
4. 公路施工现场触电事故预防管理措施有（　　　　）。
   A. 动力开关箱与照明开关箱应分别设置
   B. 应实行三级配电
   C. 应设置逐级回路保护
   D. 必须采用优化配电线路的原则
   E. 用电设备应满足"一机、一闸、一漏"的要求

【答案与解析】

一、单项选择题

*1. D;　　2. C;　　3. A;　　*4. B;　　5. C;　　6. D;　　7. D;　　8. C;
9. B;　　10. C

【解析】

1. 答案 D

选项 A、B、C 都是《中华人民共和国安全生产法》中要求的制度，而且文字表示时，都有"必须"或"应当"的强制性语言，包括第四十六条的"检查制度"也是如此。而选项 D，项目负责人施工现场带班生产制度，是住房和城乡建设部 2011 年《建筑施工企业负责人及项目负责人施工现场带班暂行办法》和 2012 年交通运输部《公路水运工程施工企业项目负责人施工现场带班生产制度（暂行）》规定的，这两个文件不是法律，只是部门规范性文件。

4. 答案 B

基坑外堆土时，堆土应距基坑边缘 1m 以外，堆土高度不得超过 1.5m。

二、多项选择题

1. C、D;　　　　*2. A、C、D、E;　　3. A、B、C、D;　　4. A、B、C、E

【解析】

2. 答案 A、C、D、E

选项 B 错误，其正确描述是安全带应高挂低用。此外，安全带除应定期检验外，使用前还应进行检查。安全绳有效长度不应大于 2m。

13.2　安全管理双重预防机制

复习要点

1. 公路工程施工项目安全风险分级管控

企业要对辨识出的安全风险进行分类梳理，参照《企业职工伤亡事故分类》

GB 6441—1986，综合考虑起因物、引起事故的诱导性原因、致害物、伤害方式等，确定安全风险类别。对不同类别的安全风险，采用相应的风险评估方法确定安全风险等级。安全风险评估过程要突出遏制重特大事故，高度关注暴露人群，聚焦重大危险源、劳动密集型场所、高危作业工序和受影响的人群规模。安全风险等级从高到低划分为重大风险、较大风险、一般风险和低风险，分别用红、橙、黄、蓝四种颜色标示。

2. 公路工程施工项目事故隐患排查治理

排查的事故隐患分为一般事故隐患和重大事故隐患。排查的目的是实现"两项（人员和现场防护）达标""四项（泥石流区、挖孔桩、长隧道无预报、立体交叉）严禁""五项（告知、安监、专项审、进场验收、费用保障）制度"的总目标。重大事故隐患按照《公路工程重大事故隐患清单》进行治理，是重点排查治理的对象。

一 单项选择题

1. 在安全风险分级管控中，推荐使用的简单易行的安全风险评估方法是（　　）。
   A. 风险矩阵发　　　　　　　　B. 事件树法
   C. LEC 法　　　　　　　　　　D. 层次分析法
2. 负责组织编制重大事故隐患治理方案的是（　　）。
   A. 施工单位负责人　　　　　　B. 施工单位技术负责人
   C. 项目负责人　　　　　　　　D. 项目技术负责人
3. 一定条件下易导致较大安全事故的风险是（　　）。
   A. 重大风险　　　　　　　　　B. 较大风险
   C. 一般风险　　　　　　　　　D. 较小风险
4. 隐患内容中，未按专项施工方案施工属于（　　）类别重大隐患。
   A. 基础管理　　　　　　　　　B. 方案管理
   C. 组织管理　　　　　　　　　D. 危险源管理

二 多项选择题

1. 重大事故隐患治理方案应当包括的内容有（　　）。
   A. 治理的目标和任务　　　　　B. 采取的方法和措施
   C. 经费和物资的计划　　　　　D. 负责治理的机构和人员
   E. 安全措施和应急预案
2. 重大事故隐患治理完成后，应当组织相关技术人员或者专家或者具有相应资质的专业机构进行验收。下列属于验收这些重大事故隐患治理完成情况的有（　　）。
   A. 与隐患整改治理方案符合性　　B. 隐患整改治理方案完备性
   C. 是否产生新的隐患及等级　　　D. 整改措施和时限是否达标
   E. 整改过程记录（文字、图片及录像）的真实性
3. 根据《公路工程建设项目施工安全重大事故隐患基础清单（试用）》，下列安全

事故隐患中，属于施工驻地及场站建设环节重大事故隐患的有（　　　）。

  A．在门式起重机倾覆影响范围内设置员工宿舍

  B．项目部驻地与高压电力线的安全距离不足

  C．未按照专项施工方案组织施工

  D．预制梁存放时未采取有效的支撑措施

  E．办公板房所用材料的燃烧性能等级未达到 A 级

【答案与解析】

一、单项选择题

1．C; *2．C; *3．C; 4．A

【解析】

2．答案 C

重大事故隐患必须由项目负责人组织编制"重大事故隐患治理方案"。

3．答案 C

一般风险是指一定条件下易导致较大安全事故的风险。

二、多项选择题

1．A、B、D、E; 2．A、C、E;   3．A、B、C、E

13.3　公路工程施工项目应急管理

复习要点

1．应急救援预案编制和管理

  生产经营单位应急预案编制程序包括成立应急预案编制工作组、资料收集、风险评估、应急资源调查、应急预案编制、桌面推演、应急预案评审和批准实施 8 个步骤。

2．应急管理

  应急管理，首先要建立应急管理体系，应急管理体系包括：应急管理组织体系、应急预案体系、应急管理制度体系、应急管理信息化建设体系、应急培训演练体系、应急队伍建设体系、应急保障体系等。其次是明确管理职责；应急救援组织；构构建应急预案体系；应急准备；预案编制；应急响应；应急预案备案；应急培训；应急演练。

一　单项选择题

1．施工单位应当建立应急预案定期评估制度，每（　　　）一次。

  A．半年   B．一年

  C．两年   D．三年

2．应急预案编制程序中，资料收集的下一步是（　　　）。

A．应急预案编制   B．风险评估

C．应急资源调查   D．资料审核

3．发生事故时，施工单位应第一时间启动相应的（   ），组织有关力量进行救援。

A．现场处置方案   B．专项施工方案

C．应急预案   D．综合预案

4．应急预案编制工作小组中牵头人是（   ）。

A．企业主要负责人   B．项目主要负责人

C．企业技术负责人   D．项目技术负责人

二　多项选择题

1．应急救援预案按类别分有（   ）。

A．综合应急预案   B．企业级应急预案

C．专项应急预案   D．项目级应急预案

E．现场处置方案

2．应急预案评审内容主要包括（   ）。

A．应急预案的衔接性   B．应急预案体系设计的针对性

C．应急组织体系的合理性   D．应急响应程序和措施的及时性

E．应急保障措施的可行性

3．施工单位应当按照应急预案的规定，落实的内容有（   ）。

A．应急指挥体系   B．应急救援队伍

C．应急救援物资   D．应急救援档案

E．应急救援装备

【答案与解析】

一、单项选择题

1．D；   *2．B；   3．C；   4．B

【解析】

2．答案 B

应急预案编制程序包括成立应急预案编制工作组、资料收集、风险评估、应急资源调查、应急预案编制、桌面推演、应急预案评审和批准实施 8 个步骤。

二、多项选择题

1．A、C、E；   2．A、B、C、E；   3．A、B、C、E

第 14 章　绿色建造及施工现场环境管理

复习要点

（1）掌握项目部驻地选址、场地建设以及硬件设施建设的相关要求。重点关注涉及安全、施工方便、环保等方面的要求。

（2）预制梁场布设包括场地选址、场地布置以及建设要求等。以方便、合理、安全、经济及满足工期为原则来选址。预制场的布置取决于现场的面积、地形、工程规模、安装方法、工期及机械设备情况等，条件不同，布置方法差异较大。

（3）在公路工程中设置的拌合站分水泥混凝土拌合站、沥青混合料拌合站和稳定土拌合站。应满足用地合法，周围无塌方、滑坡、落石、泥石流、洪涝等地质灾害。

（4）施工便道建设应满足施工需要，尽量结合地方道路规划进行专项设计，尽可能提前实施，完工后尽量留地方使用。新建便道、便桥应尽量不占用农田，少开挖山体，节约资源，保护环境。

一　单项选择题

1. 预制梁场地建设前施工单位应将梁场的布置方案报（　　　）审批。

    A．监理单位　　　　　　　　　B．勘察单位

    C．设计单位　　　　　　　　　D．业主单位

2. 不属于框架式临时码头特点的是（　　　）。

    A．结构刚度小　　　　　　　　B．承受水平力强

    C．适用于水位差较大的河段　　D．便于设置多层系船平台

3. 关于施工便道设置的说法，错误的是（　　　）。

    A．便道不宜利用永久性道路和桥梁

    B．施工主干线尽可能地靠近合同段各主要工点，引入线以直达施工现场为原则

    C．应尽量避免与既有铁路线、公路平面交叉

    D．施工便道应畅通，旧、危桥应加固处理

4. 下列关于公路工程自建房屋的要求，错误的是（　　　）。

    A．最低标准为活动板房　　　　B．建议宜选用阻燃材料

    C．搭建不宜超过 3 层　　　　　D．每组最多不超过 10 栋

5. 在公路工程中设置的拌合站不包括（　　　）。

    A．水泥混凝土拌合站　　　　　B．沥青混合料拌合站

    C．水稳拌合站　　　　　　　　D．稳定土拌合站

6. 下列关于预制梁场布设的说法，错误的是（　　　）。

    A．结合预制梁板的尺寸、数量、架设要求以及运输条件等情况进行综合选址

    B．预制场宜设在监理工程师指定的场地

    C．周围无塌方、滑坡、落石、泥石流、洪涝等地质灾害

D. 场地建设前施工单位应将梁场布置方案报监理工程师审批

7. 项目选址必须离集中爆破区（　　）m 以上。

A. 200　　　　　　　　　　　　B. 300

C. 400　　　　　　　　　　　　D. 500

8. 下列关于特大桥、隧道、拌合站和预制场等进出口便道 200m 范围宜采用的路面的说法，正确的是（　　）。

A. 预制场进出口宜采用泥结碎石路面

B. 隧道洞口宜采用洞渣铺筑的路面

C. 特大桥进出便道路面宜采用不小于 20cm 厚 C20 混凝土路面

D. 拌合站进出口宜采用级配碎石路面

9. 下列关于便桥建设要求，错误的是（　　）。

A. 便桥结构按照实际情况专门设计，同时应满足排洪要求

B. 便桥高度不低于上年最高洪水位

C. 当河窄、水浅时可选用易于拆散、组建的浮桥

D. 墩架式梁桥基础常采用混凝土基础和钢管桩基础

二　多项选择题

1. 公路工程施工中修建便桥的类型一般有（　　）。

A. 拱桥　　　　　　　　　　　　B. 墩架式梁桥

C. 浮桥　　　　　　　　　　　　D. 贝雷桥

E. 索桥

2. 场地建设前施工单位应将梁场布置方案报监理工程师审批，方案内容应包含各类型梁板的（　　）。

A. 台座数量　　　　　　　　　　B. 模板数量

C. 生产能力　　　　　　　　　　D. 最大存梁能力

E. 生产成本

3. 下列关于预制场地建设的说法，正确的有（　　）。

A. 场地建设前，施工单位应将梁场布置方案报监理工程师审批

B. 预制场建设规模和设备配备应结合预制梁板的数量，与预制工期相适应

C. 主要运输道路应采用不小于 20cm 厚的 C20 混凝土硬化

D. 预制梁场钢筋加工、混凝土拌和应尽量使用合同段既有的钢筋加工场、拌合站

E. 预制梁板如果采用土工布包裹喷淋养护（北方地区应根据气候情况采用蒸汽保湿养护），养护水不能循环使用

4. 梁板预制完成后，移梁前应对梁板喷涂统一标识和编号，标识内容包括（　　）。

A. 预制时间　　　　　　　　　　B. 预制造价

C. 施工单位　　　　　　　　　　D. 梁体编号

E. 部位名称

5. 下列关于便桥建设的说法,错误的有( )。

    A. 当河窄、水浅时可选用墩架梁桥

    B. 当河宽且具备贝雷桁架部件时可选用贝雷桥

    C. 当遇到深山峡谷时可选用浮桥

    D. 当河水深,河床泥土松软,桩基承载力不够时,可选用墩架梁桥

    E. 任务紧急,临时桥不能短期完成时可选用浮桥

6. 下列关于预制梁板台座布设的说法,错误的有( )。

    A. 预制梁板的台座强度应满足张拉要求,台座尽量设置在地质较好的地基上

    B. 先张法施工的张拉台座可以采用重力式台座

    C. 存梁区台座混凝土强度等级不低于 C20

    D. 台座底模可以采用混凝土底模

    E. 用于存梁的枕梁应设在离梁两端各 50~80cm

7. 下列关于项目部驻地建设的说法,正确的有( )。

    A. 自建房屋最低标准为活动板房

    B. 宜为独立式庭院,四周设有围墙,有固定出入口

    C. 项目驻地必须离集中爆破区 300m 以外

    D. 驻地内适当位置设置临时室外消防水池和消防沙池

    E. 项目部驻地试验室各操作室总面积一般不低于 120m^2

8. 凡用于工程的砂石料应按( )分场存放。

    A. 级配要求   B. 不同价格

    C. 不同粒径   D. 不同重量

    E. 不同品种

【答案与解析】

一、单项选择题

1. B;   *2. A;   3. B;   4. C;   5. C;   6. B;   7. D;   *8. C;

9. C

【解析】

2. 答案 A

框架式桩台由框架、纵梁和面板组成,其优点是结构刚度大,承受水平力的能力强,并便于设置多层系船平台,但结构较复杂,要求施工水位低,适用于水位差较大,作用于码头上的水平力也较大的情况。

8. 答案 C

便道路面最低标准应采用泥结碎石或级配碎石。在条件允许的情况下,便道路面可采用隧道洞渣或矿渣铺筑。特大桥、隧道洞口、拌合站和预制场等大型作业区进出便道 200m 范围路面宜采用不小于 20cm 厚的 C20 混凝土硬化。

二、多项选择题

1. B、C、D、E   *2. A、B、C、D;   3. A、B、C、D;   4. A、C、D、E;

5. C、D；   6. B、D；   7. A、B、D；   8. A、C、D、E

【解析】

2. 答案 A、B、C、D

场地建设前施工单位应将梁场布置方案报监理工程师审批，方案内容应包含各类型梁板的台座数量、模板数量、生产能力、存梁区布置及最大存梁能力等。

复习要点

（1）重点关注公路工程施工机械的性能、生产能力及适用条件。

（2）机械设备能力的有关计算。

（3）主要机械设备的配置与组合，施工机械的选择应与工程的具体实际相适应，所选机械是在具体的、特定的环境条件下作业，这些环境条件包括地理气候条件、作业现场条件、作业对象的土质条件等。合理选择施工机械的依据是：工程量、施工进度计划、施工质量要求、施工条件、现有机械的技术状况和新机械的供应情况等。施工机械的工作参数应注意机械的工作容量、生产率、机械的尺寸、机械的质量、自行式施工机械的移动速度、动力装置类型和功率等。

（4）工程机械的安全生产应作为安全施工的重要组成部分统一管理，机械、生产部门应设立专职机构和人员，负责机械安全生产的管理。

一　单项选择题

1. 下列施工机械中，不适用于开挖沟的是（　　）。

    A．平地机
    B．铲运机
    C．推土机
    D．挖掘机

2. 对于土方开挖工程，选择的机械与设备组合最好的是（　　）。

    A．挖掘机、推土机、移动式空气压缩机、凿岩机
    B．推土机、挖掘机、装载机和自卸汽车
    C．推土机、挖掘机、装载机和平地机
    D．推土机、铲运机、羊足碾、压路机、洒水车、平地机和自卸汽车

3. 仪器设备使用状态标识为"准用"的用（　　）标签进行标识。

    A．绿色
    B．黄色
    C．蓝色
    D．红色

4. 按我国现行规范要求，高等级公路建设应使用（　　）设备。

    A．间歇强制式搅拌
    B．连续强制式搅拌
    C．间歇滚筒式搅拌
    D．连续滚筒式搅拌

5. 下列关于水泥混凝土拌合设备的说法，错误的是（　　）。

    A．水泥混凝土拌合设备分为水泥混凝土搅拌机和水泥混凝土搅拌站两大类
    B．混凝土搅拌机按其结构形式分为滚筒式和强制式两种
    C．强制式搅拌设备可拌制低塑性混凝土
    D．强制式搅拌设备用于水泥混凝土路面

6. 桥梁灌注桩钻孔施工，最广泛应用于卵石、漂石地质条件下的施工机械是（　　）。

    A．液压循环钻机
    B．冲击钻机

C．旋挖钻机　　　　　　　　　D．潜水钻机

7．在间歇式设备生产率计算公式：$Q_j = \dfrac{n\,G_j\,K_B}{1000}$（t/h）中，其中 n 的含义是（　　　）。

A．每拌制一份料的质量　　　　　B．时间利用系数

C．每小时拌制的份数　　　　　　D．设备功率

8．下列关于沥青混凝土搅拌设备的说法，错误的是（　　　）。

A．沥青混凝土搅拌设备分间歇式和连续滚筒式

B．强制式就是搅拌机的搅拌叶强制将物料拌和均匀

C．自落式的搅拌机是将物料提升到一定高度然后让它自由下落，达到拌和的目的

D．高等级公路建设应使用连续滚筒式搅拌设备，强制间歇式搅拌设备用于普通公路建设

9．在隧道二次衬砌施工中，通常不采用的机械设备是（　　　）。

A．模板衬砌台车　　　　　　　　B．混凝土搅拌设备

C．混凝土喷射机　　　　　　　　D．搅拌运输车

10．下列施工机械中，既可压实非黏土，又可压实含水量不大的黏性和细粒砂砾石混合料的是（　　　）。

A．光轮振动压路机　　　　　　　B．羊足振动压路机

C．轮胎压路机　　　　　　　　　D．静碾钢轮压路机

11．不属于预应力张拉成套设备的是（　　　）。

A．千斤顶　　　　　　　　　　　B．油泵车

C．压浆机　　　　　　　　　　　D．油表

二　多项选择题

1．铲运机不适宜在（　　　）中施工。

A．湿度较小（含水量在 25% 以下）的松散砂土

B．地下水位高的潮湿地区

C．干燥的粉砂土

D．潮湿的黏土

E．沼泽地带

2．软土开挖使用的机械包括（　　　）。

A．平地机　　　　　　　　　　　B．推土机

C．拉铲挖掘机　　　　　　　　　D．凿岩机

E．空气压缩机

3．压实机械按压实作用的原理分为（　　　）。

A．静作用碾压机械　　　　　　　B．振动碾压机械

C．平板机械　　　　　　　　　　D．夯实机械

E．轮胎压路机械

4. 专用架桥机可按（　　　）的不同进行分类。

    A．移梁方式
    B．吊装方式

    C．导梁形式
    D．缆索形式

    E．送梁方式

5. 施工机械选择的一般原则有（　　　）。

    A．适应性
    B．经济性

    C．专用性
    D．科学性

    E．通用性

6. 下列关于桥梁基础施工机械的钻孔设备的说法，正确的是（　　　）。

    A．全套管钻机：主要用于大型桥梁钻孔桩的钻孔施工

    B．螺旋钻机：用于灌注桩、深层搅拌桩、混凝土预制桩钻打结合法等工艺，适用土质的地质条件

    C．冲击钻机：适用于灌注桩钻孔施工，不适用在卵石、漂石地质条件

    D．回转斗钻机：适用于除岩层外的各种土质地质条件

    E．液压旋挖钻孔机：适用于除岩层、卵石、漂石地质外的各种土质地质条件，尤其在市政桥梁及场地受限的工程中使用

【答案与解析】

一、单项选择题

1．B；　2．B；　3．B；　4．A；　5．B；　6．B；　*7．C；　8．D；
9．C；　10．B；　11．C

【解析】

7．答案C

$$Q_j = \frac{n\,G_j\,K_B}{1000}$$

式中　G_j——每拌制一份料的质量（kg）；

    n——每小时拌制的份数；

    K_B——时间利用系数，$K_B = 0.8 \sim 0.9$。

$$n = \frac{60}{t_1 + t_2 + t_3}$$

    t_1——搅拌器加料时间（min）；

    t_2——混合料搅拌时间（min）；

    t_3——成品料卸料时间（min）。

二、多项选择题

1．B、C、D、E；　2．A、B；　*3．A、B、D；　4．A、C、E；
5．A、B、C、E；　6．A、B、D、E

【解析】

3. 答案 A、B、D

压实机械按压实作用原理分为静作用碾压机械、振动碾压机械和夯实机械三种类型。静作用碾压机械包括各种型号的光轮压路机、轮胎压路机（简称轮胎碾）、羊足压路机（简称羊足碾）、凸块压路机（简称凸块碾）及各种拖式压滚等。振动碾压机械（简称振动碾）包括各种拖式和自行振动式。夯实机械：主要用于夯实土壤，夯实机械又分为冲击夯实和振动夯实两类。

第16章　实务操作和案例分析题

【案例1】

背景资料：

某施工单位承建了某公路路基工程，其中 K9＋199～K9＋289 段，长度 90m，路基左侧边坡最大高度为 26.34m。路基边坡上覆粉质黏土、砂质黏性土，下伏基岩为花岗岩。最高边坡处设计为 3 级边坡，每级边坡高度约为 8m，采用预应力锚索混凝土框架与客土喷播植草灌组合防护。锚索锚固段进入碎块状强风化花岗岩不小于 10m。锚索类型为注浆压力分散型锚索。预应力锚索混凝土框架立面示意如图 16-1 所示。

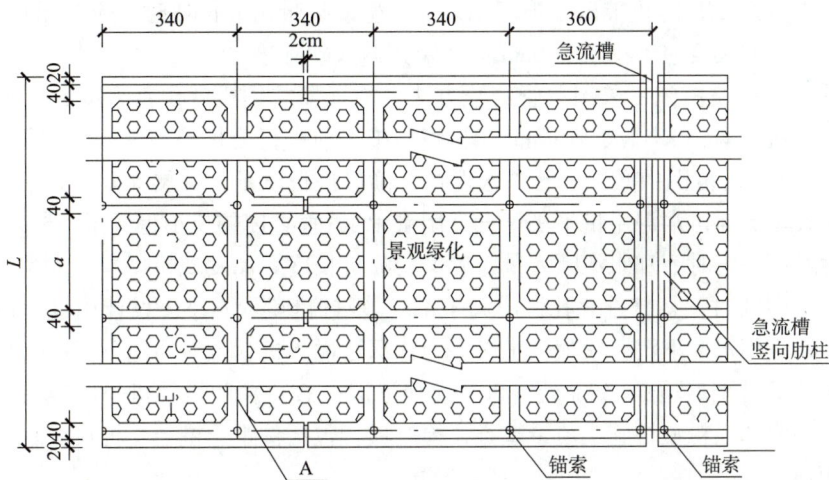

图 16-1　预应力锚索混凝土框架立面示意图（尺寸单位：cm）

施工过程中发生以下事件：

事件1：预应力锚索混凝土框架施工流程包括：① 施工准备；② 测量放线；③ 纵、横梁施工；④ 锚孔钻造；⑤ 工作平台搭设；⑥ 锚筋制安；⑦ 锚孔注浆；⑧ 锚索张拉和锁定；⑨ 验收封锚。其中锚索张拉的关键是做好双控，避免应力损失。

事件2：施工单位在预应力锚索混凝土框架施工中，框架梁施工在锚索注浆完成 7d 后开始，同时采用加设套管措施对锚索进行保护。框架梁施工前修整了坡面，对坑洞和空腔进行了填补，框架梁采用 C25 混凝土浇筑，框架梁铺设于边坡表面，并保证框架梁紧贴坡面。混凝土浇筑完成后及时养护，养护时间为 7d。

问题：

1．写出图中构造物 A 的名称以及图中标注为 2cm 的结构名称。

2．写出事件 1 中，预应力锚索混凝土框架施工流程的正确工序。（写出序号即可，如①④②……⑧⑨）

3．事件 1 中的双控的具体内容是什么？边坡预应力锚固防护施工质量检查的项目有哪些？

4．指出并改正事件 2 中施工单位的错误做法。

【案例 2】

背景资料：

某施工单位承建了某公路路基工程，其中 K5＋200～K5＋400 段为软土地基，采用袋装砂井进行软基处理，K9＋600～K5＋760 段为软土地基，采用粉喷桩进行软基处理。

施工过程中发生以下事件：

事件一：袋装砂井施工采用沉管式打桩机进行施工，袋装砂井施工工序为：整平原地面→A→机具定位→打入套管→沉入砂袋→拔出套管→机具移位→B→摊铺上层砂垫层。施工方案中要求中、粗砂粒径大于 0.5mm 颗粒的含量宜大于 50%，含泥量应小于 3%，渗透系数应大于 $5×10^{-2}$mm/s。砂袋的渗透系数应小于砂的渗透系数。套管起拔时应垂直起吊，防止带出或损坏砂袋。发生砂袋带出或损坏时，应在原孔位重打。砂袋在孔口外的长度应不小于 300mm，并顺直伸入砂砾垫层。

事件二：粉喷桩施工采用单管旋喷方法。施工要求钻机就位垂直度偏位不得大于 1.5%，桩的孔位偏差不得大于 50mm。粉喷桩施工前进行成桩工艺试验，桩身上部 1/3 桩长不小于 5m 的范围内必须进行二次搅拌，确保桩身质量。桩位误差不大于 5cm，深度误差不大于 5cm，水泥用量不小于设计用量 1%，垂直度偏位不得大于 1.5%。严格控制喷粉时间、停粉时间和水泥喷入量，确保粉喷桩长度。如发现粉喷量不足时，应整桩复打，喷粉中断时，复打重叠孔段应大于 1m。复打粉喷量不小于设计用量，粉喷桩预搅下沉时禁止用水冲下沉。粉喷桩工工序为：深层搅拌机就位→预搅下沉→喷粉（水泥干粉）搅拌提升至离地面 1.5m 处→重复搅拌下沉→C→关闭搅拌机→压实桩头。施工中，施工单位加强粉喷桩施工质量检查，检查项目包括桩距、桩径、桩长等。

问题：

1．写出事件一中工序 A 与 B 的内容。

2．指出事件一中施工方案的错误之处并改正。

3．粉喷桩施工前还应进行什么试验？写出事件二中工序 C 的内容。

4．补充事件二中粉喷桩施工质量检查的检查项目。

【案例 3】

背景资料：

某一级公路工程 C 合同段地处山岭区，填方路基填料主要为挖方调运作为填方，填方高度一般为 0.5～12m，部分路堤边坡高度达到 23.50m，施工单位施工组织设计中路基填筑的施工方案如下：

（1）土质分析：填料土质主要为砂性土，各项指标符合要求，作为筑路材料较好。

（2）路基填筑：先进行基底处理，然后水平分层填筑，分层压实，填料的松铺厚度根据压路机型号确定。同一水平层路基的全宽应采用同一种填料，不得混合填筑。每种填料的填筑层压实后的连续厚度不宜小于 500mm。填筑路床顶最后一层时，压实后的厚度应不小于 100mm。

（3）压实施工：由于土质为砂性土，采用光轮压路机进行压实，碾压前对填土层的松铺厚度、平整度和含水量进行了检查，在最佳含水量 ±2% 范围内压实。碾压机械的行驶速度最大不超过 4km/h；碾压时直线段由两边向中间，横向接头的轮迹有 0.4～0.5m 重叠部分。压实度大于等于 94%。

问题：

1. 该合同段是否有高路堤？为什么？

2. 指出施工方案的错误，并说明理由。

3. 为了检测该合同段的压实度，路基土的现场密度测定方法有哪些？

【案例 4】

背景资料：

某施工单位承建某公路路基工程，其中 K20＋268～K20＋288 设置有挡土墙，挡土墙立面示意如图 16-2 所示，挡土墙工程数量见表 16-1。

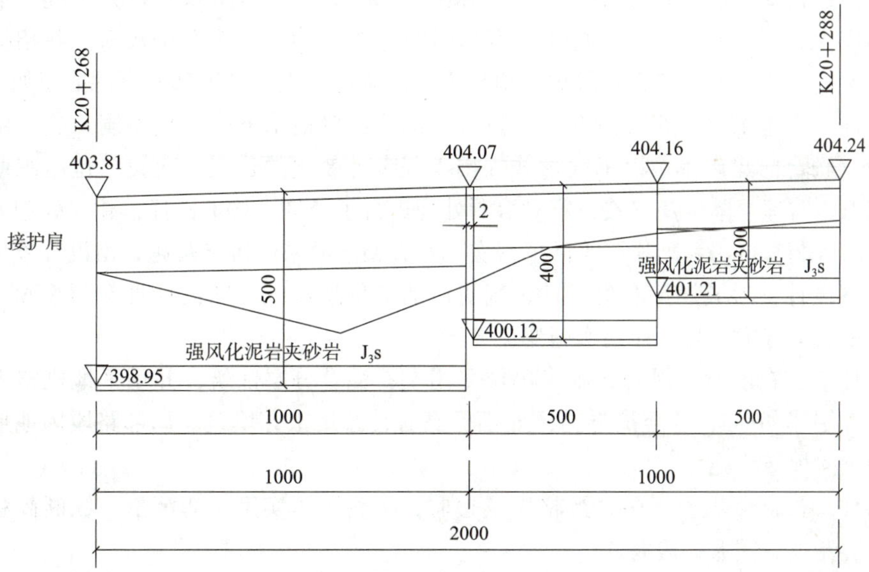

图 16-2 挡土墙立面示意图（高程单位：m，尺寸单位：cm）

表 16-1 挡土墙工程数量表

分段桩号	挡土墙							锥坡	
	长度	C25 混凝土	C20 片（卵）石混凝土	挖基	回填砂砾石	渗水土工布	φ50mm PVC 管	M10 浆砌片石	回填砂砾石
	m	m³	m³	m³	m³	m³	m	m³	m³
K20＋268～K20＋288	20.00	2.32	101.27	142.40	18.40	0.17	16.39	0	0

挡土墙的施工工序主要包括：① 基础砌筑；② 施工准备；③ 基坑开挖；④ 墙身砌筑；⑤ 养护；⑥ 墙后路基填筑；⑦ 基坑验收；⑧ 勾缝抹面。

施工过程中，施工单位在基坑开挖前，在其周围设置截水沟，开挖采用 1m³ 反铲挖土机挖土，自卸汽车外运土到指定地点，基底预留土厚度 200mm，由人工配合清土。土方开挖按 1∶0.5 放坡，开挖时设专人负责管理。测量人员随挖随测，保证基底的设计标高及设计几何尺寸。开挖到设计标高后，检查发现地基承载力为 280kPa，设计要求为 300kPa。

问题：

1. 该挡土墙是修建在路基前进方向的左侧还是右侧？说明理由。

2. 说明工程数量表中 ϕ50mm 的 PVC 管的用途。

3. 写出挡土墙施工工序的正确顺序。

4. 针对背景材料中地基承载力问题，提出两种解决方案。

【案例 5】

背景资料：

某高速公路 L 合同段（K55＋600～K56＋600）主要为路基土石方工程，本地区岩层构成为泥岩、砂岩互层，抗压强度 20MPa 左右，地表土覆盖层较薄。在招标文件中，67% 挖方为石方，填方路段填料由挖方路段调运，施工过程部分事件摘要如下：

事件一：施工单位在路段开工后发现，部分路段地基下面发现溶洞。施工单位与监理单位联合向建设单位以书面形式提出工程设计变更的建议。建设单位组织勘察设计、施工、监理等单位及有关专家对溶洞处理进行了经济、技术论证，建议处理方案是对小型的溶洞直接用浆砌片石等回填密实，对大型溶洞采用桥梁跨越，由设计单位及时完成勘察设计，形成设计变更文件，变更后的造价超过施工图设计批准预算 60 万元，经建设单位审查确认后，开始实施变更方案。

事件二：在填筑路堤时，施工单位采用土石混合分层铺筑，并用平地机整平每一层，最大层厚 40cm，填至接近路床底面标高时，改用土方填筑。局部路段因地形复杂而采用竖向填筑法施工。

事件三：该路堤施工中，严格质量检验，实测了压实度、弯沉值、纵断高程、中线偏位、宽度、横坡、边坡。

问题：

1. 背景材料中的"设计变更"是否符合变更设计制度的要求？说明理由。

2. 指出事件二中施工方法存在的问题，并提出正确的施工方法。

3. 指出事件三中路堤质量检验实测项目哪个不正确？还需补充哪个实测项目？

【案例 6】

背景资料：

某高速公路 M 合同段，路面采用沥青混凝土，路线长 19.2km。该路地处平原地区，路基横断面以填方 3～6m 高的路堤为主，借方量大，借方的含石量为 40%～60%。地表层以黏土为主，其中 K7＋200～K9＋800 段，地表层土厚 7～8m，土的天然含水量为 40%～52%，地表无常年积水，孔隙比为 1.2～1.32，属典型的软土地基。结合实际情况，经过设计、监理、施工三方论证，决定采用砂井进行软基处理，其施工工艺包括加料压密、桩管沉入、机具定位、拔管、整平原地面等。完工后，经实践证明效果良好。

在施工过程中，针对土石填筑工程，项目部根据作业内容选择了推土机、铲运机、羊足碾、布料机、压路机、洒水车、平地机和自卸汽车以及滑模摊铺机等机械设备。在铺筑沥青混凝土路面面层时，因沥青混凝土摊铺机操作失误致使一工人受伤，并造成设备故障。事故发生后，项目部将受伤工人送医院治疗，并组织人员对设备进行了抢修，使当天铺筑工作顺利完成。

问题：

1. 本项目若采用抛石挤淤的方法处理软基，是否合理？说明理由。

2. 根据背景材料所述，按施工的先后顺序列出砂井的施工工艺。

3. 选择施工机械时，除了考虑作业内容外，还应考虑哪些因素？针对土石填筑施工，项目部所选择的机械是否妥当？说明理由。

【案例 7】

背景资料：

某施工单位承建某高速公路 K11＋320～K30＋180 段改扩建工程，由双向四车道扩建为双向六车道，施工过程中发生了如下事件：

事件一：K13＋826～K14＋635 段为填方路段，边坡高度最低为 20.6m，最高为 24.8m。路床填筑时，每层最大压实厚度宜不大于（A）mm，顶面最后一层压实厚度应不小于（B）mm。

事件二：本工程填方量大，借方困难，部分填料含水量较大，需掺灰处理，经反复试验掺灰土的 CBR 值在 6%～7%。

事件三：本工程 K22＋300～K23＋100 为高填路堤，其新拓宽部分局部路段穿越软土地基设计采取了粉喷桩对软基进行处理。

事件四：K25＋550～K30＋180 段有若干鱼塘，水深低于 2m，塘底淤泥厚度最大不超过 0.8m，软土层厚度大于 4m，小于 8m；施工单位拟采取抛石挤淤或袋装砂井处理软基。

事件五：扩建路面工程与原设计路面结构层一致，通车后不久，巡查发现某软基填方区间新旧路面结合部有一条长约 80m、宽约 1.5mm 的纵向裂缝。业主召集路基、路面等技术专家对纵向裂缝进行论证及原因分析。

专家会议结论是"该 80m 路段路面材料及工艺控制均无缺陷，沥青路面扩建与旧路面结合部质量良好，裂缝产生与路面施工无关。裂缝产生的主要原因是由路基施工引起的……"

问题：

1. 事件一中，本段填土路基是否属于高路堤？说明理由。分别写出 A、B 的数值。

2. 事件二中，掺灰土能否作为上路床填料？说明理由。

3. 事件三中，粉喷桩处理软基的主要目的有哪些？

4. 事件四中，两种软基处理方案哪种较合理？说明理由。

5. 写出事件五中裂缝产生的两条主要原因。

背景资料：

某施工单位承建某公路路基工程，其中 K70＋250～K70＋370 设置有路基渗沟，渗沟设置于矩形边沟内侧。渗沟尺寸高 120cm、宽 80cm，设计位置安装 ϕ150mm 加劲软式透水管。渗沟内填筑碎石 3～5cm。主要工程数量：设计沟长 120m，有挖基土方 230m³，土工布 996m²，片、块石 232m³，M7.5 浆砌片石 6.9m³，C10 混凝土 0.9m³，5 号砂浆抹面 14m³，ϕ150mm 加劲软式透水管 240m。其施工工序主要包括：① 人工修坑壁；② 测量放线；③ 浇筑垫层混凝土；④ 安装固定 ϕ150mm 加劲软式透水管；⑤ 土方机械开挖；⑥ 填碎石 3～5cm；⑦ 固定无纺土工布；⑧ 填筑粗砂。

路基渗沟施工中部分做法如下：

做法一：在修整好的坑壁上安装铺设有孔波纹管，管道接口严密，搭接长度为 20cm，有孔管身朝向下部，调整顺直后，铺垫碎石前先固定管道，并铺出汇水坡。

做法二：填码 3～5cm 的碎石，碎石在填筑前保证表面洁净没有杂物。填筑碎石时用装载机铲料送入坑内，填料时设有溜槽。填筑厚度 300mm，捣实至密实程度，以碎石面不再下沉为准。

做法三：采用人工铺贴土工布，布面平整，并适当留有变形余量，安装采用搭接、侧壁钉固。搭接宽度一般为 0.2m 左右。

问题：

1. 针对路基渗沟施工，施工单位应配置哪些工程机械？
2. 写出路基渗沟施工的正确顺序。（写出序号即可，如④③①②⑤⑥⑧⑦）
3. 补充路基渗沟施工的工序。
4. 逐条判断施工中部分做法是否正确，并改正错误。

背景资料：

北京附近某高速公路是国家的重点建设项目，全长 199km，为双向六车道高速公路，路面全宽 22.5m，表面层为沥青混凝土，结构为 20cm 厚石灰稳定土底基层，18cm 厚石灰粉煤灰稳定碎石基层，19cm 厚水泥稳定碎石基层以及 4cm 厚沥青混凝土表面层，5cm 厚沥青混凝土中面层，6cm 厚沥青混凝土底面层。施工单位施工时，在基层上喷洒了透层油，且不能及时铺筑面层，同时还需开放交通，其主要施工具体做法如下：

做法一：清扫路基表面，并使表面干燥。

做法二：洒布沥青。透层沥青洒布后应不致流淌，透入基层应有一定深度，最好在表面形成油膜。

做法三：遇大风或将下雨时，不喷洒透层油。当气温低于 10℃ 或路面潮湿时禁止喷洒。

做法四：喷洒粘层后，严禁车辆行人通过。

做法五：撒布适量石屑。

做法六：用轮胎压路机稳压，并控制车速。

问题：

1. 该基层上是否必须设置透层？说明理由。

2. 施工单位施工具体做法哪些不正确？并改正。

【案例 10】

背景资料：

某高速公路设计车速 120km/h，路面面层为三层式沥青混凝土结构。施工企业为保证工程施工质量，在施工中做了如下工作：

（1）选用经试验合格的石料进行备料，严格对下承层进行清扫，并在开工前进行试验段铺筑。

（2）沥青混合料的拌合站设置试验层，对沥青混合料及原材料及时进行检验，拌和中严格控制集料加热温度和混合料的出厂温度。

（3）设置两台具有自动调节摊铺厚度及找平装置的高精度沥青混凝土摊铺机梯进式施工，严格控制相邻两机的间距，以保证接缝的相关要求。

（4）压路机采用两台双轮双振压路机及两台 16t 胶轮压路机，严格控制碾压温度及碾压重叠宽度。

问题：

1. 沥青混合料铺筑试验段的主要目的是什么？

2. 若出厂的混合料出现白花料，请问在混合料拌和中可能存在什么问题？

3. 沥青混合料摊铺过程中，为什么应对摊铺温度随时检查并做好记录？

4. 沥青混凝土路面的碾压过程中，除了应严格控制碾压温度和碾压重叠宽度外，还应注意哪些问题？

【案例 11】

背景资料：

某新建高速公路工程，路面结构设计示意图如图 16-3 所示。

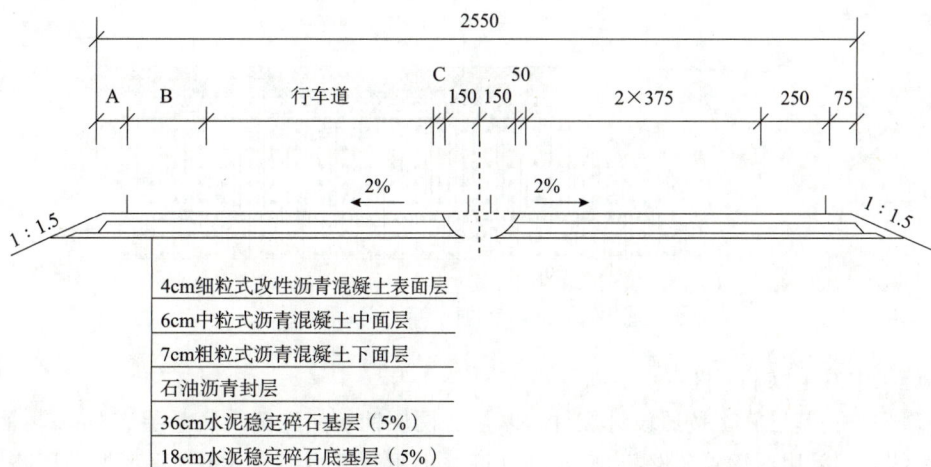

图 16-3　路面结构设计示意图（尺寸单位：cm）

在大规模的基层施工之前，施工单位修铺了试验路段，施工单位在监理工程师批准的地点修筑一块面积为 $400\sim800mm^2$ 的水泥稳定粒料基层，作为试验路段。其目的是检验施工单位所建议的拌和、摊铺和压实机械设备的实效和施工组织的适应性。通过铺筑试验路段，以确定标准施工方法，混合料配合比控制方法，材料摊铺拌和和设备的适应性，整平整形方法和机具的适应性，混合料含水量的控制方法，压实机具的选择和组合、压实顺序、速度和遍数以及压实度的检测方法等。

施工中，对已完成碾压并经压实度检测合格后的路面应立即进行养护。采用加盖塑料薄膜和洒水车两种方法进行养护。按技术规范养护期应不小于 3d，在养护期间应由专人负责限制车辆行驶，除洒水车外，禁止重型车辆行驶。

问题：

1．写出路面结构设计图中 A、B、C 的名称。

2．补充通过试验路段确定的参数。

3．改正施工中养护的错误。该路面养护的方法还有哪些？

【案例 12】

背景资料：

某高速公路全长 55.55km，双向 4 车道，路幅宽 24.5m，设计车速 100km/h，路面表面层为 SMA 材料，其下为沥青混凝土面层，路面结构示意如图 16-4 所示。

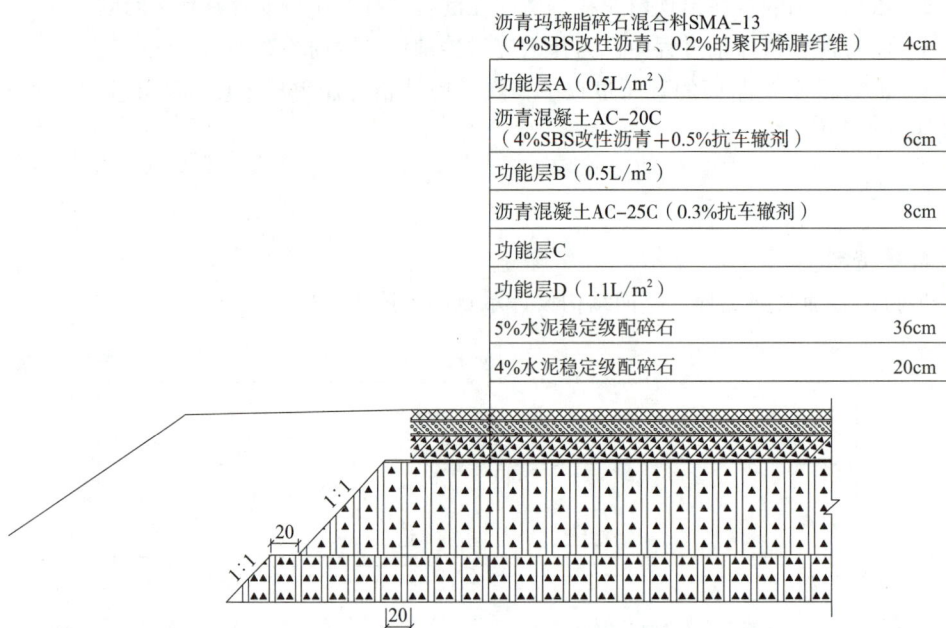

图 16-4　路面结构示意图（尺寸单位：cm）

施工中发生以下事件：

事件一：基层施工按照设计文件，基层分两层铺筑，先铺筑底基层 20cm，再铺筑基层 36cm，采用双钢轮压路机稳压 2~3 遍，再用激振力大于 35t 的重型振动压路机、18~21t 三轮压路机或 25t 以上的轮胎压路机继续碾压密实，最后采用双钢轮压路机碾压，消除轮迹。

事件二：基层混合料采用专用稳定材料拌和设备拌制，采用两次拌和的生产工艺。运输车辆装好料后，用篷布将箱体覆盖严密。某日运输途中，因交通拥挤造成水泥稳定材料从装车到运输至现场的时间超过 2.5h。

事件三：面层采用走线法施工，摊铺机均匀行驶，行走速度和拌合站产量相匹配，以确保所摊铺路面的均匀不间断摊铺。在摊铺过程中不准随意变换速度，尽量避免中途停顿。沥青混凝土的摊铺温度根据气温变化进行调节。

问题：

1．写出图中功能层 A、B、C、D 的名称。

2．事件一中施工单位做法是否正确？如果不正确，改正错误。

3．事件二中从装车到运输至现场超过 2.5h 的水泥稳定材料是否可以用于基层？应如何处理？

4．事件三中施工单位做法是否正确？如果不正确，改正错误。

【案例 13】

背景资料：

某施工单位承接了二级公路路面工程施工任务，路面结构为 30cm 的 12% 石灰稳定土底基层＋20cm 水泥稳定碎石基层＋乳化沥青下封层＋24cm 水泥混凝土面板，全线水泥混凝土路面共 264800m²。水泥混凝土面层采用滑模摊铺机进行铺筑。其工艺流程为：施工准备→测量放样→架设导线→摊铺机调试、就位→混凝土拌和→混凝土运输→混凝土摊铺→人工修整→（拉）压纹→混凝土养护→锯缝→ A →开放交通。

施工中发生如下事件：

事件一：施工单位编制的施工方案中，部分技术要点摘录如下：

（1）摊铺时的高程控制采用两侧同时拉线方式，拉线桩距面板边缘 1.0～1.5m，间距在直线段为 10m，平面缓和曲线段或纵断面曲线段加密至 5m。拉线设置完成后，禁止扰动。

（2）搅拌楼的配备，应优先选配连续搅拌楼。

（3）模板的要求和安装。模板的高度应和混凝土板厚度一致。立模的平面位置和高程应符合设计要求。混凝土拌合物摊铺前，应对模板的间隔、高度、润滑、支撑稳定和基层的平整、湿润情况，以及钢筋的位置和传力杆装置进行全面检查。模板在摊铺 20h 后拆除，拆除不应损坏混凝土面板。

（4）混凝土运力的配备应综合考虑施工时的搅拌能力、摊铺速度和运距等因素，总运力以略大于搅拌能力为宜。如在车内超过初凝时间，不得继续使用，并及时清除。

事件二：基层完成后，采用滑模摊铺机铺筑水泥混凝土面层，用排式振捣机控制振捣质量。为避免出现施工缝，施工中利用施工设计的胀缝处作为施工缝，胀缝设传力杆；横向伸缩缝在路面混凝土强度达到设计强度 50% 时做横向硬切缝（昼夜温差小于 10℃），经实测切缝深度为 45～50mm，竣工通车 1 年内发现在横缝附近 100mm 范围内出现不同程度不规则裂缝。

问题：

1. 写出工艺流程中 A 的名称。

2. 逐条判断 4 条技术要点的正误并改正错误。

3. 试分析事件二中路面产生裂缝的原因。

【案例 14】

背景资料：

某一级公路，全长 52.34km，设计车速为 100km/h，路面基层采用乳化沥青碎石基层进行施工。该工程的施工单位对基层的施工方法和出现的情况报告如下：

（1）拌和过程是在现场用人工拌制。

（2）施工人员在拌和混合料时的时间为 80s。

（3）乳化沥青碎石混合料拌和均匀后，经过一段时间的破乳后，即进行摊铺。

（4）混合料摊铺后，采用轻型筒式压路机进行初压两遍又用 5t 的轻型压路机进行复压两遍。

问题：

1. 拌和过程是否可采用人工拌制？最适宜的拌和方法是什么？

2. 施工单位拌和混合料的时间是否符合规定？对拌和时间有何要求？

3. 施工单位摊铺乳化沥青碎石混合料的时间是否合理？说明理由。

4. 混合料的碾压方法是否正确？如不正确，应该如何碾压？

【案例 15】

背景资料：

某施工单位承接了某公路路面工程施工任务，路面结构为 20cm 级配碎石基层＋20cm 水泥混凝土面板，路面接缝布置示意图如图 16-5 所示，纵缝采用假缝形式，锯切宽 3～8mm 的槽口，槽口深度为 1/3 板厚，并灌塞填缝料。水泥混凝土面层采用三辊轴机组进行铺筑。

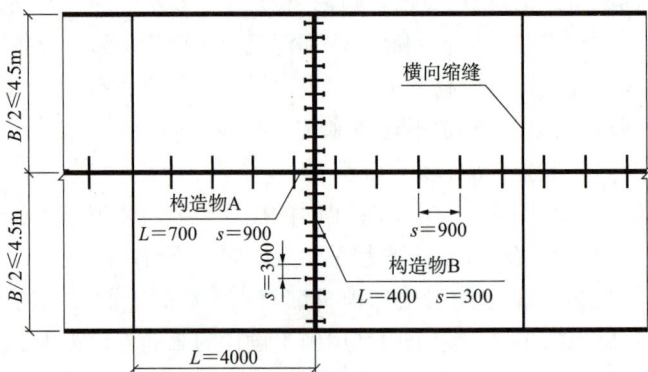

图 16-5　路面接缝布置示意图（尺寸单位：mm）

其工艺流程为：布料→ C →拉杆安装→人工补料→三辊轴整平→（真空脱水）→（精平饰面）→拉毛→切缝→养护→（硬刻槽）→填缝。

三辊轴整平机施工中，三辊轴整平机按作业单元分段整平，作业单元长度控制为20～30m，振捣机振实与三辊轴滚压两道工序之间的时间间隔不超过15min。三辊轴滚压振实时，料位高于模板1.5～2.5cm。对于同一个施工作业单元长度内，三辊轴整平机采用前进振动、后退静滚方式作业，分别进行2～3遍。最低滚压遍数经过试铺确定。滚压完成后，将振动辊轴抬离模板，用整平轴前后静滚整平，直到路面平整度满足规范要求、表面砂浆厚度均匀为止。

问题：

1. 该混凝土路面施工方式是否需要安装模板？

2. 写出路面接缝布置示意图中构造物A、构造物B的名称。接缝布置示意图中除了横向缩缝外，还有哪些接缝？

3. 写出工艺流程中C的名称。

4. 三辊轴整平机施工中，轴前料位过高或过低应如何处置？

【案例16】

背景资料：

京沈高速公路是国家的重点建设项目，其中宝坻—山海关，全长199km，为双向6车道高速公路。

沥青混凝土表面为SBS改性沥青混凝土。结构为：20cm厚石灰稳定土层基层，18cm厚石灰粉煤灰稳定碎石基层，19cm厚水泥稳定碎石基层以及4cm厚沥青混凝土表面层，5cm厚沥青混凝土中面层，6cm厚沥青混凝土底面层。

工程质量检验结果：在两标段的施工过程中，经监理抽验的合格率等各项指标均达到优良标准，压实度的合格率达到100%，受到业主和监理的好评。

问题：

1. 沥青路面结构层由哪几部分组成？

2. 凭经验判断，该公路的设计年限为多少？设计年限内累计标准车次是多少？

3. 沥青混合料按矿料最大粒料不同可分为哪几类？

【案例17】

背景资料：

某路桥工程公司，承包了一条全长66.6km的高速公路，设计车速为120km/h，该工程路面采用热拌沥青混凝土。施工单位在施工中出现以下情况：

情况一：施工技术人员作好配合比设计后报送项目经理审批。

情况二：试验段开工前一个月安装好试验仪器和设备，配备好试验人员报项目技术负责人审核。

情况三：混合料的表面层采用走线法摊铺施工。

情况四：碾压过程中，沿纵向由高边向低边均匀速度碾压。

问题：

1. 逐条判断以上出现的情况是否妥当？如不妥当，请改正。

2. 对沥青路面混合料的运输有何要求？

【案例 18】

背景资料：

某高速公路项目，全长 45.5km，设计车速为 120km/h。路面面层采用 C30 钢纤维水泥混凝土。该项目施工单位对面层的施工过程如下：

第一步，该施工单位按要求进行水泥混凝土配合比设计，采用试验室确定的"试验室配合比"直接配料。

第二步，施工单位按要求架设模板。

第三步，配备一座间歇式搅拌楼，由于该搅拌楼刚从附近工地搬迁过来，且未超过标定有效期，该施工单位在确认试拌合格后，认为没有必要重新进行标定。

第四步，对搅拌混凝土进行现场取样，做水泥混凝土抗压强度试验。

第五步，采用必要的运输工具将新拌混凝土在规定的时间内合格地运到摊铺现场。

第六步，采用小型机具铺筑法进行摊铺和振捣施工。

第七步，整平饰面：振动、提浆、整平后用圆盘式抹面机往返 2～3 遍进行压实整平饰面。

第八步，按要求进行各类接缝的设置与施工。

第九步，按要求进行混凝土的养护。

第十步，养护期满后，采用软拉毛机械进行抗滑沟槽施工。

第十一步，清除混凝土板缝中夹杂的砂石、泥浆、尘土及其他污染物后进行灌缝施工及灌缝养护。

问题：

1. 施工单位进行配料采用的配合比正确吗？说明理由。
2. 该搅拌楼是否应该重新标定？
3. 除水泥混凝土抗压强度试验以外，还应该进行什么试验？
4. 以上施工过程采用的各类施工机械中，将不合理的部分改正过来。
5. 水泥混凝土路面的接缝共有哪些种类？

【案例 19】

背景资料：

某桥主墩基础为钻孔灌注桩，地质依次为表层 5m 的砾石、37m 的漂石和软岩。主要施工过程如下：

平整场地、桩位放样、埋设护筒，采用冲击钻成孔。下放钢筋笼后，发现孔底沉淀量超标，但超标量较小，施工人员采用空压机风管进行扰动，使孔底残留沉渣处于悬浮状态。之后，安装导管，导管底口距孔底的距离为 35cm，且导管口处于沉淀的淤泥渣之上，对导管进行接头抗拉试验，并用 1.5 倍的孔内水深压力的水压进行水密承压试验，试验合格后，灌注混凝土，混凝土坍落度 18cm，在整个过程中连续均匀进行。

施工单位考虑到灌注时间较长，在混凝土中加入缓凝剂。首批混凝土灌注后埋置导管的深度为 1.2m，在随后的灌注过程中，导管的埋置深度为 3m。当灌注混凝土进行到 10m 时，出现塌孔，施工人员用吸泥机进行清理；当灌注混凝土进行到 23m 时，发现导管埋管，但堵塞长度较短，施工人员采取用型钢插入导管的方法疏通导管；当灌注到 27m 时，导管挂在钢筋骨架上，施工人员采取了强制提升的方法；进行到 32m 时，又一次堵塞导管，施工人员在导管始终处于混凝土中的状态下，拔抽抖动导管，之后继续灌注混凝土直到完成。养护后经检测发现断桩。

问题：

1. 断桩可能发生在何处？原因是什么？

2. 在灌注水下混凝土时，导管可能会出现哪些问题？

3. 塞管处理的方法有哪些？

【案例 20】

背景资料：

某大桥，其主墩基础有 40 根桩径为 1.55m 的钻孔灌注桩，实际成孔深度达 50m。桥位区地质：表层为 5m 的砾石，以下为 37m 的卵漂石层，再以下为软岩层。承包商采用下列施工方法进行施工：

（1）场地平整、桩位放样、埋设护筒之后，采用冲击钻进行钻孔。

（2）设立钢筋骨架，在钢筋笼制作时，采用搭接焊接，焊接在钢筋笼内形成错台。当钢筋笼下放后，发现孔底沉淀量超标，但超标量较小，施工人员采用空压机风管进行扰动，使孔底残留沉渣处于悬浮状态。

（3）安装导管，导管底口距孔底的距离为 35cm，且导管口处于沉淀的淤泥渣中。

（4）进行混凝土灌注，混凝土坍落度 15cm，混凝土灌注在整个过程中均连续均匀进行。

（5）施工单位考虑到灌注时间较长，没有咨询监理工程师，便在混凝土中加入缓凝剂。

（6）首批混凝土灌注后埋置导管的深度为 1.2m，在随后的灌注过程中，导管的埋置深度为 3m。

（7）当灌注混凝土进行到 10m 时，出现塌孔，此时，施工人员立即用吸泥机进行清理。

（8）当灌注混凝土进行到 23m 时，发现导管埋管，但堵塞长度较短，施工人员采取用型钢插入导管的方法疏通导管。

（9）当灌注到 27m 时，导管挂在钢筋骨架上，施工人员采取了强制提升的方法。

（10）进行到 32m 时，又一次堵塞导管，施工人员在导管始终处于混凝土中的状态下，拔抽抖动导管，之后继续灌注混凝土，直到顺利完成。养护一段时间后发现有断桩事故。

问题：

1. 此钻孔灌注桩的施工的主要工序存在哪些问题？

2. 塞管处理的方法有哪些？

3. 钻孔灌注桩的施工的主要工序是什么？

4. 钻孔的方法有哪些？

【案例 21】

背景资料:

某施工单位承接了一桥梁工程施工任务,桥梁总长约 314m,双向四车道。大桥由南段主桥及北段主桥两部分组成,中间与小岛辅道连接,桥梁及引道全长约 537m。

大桥墩台基础均设计为钻孔灌注桩基础。其中 0 号、3 号、4 号、7 号桥台每桥台由 8 根 ϕ120cm 的钻孔灌注桩组成,1 号、2 号、5 号、6 号桥墩每桥墩由 6 根 ϕ150cm 的钻孔灌注桩组成,均按嵌岩桩设计,桩长在 28~40m,桩嵌入弱风化层砂岩的深度不小于 5m。施工单位配置了 8 台 1500 型旋转钻机进行施工。钻孔灌注桩施工的主要工序有:① 制备泥浆;② 埋设护筒;③ 清底;④ 钻孔;⑤ 钢筋笼制作与吊装;⑥ 灌注水下混凝土。南桥 1 号、2 号桥墩位于河中间,当钻孔灌注桩完成后,拟采用下沉钢套箱围堰施工承台,其余各墩台承台部分均将采用明挖基坑建筑基础的施工方法进行。

钢套箱施工一般分为制作、定位、下沉、清基和浇筑混凝土几个工序。钢套箱每节高 2.0~2.5m,采用 5mm 厚的钢板制成模板。钢套箱就位安装之前应先因地制宜按受力要求在施工点四角打设定位桩和柱桩,边打边测量,符合要求后再在其顶部加设纵横梁形成操作平台。利用四角设置的定位桩,绑设滑轮组并用吊车配合,将钢套箱分块吊装、拼装成型,下沉就位。就位后在套箱模板内灌注混凝土封底,待其凝固后,进行抽水、扎筋、浇筑承台混凝土。

对于 0~3 号台以及 4~7 号墩(台),因其在旱地或近(浅)水区,其承台施工按明挖基础进行。基坑开挖后,先在基坑周围挖排水沟,引开地表水,根据不同的地质采用不同的坡比开挖,同时注意对坡壁的防护。基坑开挖中发现,基坑中有地下水,且地下水水位较高。对基底进行处理,达到规范要求。同时对桩头凿毛、清洗处理,施工放样,绑扎钢筋,并绑扎立柱钢筋,装模浇筑混凝土。

问题:

1. 写出钻孔灌注桩的工艺流程顺序。
2. 施工单位配置的钻机类型是否恰当?说明理由。
3. 套箱围堰封底混凝土厚度应如何确定?
4. 本项目承台基坑中出现的地下水应如何处理?

【案例 22】

背景资料:

某桥上部为 3×25m 预应力钢筋混凝土连续箱梁,下部为圆柱式墩基础。桥面宽度为 8.5m,桥面纵坡 3.5%,双向横坡 1.5%,桥梁高度 24m。地基土层从上到下依次为杂填土、砂岩。

施工过程中发生了如下事件:

事件一:项目经理部决定采用盘扣式支架搭设满堂支架浇筑连续箱梁,支架搭设高度 24m,宽度 9m,并按规定设置纵、横、平面斜杆,经支架设计验算确定了布置间距并委托第三方验算。专项施工方案编制完成后,经项目总工程师签字并加盖项目经理部公章，报总监理工程师签字盖章后即组织施工。

事件二：项目经理部按照专项施工方案完成地基处理，支架搭设，模板、钢筋和预应力管道安装，经监理工程师现场对模板、钢筋和预应力管道检查验收后浇筑箱梁底板和腹板混凝土。

事件三：箱梁混凝土分两次浇筑，第一次浇筑底板和腹板，第二次浇筑顶板。第一次浇筑混凝土时纵向由高处向低处浇筑，横向对称浇筑，气温最高达 32℃，经过 30h 完成混凝土浇筑。待第一次浇筑混凝土完成，开始洒水养护时发现，先浇筑部分混凝土顶面出现裂缝。

事件四：本桥箱梁为 C40 混凝土，低松弛钢绞线，夹片式锚具。施工单位在张拉压浆过程中采取了如下做法：

（1）预应力张拉程序为：$0 \rightarrow \sigma_{con}$（持荷 5min 锚固）。

（2）在水泥浆中加入铝粉膨胀剂。

（3）压浆自高处向低处进行。

问题：

1. 事件一中，支架工程是否属于超过一定规模的危大工程？专项施工方案实施前还应完善哪些手续？

2. 事件一中，支架搭设高宽比是否满足相关规定？如果不满足，说明理由和应采取的处理措施。

3. 事件二中，浇筑混凝土之前遗漏了哪些验收程序和工序？

4. 说明事件三中混凝土产生裂缝的主要原因。

5. 逐条判断事件四中施工单位的做法是否正确。若不正确，写出正确做法。

【案例 23】

背景资料：

某施工单位承建了某桥梁工程，大桥为 80m ＋ 760m ＋ 320m 单跨钢箱梁悬索桥。主桥为 760m 单跨悬索桥，主缆矢跨比为 1：9.5；主梁梁高 3.0m，采用钢箱梁结构形式；吊杆标准间距 15m；桥塔采用门式框架结构。

大桥主塔横桥向为八字形门式框架结构，设置上横梁和下横梁两道横梁。塔柱为钢筋混凝土结构，横梁为全预应力混凝土结构。塔柱横纵向均设坡，纵向斜率 1：150，横向外侧斜率 1：25，内侧 1：30。南岸主塔塔柱全高（从承台顶面算至塔顶）172.5m。两塔柱间的横向中心间距，南岸主塔从塔顶到塔底为 27.5～40.15m。塔柱为矩形空心截面，主塔横桥向尺寸为 5.00～6.15m，纵桥向尺寸为 6.00～8.30m。塔柱在下横梁以上部分采用 0.8m 壁厚，在下横梁以下采用 1.0m 壁厚，并在塔顶和塔底分别设置 4.2m、4.0m 实体段。

主塔施工依次按照下塔柱、下塔柱横梁、上塔柱、上横梁、塔顶鞍罩的顺序进行。主塔施工主要配备了施工电梯、安全通道、供水设备等。

南岸主塔塔柱混凝土分 39 个节段施工。塔柱内模采用常规翻模施工，塔柱外模（除塔底 1m 段）采用液压自爬模系统爬模施工；因塔柱底部 1m 起步段混凝土与承台混凝土整体浇筑，①号节段分两段施工，节段长度分别为 1m、3.5m。②号节段以上（除塔顶外）全部采用标准节段 4.5m 施工。

下、上横梁与塔柱异步施工，分两次浇筑完成。横梁采用托架现浇方式施工，在混凝土浇筑完成后及时张拉上、下横梁内预应力。下横梁托架立面布置示意图如图 16-6 所示。

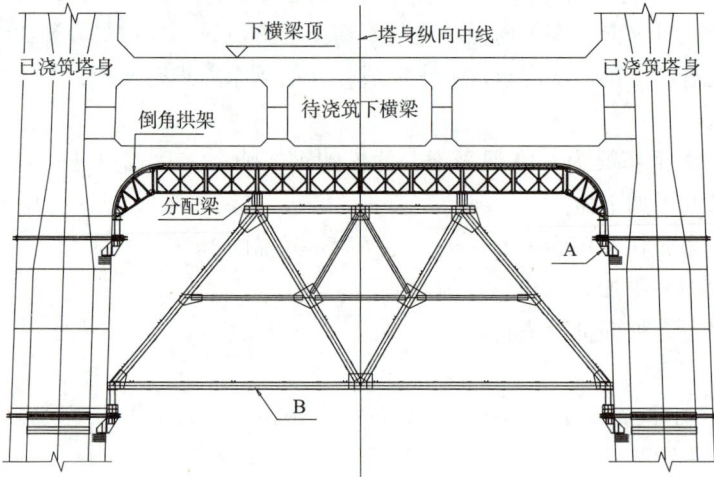

图 16-6　下横梁托架立面布置示意图

问题：

1．根据索塔外形不同，索塔横向结构形式还有哪些类型？

2．塔柱外模是否宜采用滑模施工？说明理由。

3．补充主塔施工主要设备。

4．写出图中构造物 A 和 B 的名称。

【案例 24】

背景资料：

某公路 M 合同段，K2＋220 为一座装配式预应力简支梁桥，K5＋340 为一座悬臂施工混凝土连续梁桥，K10＋672 为一座装配式混凝土拱桥。施工单位的桥梁施工机械设备见表 16-2。

表 16-2　桥梁施工机械设备

桥梁施工机械设备	适用桥梁
骑缆吊机	
挂篮	
架桥机	
缆索吊装系统	

K2＋220 桥梁为 3 跨 30m 预应力混凝土（后张法）小箱梁，桥高 16m，共计 60 片箱梁，该桥左侧为平地，施工项目部布置为预制场。预制施工工序为：平整场地→底座制作→底板与腹板钢筋制作与绑扎→安装预应力管道→工序 A →绑扎顶板钢筋→浇筑

混凝土并养护→工序 B →孔道压浆→移梁存放。

施工项目部在预制底座制作时，首先对制梁区内台座周围原地面进行整平压实，再开挖基槽，浇筑 20cm 厚 C20 混凝土基础，在基础上用墨线弹出台座边线，浇筑 30cm 厚 C30 混凝土台座，台座制作时，跨中设 2cm 的预拱度，采用悬链线。台座顶面采用 1cm 钢板铺面，钢板与钢板之间底模两端支点将承受预制梁的全部重量，该范围内的底模采取钢筋混凝土基础进行加强处理。

问题：

1. 转抄背景中表格，并将背景中的 3 种桥型填入表中。

2. 写出工序 A 与工序 B 的内容。

3. 指出底座制作中的错误并改正。

【案例 25】

背景资料：

某公路大桥 M 标工程南岸堤外引桥为双幅分离式桥梁，单幅一联 6 跨（6×40m ＝ 240m）为单箱单室预应力混凝土斜腹板等截面连续梁，梁高 2.5m，箱梁顶板跨 12.75m，底板宽 5.384m，箱梁顶、底板厚均为 0.25m，腹板厚 0.5m，两侧翼缘板悬臂长度均为 2.85m，全桥仅在桥墩支点截面处设置端、中横梁。桥面横坡在 –3%～2% 变化，桥面横坡由梁底垫石变高度使梁体整体旋转而形成，箱梁横断面与梁高均保持不变，桥面纵坡 2.75%。

采用扣件式满堂支架单幅逐跨现浇施工工艺进行施工，施工时，翼缘模板及外侧模采用定制钢模板，内模采用胶合板，底模采用玻璃钢竹胶板。

施工过程中发生以下事件：

事件一：在地基处理好后，按照施工图纸进行放线，纵桥向铺设好枕木，进行支架搭设。支架采用"扣件"式满堂支架，其结构形式如下：纵向立杆间距为 90cm，横向立杆间距除箱梁腹板所对应的位置处间距按 46cm 布置外，其余按 90cm 左右间距布置；在高度方向每间隔 1.2m 设置一排纵、横向连接脚手钢管，使所有立杆连成整体；为确保支架的整体稳定性，在每三排横向立杆和每三排纵向立杆各设置一道 A。

支架搭设好后，测量放出几个高程控制点，然后带线，用管子割刀将多余的脚手管割除，在修平的立杆上口安装可调顶托，可调顶托是用来调整支架高度和拆除模板用的，本支架使用的可调顶托可调范围为 20cm 左右。

安装模板前，要对支架进行压预，目的是检查支架的安全性，确保施工安全。预压采用水箱加水进行，根据箱梁横截面特性，共制作 6 个大水箱（B 型水箱）和 6 个小水箱（A 型水箱），大水箱尺寸为：3m 高，3m 宽，6.5m 长；小水箱尺寸为：1.5m 高，2m 宽，6.5m 长。大水箱安放在箱梁底板所对应的位置，小水箱安放在两侧翼缘板所对应的位置，12 个水箱布置成 3 排 4 列，然后用水泵加水进行预压，预压荷载为支架所承受荷载的 1 倍，预压荷载的分布模拟需承受结构荷载及施工荷载。底模强度计算考虑了底模处混凝土箱梁荷载、模板自重、施工人员及施工设备、施工材料等荷载。

事件二：由于混凝土为整跨浇筑，方量较大，浇筑时间长，首跨浇筑方量为 408m³，标准跨每跨浇筑方量为 340m³，配置了两台拌合站。每一跨混凝土浇筑总体上遵循从低处向高处的顺序浇筑。预应力混凝土结构的侧模与底模在结构建立预应力后进行了拆除。拆除梁、板等结构承重模板时，按横向同时、纵向对称的方式均衡卸落。

问题：

1. 写出事件一中构件 A 的名称。可调顶托在施工中有什么作用？
2. 补充事件一中底模强度计算还应考虑的荷载。
3. 指出预压中的错误并改正。预压的目的还有什么？
4. 指出事件二中的错误并改正。

【案例 26】

背景资料：

某一级公路一合同段，主线起止里程为 K00＋000～K12＋268，全长 12.268km。其中 K5＋182 大桥处于无地下水或少量地下水的土层和岩层，施工采用人工挖孔桩进行桩基础施工。桥跨布置为 5×25m，全长 132.08m，下部结构采用柱式墩、桩基础（端承桩），桥台采用肋板台。全桥分为 1 号、2 号、3 号、4 号桥墩，0 号、5 号台。桩基有：ϕ1.5m 桩基 221m/16 根，ϕ1.2m 桩基 334m/24 根。C25 水下混凝土 789.6m³。钢筋 74038kg。

人工挖孔桩的主要作业流程是：测量定位→工序 A（顶面高处原地面≥300mm）→开孔挖取→抽排水（如需）修整护壁→钢筋绑扎→支模→校正中心→工序 B→养护→拆模→循环往复→到达设计深度→终孔验孔→钢筋笼制作→钢筋笼验收→钢筋笼安装→浇筑桩身混凝土。

土层挖孔作业采用人工逐层开挖，由人工逐层用镐、锹进行，遇坚硬土层用锤、钎或空压机风镐破碎，若遇坚石则采用松动爆破施工。第一节挖深约 1m，浇筑混凝土护壁（护壁示意图见图 16-7），护壁混凝土等级为 C20，往下施工时以每节作为一个施工循环，一般土层中每节高度为 1m，如遇特殊地段每节高度小于 500mm，必要时下钢护筒护壁，特殊地质下挖速度视护壁的安全情况而定。护壁模板采用钢模板，模板一般由四块组成。挖孔过程中，施工单位经常检查桩孔尺寸等，发现偏差超出规定范围随即纠正。

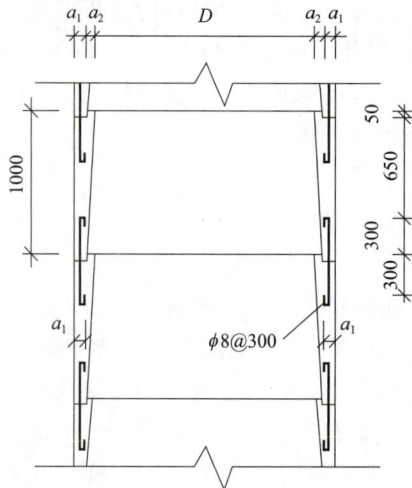

图 16-7 护壁示意图（尺寸单位：mm）

问题：

1. 写出人工挖孔桩的主要作业流程中工序 A 与工序 B 的名称。

2. 指出施工中的错误并改正。

3. 挖孔过程中，施工单位还应经常检查哪些项目？

4. 护壁示意图中 D 为多少？

【案例 27】

背景资料：

某高速公路第五施工合同段地处城郊，主要工程为路基填筑施工。其中 K48＋010～K48＋328 段原为路基土方填筑，因当地经济发展和交通规划需要，经各方协商，决定将该段路基填筑变更为（5×20＋3×36＋5×20）m 预应力钢筋混凝土箱梁桥，箱梁混凝土强度等级为 C40。变更批复后，承包人组织施工，上部结构采用满堂式钢管支架现浇施工，泵送混凝土。支架施工时，对预拱度设置考虑了以下因素：

（1）卸架后上部构造本身及活载一半所产生的竖向挠度。

（2）支架在荷载作用下的弹性压缩挠度。

（3）支架在荷载作用下的非弹性压缩挠度。

（4）由混凝土收缩及温度变化而引起的挠度。

根据设计要求，承包人对支架采取了预压处理，然后立模、普通钢筋制作、箱梁混凝土浇筑、采用气割进行预应力筋下料；箱梁采用洒水覆盖养护；箱梁混凝土强度达到规定要求后，进行孔道清理、预应力张拉压浆，当灰浆从预应力孔道另一端流出后立即终止。箱梁现浇施工正值夏季高温，为避免箱梁出现构造裂缝，保证箱梁质量，施工单位提出了以下三条措施：

（1）选用优质的水泥和集料。

（2）合理设计混凝土配合比，水胶比不宜过大。

（3）严格控制混凝土搅拌时间和振捣时间。

问题：

1. 确定上述变更属于哪类变更？列出工程变更从提出到确认的几个步骤。

2. 上述施工预拱度设置考虑的因素是否完善？说明理由。支架预压对预拱度设置有何作用？

3. 预应力筋下料工艺是否正确？说明理由。说明预应力筋张拉过程中应控制的指标，并指出主要指标。

4. 上述预应力孔道压浆工艺能否满足质量要求？说明理由。

5. 除背景资料中提到的三条构造裂缝防治措施外，再列举三条防治措施。

【案例 28】

背景资料：

某施工单位承接了某桥梁工程施工任务，桥墩基础结构形式为钻孔灌注桩基础，双柱式桥墩，桥台基坑开挖以机械为主，人工为辅，风镐配合开挖。桥墩基础采用冲击钻机成孔。墩柱采用定型钢模板浇筑成型。盖梁采用支架法施工。上部结构为 5～20m

后张预应力空心板梁，空心板在预制场集中预制，空心板采用起重机吊装。施工中发生如下事件：

事件一：施工单位在灌注桩钢筋骨架的安装时，在骨架外侧设置控制混凝土保护层厚度的垫块，垫块的间距在竖向为4m，在横向圆周对称设置4处。骨架入孔用起重机，起吊按骨架节段的编号入孔。安装钢筋骨架时，将钢筋骨架支承在孔底，并采取措施保持其平稳。

事件二：盖梁采用满堂式支架，施工时施工单位将原地基整平后，用蛙式夯土机进行夯压实，然后在夯实的地基上搭设满堂式支架，支架高度4～5m，支架底模铺设后，测放底模中心及底模边角位置和梁体横断面定位，模板与钢筋的安装配合进行，先安装底模绑扎钢筋，再安装侧模和端模，模板安装完毕后，其位置正确。浇筑时，发现模板超出允许偏差变形。

问题：

1. 指出事件一中的错误并改正。
2. 分析模板超出允许偏差变形的主要原因。
3. 盖梁施工中还有哪几种支架形式？

【案例29】

背景资料：

A路桥公司承担一座8×30m的C40预应力混凝土简支T梁桥的施工。桥位地质为较密实的土层，且无地下水，基础采用人工挖孔灌注桩。由于工期较紧，A公司经业主和监理同意，将挖孔桩施工分包给某基础工程施工公司（B公司），双方签订了分包合同，合同中规定了双方在安全生产管理方面的权利和义务。B公司在桩基开挖过程中发现现场地质条件与设计图纸不符，B公司直接向监理单位提交了变更申请，要求加深桩基。

A公司利用桥台附近的一块空地布设混凝土搅拌站、钢筋加工房以及T梁预制场，采用后张法进行T梁预制。在预制施工中，A公司制定严格的施工技术方案，现对部分施工要点摘录如下：

要点一——台座上铺钢板底模，预制台座均按规定设置反拱。

要点二——T梁的振捣以紧固安装在侧模上的附着式振捣器为主，插入式振捣器为辅。

要点三——混凝土浇筑时，先浇肋板再浇翼缘。

要点四——张拉时，按设计提供的应力控制千斤顶张拉油压，按理论伸长量进行校核，张拉到设计应力相应油表刻度时立即锚固。

要点五——张拉过程中的断丝、滑丝数量不得超过设计规定，否则要更换钢筋或采取补救措施。

要点六——压浆使用压浆泵从梁最高点开始。

为确保工程顺利进行，A公司在T梁预制场施工中投入了测量工、试验工、混凝土工、模板工、电工、起吊工、张拉工等技术工种。

问题：

1．在分包工程开工前，A 公司应该履行哪些开工申请手续？

2．逐条判断 T 梁预制施工组织要点的正确性，并改正错误之处。

3．B 公司处理桩基变更的方式是否正确？如不正确，改正错误之处。

4．补充 T 梁预制施工中还需的技术工种。

【案例 30】

背景资料：

某施工单位承包了一级工程 H 合同段的路基、路面工程。路面为沥青混凝土路面。本地区岩层属于硬质、中硬石料，地表土覆盖层 0.8m 左右。

事件一：由于本合同段石方较多，路堤均采用了填石路堤。路堤施工前，施工单位修筑试验路段，确定满足空隙率标准的松铺厚度、压实机械型号及组合参数。

事件二：合同段 K17＋300～K17＋380 公路右侧为滑坡，在施工过程中，施工单位采用了抗滑桩与抗滑挡土墙的稳定措施，对流向滑坡体的地表水和地下水设置了相应的排水设施。采用削坡减载的方案整治滑坡，减载自上而下进行，在滑坡体前缘采取了爆破减载的方法减载。

该段路基施工工艺流程为：施工准备→测量放线→ A →地表处理→挖方段清方减载（或削坡减载）→ B →支挡结构施工→路基施工→路基检测。

事件三：在修建抗滑挡土墙时，施工单位首先对挡土墙后的排水工程进行了施工，然后开挖挡土墙坑，挡土墙基坑采用全断面拉槽开挖，并应加强支撑；随挖随砌，及时回填，使基坑深度达到稳定抗滑层。石砌抗滑挡土墙施工中，严格进行质量检测，实测了砂浆强度、平面位置、表面平整度、顶面高程、竖直度或坡度、断面尺寸、底面高程。

问题：

1．补充事件一中填石路堤试验段的参数。

2．针对该路段路堤填料，有何技术要求？

3．写出事件二中路基施工工艺流程中 A、B 工序的名称。

4．指出事件二和事件三中错误的做法并改正。

5．指出石砌抗滑挡土墙实测项目中的关键项目。

【案例 31】

背景资料：

某大桥施工过程中，其墩台基础位于地表水以下，桥位区地质条件为：水深 3m，流速为 2m/s，河床不透水，河边浅滩，地基土质为黏土。施工单位决定采用钢板桩围堰法施工。钢板桩用阴阳锁口连接。施工方法为：

首先，使用围图定位，在锁口内涂上黄油、锯末等混合物，组拼桩时，用油灰和棉花捻缝，然后，自上游分两头向下游合龙的顺序插打桩，施工时先将钢板桩逐板施打到稳定深度，然后依次施打到设计深度，使用射水法下沉。下沉完毕后，围堰高出施工期最高水位 70cm，桥梁墩台施工完毕后，向围堰内灌水，当堰内水位高于堰外水位

1.5m 时，采用浮式起重机从上游附近开始，将钢板桩逐板或逐组拔出。

问题：

1. 此大桥墩台基础施工更适合哪种围堰？

2. 钢板桩围堰施工过程正确吗？如不正确，请说明并指正。

3. 桥梁墩台施工完毕后，向围堰内灌水的目的是什么？

【案例 32】

背景资料：

平原微丘区某大桥，桥位区地质为：表面层为 6m 卵石层，以下为软岩层 34m。桩基础直径为 1000mm，深度为 40m。施工单位采用反循环回旋法钻进。具体方法为：将钻机调平对准钻孔，把钻头吊起徐徐放入护筒内，对正桩位，待泥浆输入到孔内一定数量后，开始慢速钻进，当导向部位或钻头全部进入地层后，加速钻进，钻进过程中，采用减压法且始终保持泥浆水头高度高出孔外水位 0.6m，每进 2～3m，检查孔径、竖直度，钻至一段时间后，有严重塌孔发生，施工人员采用黏质土并掺入 3%～5% 的水泥砂浆回填，之后马上重新钻孔，钻至 20m 时，遇软塑黏质土层，发生糊钻，此时，施工人员提升钻头空转一段时间后，再下落，适当放慢速度钻进。钻至 30m 时遇到坚硬岩石，并架产生晃动，钻杆倾斜，不能进尺，立即终孔。

问题：

1. 施工单位终孔措施是否正确？说明理由。

2. 塌孔处理方法是否正确？说明理由。

【案例 33】

背景资料：

某桥梁 3 号墩为桩承式结构，承台体积约为 200m³，承台基坑开挖深度为 4m，原地面往下地层依次为：0～50cm 腐殖土，50～280cm 黏土，其下为淤泥质土，地下水位处于原地面以下 100cm。

根据该桥墩的水文地质，施工单位在基坑开挖过程中采取了挡板支撑的加固措施，防止边坡不稳造成塌方；在挖除承台底层松软土、换填 10～30cm 厚砂砾土垫层、使其符合基底的设计标高并整平后，即立模灌筑承台混凝土。为控制混凝土的水化热，采取了以下措施：

（1）选用水化热低的水泥。

（2）选用中、粗砂，石子选用 0.5～3.2cm 的碎石和卵石。

（3）选用复合型外加剂和粉煤灰以减少绝对用水量和水泥用量，延缓凝结时间。

问题：

1. 施工单位采用挡板支撑防止措施是否合理？请举出适用于该桥墩基坑开孔的措施。

2. 指出施工方为保证承台立模及混凝土浇筑所采取的措施的不完善之处。

3. 施工单位为控制大体积混凝土承台混凝土水化热的措施是否合理？除此以外，还可以采取哪些措施？

【案例 34】

背景资料：

某高速公路 B 标段，承建一座 10×30m 连续箱形梁桥，5 跨一联。设计基础为嵌岩桩，桩径 1.5m；下部构造为双柱式墩，直径为 1.3m，柱顶设置盖梁，墩柱高度为 8～18m。施工人员提出如下墩柱施工方案：

（1）对已完工的桩基，按要求凿去桩头到设计标高，调直桩头钢筋。

（2）墩柱钢筋骨架现场整体制作，与桩头钢筋绑扎焊接，受力主筋直径为 22mm 的 HRB400 钢筋，主筋采用对焊工艺，按规定同一截面接头不超过 50%，主筋下料长度为墩桩高度＋锚入盖梁长度＋搭接双面焊缝长度。采用 25t 起重机（起重臂长 30m）整体吊装就位，焊接检查合格后，支撑牢固。

（3）墩柱模板采用其他工地使用过的旧钢模，其刚度、拼缝等满足要求。采用整体拼装、涂刷隔离剂后，一次整体吊装就位，再在顶部箍筋四周插入木楔，使钢筋骨架居中，使保护层厚度得到有效控制。

（4）按规范要求的工艺浇筑混凝土。

问题：

本施工方案中是否有错误？如有请指出并说明理由。

【案例 35】

背景资料：

某桥梁 3 号墩为桩承式结构，承台体积约为 180m³，承台基坑开挖深度为 4m，原地面往下地层依次为：0～80cm 腐殖土，80～290cm 黏土，其下为淤泥质土，地下水位处于原地面以下 100cm，基坑开挖后边坡失稳，且边坡有渗水，挖至设计标高后，基底土质松软，施工单位对这些不良的地质现象都做了适当的处理。在施工前对承台模板做了详细的模板设计。

问题：

1. 当基坑边坡不稳，且出现渗水时，应采取哪些措施处理？

2. 本承台底层为松软土质，应采取什么措施以保证承台立模及混凝土浇筑？

3. 承台模板加工、制作、安装时应注意哪些问题？

【案例 36】

背景资料：

某隧道为上、下行双线四车道隧道，其中左线长 858m，右线长 862m，隧道最大埋深 98m，净空宽度 9.64m，净空高度 6.88m，设计车速为 100km/h，其中 YK9＋928～YK10＋004 段为 V 级围岩，采用环形开挖留核心土法施工，开挖进尺为 3m。该段隧道复合式衬砌横断面示意图如图 16-8 所示，采用喷锚网联合支护形式，结合超前小导管作为超前支护措施，二次衬砌采用灌注混凝土，初期支护与二次衬砌之间铺设防水层。

在一个模筑段长度内灌注边墙混凝土时，施工单位为施工方便，先灌注完左侧边墙混凝土，再灌注右侧边墙混凝土。

问题：

1. 指出环形开挖留核心土施工中的错误之处，并改正。

2. 根据图 16-8，写出结构层⑥的名称，并写出初期支护、防水层、二次衬砌分别由哪几部分组成。（写出相应编号）

3. 为充分发挥喷锚网联合支护效应，背景资料中系统锚杆应与哪些支护彼此牢固连接？（只需写出相应的编号）

4. 指出背景资料中边墙灌注施工的错误，并写出正确的做法。

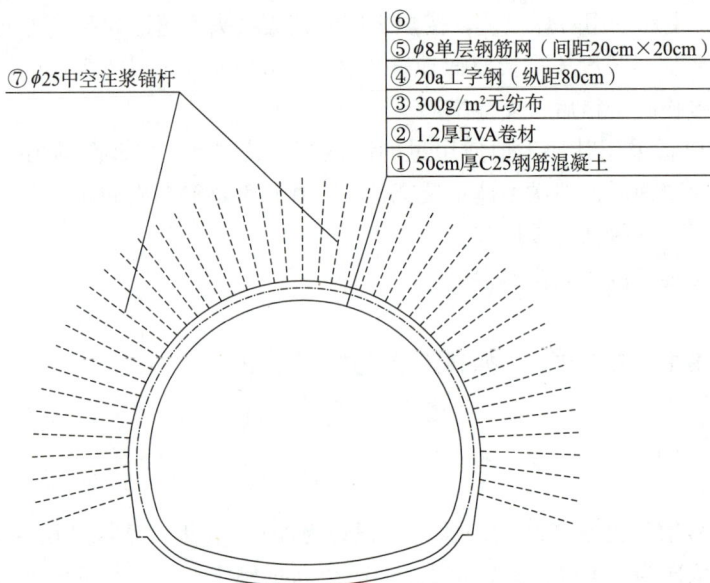

| ⑥ |
| ⑤ φ8单层钢筋网（间距20cm×20cm） |
| ④ 20a工字钢（纵距80cm） |
| ③ 300g/m²无纺布 |
| ② 1.2厚EVA卷材 |
| ① 50cm厚C25钢筋混凝土 |

⑦ φ25中空注浆锚杆

图 16-8　复合式衬砌横断面示意图（尺寸单位：mm）

【案例 37】

背景资料：

某高速公路上下行分离式隧道，洞口间距 40m，左线长 3216m，右线长 3100m，隧道最大埋深 500m，进出口为浅埋段，Ⅳ级围岩。洞身地质条件复杂，地质报告指出，隧道穿越地层为三叠系底层，岩性主要为炭质泥岩、砂岩、泥岩砂岩互层，且有瓦斯设防段、涌水段和岩爆段，Ⅰ、Ⅱ、Ⅲ级围岩大致各占 1/3，节理裂隙发育，岩层十分破碎，且穿越一组背斜，在其褶曲轴部地带中的炭质泥岩及薄煤层中并存有瓦斯等有害气体，有瓦斯聚集涌出的可能，应对瓦斯重点设防，加强通风、瓦斯监测等工作。

技术员甲认为全断面开挖法的特点是工作空间较小、施工速度快、便于施工组织和管理；且全断面开挖法具有较小的断面进尺比，每次爆破震动强度较小，爆破对围岩的振动次数少，有利于围岩的稳定。考虑到该隧道地质情况与进度要求，所以该隧道应采用全断面开挖。

隧道施工过程中为防止发生塌方冒顶事故，项目部加强了施工监控量测，量测项目有洞内外观察、锚杆轴力、地表下沉、围岩体内位移、支护及衬砌内应力。项目部还实行安全目标管理，采取了一系列措施，要求进入隧道施工现场的所有人员必须经过专门的安全知识教育，接受安全技术交底；电钻钻眼应检查把手胶套的绝缘是否良好，电钻工应戴棉纱手套，穿绝缘胶鞋；爆破作业人员不能穿着化纤服装，炸药和雷管分别装在带盖的容器内用汽车一起运送；隧道开挖及衬砌作业地段的照明电器电压为110～220V。同时加强瓦斯等有毒有害气体的防治，通风设施由专职安全员兼管。

问题：

1．改正技术员甲对全断面开挖法特点阐述的错误之处。

2．补充本项目施工监控量测的必测项目，并指出相应隧道监控量测方法及工具是什么。

3．指出并改正项目部安全管理措施中的错误。

【案例38】

背景资料：

某山岭隧道为单洞双向两车道公路隧道，其起讫桩号为 K68＋238～K69＋538，隧道长1300m。该隧道设计图中描述的地质情况为：K68＋238～K68＋298 段以及 K69＋498～K69＋538 段为洞口浅埋段，地下水不发育，出露岩体极破碎，呈碎、裂状；K68＋298～K68＋598 段和 K69＋008～K69＋498 段，地下水不发育，岩体为较坚硬岩，岩体较破碎，裂隙较发育且有夹泥，其中 K68＋398～K68＋489 段隧道的最小埋深为 80m 且大于 2.5 倍开挖宽度；K68＋598～K69＋008 段，地下水不发育，岩体为较坚硬岩，岩体较为完整，呈块状体或中厚层结构，裂隙面内夹软塑状黄泥。

施工过程中发生如下事件：

事件一：施工单位对该隧道的围岩进行了分级。按安全、经济原则从① 全断面法；② 环形开挖留核心土法；③ 双侧壁导坑法中选出了一种隧道施工方法。

事件二：根据设计要求，施工单位计划对 K68＋398～K68＋489 段隧道实施监控量测，量测项目有：洞内外观察、地表下沉、钢架内力及外力、围岩压力、周边位移、拱顶下沉、锚杆轴力等。

事件三：施工单位在 K68＋690～K68＋693 段初期支护施工时，首先采用激光断面仪对该段隧道开挖断面的超欠挖情况进行测量，检验合格后，采用干喷技术，利用挂模的方式喷射混凝土，并对喷射混凝土强度等实测项目进行了实测。

事件四：在二次衬砌施工前，施工单位发现 K68＋328～K68＋368 段多处出现了喷射混凝土掉落的现象，掉落处原岩表面残留有黄泥。施工单位提出了掉落段的处治方法，并进行了复喷施工。

问题：

1．判断隧道各段围岩的级别，指出事件一中比选出的施工方法。

2．事件二中哪些为必测项目？写出拱顶下沉量测的方法及工具。

3．指出事件三施工中的错误。补充喷射混凝土质量检验实测项目的漏项。

4．分析事件四中喷射混凝土因原岩面残留黄泥而掉落的原因，并写出施工单位复喷前应采取的措施。

5．本项目是否需要编制专项施工方案？是否需要专家论证、审查？

【案例39】

背景资料：

某施工单位承建了一座单洞隧道工程，隧道长度300m，建筑限界净高5m、净宽9m。无紧急停车带。隧道围岩等级为Ⅲ级和Ⅳ级，其中Ⅳ级围岩复合式衬砌断面示意图如图16-9所示。开工前，施工单位在当地招用了部分农民工，签订了劳动合同，约定了报酬的支付标准、支付时间和方式等内容，并将劳动合同报有关单位备案。

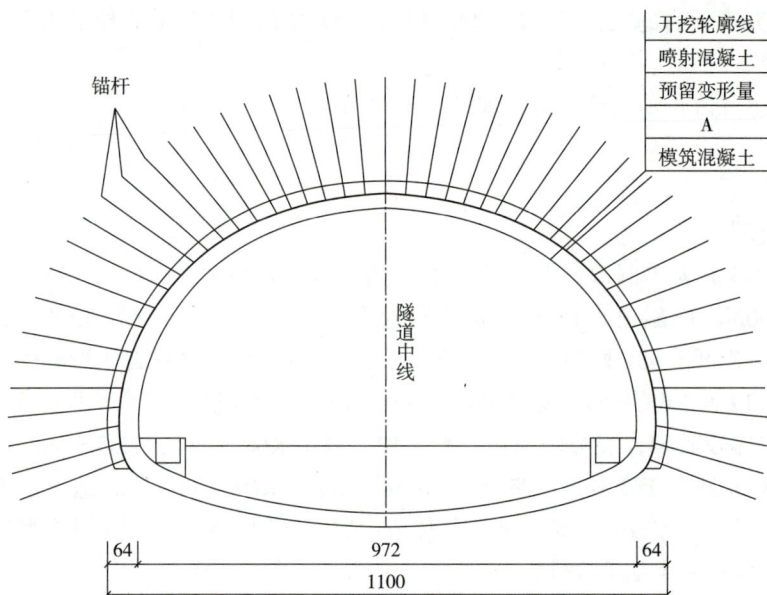

图16-9 Ⅳ级围岩复合式衬砌断面示意图（尺寸单位：cm）

施工中发生以下事件：

事件一：监控量测方案中确定了洞内外观察、围岩内部位移（洞内设点）、周边位移、拱顶下沉、锚杆轴力、钢架内力及外力等监控量测项目，并明确了量测部位和测点布置；在量测数据处理与应用中给出了位移管理等级，见表16-3。

事件二：施工单位确定用水量时，考虑了施工人员的生活用水、浴池用水、消防用水、衬砌施工用水（包括拌和、养护和冲洗等用水）、喷雾洒水用水等因素的耗水量，并在洞口上方砌筑了一座高压水池。

表16-3 位移管理等级

管理等级	管理位移（mm）	施工状态
Ⅲ	$U < (U_0/3)$	可正常施工
Ⅱ	$(U_0/3) \leq U \leq (2U_0/3)$	B
Ⅰ	$U > (2U_0/3)$	应采取特殊措施

事件三：某隧道二次衬砌为厚度40cm的C25模筑混凝土。采用先拱后墙法施工时，拱架支撑变形下沉，承包人施工中存在泵送混凝土水胶比偏大；局部欠挖超过限值未凿

除；模板移动部分钢筋保护层厚度不足等因素，造成其中一段衬砌完工后顶部、侧墙均出现环向裂缝，局部地段有斜向裂缝，严重者出现纵、环向贯通裂缝，形成网状开裂，缝宽最小 0.1mm，最大 4mm，必须进行补救处理。

事件四：隧道施工完成后进行了交工验收，交工验收工程质量得分为 85 分。通车试运营 2 年后，项目法人按竣工验收工作程序及时组织了竣工验收，竣工验收委员会对工程质量的评分为 86 分，质量监督机构对工程质量的鉴定得分为 82 分。

问题：

1. 图 16-9 中，构造物 A 表示什么？按跨度进行分类，该隧道属于哪种类型？

2. 根据《公路建设市场管理办法》，背景资料中的劳动合同应报哪些单位备案？

3. 事件一所列的监控量测项目中，哪些属于选测项目？指标 U_0 表示什么？写出施工状态 B 的内容。

4. 事件二中，施工单位还应考虑哪些施工设备用水的耗水量？（列出两种）

5. 事件三中，分析衬砌开裂原因。

6. 事件三中，应该从哪些方面对隧道衬砌裂缝病害进行防治？

7. 事件三中，对隧道衬砌裂缝目前有哪些治理措施？

8. 监控量测数据整理、分析与反馈应符合什么规定？

9. 改正背景资料中竣工验收时的错误做法。计算该隧道的竣工验收工程质量评分值。该隧道为何种质量等级？（计算结果保留小数点后 1 位）

【案例 40】

背景资料：

某施工单位承建一分离式双向六车道高速公路山岭隧道工程，其起讫桩号为 K19＋720～K21＋450，全长 1730m。隧道两端洞口 100m 范围内为偏压浅埋段，其围岩级别为 V 级。隧道洞口开挖断面宽度为 13.5m，左右洞口中心线间距为 50m。隧道左右洞地质情况相同。隧道最大埋深为 80m，隧道纵断面示意图如图 16-10 所示。该隧道设计支护结构为复合式衬砌（即初期支护＋混凝土二次衬砌）。

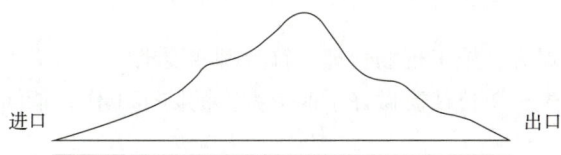

里程桩号 K19＋720	K19＋820	K20＋230	K20＋970	K21＋350	K21＋450
围岩特性	强风化灰质泥岩，岩质较软，岩体较破碎～破碎，夹层有黏性土，稍湿～潮湿的角砾土，$BQ < 250$	中风化泥质灰岩，岩质较坚硬，裂隙较发育岩体破碎，$BQ = 251～350$	中～弱风化灰岩，岩质坚硬，裂隙较发育，岩体较破碎，$BQ = 351～400$	中风化泥质灰岩，岩质坚硬，裂隙发育，岩体破碎，$BQ = 251～350$	强风化灰质泥岩，岩质较软，岩体较破碎～破碎，夹层有黏性土，稍湿～潮湿的角砾土，$BQ < 250$
长度（m）	100	410	740	380	100

图 16-10　隧道纵断面示意图

开工前，有关单位根据围岩特性对该隧道各段围岩的级别进行了核实，并计算了各级围岩段占全隧道长的百分比。

在隧道施工过程中进行了安全质量检查，发现施工单位存在如下错误做法：

错误一：初期支护施工过程中，喷射混凝土采用干喷工艺。

错误二：对于隧道底部超挖部分采用洞渣回填。

错误三：仰拱和底板混凝土强度达到设计强度75%，允许车辆通行。

错误四：二次衬砌距Ⅳ级围岩掌子面的距离为100m。

问题：

1. 该隧道是否属于小净距隧道？说明理由。如果是小净距隧道，其专项施工方案应包括哪些内容？

2. 写出图中BQ的中文名称，判断K20＋230～K20＋970段、K20＋970～K21＋350段围岩级别，计算Ⅳ级围岩总长与全隧长度的百分比。（小数点后保留1位）

3. 逐条修改安全质量检查过程中发现的错误做法。

4. 施工单位的错误做法中，哪两项涉及重大安全事故隐患（用编号表示）？从单位和项目两个层次分别写出重大安全事故隐患排查治理第一责任人。

5. 喷射混凝土初喷和复喷的厚度与分层要求是什么？分段、分片、分层顺序等应注意哪些事项？

【案例41】

背景资料：

某公路隧道长3000m，穿越的岩层主要由页岩和砂岩组成，设计采用新奥法施工，分部法开挖，复合式衬砌，洞口段由于洞顶覆盖层较薄，岩隙发育，开挖中地表水从岩石裂隙中渗入洞内，在施工过程中，隧道发生过规模不等的塌方。在隧道施工中，施工单位认真做好了四个方面的防尘工作。

问题：

1. 根据"治塌先治水"的原则在处理隧道塌方前应采取哪些技术措施以加强防水排水工作？

2. 为防止隧道塌方，施工现场管理应符合哪些要求？

3. 背景中提到施工单位认真做好了四个方面的防尘工作，请问是哪四个方面？

【案例42】

背景资料：

某公路隧道K3＋100～K7＋379为单洞双向行驶两车道隧道，全长4279m，最大埋深1049m。隧道净空宽度10.09m，净空高度7.80m，净空面积为72.35m²。该隧道其围岩主要为弱风化硬质页岩，属Ⅳ～Ⅴ级围岩，稳定性较差。根据该隧道的地质条件和开挖断面宽度，承包人拟采用台阶分部法施工。隧道开挖过程中，由于地下水发育，洞壁局部有股水涌出，特别是大型断层地带岩石破碎，裂隙发育，涌水更为严重。在该隧道施工过程中采用A级地质超前预报方法和监控量测，并建立预警机制实行分级管理。

施工工程发生如下事件：

事件一：K3＋600～K3＋680隧道的一衬初期支护出现开裂。

事件二：施工开挖到K4＋300断面时水流量突然增大。

问题：

1．承包人采用的开挖施工方法是否合理？说明理由。

2．针对上述地质和涌水情况，在施工中应采取哪些涌水处治方法？

3．在该隧道施工过程中应进行的监控量测项目有哪些？

4．请列出两种属于A级地质超前预报的方法。

5．事件一按照预警分级管理实行哪一级管理？建议如何处理？

6．事件二按照预警分级管理实行哪一级管理？建议如何处理？

【案例43】

背景资料：

某公路隧道最大埋深约150m，设计净高5.0m，净宽14.0m，隧道长1200m。隧道区域内主要为微风化岩石，隧道区域内地表水系较发育，区域内以基岩裂隙水为主，浅部残坡积层赋存松散岩类孔隙水，洞口围岩变化段水系较发达。隧道施工采用钻爆法进行光面爆破，施工中按照爆破设计布置了周边眼、掏槽眼及辅助眼。

问题：

1．根据背景资料，用光面爆破是否合适？什么叫光面爆破？

2．根据背景资料，采用光面爆破要注意哪些技术要求？

3．背景中布置的掏槽眼、辅助眼、周边眼各有什么作用？

【案例44】

背景资料：

某施工单位承建一分离式双向四车道高速公路山岭隧道工程，其起讫桩号为K19＋720～K20＋200，全长480m。隧道左右洞相距36m，地质情况相同，其中K19＋720～K19＋775段和K20＋165～K20＋200段穿越强风化泥质灰岩段，岩质较软，岩体较破碎，为Ⅴ级围岩段；K19＋775～K19＋875和K20＋035～K20＋165段穿越中风化泥质灰岩段，岩质中硬，岩体较破碎，为Ⅰ级围岩段：K19＋875～K20＋035段穿越微风化泥质灰岩段，岩质中硬，岩体较破碎，为亚级围岩段。该隧道设计支护结构为复合式衬砌（即初期支护＋混凝土二次衬砌），隧道设钢支撑和仰拱。

施工过程中发生了如下事件：

事件一：开工前，施工单位对该隧道的Ⅰ级和Ⅴ级围岩的连续长度及合计长度进行了统计，并由（A）负责对该隧道进行了施工安全风险评估，出具了评估报告。报告内容包括：评估依据、工程概况、（B）、（C）、评估内容、评估结论及对策等。

事件二：施工单位采用钻爆法开挖Ⅳ级围岩段，爆破设计周边孔为60个，爆破后，某开挖面残留有痕迹的炮孔数为45个。

事件三：施工单位在Ⅳ级围岩段初期支护施工作业时，采用了钢拱架形式的钢支撑。

事件四：施工单位在进行仰拱及防水板施工作业时，采取了如下做法：（1）Ⅳ级围岩的仰拱距掌子面的距离为（55±4）m，V级围岩的仰拱距掌子面的距离为（45＋4）m；（2）仰拱施工采用左右半幅分次浇筑方式；（3）防水板搭接宽度为（80±10）mm。

问题：

1. 结合事件一和背景资料，写出隧道进行施工安全风险评估的理由。

2. 事件一中A、B、C各代表什么？

3. 针对事件二和背景资料，计算周边炮孔痕迹保存率，并判断该值是否满足《公路隧道施工技术规范》JTG/T 3660—2020的要求。

4. 事件三中，按材料的组成还可以采取哪种形式钢支撑？

5. 逐条判断事件四中的做法是否正确，并改正。

【案例45】

背景资料：

某施工单位承建一山岭隧道工程，该隧道为分离式双向四车道公路隧道，起讫桩号 K23＋510～K26＋235，全长 2725m。岩性为砂岩、页岩互层，节理发育，有一条 F 断层破碎带，地下水较丰富。隧道埋深 18～570m，左、右洞间距 30m，地质情况相同，围岩级别分布如图 16-11 所示。

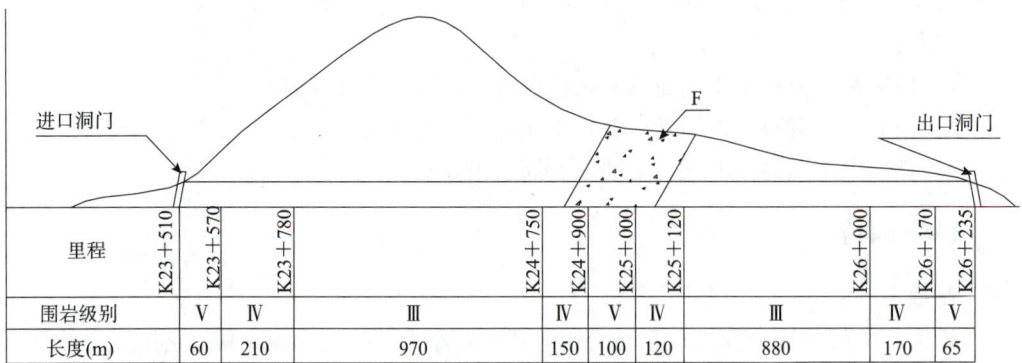

图 16-11　围岩级别分布

里程	K23+510	K23+570	K23+780		K24+750	K24+900	K25+000	K25+120	K26+000		K26+170	K26+235
围岩级别	V	IV	III		IV	V	IV	III			IV	V
长度(m)	60	210	970		150	100	120	880			170	65

该隧道设计支护结构为复合式衬砌，即：喷锚初期支护加二次混凝土衬砌，IV、V级围岩设钢支撑和仰拱。本工程合同工期为22个月，施工过程中发生如下事件：

事件一：施工单位决定按进、出两个工区组织施工，左洞进、出口同时进洞施工，采用钻爆法开挖，模板台车衬砌。施工组织设计中，明确了开挖支护月进度指标为：III级围岩135m/月，IV级围岩95m/月，V级围岩50m/月；施工准备2个月，左、右洞错开施工，右洞开工滞后左洞1个月，二次衬砌滞后开挖支护1个月，沟槽及路面工期3个月，贯通里程桩号设定在 K24＋900。在设计无变更情况下，满足合同工期要求，安全优质完成该工程。

事件二：隧道开挖过程中，某些段落施工单位采用环形开挖留核心土法开挖，该方法包括以下工序：① 上台阶环形开挖；② 核心土开挖；③ 上部初期支护；④ 左侧下台阶开挖；⑤ 右侧下台阶开挖；⑥ 左侧下部初期支护；⑦ 右侧下部初期支护；⑧ 仰拱开挖、支护。部分工序位置如图 16-12 所示。

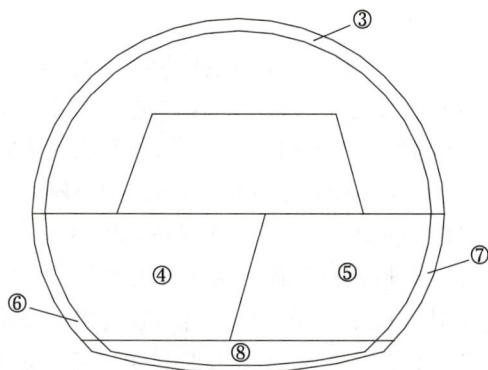

图 16-12　部分工序位置

问题：

1. 根据背景资料，计算各级围岩总长及所占比例。（以百分比表示，四舍五入，小数点后保留一位）

2. 分别写出适用于该隧道Ⅲ、Ⅳ级围岩的施工方法。

3. 针对事件一，计算隧道施工工期。（单位：月，小数点后保留一位）

4. 针对事件二，复制图至答题卡上，在图中按环形开挖留核心土法补充开挖线，并在图中填写工序①和②的位置；写出工序①～⑧的正确排序。（以"②③⑥……"格式作答）

【案例 46】

背景资料：

某双向四车道高速公路山岭隧道，地质岩性为板岩，岩体节理较发育，地下水不发育。

施工中采用的开挖方法：Ⅰ～Ⅲ级围岩，采用全断面法；Ⅳ级围岩，采用二台阶法；Ⅴ级围岩，采用环形开挖留核心土法。其施工工序示意图如图 16-13 所示。支护采用复合式衬砌。隧道穿越区域存在煤系地层，其起讫桩号为 K18＋427～K18＋440。根据设计文件。该隧道绝对瓦斯涌出量最大值为 $1.5m^3/min$。

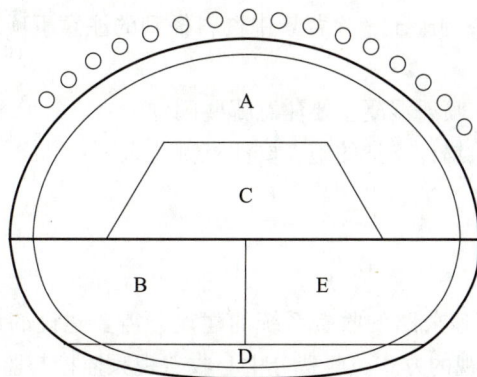

图 16-13　环形开挖留核心土法施工工序示意图

注：A—环形导坑开挖；B—下台阶左侧开挖；C—上部核心土开挖；D—仰拱开挖；E—下台阶右侧开挖

179

施工过程中发生以下事件：

事件一：穿越煤系地层时，地质超前预报单位对隧道实施地质超前预报时，以地质调查法为基础，以 M 预报方法为主，结合物探法进行预报。每次预报长度为 50m。

事件二：当隧道施工到 K18＋430 时，测得掌子面回风流附近瓦斯浓度为 0.45%，实测最大风速为 0.25m/s。项目部的做法如下：① 爆破作业中，采用煤矿许用的炸药和煤矿许用的电雷管，并进行反向装药。② 爆破网路采用串并联连接方式。③ 钻孔、装药时，采取了不间断通风。④ 通风机设置了两路专用电源，并装设了风电闭锁装置。

事件三：施工企业在对项目专项安全检查时，发现以下安全生产事故隐患：① 隧道内装载机未安装倒车影像装置。② 仰拱未及时封闭成环。③ 初期支护连续 2 榀拱架双侧拱脚同时悬空。

问题：

1. 写出事件一中 M 预报方法的名称。按照地质超前预报长度划分，该隧道地质超前预报属于哪一类？

2. 根据图 16-13，写出环形开挖留核心土法的正确开挖顺序（写出代号即可，如 ABC…）。写出 D 工序的紧后工序。

3. 根据背景资料，该隧道为哪类瓦斯隧道？逐条判断事件二中项目部的做法是否正确。若不正确，写出正确做法。

4. 写出事件三中的重大事故隐患（写出编号即可，如①…），并写出其易引发的事故类型。判断事件三中专项安全检查的费用是否在安全生产费用中列支。

[案例 47]

背景资料：

某公路隧道为浅埋隧道，设计净高 5.0m，净宽 14.0m，隧道长 280m。隧道区域内主要为中等风化岩石，隧道区域内地表水系较发育，区域内以基岩裂隙水为主，浅部残坡积层赋存松散岩类孔隙水，洞口围岩变化段水系较发达。施工单位针对隧道的特点，加强了浅埋段和洞口段的开挖施工，并根据地质条件、地表沉陷对地面建筑物的影响以及保障施工安全等因素选择了开挖方法，做好喷射混凝土和锚杆支护的工作。

问题：

1. 对于隧道浅埋段的施工，除背景中资料提到的注意事项外，还要注意哪些方面的问题？

2. 根据背景资料，喷射混凝土要注意哪些问题？

3. 根据背景资料，锚杆支护的施工要注意哪些事项？

[案例 48]

背景资料：

某承包商中标某高速公路的收费系统的建设，需要建设的该路段收费系统采用收费站和收费中心二级监视的方式，收费分中心收费视频监控与监控中心视频监控系统合并集中监控。

问题：

1. 指出收费站计算机系统的主要构成。

2. 计重收费系统的功能有哪些？

3. 车牌自动识别系统的功能有哪些？

【案例 49】

背景资料：

某高速公路全长 450km，全线设 6 个互通式立体交叉，2 个和其他高速公路连接，4 个连接地方二级公路。监控系统采用三级管理方式。

某施工单位承担该高速公路收费系统的施工，其中包括计算机系统、收费视频监视系统……设计文件设计的货车按车型收费，施工过程中业主要求对货车采用计重收费，增设计重系统。设计单位进行了设计变更。

问题：

1. 绘制该高速公路监控系统的管理结构图。

2. 具备什么资质能承担该工程的施工？

3. 补充该高速公路收费系统中还需要的系统。

【案例 50】

背景资料：

某承包商中标某高速公路机电系统，包括视频监视系统和火灾报警等系统。某单位拟定的视频监视系统的功能如下：

（1）在分中心、中心可任意选择调看所管辖范围内每个外场摄像机的视频图像，并对其进行水平、垂直方向的旋转、变焦等控制。

（2）通过监视器和大屏幕投影等显示设备，分中心、中心监控人员可直观地了解摄像机覆盖区的交通运行状况、拥堵情况和交通事件，以便正确地做出拥堵和事件确认，并做出有效的控制决策。

问题：

1. 收费视频监视系统的功能是否完整？如不完整请补充。

2. 收费视频监视系统包括哪些设备和装置？

【案例 51】

背景资料：

某承包商中标某高速公路的机电系统。该高速公路的管理体制为二级：收费站→收费分中心，其中收费系统的收费视频监视子系统作为分项工程进行施工，并采用收费站和收费分中心二级监视方式。该子系统的摄像机包括广场摄像机、车道摄像机、收费亭摄像机、金库摄像机、监控室摄像机，并配有监视器、视频切换控制矩阵、数字录像设备等。

问题：

1. 请根据背景资料中的设备，简述其收费视频监视子系统的功能。

2．简述广场摄像机的具体安装要求。

【案例 52】

背景资料：

某隧道施工完成后，进行了供配电、照明系统设施的安装，其中变压器为油浸变压器，由于工期延误，变压器运到现场 100d 后才进行安装。电缆敷设在沟内时遵循了低压在上、高压在下的原则，敷设时还要求金属支架、导管必须接地（PE）或接零（PEN）可靠。

在交通监控方面，隧道由监控分中心统一监控，监控中心设有完善的子系统，包括交通信号监控系统、视频监控系统、供配电监控系统、隧道照明控制系统、调度指令电话系统、有线广播系统等。

问题：

1．根据背景资料，油浸变压器安装前应做何处理？

2．除背景资料中给出的监控子系统外，还应有哪些监控子系统？（至少列出三种）

【案例 53】

背景资料：

某施工单位中标承包 AB 路段双向 4 车道高速公路交通工程的施工。该路段全长 105km，设计速度 100km/h，有 8 个互通式立交，采用封闭式收费，使用非接触式 IC 卡，全线设 8 个匝道收费站，收费站监控室有人值守进行收费管理，设一个监控、收费及通信分中心，并且在监控中心值班大厅进行收费和监控的集中监视和控制。收费站（包括车道计算机等）、收费分中心、监控分中心计算机系统都是独立的局域网，并相互连接组成广域网。

该工程在实施中发生如下事件：

事件一：在施工准备阶段，项目部积极组织人员编写了施工组织设计。针对交通工程的特点，在施工组织设计中重点考虑土建、管道、房建施工进度安排，以及施工顺序及工艺的内容。

事件二：为了争取施工时间，当监控分中心的大屏幕投影机到货后，施工人员马上在现场开箱，并对其规格、数量进行了检查，随即进行了安装。

事件三：在监控、收费、通信系统的安装和单体测试完成后，随即准备进行系统调试和交工。

问题：

1．针对交通工程的特点，补充事件一中的施工组织设计还应重点考虑的内容。

2．指出事件二在设备检查方式和检查内容方面存在的问题。设备安装完毕后，还应重点检查哪两项内容才能进行通电试验与测试？

3．将本项目的收费系统分成三个测试用的子系统。

4．集成后的收费系统应该进行哪些方面的系统测试？

【案例 54】

背景资料：

某施工单位中标承担了某路段高速公路收费系统的施工，该路段设计车速为100km/h，有8处互通立交，其中2处互通立交连接其他高速公路，其余6处连接地方道路。全线设一个监控、通信、收费分中心，6个收费站，采用封闭式半自动收费方式，并且纳入全省高速公路联网收费。

收费车道计算机系统具有按车道操作流程正确工作、对车道设备的管理与控制、设备状态自检并将故障信号实时上传等功能。设计文件要求货车不称重而按载重吨位分型收费，但是在招标文件中要求收费应用软件应满足货车计重收费的需要。签订合同10d后，业主正式书面告知施工单位，本路段要增加货车计重收费系统，并且提供了原设计单位收费系统变更的相应图纸和说明，其涉及的变更未超过批准的建设规模。业主请施工单位组织实施。

问题：

1. 施工企业应具备何种企业资质才能承担该收费系统的施工任务？

2. 收费车道计算机系统除背景资料中提及的功能外，还有哪些功能？

3. 说明本工程新增货车计重收费系统的变更依据和变更确认过程。

4. 项目变更为采用货车计重收费方式时，出口车道应增加哪些设备？

【案例 55】

背景资料：

《公路建设市场管理办法》（中华人民共和国交通运输部令2015年第11号）规定：公路建设项目依法实行施工许可制度。国家和国务院交通运输主管部门确定的重点公路建设项目的施工许可由国务院交通运输主管部门实施，其他公路建设项目的施工许可按照项目管理权限由县级以上地方人民政府交通运输主管部门实施。

项目法人在申请施工许可时应当向相关的交通运输主管部门提交材料。

公路建设从业单位应当按照合同约定全面履行义务。

问题：

1. 公路建设项目依法实行施工许可制度，项目施工应当具备哪些条件？

2. 项目法人申请施工许可时应当向相关的交通运输主管部门提交哪些材料？

3. 公路建设各从业单位应当按照合同约定全面履行哪些义务？

【案例 56】

背景资料：

公路工程质量监督，是指依据有关法律、法规、规章、技术标准和规范，对公路工程质量进行监督的行政行为。为加强公路工程质量监督，保证公路工程质量，保护人民生命和财产安全，《公路水运工程质量监督规定》（中华人民共和国交通运输部令2017年第28号）明确了公路工程质量监督主要包括的内容、交通运输主管部门对公路工程质量监督的主要职责等。

问题：

1. 公路工程质量监督主要包括哪些内容？

2. 交通运输主管部门对公路工程质量监督有哪些主要职责？

3. 建设单位办理公路工程质量监督手续，应当向工程项目所在地的质监机构提交哪些材料？

【案例 57】

背景资料：

公路工程设计变更，指工程初步设计批准之日起至竣工验收正式交付使用之日止，对已批准的初步设计文件、技术设计文件或施工图设计文件所进行的修改、完善等活动。

为加强公路工程建设管理，规范公路工程设计变更行为，保证公路工程质量，保护人民生命及财产安全，《公路工程设计变更管理办法》（中华人民共和国交通部令2005 年第 5 号）要求各级交通运输主管部门应当加强对公路工程设计变更活动的监督管理，明确了不同类型公路工程设计变更的具体要求。

问题：

1. 何谓公路工程设计变更？公路工程设计变更分为几类？

2. 公路工程设计变更中哪些属于重大设计变更？

3. 公路工程设计变更中哪些属于较大设计变更？

4. 公路工程设计变更中哪些属于一般设计变更？

【案例 58】

背景资料：

某高速公路 M 合同段（K17 + 300～K27 + 300）主要为路基土石方工程，本地区岩层构成为泥岩、砂岩互层，抗压强度 20MPa 左右，地表土覆盖层较薄。在招标文件中，工程量清单列有挖方 240 万 m^3（土石比例为 6：4），填方 249 万 m^3，填方路段填料由挖方路段调运，考虑到部分工程量无法准确确定，因此采用单价合同，由监理工程师与承包人共同计量，土石开挖综合单价为 16 元 /m^3。施工过程部分事件摘要如下：

事件一：施工单位开挖路基后，发现挖方土石比例与设计文件出入较大，施工单位以书面形式提出设计变更，后经业主、监理、设计与施工单位现场勘察、洽商，设计单位将土石比例调整为 3.4：6.6，变更后的土石方开挖综合单价调整为 19 元 /m^3。经测算，变更后的项目总价未超过初步设计批准的概算。

事件二：在填筑路堤时，施工单位采用土石混合分层铺筑，局部路段因地形复杂而采用竖向填筑法施工，并用平地机整平每一层，最大层厚 40cm，填至接近路床底面标高时，改用土方填筑。

事件三：该路堤施工中，严格质量检验，实测了压实度、弯沉值、纵断高程、中线偏位、宽度、横坡、边坡。

问题：

1．《公路工程设计变更管理办法》（中华人民共和国交通部令 2005 年第 5 号）将设计变更分为哪几种？事件一中的设计变更属于哪一种？说明理由。

2．指出事件二中施工方法存在的问题，并提出正确的施工方法。

3．指出事件三中路堤质量检验实测项目哪个不正确？还需补充哪个实测项目？

4．针对该路段选择的填料，在填筑时，对石块的最大粒径应有何要求？

【案例 59】

背景资料：

某高速公路在建设单位、设计单位、施工单位、监理单位的共同努力下，按质按量如期完成工程合同，交工验收两年后，该高速公路工程基本符合竣工验收条件，建设单位向交通运输主管部门申请竣工验收。

问题：

1．公路工程竣工验收应具备哪些条件？

2．公路工程竣工验收有哪些主要工作内容？

3．参加竣工验收各单位的主要职责是什么？

【案例 60】

背景资料：

某山区桥梁工程，桥梁墩高 110m。施工单位根据相关法规要求，对该项目进行了施工安全风险评估。首先进行了总体风险评估，评估结果显示桥梁总体风险评估等级为Ⅳ级。根据规定，进行了进一步的专项风险评估，并形成了风险评估报告，主要内容包括：评估依据、工程概况、评估方法等。

在实施中，施工单位应根据风险评估结论，完善施工组织设计和危险性较大工程专项施工方案，制定相应的专项应急预案，对项目施工过程实施预警预控，尤其针对桥墩施工的风险还采取了进一步的措施。监理也按照要求进行了监理工作。

问题：

1．结合背景资料，分析和总结该桥施工安全风险评估的四大步骤。

2．补充风险评估报告的内容。

3．针对桥墩施工的风险，施工单位还应进一步采取哪些主要措施？

4．开工后，监理单位应针对评估报告中的施工风险做哪些工作？

【案例 61】

背景资料：

某施工单位承包了跨湖区某大桥的滩地引桥施工，该引桥全长 2420m，共 44 孔，每孔跨径 55m。上部结构为预应力混凝土连续箱梁，桥跨布置为四跨一联，采用 MSS55 下行式移动模架施工，每联首跨施工长度为 55m＋8m，第 2、3 跨施工长度为 55m，末跨施工长度为 47m。

施工中发生了如下事件：

根据交通运输部《公路桥梁和隧道工程施工安全风险评估指南（试行）》要求，施工单位对该桥梁施工进行了总体风险评估，总体风险评估为Ⅲ级，施工过程中对大桥施工安全风险评估实行动态管理。

问题：

1. 事件中，是否需要对移动模架箱梁施工进行专项风险评估？

2. 为进行安全风险评估动态管理，当哪些因素发生重大变化时，需要重新进行风险评估？

【案例 62】

背景资料：

2001 年 4 月 26 日，某桥梁施工现场发生一起脚手架坍塌事故，造成 7 人死亡、1 人重伤的重大事故，直接经济损失 80 万元。

事故经过如下：4 月 26 日 8 时 40 分，8 名工人在脚手架平台面上东北角拆卸成捆杠杆时，产生动荷载，东北角一侧脚手架弯曲变形产生坍塌，8 人坠落，其中 7 人死亡，1 人重伤。

经分析，事故原因如下：经调查认定，这是一起违章指挥、违章作业造成人员伤亡的重大责任事故，造成该事故的原因是：

1）直接原因

（1）违章指挥吊装作业。某施工单位为了赶进度，在脚手架存在严重安全问题的情况下，违章指挥吊装作业，将约为 40t 的杆件集中堆放在约 30m² 的平台上，造成脚手架因局部负荷超载失稳而坍塌。

（2）脚手架存在严重缺陷。某脚手架安装公司搭设的脚手架没有施工设计图纸，未按规定搭设，严重违反了国家强制性标准和有关规程的规定。该脚手架没有剪刀撑，没有与周围的建筑物可靠拉接，存在严重安全隐患，在尚未完工验收的情况下就开始启用。

2）间接原因

监理公司未能严格遵守监理规范。某监理公司未能严格遵守监理规范的要求，未对某施工单位提供的施工组织设计认真审查研究；未按监理规范的规定，对脚手架搭设施工进行旁站、巡视、平行监理；在脚手架存在严重安全隐患并且未验收的情况下，对两次违章使用未予以制止，致使最后一次使用发生了事故，没有尽到监理单位应尽的职责，是造成这起事故的重要原因。

问题：

对本起事故的责任应如何划分？

【案例 63】

背景资料：

某公路工程施工总承包二级企业承包了单跨跨度为 120m、桥梁总长 800m 的桥梁工程项目，桥梁上部结构施工中出现垮塌事故。监理工程师立即报告建设单位，施工单位着手事故处理。

问题:

1. 该总承包二级企业能承包该工程吗?说明理由。

2. 该质量事故的调查处理由谁负责?

3. 该质量事故由谁负责报告?

【案例 64】

背景资料:

某公路工程施工单位承包了一座 $5\times30m$ 后张法预应力混凝土 T 梁桥,施工单位按照设计文件和相关施工技术规范的要求进行施工,并确定了主要检验内容。由于施工现场管理人员质量安全意识淡薄,T 梁平移中出现死亡 6 人,伤 2 人,经济损失重大的事故。交通主管部门调查人员询问施工单位项目经理时,该项目经理认为事故不可避免,对公路工程质量事故分类分级标准、质量事故分级管理规定等一问三不知。

问题:

1. 公路工程质量事故分为几类?

2. 公路工程质量事故分级标准有哪些?

3. 公路工程质量事故分级管理是如何规定的?

【案例 65】

背景资料:

某公路工程施工总承包一级企业承包了长 2650m 的公路隧道施工任务,该隧道穿越的岩层主要由泥岩和砂岩组成,施工单位采用新奥法施工,台阶法开挖,复合式衬砌。施工中某段岩石裂隙发育,地表水从岩石裂隙中渗入洞内,导致该段冒顶、塌方。事故发生后,施工单位采取了积极措施,避免事故进一步发展,并按公路工程质量事故报告制度作了相关汇报。

问题:

1. 公路工程质量事故报告有哪些规定?

2. 假设质量监督站初步确定质量事故为质量问题,事故发生单位应按什么要求进行报告?

3. 假设质量监督站初步确定质量事故为一般质量事故后,事故发生单位应按什么要求进行报告?

4. 假设质量监督站初步确定质量事故为重大质量事故后,事故发生单位应按什么要求进行报告?

【案例 66】

背景资料:

某公路施工公司在进行公路施工时,由于隧道塌方,当场有 8 位工人受伤,在送往医院的过程中,有 2 人伤势过重死亡。事故发生后,质量监督站初步确定该事故为重大质量事故。

问题：

1．事故发生单位应如何上报？

2．发生重大质量事故的现场应该采取怎样的保护措施？

【案例 67】

背景资料：

某施工单位承接了一条二级公路的路基、路面及部分桥涵施工。在施工中由于多种原因发生了几次质量事故。

事故一：某现浇混凝土结构由于模板施工问题，出现较多的蜂窝、麻面，质量较差，监理要求修复，造成直接经济损失（包括修复费用）2万元。

事故二：由于某混凝土结构施工完成后，经取样检验达不到合格标准，需加固补强，从而造成直接经济损失 25 万元。

事故三：在架梁过程中由于操作失误，造成梁落地，并致 1 人死亡。

问题：

1．公路工程质量事故分为哪几类？

2．分别分析背景资料中的三个事故属于哪种质量事故？

【案例 68】

背景资料：

某施工项目由 A 公司施工，建设单位为 B 投资公司，监理为 C 监理公司。在施工时发生了一起死亡 12 人的重大质量事故。

问题：

1．哪个单位为事故报告单位？

2．对于重大质量事故的报告有何要求？事故书面报告内容有哪些？

3．应如何保护现场？

【案例 69】

背景资料：

某大桥位于长江的支流，桥垮为 $2 \times 30m + 5 \times 45m$。两岸桥台采用重力式桥台，基础为扩大基础；墩为柱式墩，基础为桩基础；上部为预应力简支 T 梁。

1）该大桥的施工组织设计有以下内容：

（1）编制说明；

（2）编制依据；

（3）工程概况；

（4）主要工程项目的施工方案；

（5）施工进度计划；

（6）各项资源需求计划；

（7）施工总平面图设计；

（8）季节性施工技术措施。

2）有关分部（分项）工程的施工方案和方法描述如下：

（1）桥梁 0 号桥台和 7 号桥台基础施工

0 号桥台和 7 号桥台设计为浅埋扩大基础，基础置于中风化或微风化的岩层上，风化带浅基岩层覆盖层薄。由于常年有水，故采用围堰施工。施工顺序为：

基础开挖→围堰施工→基础排水→安装模板→绑扎钢筋→浇筑混凝土。

（2）桥梁 1 号桥墩和 6 号桥墩桩基础和承台施工

1 号桥墩和 6 号桥墩桩基础设计为钻孔灌注桩基础。该段河床泥面较高，风化层较厚，施工方法为：在 1 号桥墩和 6 号桥墩位置所筑的岛上用钻机全护筒钻孔和灌注混凝土。钻孔桩完成后打钢板桩围堰，抽水浇筑承台。施工顺序为：

筑岛→钻孔桩施工→围堰施工→水中基坑开挖→抽水→封底→安装模板→绑扎钢筋→浇筑混凝土。

（3）桥梁 2 号桥墩至 5 号桥墩桩基础和承台施工

2 号桥墩和 5 号桥墩处堰面起伏较大、水深，设计的钻孔灌注桩要求嵌岩较深。考虑到水深，筑岛围堰施工较困难，决定使用钢管桩搭设施工平台，轻型冲击钻机施钻，钻孔桩完成后，利用平台吊装钢套箱就位，然后进行承台施工。具体施工方法如下：

① 沉入钢管桩作为施工平台的支撑，用贝雷梁片组成平台骨架，上铺方木形成平台。

② 在平台上先打入 8mm 厚的钢板制成的内径比桩径大 25cm 的护筒，作为钻孔桩的护筒。使用定位架保证定位准确。

③ 安装钻孔设备后，进行钻孔。对于河床的淤泥覆盖层用冲抓钻的抓斗清除，而岩层则用轻型冲击钻机成孔。

④ 终孔检查合格后，应迅速清孔，采用清水换浆法。清孔时必须保持孔内的水头，提管时避免碰孔壁。

⑤ 清孔完成经成孔检查合格后即可进行钢筋笼的吊装工作。钢筋笼接长时每根钢筋应在同一横截面按规范要求的搭接长度进行焊接。钢筋笼安放应牢固，以防止在混凝土浇筑过程中钢筋笼浮起，可在钢筋笼周边安放圆形混凝土保护层垫块。

⑥ 钢筋笼安放完成后，进行混凝土灌注。水下混凝土采用导管法进行灌注，导管使用前应进行闭水试验（水密、承压、接头抗拉）。施工中导管内应始终充满混凝土。随着混凝土的不断浇入，应及时测量并提拔拆除导管，使导管埋入混凝土中的深度保持在 2m 以内。

⑦ 钻孔桩完成后，利用平台沉放钢套箱进行承台的施工。将钢套箱内的泥面整平后紧接进行相关的工序。

（4）桥梁下部墩身施工

承台混凝土达到规定强度要求后，即进行墩身混凝土施工。墩身分为上下两节施工，上节高 6m，下节随墩高变化而定。施工顺序：

下节模板安装→下节钢筋绑扎→下节混凝土浇筑→上节模板安装→上节钢筋绑扎→上节混凝土浇筑。

（5）桥梁上部后张法预应力 T 梁预制要点

① T 梁预制台座的建造

根据地形选择 0 号桥台这侧河岸的一块高地整平压实后作为 T 梁的预制场。台座用表面压光的梁（板）筑成，台座应坚固不沉陷，以保证底模不沉降。台座上铺钢板底模并考虑与侧模的连接，钢板底模和台座应保持水平。

② 钢筋骨架制作、预应力孔管道的固定和压浆孔的设置

在绑扎工作台上将钢筋绑扎焊接成钢筋骨架，把预应力孔管道按坐标位置固定，并用门式起重机将钢筋骨架吊装入模。在孔道两端设置压浆孔，在最低处设置排气孔。

③ 混凝土浇筑、预应力张拉和压浆

混凝土浇筑达到强度后，按规范要求进行预应力张拉。张拉控制应力达到设计要求后立即进行预应力钢筋锚固。在孔道冲洗干净吹干后，用压浆泵从梁两端压浆孔各压浆一次，直到水泥浆充满整个孔道为止。

（6）桥梁上部预应力 T 梁吊装

T 梁吊装采用双导梁架桥机架设法。

问题：

1. 补充完善一般施工组织设计应包含的内容。

2. 请对桥梁施工方案和施工方法的描述作出评价：

（1）桥台基础施工中的施工顺序是否正确？说明理由。

（2）1 号墩和 6 号墩的桩基础与承台的施工顺序是否正确？说明理由。

（3）2～5 号墩的桩基础的施工方法逐点评价是否正确？说明理由。

（4）写出 2～5 号墩的承台施工相关工序的顺序。

（5）桥梁下部墩身施工顺序是否正确？说明理由。

（6）对后张法预应力 T 梁预制要点逐点评价其是否正确？说明理由。

（7）评价 T 梁吊装采用双导梁架桥机架设法是否正确？说明理由。

【案例 70】

背景资料：

施工单位承接了某丘陵区一级公路路基施工任务。施工单位编制了路基施工组织设计，并对施工组织设计进行了优化，重点优化了施工方案，主要包括施工方法的优化、施工作业组织形式的优化、施工劳动组织的优化。技术人员根据路基横断面计算出土石方的断面方数，经复核后，进行土石方纵向调配。调配时考虑到技术经济条件，尽量在经济合理的范围内移挖作填，使路堑和路堤中土石方数量达到平衡，减少了弃方与借方。全标段路基挖方土质为普通土，平均运距 50m 的土方有 15 万 m^3，平均运距 200m 的土方有 10 万 m^3，平均运距 3000m 的土方有 8 万 m^3。

问题：

1. 补充施工方案的优化内容。

2. 针对平均运距 3000m 的土方，写出宜配置的挖运施工机械。

3. 计算全标段土方的平均运距。（计算结果取整数）

【案例 71】

背景资料：

某公路一级施工企业在施工前对某高速公路合同段编制了施工组织设计，对施工方案进行了优化，尤其关注对劳动组织进行优化。

问题：

1. 劳动组织优化的原理是什么？
2. 劳动组织应符合的原则是什么？

【案例 72】

背景资料：

某工程项目难度较大，技术含量较高，经有关招标投标主管部门批准采用邀请招标方式招标。业主于 2011 年 1 月 20 日向符合资质要求的 A、B、C 三家承包商发出投标邀请书，A、B、C 三家承包商均按招标文件的要求提交了投标文件，最终确定 B 承包商中标，并于 2011 年 4 月 30 日向 B 承包商发出了中标通知书。之后由于工期紧，业主口头指令 B 承包商先做开工准备，再签订工程承包合同。B 承包商按照业主要求进行了施工场地平整等一系列准备工作，但业主迟迟不同意签订工程承包合同。2011 年 6 月 1 日，业主又书面函告 B 承包商，称双方尚未签订合同，将另行确定他人承担本项目施工任务。B 承包商拒绝了业主的决定。后经过双方多次协商，才于 2011 年 9 月 30 日正式签订了工程承包合同，总价为 6240 万元，工期 12 个月，竣工日期 2012 年 10 月 30 日，承包合同另外规定：

（1）工程预付款为合同总价的 25%。

（2）工程预付款从未施工工程所需的主要材料及构配件价值相当于工程预付款时起扣，每月以抵充工程款的方式陆续收回。主要材料及构配件比重按 60% 考虑。

（3）除设计变更和其他不可抗力因素外，合同总价不做调整。

（4）材料和设备均由 B 承包商负责采购。

（5）工程保修金为合同总价的 5%，在工程结算时一次扣留，工程保修期为正常使用条件下，建筑工程法定的最低保修期限。

经业主工程师代表签认的 B 承包商实际完成的建安工作量（1—12 月）见表 16-4。

表 16-4　B 承包商实际完成的建安工作量（1—12 月）

施工月份	1—7 月	第 8 月	第 9 月	第 10 月	第 11 月	第 12 月
实际完成建安工作量	3000	420	510	770	750	790
实际完成建安工作量累计	3000	3420	3930	4700	5450	6240

问题：

1. 指出本案例招标投标过程中哪些文件属于要约邀请、要约和承诺。

2. 业主迟迟不与 B 承包商签订合同，是否符合《中华人民共和国招标投标法》的规定？说明理由。

3. 在业主以尚未签订合同为由另行确定他人承担本项目施工任务时，B 承包商可采取哪些保护自身合法权益的措施？

4. 本工程预付款是多少万元？工程预付款应从哪个月开始起扣？1—7 月合计以及第 8、9、10 月，业主工程师代表应签发的工程款各是多少万元？（请列出计算过程）

【案例 73】

背景资料：

《公路工程建设项目招标投标管理办法》（中华人民共和国交通运输部令 2015 年第 24 号）规定，公路工程建设项目履行项目审批或者核准手续后，方可开展勘察设计招标；初步设计文件批准后，方可开展施工监理、设计施工总承包招标；施工图设计文件批准后，方可开展施工招标。施工招标采用资格预审方式的，在初步设计文件批准后，可以进行资格预审。同时规定，招标人不得在招标文件中设置对分包的歧视性条款。

评标方法关系到招标投标活动各方当事人合法权益，《公路工程建设项目招标投标管理办法》（中华人民共和国交通运输部令 2015 年第 24 号）对评标方法作出了相关规定。

问题：

1. 根据《公路工程建设项目招标投标管理办法》（中华人民共和国交通运输部令 2015 年第 24 号），开标由谁主持？投标人未参加开标如何认定？

2. 公路工程施工招标的评标方法有哪些？

3. 简述公路工程施工招标的评标方法。

【案例 74】

背景资料：

根据《公路工程建设项目招标投标管理办法》（中华人民共和国交通运输部令 2015 年第 24 号），投标人应当具备招标文件规定的资格条件，具有承担所投标项目的相应能力。投标人应当按照招标文件的要求编制投标文件，并对招标文件提出的实质性要求和条件作出响应。

问题：

1. 投标人在投标时需要注意哪些方面？

2. 在投标时，投标人未考虑将某些《公路工程施工分包负面清单》（2024 年版）以外的部分工程分包出去。一旦中标后，一般情况下，投标人可以将这类工程分包出去吗？为什么？

【案例 75】

背景资料：

某高速公路施工标段地处山区，路基土方开挖量大，招标投标及设计文件表明均为土方开挖施工，该标段其中有开挖深度为 3～12m、长度约 300m 的路堑地段三处，三处开挖工程量共约 15 万 m^3，设计文件和地质资料为黏土与软岩，工程量清单按土方开挖计价，承包人开挖约 3m 深后，发现地质情况与设计文件和地质资料差别很大，根据监理工程师指令，承包人安排了地质钻孔及勘探工作，发现 3m 以下部分均为次坚石和坚石，施工成本远远超过承包人期望值。基于以上原因，承包人向业主提出索赔。

业主为了照顾当地农民，在其推荐下，项目部与当地有资质的一家公司签订某专业工程所需要相关农民工的聘用合同，在合同中明确约定了使用人员的报酬以及支付方式等。

问题：

1. 索赔成立时，共同延误的责任归属有哪些原则？

2. 根据背景资料所述情况，承包人可以向业主提出哪些方面的索赔？

3. 项目部与当地有资质的一家公司签订的是何种类型的合同？人员报酬应如何支付？所签的合同是否妥当？为什么？

【案例 76】

背景资料：

某一标段公路工程项目，采用工程量清单方式结算。按合同规定工程量计量组织形式，采用监理工程师与承包人共同计量，即在进行计量前，由监理工程师通知承包人计量的时间与工程部位，然后由承包人派人同监理工程师共同计量，计量后双方签字认可。

在工程计量开始之前，监理工程师与承包方有关人员共同研究了工程计量的可能方法及工程变更后合同价款的确定方法。

在施工过程中，发生了以下事件：

工程开工后，发包人要求变更设计，增加一项现浇混凝土挡土墙工程，按《公路工程预算定额（上、下册）》JTG/T 3832—2018 的消耗量及价格信息资料计算的每立方米现浇混凝土挡土墙的人工费为 120 元，材料费为 310 元，施工机械使用费为 240 元（其中机上作业人员人工费 40 元），定额人工费 150 元，定额材料费 300 元，定额机械使用费 260 元。

新增工程按《公路工程预算定额》JTG/T 3832—2018 及《公路工程建设项目概算预算编制办法》JTG 3830—2018 的规定计算建筑安装工程费，以此建筑安装工程费为新增工程的单价，措施费中的施工辅助费费率为 5%，其余措施费综合费率为 7%，规费综合费率为 35%，企业管理费费率为 10%，利润率为 7%，税率为 9%，设备费及专项费用不计。

问题：

1. 驻地监理工程师对计量结果的审查内容是什么？

2. 变更后合同价款的确定方法有哪些？

3. 列式计算现浇混凝土挡土墙的单价。

【案例 77】

背景资料：

某施工单位承建了某一级公路工程，起讫桩号 K6＋000～K16＋000，其中 K12＋

420～K12＋540为一座钻孔灌注桩箱形梁桥。路线施工总平面布置示意图如图16-14所示，拟建公路旁边修建了生产区、承包人驻地及汽车临时便道等，K7＋000～K15＋000段的汽车临时便道共9.3km，K6＋000～K7＋000及K15＋000～K16＋000段的汽车临时便道紧靠拟建公路并与拟建公路平行。桥梁东西两端路基土方可调配，桩号K14＋300附近有一免费弃土坑。

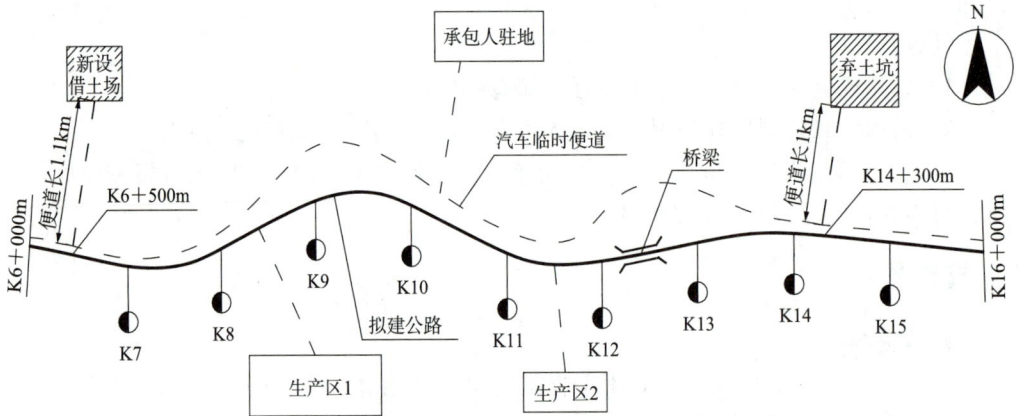

图 16-14　路线施工总平面布置示意图

在 K7＋000～K15＋000 挖填土石方调配完毕后，针对 K6＋000～K7＋000（填方路段）和 K15＋000～K16＋000（挖方路段），有如下两种路基土方调配方案：

方案一：K15＋000～K16＋000 挖土方作为远运利用方调配至 K6＋000～K7＋000 填筑。

方案二：K6＋000～K7＋000 填筑土方从桩号 K6＋500 附近新设借土场借土填筑。

针对以上两种方案，各分项综合单价见表16-5。

表 16-5　各分项综合单价

序号	分项名称	综合单价（元/m³）
1	挖掘机挖装土方	4
2	自卸汽车运土方第 1km	7
3	自卸汽车运土方每增运 0.5km	1
4	借土场修建费（折算至每一挖方量综合单价）	4
5	借土场资源费	3

注：当汽车运输超过第1km，其运距尾数不足0.5km的半数时不计，等于或超过0.5km的半数时按增运0.5km计算。

大桥钻孔灌注桩共20根，桩长均相同，某桥墩桩基立面示意图如图16-15所示，护筒高于原地面0.3m。现场一台钻机连续24h不间断钻孔，每根桩钻孔完成后立即清孔、安放钢筋笼并灌注混凝土，钻孔速度为2m/h，清孔、安放钢筋笼、灌注混凝土及其他辅助工作综合施工速度为3m/h。为保证灌注桩质量，每根灌注桩比设计桩长多浇筑1m，并凿除桩头。

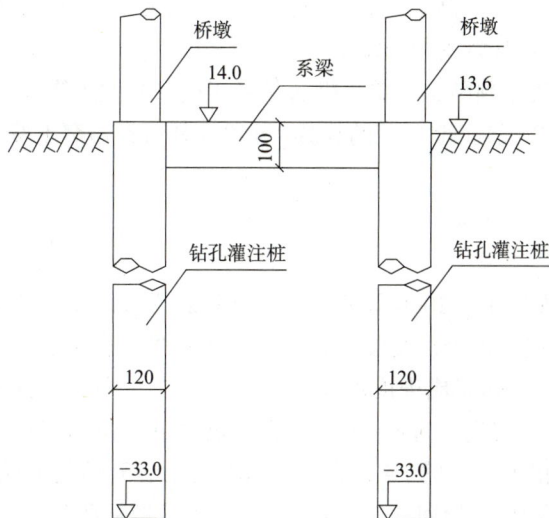

图 16-15 某桥墩桩基立面示意图

（高程单位 m，尺寸单位 cm）

该工程合同总价：6.982亿元，工期：3年。施工合同中约定，人工单价100元／工日，人工窝工补偿费80元／工日，除税金外企业管理费、利润等综合费率为20%（以直接工程费为计算基数）。施工过程中发生如下事件：

事件一：施工单位根据《公路水运工程安全生产监督管理办法》（中华人民共和国交通运输部令2017年第25号）进行了如下安排：

安排一——第一年计划完成施工产值2.1亿元，为保证安全生产，设置了安全生产管理机构，并配备了3名专职安全生产管理人员。

安排二——依据风险评估结论，对风险等级较高的分部分项工程编制专项施工方案，并附安全验算结果，经施工单位技术负责人签字后报监理工程师批准执行。

事件二：灌注桩钻孔过程中发现地质情况与设计勘察地质情况不同，停工12d，导致人工窝工8工日，机械窝工费1000元／d，停工期间施工单位配合设计单位进行地质勘探用工10工日；后经设计变更每根灌注桩增长15m（原工期计划中，钻孔灌注桩施工为非关键工序，总时差8d）。

事件三：施工单位加强质量管理，根据《公路工程质量检验评定标准 第一册 土建工程》JTG F80/1—2017，对钻孔灌注桩设置质量检验的实测项目包括：桩位、孔径、孔深、混凝土强度和沉淀厚度。

事件四：钻孔灌注桩施工中，为保证隐蔽工程施工质量，各工序施工班组在上下班交接前均对当天完成的工程质量进行检查，对不符合质量要求的及时纠正，每道工序完成后由监理工程师检查认可后，方能进行下道工序。钻孔灌注桩混凝土浇筑完成后用无破损法进行了检测，监理工程师对部分桩质量有怀疑，要求施工单位再采取A方法对桩进行检测。

问题：

1. 分别计算路基土方调配方案一和方案二综合单价，根据施工经济性选择出合理方案。（计算结果保留整数）

2．根据《公路工程标准施工招标文件》（2018 年版），按照桥墩桩基立面示意图计算桥墩桩基单根桩最终计量支付长度。

3．事件一中，逐条判断施工单位做法是否正确。并改正错误。

4．针对事件二，计算工期延长的天数。除税金外可索赔窝工费和用工费各多少元？

【案例 78】

背景资料：

某工程签约合同总价为 2000 万元，开工预付款为合同总价的 10%，在第 1 月全额支付。表 16-6 是承包人每个月实际支付完成的工程进度款（实际完成量可能超过或少于签约合同价，本题实际完成进度款总额 1950 万元）。根据《公路工程标准施工招标文件》（2018 年版）的规定："开工预付款在进度付款证书的累计金额未达到签约合同价的 30% 之前不予扣回。在达到签约合同价 30% 之后，开始按工程进度以固定比例（即每完成签约合同价的 1%，扣回开工预付款的 2%）分期从各月的进度付款证书中扣回。全部金额在进度付款证书的累计金额达到签约合同价的 80% 时扣完。"

表 16-6　承包人每个月实际支付完成的工程进度款

月份	1	2	3	4	5	6	7	8	9
实际完成的进度款	100 万元	150 万元	250 万元	300 万元	400 万元	300 万元	300 万元	100 万元	50 万元

问题：

1．开工预付款的金额为多少？

2．开工预付款的起扣月是第几个月？

3．计算从起扣月开始每个月应扣回的金额。

【案例 79】

背景资料：

基期为当年 5 月，工程款按月计量，每月调整价差。该工程投标函投标总报价中，沥青占 35%，柴油占 15%，玄武岩占 20%。施工单位 7 月份完成工程产值 3156 万元，8 月份完成工程产值 4338 万元。各月价格见表 16-7。

表 16-7　各月价格

月份	沥青（元/t）	柴油（元/L）	玄武岩（元/m³）
5 月（基期）	3800	5.9	200
7 月	4050	6.13	195
8 月	4280	6.13	215
……	……	……	……

问题：

计算 8 月份调价之后的当月工程款是多少？（列出计算式）

【案例80】

背景资料:

某公路工程,合同价4000万元,合同工期270d。合同条款约定:① 工程预付款为合同价的10%,开工当月一次性支付;② 工程预付款扣回时间及比例:自工程款(含工程预付款)支付至合同价款的60%的当月起,分两个月平均扣回;③ 工程进度款按月支付;④ 工程质量保证金按月进度款的5倍扣留;⑤ 钢材、水泥、沥青按调值公式法调价,权重系数分别为0.2、0.1、0.1,其中钢材基期价格指数为100。

施工合同签订后,施工单位向监理提交了如图16-16所示的进度计划,并得到监理批准。

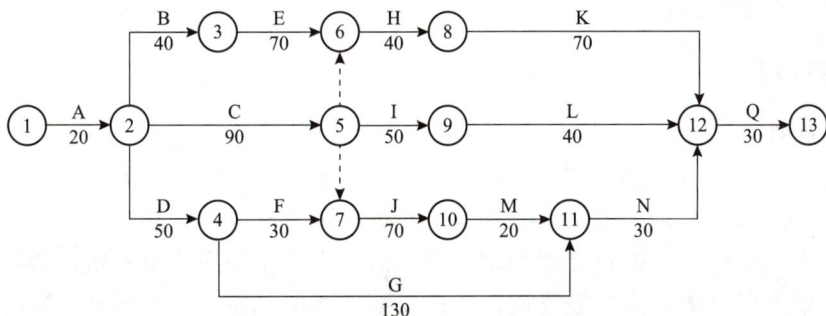

图16-16 双代号施工进度计划图(单位: d)

前6个月(即1—6月份)每月完成的工作量见表16-8。

表16-8 前6个月每月完成的工作量

工作	1	2	3	4	5	6
实际完成工作量(万元)	100	200	350	600	800	800

6月份钢材的现行价格指数为110,其余材料价格无变化。

施工过程中,在第3个月末检查时发现:E工作延误20d,C工作延误10d,F工作按计划进行,G工作提前10d。为满足业主坚持按合同工期完工的要求,在不改变网络计划逻辑关系的条件下,施工单位根据表16-9按照经济性原则进行计划调整。

表16-9 各工作的调整

工作	……	B	E	H	K	Q	……
可压缩天数(d)	……	5	5	10	20	5	……
费率(万元/d)	……	0.1	0.2	0.3	0.4	1.0	……

在G工作进行到一半左右,出现了合同中未标明的硬质岩石,导致施工困难。施工单位及时采取合理措施进行处理并通知了监理。因处理硬质岩石导致增加费用20万元、G工作延误20d,对此,施工单位在规定时间内提出了工期及费用索赔。

问题：

1. 按网络图图例方式，列出⑤、⑥、⑦三个节点的节点时间参数；指出网络图中的关键线路；确定计划工期。

2. 列式计算本工程预付款及其起扣点金额。工程预付款在哪两个月扣回？每月扣多少万元？

3. 列式计算 4 月份及 5 月份的工程进度支付款。

4. 列式计算 6 月份的调价款。

5. 针对 3 月末进度检查结果，评价工程进度，并分析确定调整计划的最佳经济方案。

6. 针对 G 工作中出现硬质岩石的处理，分别指出施工单位提出的工期及费用索赔是否合理？并说明理由。

【案例 81】

背景资料：

某山区 5×40m 分离式双向四车道公路简支 T 梁桥，2019 年 3 月 25 日开标，2019 年 4 月 12 日下发中标通知书，某承包商以 2580 万元价款中标。该桥梁整体处于 3.0% 的纵曲线上，单横坡为 2.0%，桥两端为重力式桥台，中间墩为桩柱墩，桥台、墩身盖梁与 T 梁之间设置板式橡胶支座，该桥立面示意图如图 16-17 所示。该桥在桥台处设置 80mm 钢制伸缩缝。T 梁单片梁重 120t，预制梁采用门式起重机调运，架桥机架设。

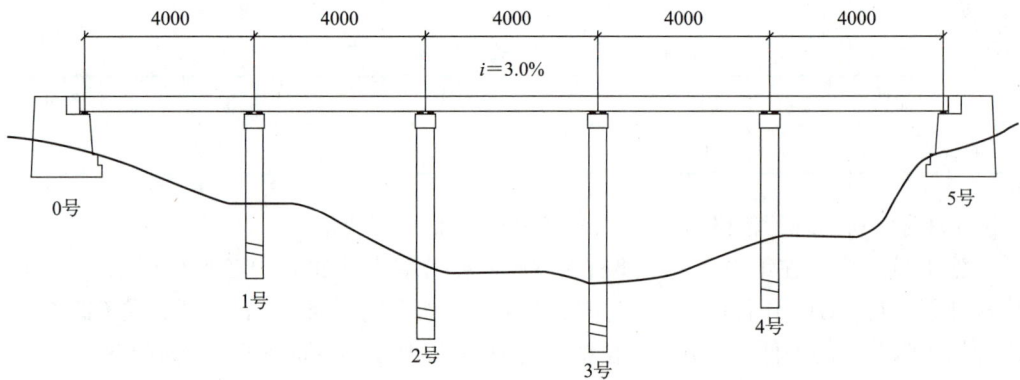

图 16-17 某简支 T 梁桥立面示意图（单位：cm）

合同中约定，工程价款采用价格指数调价公式按月动态结算，月底计量当月完成的工程量，于下个月中旬支付。合同履行期间，以基本价格指数为基础，部分材料（钢材、水泥、砂、碎石）价格指数涨幅超过 ±5%，其风险由业主承担，超过部分据实调整；未超过 ±5% 其风险由承包商承担，不予调整材料价差。除以上 4 种材料外，其余因素均不调整价差。

基本价格指数为投标截止日前一个月的价格指数，现行价格指数为工程实施月的价格指数，均以工程所在地省级工程造价管理机构发布的价格指数为准，不同规格的同种材料价格指数取平均值。

施工过程中发生了如下事件：

事件一：施工单位编制了 T 梁运输与安装专项施工方案。专项施工方案经施工单位技术负责人审核签字、加盖单位公章后，上报总监理工程师审查签字，并加盖执业印章后实施。

事件二：本桥 T 梁采用 C50 混凝土，低松弛钢绞线，夹片式锚具。施工单位在 T 梁预制、张拉施工中采取了如下做法：

做法一——T 梁预制台座设置了反拱值。

做法二——用标准养护的混凝土试块强度作为预应力筋施加张拉条件。

做法三——预应力张拉程序为：$0 \rightarrow$ 初应力 $\rightarrow 1.03\sigma_{con}$（持荷 5min 锚固）。

做法四——由于设计未规定，预应力张拉时要求混凝土的弹性模量不低于混凝土 28d 弹性模量的 75%。

做法五——施工单位采取在模板制造时设置模板横坡的方式对 T 梁进行横坡调整。

事件三：预制施工时，施工单位对梁长、梁端竖直度参数进行严格控制，T 梁安装严格按放样位置进行。T 梁安装完成后，发现梁端顶面与桥台台背之间间隙在 20～30mm，小于伸缩缝安装间隙要求。经检验，预制 T 梁和台背各项检验指标均满足规范要求，可以排除施工误差对梁端顶面与台背间隙的影响。施工单位采取调整支座垫石倾斜度、支座倾斜安装的做法弥补支座垫板未作调坡处理的缺陷。

事件四：2019 年 6 月中旬承包商向业主申请支付工程进度款，按投标报价计算工程进度款为 150 万元（未调材料价差），合同中约定的调价公式中定值权重为（A），可调差材料权重与价格指数见表 16-10。

表 16-10 可调差材料权重与价格指数

序号	材料名称	变值权重	基本价格指数	现行价格指数
1	钢材	0.3	150	180
2	水泥	0.13	121	115
3	碎石	0.11	120	100
4	砂	0.06	134	140

问题：

1. 事件一中，本项目 T 梁运输与安装工程是否属于超过一定规模的危险性较大的工程？说明理由。施工单位编制的专项施工方案还需完善哪些程序？

2. 逐条判断事件二中施工单位的做法是否正确，如果错误请改正。

3. 说明事件三中 T 梁梁端顶面与桥台台背之间间隙过小的原因。指出事件三中支座安装方法的错误，并说明理由。

4. 事件四中，6 月申请支付的工程进度款需进行材料调价差，定值权重 A 等于多少？

5. 表 16-10 中基本价格指数和现行价格指数分别指 2019 年哪个月的价格指数？

6. 事件四中，6 月申请支付的工程进度款，按合同约定，哪些材料可调价差？材料调价差后，业主应支付承包商多少万元？（最后结果小数点后保留 1 位）

【案例 82】

背景资料：

某施工单位承建了一段山区三级公路路基工程，路段长 5.27km，路基宽 8.50m，双向两车道，路线地形起伏较大，填挖基本平衡，填石路堤填料主要以弱风化石灰岩为主，开工前，施工单位编制了实施性施工组织设计，其施工进度双代号网络计划如图 16-18 所示。

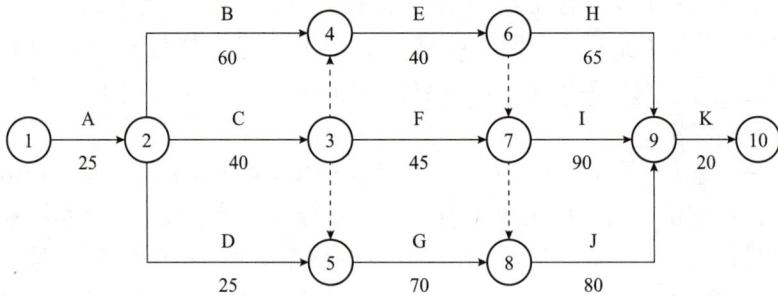

图 16-18　施工进度双代号网络计划图（单位：d）

施工中发生如下事件：

事件一：填石路堤正式施工前，施工单位按照施工方案进行填石路堤试验路段的施工，通过试验确定了施工过程工艺控制方法、质量控制标准以及压实工艺参数，其压实工艺参数包括压实机械规格、压实功率等。

事件二：实施性施工组织设计中，填石路堤施工技术和质量控制要求部分内容如下：

（1）路基原地基处理后压实度应不小于 85%。

（2）硬质石料填筑路堤时，应同步进行边坡码砌。

（3）路基填料粒径应不大于 500mm，且不超过层厚的 1/3。

（4）施工过程中，每填高 6m，需检测路基中线和宽度。

事件三：填石路堤分层填筑的主要工艺有：① 分层填筑；② 振动碾压；③ 路基成型；④ 施工准备；⑤ 摊铺平整；⑥ 填料装运；⑦ 路基整修；⑧ 检测签认。施工过程中，施工单位严格按照已审批的实施性施工组织设计进行填石路堤压实质量的检测和控制。

事件四：针对设计图要求码砌的 2m 厚块石工程量，施工单位提出需按干砌块石来单独计量，而监理单位则要求与路基中的填石一起均按填石路堤计量。

问题：

1. 确定双代号网络计划的关键线路。

2. 事件一中，补充试验路段还应确定的压实工艺参数。

3. 逐条判断事件二中的要求是否正确，若不正确，写出正确要求。

4. 写出事件三中正确的工艺顺序。（写出序号即可，如⑤①③……）

5. 事件三中，填石路堤压实质量控制应采用哪两项指标？

6. 事件四中，施工单位与监理单位的做法哪个正确？说明理由。

【案例 83】

背景资料：

某施工单位承接了某高速公路合同段的施工任务，该合同段起讫桩号为 K9＋060～K14＋270。公路沿线经过大量水田，水系发育，有大量软土地基。其中在 K11＋350 附近软土厚度为 4.5～8.0m，设计采用水泥粉体搅拌桩进行处理，水泥掺量为 14%，桩径为 50cm，桩间距为 150cm，呈正三角形布置。桩顶地基设砂砾垫层，厚度为 30cm。另有一座中心桩号为 K13＋050 的大桥，其桥台后填土较高，荷载较大，需按规范要求进行台背回填。项目开工前，施工单位编制了实施性施工组织设计，确定了主要分部分项工程的施工方法、施工机械配备等，制定了进度计划，并经监理工程师批准。双代号网络计划如图 16-19 所示。

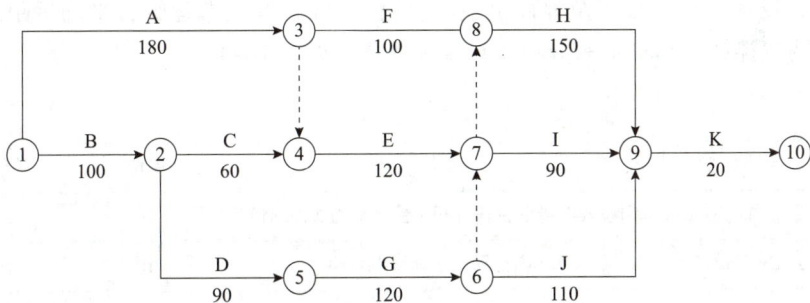

图 16-19　双代号网络计划图（单位：d）

施工过程中发生了如下事件：

事件一：水泥粉体搅拌桩施工前，施工单位进行了成桩试验，确定了满足设计喷量要求的水泥粉体搅拌桩施工工艺参数，包括钻进速度、搅拌速度等。施工过程中，施工单位严格按规范要求进行质量检验，实测项目主要包括垂直度、承载力、桩长、桩径、桩距等。检验发现有部分桩体出现下沉，下沉量在 1.2～2.0m 不等，施工单位按规范要求采取措施对桩体下沉进行了处理。

事件二：施工组织设计中，桥台台背回填的技术方案部分内容如下：① 台背填料选用砂石料或二灰土；② 自台身起顺路线方向，填土的长度在顶面处不小于桥台高度；③ 锥坡填土与台背回填同时进行；④ 采用小型机械进行压实，压实度不小于 94%；⑤ 台背回填在结构物强度达到设计强度 65% 以上时进行。

事件三：合同履行过程中，先后出现了以下几个可能影响工期的情形：① 因设计变更，工作（B）的工程量由 5000m 增加至 6000m；② 工作（D）结束后，业主指令在工作（G）之前增加一项工程，完成该新增工程需要 30d；③ 因业主供应的某主要材料检验不合格，导致工作（I）开始时间推迟 40d。施工单位按合同约定分别就以上 3 个情形向业主提出工期索赔。

问题：

1. 计算网络计划的工期，指出关键线路。

2. 事件一中，施工单位在成桩试验中还应确定哪些工艺参数？补充质量检验实测项目。

3．写出事件一中桩体下沉应采取的处理措施。

4．逐条判断事件二中施工单位的技术方案是否正确。若不正确，写出正确技术方案。

5．事件三中的每种情形下可索赔工期分别为多少天？总工期索赔为多少天？

【案例 84】

背景资料：

某城市郊区新建一级公路长 3km，路面设计宽度 15m，含中型桥梁一座。路面面层结构为沥青混凝土。粗粒式下面层厚 8cm，中粒式中面层厚 6cm，细粒式上面层厚 4cm。

经批准的路面施工方案为：沥青混凝土由工厂集中厂拌（不考虑沥青拌合厂设备安装拆除费、场地平整、碾压及地面垫层等费用），8t 自卸汽车运输，平均运距 3.98km，摊铺机分两幅摊铺。预算定额分项（直接工程费）见表 16-11。

表 16-11　预算定额分项（直接工程费）

序号	定额号	名称	单位	单价（元）
1	2-2-11-16	细粒式沥青混合料拌和（生产能力 160t/h）	m³	631.31
2	2-2-13-21	15t 内自卸车运沥青混合料	m³	5.743
3	2-2-13-22	15t 内自卸车每增 0.5km	m³	0.5
4	2-2-14-44	8.5m 内摊铺机摊铺沥青混合料	m³	13.84
5	2-2-15-4	沥青混合料拌和设备安拆	m³	405453

合同中路基回填土方量为 11000m³，综合单价为 20 元 /m³，且规定实际工程量增加或减少超过（或等于）10% 时可调整单价，单价调整为 18 元 /m³ 或 22 元 /m³。

在工程开工前，施工单位向监理单位提交了桥梁施工进度计划，如图 16-20 所示，监理工程师批准了该计划。

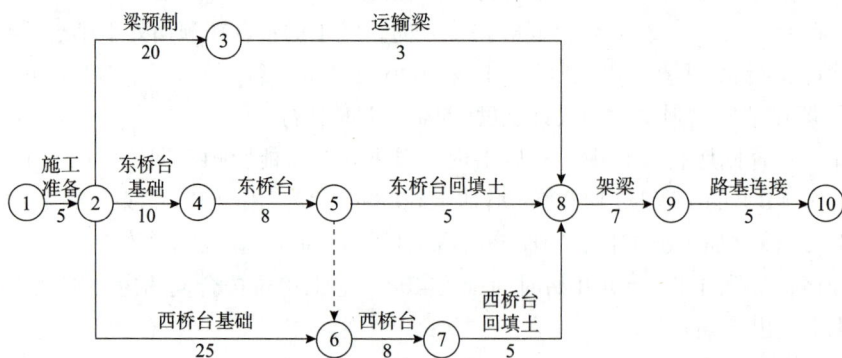

图 16-20　桥梁工程施工进度计划（单位：d）

施工过程中发生了如下事件：

事件一：经监理工程师计量，施工单位实际完成的路基回填土方量为 10000m³。

事件二：工地附近无电源。为此施工单位准备了一台发电机组。西桥台基础第一桩从7月6日7：00开始灌注混凝土，12：00因发电机组故障，灌注作业被迫停工，施工单位立即组织人员抢修，于3h后修复，导管拔出就位到原灌注顶部后继续灌注。

事件三：东桥台施工过程中，基础出现裂缝，裂缝产生的原因是设计方案不完善，监理工程师立即下达了该工作暂停令。经监理工程师审核，裂缝处理费用增加25万元，工期增加10d，停工期间窝工费用补偿1万元。

事件四：基础施工完成后，业主要求增加一小型圆管涵。施工单位接到监理指令后立即安排施工。由于原合同无可参考价格，施工单位按照定额计价并及时向监理工程师提交了圆管涵的报价单。监理工程师审核后认为报价太高，多次与施工单位协商未达成一致，最后总监理工程师做出价格确定。施工单位不接受监理审批的价格，立即停止圆管涵施工，并书面通知监理工程师，明确提出只有在圆管涵价格可接受后才能继续施工。

问题：

1. 按表16-12计算细粒式沥青混凝土的直接工程费。（表16-12序号与题干中序号一致，计算结果保留小数点后一位）

表16-12　细粒式沥青混凝土的直接工程费

序号	单价（元）	工程量	合计（元）
1			
2			
3			
4			
5			
直接费总计			

2. 针对事件一，根据合同规定是否可以调整单价？说明理由。路基回填土石方的结算工程款为多少万元？

3. 按照施工单位提交的桥梁施工进度计划，计算桥梁的计划工期，并写出关键线路。

4. 针对事件二，施工单位在桩基施工准备方面存在的主要问题是什么？

5. 针对事件二，判断桩基质量是否合格。说明理由。

6. 针对事件三，计算施工单位可以获得的工期索赔和费用索赔。

7. 针对事件四，施工单位停工的做法是否正确？说明理由。

【案例85】

背景资料：

某道路改建工程A合同段，道路正东西走向，全长973.5m，车行道宽度15m，两边人行道各3m与道路中心线平行且向北，需新建DN800mm雨水管道973m。新建路面结构为 150mm 厚砾石砂垫层，350mm 厚二灰混合料基层，80mm 厚中粒式沥青混凝土，40mm 厚 SMA 改性沥青混凝土面层。合同规定的开工日期为 5 月 5 日，竣工日期为当年 9 月 30 日。合同要求施工期间维持半幅交通，工程施工时正值高温台风季节。

某道路公司中标该工程以后，编制了施工组织设计，按规定获得批准后，开始施工。施工组织设计中绘制的总体施工网络计划图如图 16-21 所示。

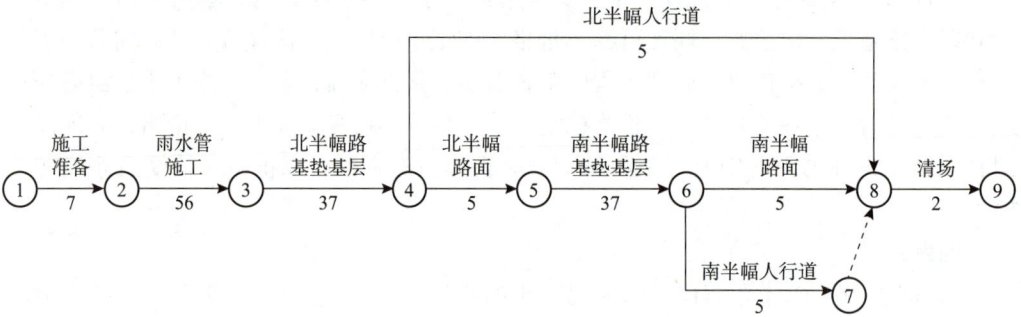

图 16-21　总体施工网络计划图（单位：d）

网络计划图中，雨水管施工时间已包含连接管和雨水口的施工时间；路基、垫层、基层施工时间中已包含旧路翻挖、砌筑路缘石的施工时间。

为保证 SMA 改性沥青面层施工质量，施工组织设计中规定摊铺温度不低于 160℃，初压开始温度不低于 150℃，碾压终了的表面温度不低于 90℃；采用振动压路机，由低处向高处碾压，不得用轮胎压路机碾压。

问题：

1. 指出本工程总体施工网络图计划中的关键线路。
2. 将本工程总体施工网络计划改成横道图，横道图格式如图 16-22 所示。
3. 根据总体施工网络图，指出可采用流水施工压缩工期的分项工程。
4. 补全本工程 SMA 改性沥青面层碾压施工要求。

分部分项	持续时间（d）		时间进度（旬＝10d）
	北幅	南幅	
准备	7		
雨水管	56	—	
路基垫层基层	37	37	
路面	5	5	
人行道	5	5	
清场	2		

图 16-22　横道图

【案例 86】

背景资料：

某施工单位承建一座高架桥，该桥的上部结构为 30m 跨径的预应力箱梁结构，共 120 片预制箱梁。

预制场设 5 个预制梁台座（编号 1～5 号），采用 1 套外模、2 套内模。每片梁的生产周期为 10d，其中 A 工序（钢筋工程）2d，B 工序（模板安装、混凝土浇筑、模板拆除）2d，C 工序（混凝土养护、预应力张拉与移梁）6d。5 个预制梁台座的预制梁横道图如图 16-23 所示。

台座	时间（d）								
	2	4	6	8	10	12	14	16	18
1号	A	B		C					
2号		A	B		C				
3号			A	B		C			
4号				A	B		C		
5号					A	B		C	

图 16-23　5 个预制梁台座的预制梁横道图

施工单位提供给监理工程师的另外一座小桥的施工网络计划如图 16-24 所示。监理工程师审核中发现该施工计划安排不能满足施工总进度计划对该小桥施工工期的要求（施工总进度计划要求该小桥的 $T_r = 60d$）。监理工程师向施工单位提出质疑时，施工单位解释由于该计划中的每项工作作业时间均不能够压缩，且工地施工桥台的钢模板只有 1 套，2 个桥台只能顺序施工，若一定要压缩工作时间，可将西侧桥台基础的钻孔桩改为顶制桩，但要修改设计，且需增加 12 万元的费用。监理工程师提出不同的看法，认为该网络计划安排有不合理之处，要求对该小桥计划的某些工作的逻辑关系进行调整，使得小桥工期不超过 60d。

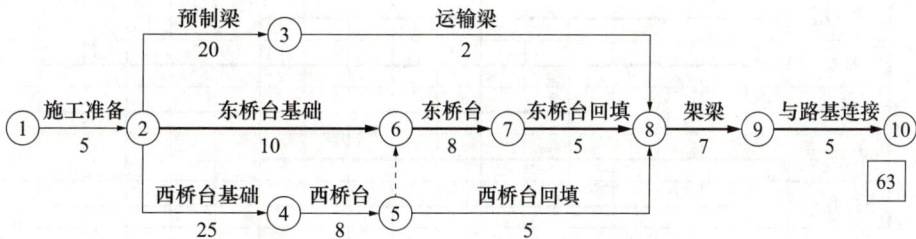

图 16-24　施工网络计划图

问题：

1. 计算 5 个台座 120 片梁预制的最短流水施工工期。

2. 如果只有 4 个预制梁台座，计算 120 片梁预制的最短流水施工工期。所出现的施工不连续是什么？

3. 如果有 6 个预制梁台座，同 1 台座预制梁之间施工连续吗？此时施工不连续是窝工还是间歇？计算其最短流水施工工期。

4. 作为施工单位的工程管理人员应如何调整计划？所做的调整是调整工艺关系还是组织关系？

【案例 87】

背景资料：

某公路路面工程，里程桩号为 K5＋000～K29＋000，总长度为 24km。路面结构层分为级配砾石底基层、水泥稳定碎石基层、沥青面层（单层）。建设单位（业主）希望施工单位尽可能用最短时间完成该路面工程施工。施工单位根据自己的能力准备组织 2 个路面施工队平行施工以完成该路面工程。每个路面施工队的施工能力相同，各完成 12km。根据以往类似工程的施工经验，底基层专业队组（班组）施工进度（速度）200m/d（已经包含各种影响，下同）；水泥稳定碎石基层专业队组施工进度150m/d，养护时间至少 7d，所需工作面的最小长度为 1000m；沥青面层专业队组施工进度为 160m/d，所需最小工作面长度 1200m。要求施工单位用最快方式，根据上述给定条件组织路面工程线性流水施工。以下是施工单位所作的计算和施工进度计划横道图：

（1）各结构层工作的持续时间计算为底基层 60d，基层 80d，面层 75d。

（2）底基层与基层之间逻辑关系 STS（开始到开始）搭接关系，搭接时距计算结果为 1000/200＝5d。

（3）基层与面层之间的逻辑关系 STS 搭接关系，搭接时距计算结果为 1200/150＝8d，考虑到基层的养护至少 7d，所以基层与面层的开始到开始时间间隔为 8＋7＝15d。

（4）根据以上计算结果，路面工程的总工期为 5＋15＋75＝95d，其施工进度计划横道图如图 16-25 所示。

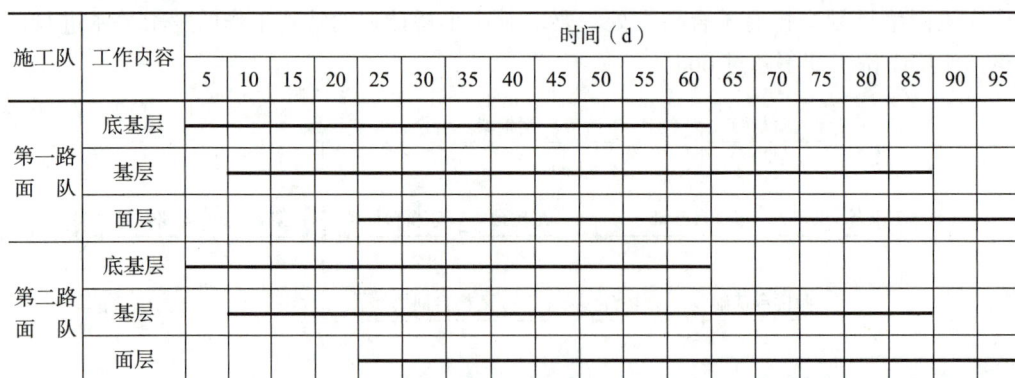

施工队	工作内容	时间（d）																	
		5	10	15	20	25	30	35	40	45	50	55	60	65	70	75	80	85	90	95
第一路面队	底基层																		
	基层																		
	面层																		
第二路面队	底基层																		
	基层																		
	面层																		

图 16-25　横道图

问题：

1. 评价采用 2 个路面施工队平行施工这种施工组织方式的前提条件和实际效果。

2. 评价该施工单位所进行的计算正确性以及进度计划安排是否合理。

（1）各工序的持续时间的计算是否正确？错误请改正。

（2）底基层与基层之间的搭接关系选择是否正确？为什么？错误请改正。

（3）底基层与基层之间的搭接时距计算是否正确？错误请改正。

（4）基层与面层之间的搭接关系选择是否正确？为什么？错误请改正。

（5）基层与面层之间的搭接时距计算是否正确？错误请改正。

（6）路面工程的总工期的计算以及其施工进度计划横道图表示是否正确？错误请改正。

【案例 88】

背景资料：

某施工单位承建一座高架桥，该桥的上部结构为 30m 跨径的预应力小箱梁结构，共 120 片预制箱梁。预制场平面布置示意图如图 16-26 所示。

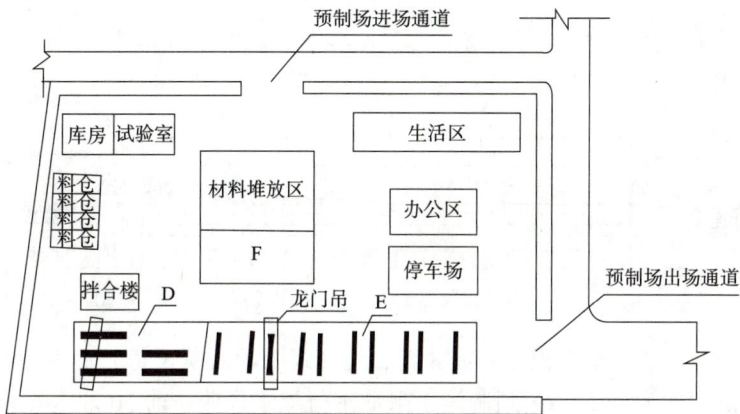

图 16-26　预制场平面布置示意图

预制场 D 区域设 5 个制梁台座（编号 1～5）。采用一套外模、两套内模。每片梁的生产周期为 10d，其中 A 工序（即钢筋工程）2d，B 工序（模板安装、混凝土浇筑、模板拆除）2d，C 工序（混凝土养护、预应力张拉与移梁）6d。5 个预制梁台座的预制梁横道图如图 16-27 所示。

台座	时间（d）								
	2	4	6	8	10	12	14	16	18
1 号	A	B		C					
2 号		A	B		C				
3 号			A	B		C			
4 号				A	B		C		
5 号					A	B		C	

图 16-27　5 个预制梁台座的预制梁横道图

问题：

1．图 16-26 中 E 和 F 分别表示预制场的什么区域？

2．根据背景资料，计算最短流水施工工期。

3．如果预制梁台座只有 4 座，计算最短流水施工工期。

4．如果预制梁台座只有 6 座，计算最短流水施工工期。

【案例 89】

背景资料：

某施工单位承接了一级公路某标段施工任务，标段内有 5 座多跨简支梁桥，桥梁上部结构均采用 20m 先张预应力空心板，5 座桥梁共计 22 跨，每跨空心板数量均为 20 片。施工单位在路基上设置了如图 16-28 所示的预制场，所有空心板集中预制。

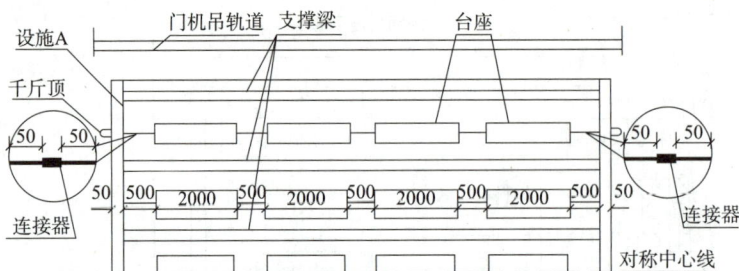

图 16-28　空心板预制场布置示意图（尺寸单位：cm）

施工单位定制了 8 套模板（外模 8 套、充气式胶囊内模 8 套）循环重复用，设定每片空心板预制周期为 7d，整个预制施工采取平行流水作业，前 20 片空心板预制施工横道图如图 16-29 所示。

时间 预制数量	第1天	第2天	第3天	第4天	第5天	第6天	第7天	第8天	第9天
8 片									
8 片									
4 片									

图 16-29　前 20 片空心板预制施工横道图

问题：

1．写出图 16-28 中设施 A 的名称。计算所有空心板预制完成的工期。

2．此题中平行流水的平行含义是指什么之间的平行？要进行流水的原因是什么？流水指什么具体工作内容之间的流水？

3．如果这 5 座桥共有 22 跨简支梁桥，那么这 5 座简支梁桥的上部结构空心板安装是采用平行作业还是顺序作业？为什么？

4．如果安装桥的一跨空心板需要 3d，为保证安装空心板连续施工，存放空心板的梁区至少需要容下多少片空心板？

5．有人计算该题所有空心板预制完成需要：22×20÷8＝55 个施工段，则工期为：

（55－1）×1＋7＝61d。如果要 61d 完成所有空心板预制，在只有 8 套模板不变的情况下预制场应满足什么条件？请列出分析和计算过程。

【案例 90】

背景资料：

某水泥混凝土路面工程，其工程量为 50000m²，分散拌和，手推车运送混凝土，路面厚度 20cm。水泥混凝土路面施工预算定额（部分）见表 16–13。

表 16–13　水泥混凝土路面施工预算定额（部分）

工程内容：① 模板制作、安装、拆除、修理、涂隔离剂；② 传力杆及补强钢筋制作安装；③ 混凝土配运料、拌和、运输、浇筑、捣固、真空吸水、抹平、压纹、养护；④ 切缝、灌注沥青胀缩缝。

单位：1000m² 路面及 1t 钢筋

序号	项目	单位	代号	分散拌和、手推车运输混凝土		集中拌和、汽车运输混凝土				钢筋
						第一个 1km		每增运 1km		
				路面厚度（cm）						
				20	每增减 1	20	每增减 1	20	每增减 1	
				1	2	3	4	5	6	7
1	人工	工日	1	339.2	14.2	246.8	9.6	—	—	7.9
2	C35 水泥混凝土	m³	—	（204.00）	（10.20）	（201.00）	（10.20）	（204.00）	（10.20）	—
3	锯材	m³	11	0.130	0.010	0.130	0.010			
4	HPB300 钢筋	t	16	0.004	—	0.001	—	—	—	0.3595
5	HRB400 钢筋	t	17	—	—	—	—	—	—	0.6666
6	型钢	t	34	0.470	—	0.047	—			
7	22～30 号钢丝	kg	154	—	—	—	—			5.1
8	42.5 号水泥	t	243	82.824	4.444	82.821	4.444			
9	石油沥青	t	260	0.110		0.110				
10	煤	t	266	0.024		0.024				
11	水	m³	208	240	12	240	12	—	—	—
12	中（粗）砂	m³	286	97.92	4.90	97.92	4.90	—	—	—
13	碎石（4cm）	m³	321	169.32	8.47	169.82	8.47	—	—	—

问题：

1. 试计算该工程的劳动量。

2. 当工期要求为 150d 时，所需的劳动力数量是多少？

【案例 91】

背景资料：

某施工单位承接了一路面改造施工标段，路面施工项目部拟对路面施工分成三个区段进行，在施工作业方法的选取时要求组织几个相同的路面工作队，在同一时间、不同的空间上进行施工。派出了测量工、拌和设备操作人员、摊铺机操作人员、压路机操作人员、边缘修饰人员、普工和指挥人员。

问题：

1. 在组织若干个施工工区段进行施工时，可以采用的施工组织形式有哪几种？根据背景资料，本项目宜采用哪种形式？

2. 补充路面施工还需要投入施工现场的劳动力。哪两种工种在所有的工程中必须配置？

【案例 92】

背景资料：

某施工单位承接了一座 $7 \times 30m$ 后张法预应力混凝土简支 T 梁桥，施工单位严格按照设计文件和相关施工技术规范的要求进行施工，并确定了以下主要检验内容：混凝土强度、T 梁的宽度和高度、梁长、支座表面平整度以及横系梁及预埋件位置。在质量控制方面，开展了主梁预制和现浇混凝土强度、支座预埋件位置、主梁高差、支座安装型号与方向等的控制。

问题：

1. 施工单位对预制 T 梁的实测项目是否完整？

2. 在质量控制方面，还应开展哪些质量控制？

【案例 93】

背景资料：

某工程项目有一段 3.1km 长的土方路基施工，为了控制好施工质量，编写了施工方案，设置了项目控制的关键点、施工参数及质量控制的关键指标。

问题：

1. 土方路基施工控制的关键点有哪些？

2. 测定土的最佳含水量的试验方法有哪些？

3. 现场测试路基压实度的方法有哪些？

【案例 94】

背景资料：

某高速公路桥梁工程，采用钻孔灌注基础，承台最大尺寸为长 10m，宽 8m，高 3m，梁体为现浇预应力钢筋混凝土箱梁。跨越既有道路部分，梁跨度 30m，支架高 20m。

根据地质条件，施工单位采用正循环回转钻孔法施工灌注桩，在施工方案中对正循环回转钻孔施工方法描述如下：利用钻具旋转切削土体钻进，泥浆输入钻孔内，从钻头的钻杆下口吸进，泥浆挟带钻渣通过钻杆中心上升，从钻杆顶部连接管道排出至沉淀池内，钻渣在此沉淀而泥浆回流入泥浆池不再使用。

施工单位设置的钻孔灌注桩质量控制点有：桩位坐标；A；护筒埋深；泥浆指标控制；护筒内水头高度；孔径控制；顶、底标高的控制；清孔质量；B；水下混凝土的灌注质量。

桩基混凝土浇筑前，项目技术负责人到施工现场就施工方法对作业人员进行了口头交底，随后浇筑混凝土。在施工中还有如下事件：

事件一：针对承台大体积混凝土施工编制的专项方案有如下说明：

（1）混凝土浇筑安排在一天中气温较高时进行。

（2）增加浇筑层厚度，加快浇筑速度。

（3）用改善集料级配、降低水胶比、掺加混合料、掺加外加剂等方法，减少水泥用量。

事件二：项目部新购买了一套性能较好、随机合格证齐全的张拉设备，由于工期紧，随即投入使用。

问题：

1．施工单位关于正循环回转钻孔施工方法的描述是否正确？如不正确，请改正。

2．写出钻孔灌注桩质量控制点 A 和 B 的内容。

3．指出项目技术负责人在桩身混凝土浇筑前技术交底中存在的问题，并给出正确做法。

4．指出事件一中专项方案说明中的错误之处，并改正。

5．事件二中施工单位在张拉设备的使用上是否正确？说明理由。

【案例 95】

背景资料：

某桥梁工程，其基础为钻孔桩。为了保证工程质量，项目经理部组成了以总工程师为组长的质量控制小组。

（1）确定了现场质量检查控制制度，内容如下：

① 工序交接检查：对关键工序或对工程质量有重大影响的工序，要在互检的基础上，组织专职人员进行交接检查，以确保工序合格。

② 停工后复工的检查：因处理质量问题或某种原因停工后再复工时，均应检查认可后方可复工。

③ 巡视检查：对施工操作质量应该进行巡视检查。

（2）确定了钻孔桩的质量控制点。内容包括：桩位坐标控制、垂直度控制、清孔质量控制等。

问题：

1．项目经理部制定的现场质量检查控制制度有哪些不完善之处？不完整的请补充。

2．桥梁基础钻孔桩的质量控制点还应该有哪些？

【案例 96】

背景资料：

某施工单位承接了某二级公路 E3 标段（K15＋000～K48＋000）路基工程施工。由于该标段工程量较大，工期紧张，项目经理对工程质量管理与控制尤其重视，要求项目总工对质量控制负总责，对技术文件、报告、报表进行全面深入审核与分析，并采取测量、试验、分析、监督等各种方法对现场质量进行检查控制。施工单位确定的土方路基施工中常见的质量控制关键点如下：

（1）施工放样与断面测量；

（2）路基原地面处理，并认真整平压实；

（3）使用适宜材料，保证原材料合格，正确确定土的最大干密度和最佳含水量。

施工中发生了如下事件：

事件一：填筑路堤时，正值雨期。为防止雨水冲刷路堤，保证填筑质量，项目部采取了以下措施：

（1）在填筑路堤前，应在填方坡脚以外挖掘排水沟。

（2）选用黏性土作为填料。

（3）路堤分层填筑。每一层表面，应做成 1%～2% 的双向横坡。当天填筑土层，在第 2 天早晨碾压。

事件二：K15＋200～K15＋900 为土质路堑，平均挖方深度约 10m，最大挖深 15m，路段土质为细粒土，施工单位在进行路堑开挖时，先沿路线纵向挖出一条通道，再横向进行挖掘。

问题：

1. 指出背景资料中项目经理的错误做法，并改正。

2. 除了上述方法外，现场质量检查控制的方法还有哪些？

3. 背景资料中设置的路基质量控制关键点是否完整？如不完整请补充。

4. 事件一中，项目部雨期填筑路堤方法有哪些错误？写出正确做法。

5. 事件二中，施工单位进行路堑开挖采用的是什么方法？该方法是否恰当？说明理由。

【案例 97】

背景资料：

某高速公路 L 合同段（K55＋600～K56＋600）主要为路基土石方工程，本地区岩层构成为泥岩、砂岩互层，抗压强度 20MPa 左右，地表土覆盖层较薄。填方路段填料由挖方路段调运，填料中 71% 为石方，施工过程部分事件摘要如下：

事件一：在填筑路堤时，施工单位采用土石混合分层铺筑，并用平地机整平每一层，最大层厚 40cm，填至接近路床底面标高时，改用土方填筑。局部路段因地形复杂而采用竖向填筑法施工。

事件二：该路堤施工中，严格质量检验，实测了压实度、弯沉值、纵断高程、中线偏位、宽度、横坡、边坡。

问题：

1. 指出事件一中施工方法存在的问题，并提出正确的施工方法。

2. 指出事件二中路堤质量检验实测项目哪个不正确。还需补充哪个实测项目？

【案例 98】

背景资料：

某一级公路工程 K9＋000～K36＋000 段路面结构形式为：底基层采用填隙碎石，基层采用水泥稳定碎石，面层采用 C30 水泥混凝土。施工工期安排在某年夏天，日间气温高达 36℃，工程任务重、工期紧。路面施工完成后，该项目的施工单位对路面底基层、基层、面层进行了施工质量自检。对填隙碎石底基层检验实测了平整度、纵断高程、宽度、厚度、横坡。对水泥混凝土面层的检验实测了平整度、中线平面偏位、抗滑构造深度等，平整度用平整度仪按全线每车道每 200m 测 1 处，中线平面偏位用经纬仪进行检测，每 200m 测 2 点，抗滑构造深度用铺砂法进行检测，每 200m 测 1 处。检测结果均符合要求。

问题：

1. 该施工单位对填隙碎石的实测项目是否全面？说明理由。

2. 改正施工单位对水泥混凝土面层检验存在的问题。

【案例 99】

背景资料：

某桥主跨为 40×50m 预应力混凝土简支 T 梁桥，主墩基础为直径 2.0m 的钻孔灌注桩，桥址处地质为软岩层，设计深度为 20m，采用回转钻进施工法钻孔。根据有关检验标准，施工单位制定了钻孔灌注桩的主要检验内容和实测项目如下：

（1）终孔和清孔后的孔位、孔形、孔径、倾斜度、泥浆相对密度。

（2）钻孔灌注桩的混凝土配合比。

（3）凿除桩头混凝土后钢筋保护层厚度。

（4）需嵌入柱身的锚固钢筋长度。

问题：

1. 请补充钻孔灌注桩成孔质量检查的缺项部分。

2. 对钻孔灌注桩混凝土的检测是否合理？请说明理由。

【案例 100】

背景资料：

某施工单位承接了一座 7×30m 后张法预应力混凝土简支 T 梁桥，施工单位严格按照设计文件和相关施工技术规范的要求进行施工，并确定了以下主要检验内容：混凝土强度、T 梁的宽度和高度、梁长、支座表面平整度以及横系梁及预埋件位置。在质量控制方面，开展了主梁预制和现浇混凝土强度、支座预埋件位置、主梁高差、支座安装型号与方向等的控制。

问题：

1. 施工单位对预制 T 梁的实测项目是否完整？

2. 在质量控制方面，还应开展哪些质量控制？

【案例 101】

背景资料：

某桥梁桥台采用扩大基础，桥墩采用钻孔灌注桩基础。为确保基础施工质量符合设计要求，需要设置质量控制点，并做好完工后的检验工作。

问题：

1. 扩大基础主要的质量控制点有哪些？

2. 钻孔灌注桩主要的质量控制点有哪些？

3. 明挖地基的主要检验内容有哪些？

【案例 102】

背景资料：

某高速公路特大桥为变截面预应力混凝土连续钢构桥，其桥跨布置为 70m ＋ 4×120m ＋ 70m，主梁采用箱形截面，墩身为空心墩，墩高 50～75m，桥墩采用群桩基础，平均桩长约 60m。施工单位为本桥配置了以下主要施工机械和设备：反循环钻机、混凝土高压泵、混凝土搅拌站、塔式起重机、载人电梯、悬臂式掘进机、架桥机、预应力张拉成套设备、爬模设备、钢模板、钢护筒、挂篮设备。

3 号桥墩在施工到 40m 高度时，作业人员为了方便施工，自己拆除了部分安全防护设施。另有作业人员携带加工好的部分箍筋乘电梯到墩顶施工。

问题：

1. 按高处作业的分级要求，该桥 3 号桥墩施工属于哪一级？患有哪些疾病的人员不适合在本桥墩作业？该桥墩的作业人员应配备哪些个人安全防护设施？

2. 指出 3 号墩作业人员的错误做法。

【案例 103】

背景资料：

在某桥梁总体施工完毕后，对其进行检测时，某技术人员制定了如下的桥梁总体检测项目：

（1）桥梁的净空。

（2）桥面中心偏位和桥面宽度。

（3）引道中心线与桥梁中心线的衔接以及桥头高程衔接。

其中对检测的要求规定如下：

（1）桥面中心偏位要求用经纬仪检查 3～8 处。

（2）桥面宽度（车行道、人行道）要求用钢尺量每孔 3～5 处。

（3）引道中心线与桥梁中心线的衔接，要求分别将引道中心线和桥梁中心线延长至两岸桥长端部，比较其平面位置，允许偏差 ±30mm。

（4）桥头高程衔接要求用水准仪测量。

问题：

1. 根据现行规范的相关要求，该技术员制定的检测项目是否完善？说明理由。

2. 根据现行规范的相关要求，该技术员对检测要求的描述是否正确？说明理由。

【案例 104】

背景资料：

京沈高速公路北京到沈阳的高速路是国家的重点建设项目，其中宝坻—山海关，全长 199km，为双向 6 车道高速公路。

沥青混凝土表面为 SBS 改性沥青混凝土。结构为 20cm 厚石灰稳定土层基层，18cm 厚石灰粉煤灰稳定碎石基层，19cm 厚水泥稳定碎石基层以及 4cm 厚沥青混凝土表面层，5cm 厚沥青混凝土中面层，6cm 厚沥青混凝土底面层。

工程质量检验结果：在两标段的施工过程中，经监理抽验的合格率等各项指标均达到优良标准，压实度的合格率达到 100%，受到业主和监理的好评。

问题：

1. 沥青面层的实测项目有哪些？哪些项目属于关键项目？

2. 关键项目的要求有哪些？

3. 沥青面层施工质量控制的基本要求有哪些？

【案例 105】

背景资料：

在对某一桥梁进行桥面铺装施工时，为了保证施工质量，施工单位特制定了如下的质量控制内容：

（1）桥面铺装应符合同等级路面的要求，桥面泄水孔的进水口应略低于桥面面层。

（2）桥面铺装的强度和压实度按路基、路面压实度评定标准或水泥混凝土抗压强度评定标准检查。

（3）铺装层的厚度、平整度和抗滑构造深度检测。

问题：

1. 现行规范中对铺装层的厚度、平整度和抗滑构造深度的检测频率是如何规定的？

2. 该施工单位制定的上述检测内容是否完善？说明理由。

3. 指出桥面铺装实测项目中的关键项。

【案例 106】

背景资料：

某段土方填筑路基施工完成之后进行了检测，在用贝克曼梁法进行弯沉测试时步骤如下：

（1）在测试路段布置测点，测点在路中线上，并画上标记。

（2）将试验车后轮对准测点前 3～5cm 处位置上。

（3）将弯沉仪插入汽车后轮之间的缝隙处与汽车方向一致，弯沉仪测头置于测点上（轮隙中心后方 3～5cm）并安装百分表于弯沉仪的测定杆上，百分表调零，用手指轻轻叩打弯沉仪，检查百分表是否稳定回零。

（4）测定者吹哨发令指挥汽车缓缓前进，百分表随路面变形的增加而持续向前转动。当指针转动到最大值时，迅速读取初读数，汽车仍在前进，表针反向回转，待汽车驶出弯沉影响半径（3.0m 以上）之后，吹口哨或挥动红旗指挥停车。待表针回转稳定后读取最终读数，汽车行进速度宜为 5km/h 左右。

（5）测得的数字整理计算，求得代表弯沉值。

问题：

1. 弯沉测试除贝克曼梁法外还有哪些方法？

2. 改正上述贝克曼梁法测试步骤中的错误之处。

【案例 107】

背景资料：

某施工单位承接了一条高速公路施工任务，项目部为抓好成本管理，做了如下事项：

事项一：由合同预算员组织编制施工成本计划，并按照编制成本计划的程序完成成本计划的编制。

事项二：加强对公路项目施工成本的控制，提出成本控制的方法有：

（1）以施工方案控制资源消耗。

（2）运用目标管理控制工程成本。

事项三：在中标的合同工程量清单基础上编制标后预算。

事项四：项目部认为，作为标后预算总费用中的项目预算总成本分为：直接费、设备购置费、措施费、专项费用、现场管理费。具体分类是：

（1）直接费：人工费、材料费、施工机械使用费。

（2）设备购置费：隧道照明、消防、通风的动力设备，公路监控、收费、通信、路网运行监测、供配电及照明设备等。

（3）措施费：① 冬期施工增加费；② 雨期施工增加费；③ 夜间施工增加费；④ 特殊地区施工增加费；⑤ 行车干扰施工增加费；⑥ 施工辅助费；⑦ 职工取暖费补贴；⑧ 失业保险费。

（4）专项费用：施工场地建设费和安全生产费。

（5）现场管理费：① 文明施工费；② 管理人员工资；③ 工资附加费；④ 指挥车辆使用费；⑤ 根据项目的规模、计划工期和经验数据计算的费用；⑥ 不可预见费。

问题：

1. 指出事项一中的错误，并改正。补充成本计划编制程序的前三步。

2. 针对事项二，补充完善成本控制的方法。

3. 指出事项三中标后清单基础上项目预算中成本的组成。

4. 指出事项四中项目预算总成本和具体分类是否正确？如有错误请改正。

【案例 108】

背景资料：

某一高速公路标段长 10km，路段包含一座大桥和一个互通式立交，涵洞通道 18 个，路基土方均为路堤填筑。承包人进场后，项目部明确了对各部门、各施工队和班组的施工成本核算内容，制定了降低施工项目成本的方法和途径。

问题：

1. 项目部制定的施工成本核算有哪些内容？

2. 请说明项目部制定的降低施工项目成本的主要方法和途径。

背景资料：

某城市的公路改建项目，业主为了控制工程造价，与设计方详细研究了各种成本控制措施，要求通过成本管理的各种手段，不断促进降低施工项目成本，尽可能地以最低的成本达到设计要求。施工方在面对业主提出的要求后也采取了一系列措施，编制了标后预算，选择适宜的施工方案，降低材料成本，提高机械利用率，以降低施工成本获得最大的收益。

问题：

1. 标后预算中措施费有哪些具体内容？

2. 为什么降低材料成本是施工项目成本控制的主要途径之一？其具体采取的措施包括哪些？

【案例 110】

背景资料：

某新建一级公路工程 K11＋120～K12＋260 合同段位于海拔 3000m 以上的地区，路面结构设计示意图如图 16-30 所示。该合同段工程与其他工程或已有道路无交叉，依据《公路工程建设项目概预算编制办法》JTG 3830—2018、《公路工程预算定额（上、下册）》JTG/T 3832—2018 编制的该工程施工图预算，其中 K11＋120～K12＋120 底基层工程量为 22300m^2（底基层平均面积）。

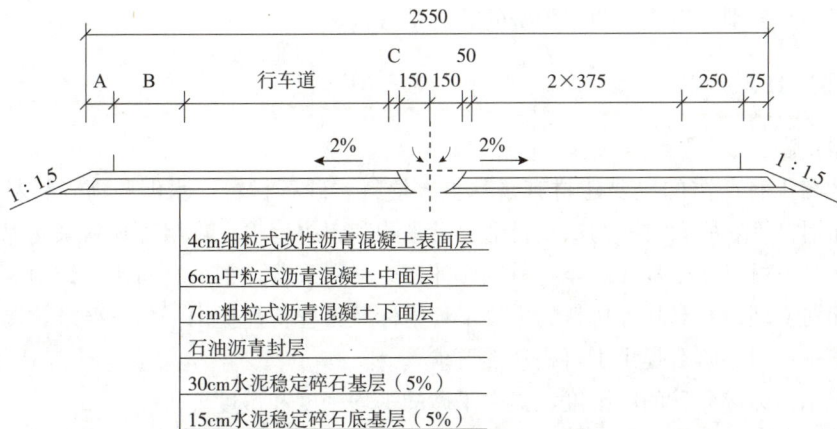

图 16-30　路面结构设计示意图（尺寸单位：cm）

厂拌基层稳定土混合料的定额见表 16-14，各定额分项预算价格分别为：人工，80 元／工日；稳定土混合料，162.72 元／m^3；水泥，400 元／t；水，4 元／m^3；碎石，80 元／m^3；3m^3 以内轮胎式装载机，1200 元／台班；300t/h 以内稳定土厂拌设备，1500 元／台班。

项目部于 2014 年 6—8 月完成了该合同段工程所有路面施工，该地区属于冬Ⅲ区，11 月进入冬季。

表 16-14　厂拌基层稳定土混合料定额表（水泥稳定类）

工程内容：装载机铲运料，上料，配运料，拌合，出料单位：1000m²

序号	项目	单位	代号	水泥碎石	
				水泥剂量5%	
				压实厚度15cm	每增减1cm
1	人工	工日	1	2.8	0.2
2	稳定土混合料	m³	—	（151.15）	（10.10）
3	32.5级水泥	t	823	16.755	1.117
4	水	m³	866	21	1
5	碎石	m³	958	220.32	14.69
6	3m³以内轮胎式装载机	台班	1051	0.48	0.03
7	300t/h以内稳定土厂拌设备	台班	1160	0.24	0.02
8	基价	元	1999	—	—

问题：

1. 写出路面结构设计图中 A、B、C 的名称。

2. 计算 K11＋120～K12＋120 段底基层施工需拌制的水泥稳定碎石混合料的数量，并计算该部分厂拌底基层水泥稳定碎石混合料的材料费和施工机械使用费。（计算结果保留小数点后两位）

3. 该合同段的冬期施工增加费、高原地区施工增加费和行车干扰工程增加费是否需要计取？并分别写出该三项增加费的计算基数构成。

【案例111】

背景资料：

某公路工程所需的主要建材有路基土方填料、砂石材料、水泥、沥青材料、沥青混合料和钢材等。所有材料均由项目部自己采购和组织运输。项目部材料采购部门拟按工程量清单→材料需用量计划→材料供应计划→材料采购计划→材料用款计划的顺序进行材料计划管理，并对几种材料的主要工程指标及工程特性提出了如下要求（摘要）：

要求一：对于碎石提出了可松散性要求。

要求二：为区分砂的粗细度，提出了砂的平均密度和湿度要求。

要求三：对于水泥，提出了针入度的要求。

该项目在施工过程中，项目部有关部门通过资料分析，发现混凝土工程的实际成本比计划成本增加较多，主要原因是砂、碎石材料成本的增加。但有关资料表明，砂、碎石的购入原价与施工预算时的价格一致。

在工程施工中还发生了如下事件：

事件一：水泥混凝土结构局部出现了蜂窝、麻面，项目部认为并未影响结构，因此未做任何处理。

事件二：在路基施工放样时，由于工期紧，项目部新购了一台全站仪后立即投入使用，并将一台超过规定周检确认时间间隔的仪器也投入使用，使路基工程按时完工。

问题：

1. 逐条判断对材料工程指标及工程特性的要求是否合理。说明理由。

2. 从"价差"方面分析材料成本增加的可能原因，并提出通过物耗管理控制成本的方法。

3. 事件一中，项目部的做法是否正确？如不正确，提出正确的处理办法。

4. 分析事件二中存在的仪器管理问题，并提出正确的处理方法。

【案例 112】

背景资料：

某一高速公路第八施工合同段长 12km，有特大跨河桥，桥梁工程涉及转体施工，有深度 4m 的基坑开挖，还有隧道穿越岩溶发育区、高风险断层、砂层、采空区等工程地质复杂的地质环境。针对该工程的项目情况编制了施工方案。

问题：

1. 哪些分项工程需要编制专项施工方案？

2. 哪些分项需要专家论证审查？

3. 专项施工方案应包括哪些内容？

【案例 113】

背景资料：

某施工单位承接了一个标段的高速公路施工任务，其中为满足桥梁施工，需要设立一个预制场。在相关工作中有如下事件：

事件一：因为场地限制，施工单位通过内部讨论决定将预制场设于主线征地范围内。

事件二：在进行场地布置形式时，考虑了面积、地形、工程规模等因素。

事件三：为防止发生张拉台座不均匀沉降、开裂事故，影响预制梁板的质量，先张法施工的张拉台座拟采用重力式台座。底模采用混凝土底模。

事件四：场地建设前施工单位应将梁场布置方案报监理工程师审批。

问题：

1. 事件一中，施工单位的做法是否正确？如不正确，应如何改正？

2. 补充事件二中场地布置形式还应考虑的因素。

3. 改正事件三中的错误。

4. 事件四中，梁场布置方案应该包括哪些主要内容？

【案例 114】

背景资料：

某施工单位承接了一城市道路的改建工程，按照业主要求，项目部积极做好施工准备工作。由于工程位于市区，业主对施工场地要求高，项目部认真做好总体规划，合理选择临建场地，并绘制了临时设施的阶段性施工平面图，项目经理部在现场入口的醒目位置设置承包人的公示标志。

问题：

1．施工场地要求主要是指哪两方面的要求？

2．需要绘制的临时设施的阶段性施工平面图主要包括哪些临时设施？

3．公示标志的内容有哪些？

【案例 115】

背景资料：

某项目部承建一项城市道路工程，道路基层结构为 200mm 厚碎石层和 350mm 厚水泥稳定碎石基层。

项目部按要求配置了专职安全员，并成立了以安全员为第一责任人的安全管理领导小组，成员由安全员、项目经理及工长组成。项目经理在现场入口的醒目位置设置承包人的工程概况牌、防火须知牌、施工总平面图等。

项目部制定的施工方案中，对水泥稳定碎石基层的施工进行详细规定，要求 350mm 厚水泥稳定碎石分两层摊铺，下层厚度为 200mm，上层厚度为 150mm，采用 15t 压路机碾压。为保证基层厚度和高程准确无误，要求在面层施工前进行测量复核，如出现局部少量偏差则采用薄层贴补法进行找平。

在工程施工前，项目部将施工组织设计分发给相关各方人员，以此作为技术交底，并开始施工。

问题：

1．指出安全领导小组的不妥之处，改正并补充小组成员。

2．根据背景资料，项目经理部还需设置哪些标牌？

3．指出施工方案中错误之处并给出正确做法。

4．说明把施工组织设计文件直接作为技术交底做法的不妥之处并改正。

【案例 116】

背景资料：

某高速公路某合同段，由甲承包商承包施工，为了保证测量工作的质量，施工单位对测量工作进行以下管理：

1）确定了公路工程施工测量管理内容：

（1）设计单位提供的控制性桩点的现场交桩及交桩成果的保护。

（2）研究设计图纸资料，复核交桩资料并勘察施工现场。

（3）制定施工测量方案，选定控制测量等级，确定测量方法。

（4）建立、复测和加密施工控制网及复测成果管理。

（5）施工测量放样和验收检测工作。

2）对施工放样测量作出具体要求。

问题：

1．补充公路工程施工测量管理的其他内容。

2．列出施工放样测量的具体要求。

【案例117】

背景资料：

某工程项目，项目经理部为了控制原材料、构配件的质量，建立了工地试验室，制定如下管理制度：

制度一：项目经理部必须严格控制工程进场的质量、型号、规格。在供货商提供了材料检验报告后，方可与供方签订供应合同。

制度二：试验室在项目总工程师的领导下开展试验、检测工作。业务上受上级公司中心试验室领导，同时还需接受监理工程师的监督和检查。

制度三：在施工过程中，试验室应按合同、规范或业主要求，分清与试验室试验、检测的项目，并按相应的试验规程进行试验检验工作。

制度四：对压实度检测、混凝土试件制作、测定混凝土稠度、测定沥青混合料温度等频率较高的检测项目，试验人员按规定的取样地点、时间进行检测试验，试验管理人员进行15%频率的抽检。

制度五：试验室对试验检测的原始记录和报告印成一定格式的表格，同时应有试验、计算、负责人签字及试验日期。

制度六：对预制构件厂生产的预制构件，安装前应检验出厂合格证，内容包括：构件型号、规格数量、出池或出厂日期。

问题：

1. 以上所列施工单位制定的原材料、构配件试验管理制度一～六条是否有不妥或不完整之处？请逐条说明。若有不妥或不完整之处，请指出改正。

2. 请说出制度六中，检验后和安装后的管理制度的要求。

【案例118】

背景资料：

某施工单位进行桥梁下部结构施工，桥梁桥台采用扩大基础，桥墩采用钻孔灌注桩基础。单位编制了施工方案，由项目技术部门组织了审核，项目总工程师向项目各部门负责人及全体技术人员进行了技术交底的工作，从而确保工程的顺利进行。为确保基础施工质量符合设计要求，需要设置质量控制点，并做好完工后的检验工作。

问题：

1. 对于重大的技术方案的审批流程是什么？

2. 施工技术交底必须在相应工程内容施工前分级进行，分为几级？各级交底的对象是谁？

3. 技术交底的主要内容有哪些？

4. 在扩大基础施工时工程质量检验的基本要求有哪些？

【案例119】

背景资料：

某一级公路的桥梁工程，采用钻孔灌注桩基础，承台最大尺寸为：长8m、宽6m、高 3m，梁体为现浇预应力钢筋混凝土箱梁。

桩身混凝土浇筑前，项目技术负责人到场就施工方法对作业人员进行了口头交底，随后立即进行 1 号桩桩身混凝土浇筑，导管埋深保持在 0.5～1.0m。浇筑过程中，拔管指挥人员因故离开现场。后经检测表明 1 号桩出现断桩。

施工中还有如下事件：

事件一：由于场地限制的原因，现场采用泵送混凝土，并提出了以下技术要求：

要求一——泵送混凝土应选用火山灰质硅酸盐水泥。

要求二——泵送混凝土中应掺入外加剂。

要求三——严格控制泵送混凝土试配时的坍落度值。

事件二：项目部新购买了一套性能较好、随机合格证齐全的张拉设备，并立即投入使用。

问题：

1. 指出项目技术负责人在桩身混凝土浇筑前技术交底中存在的问题，并给出正确做法。

2. 指出背景中桩身混凝土浇筑过程中的错误之处，并改正。

3. 针对事件一，改正要求一中的错误；指出要求二中应掺入的外加剂种类以及对要求三中的坍落度值有何规定。

4. 事件二中，施工单位在张拉设备的使用上是否正确？说明理由。

【案例 120】

背景资料：

某施工单位承接了一座特大型桥梁工程，为了更好地开展施工技术管理工作，项目部在施工准备阶段进行了如下技术管理工作：

事件一：技术策划由项目经理负责组织，项目技术管理部门和参建单位有关技术人员参加。技术策划应在充分理解合同文件与设计文件、施工调查和项目部自身资源及技术条件的基础上进行，并充分体现项目管理层预期。

事件二：工程开工前，在业主（或监理）主持下，由设计单位向施工单位在项目部会议室进行书面交桩，设计单位将路线勘测时所设置的导线控制点、水准控制点及其他重要点位的桩位及相关技术资料逐一交给施工单位，并经双方签字确认，交桩工作即完成。

项目部接受导线控制点、水准控制点的桩位后，由于工期紧，施工单位随即将资料用于现场测量放样。

问题：

1. 指出事件一中的错误，并说明在技术策划中，针对主要施工技术方案需要做的策划内容。

2. 指出事件二中的错误，并改正。

【案例 121】

背景资料:

某施工单位承接了一座隧道施工任务,在开工前,进行了如下施工技术交底工作:

事件一:要求技术交底必须分级进行,其中第一级是项目总工程师向项目各部门负责人及全体技术人员进行交底。

事件二:第一级交底包括合同文件中规定使用的有关技术规范、监理办法及总工期;设计文件、施工图纸的说明和施工特点以及试验工程项目的施工技术标准、采用的工艺……

事件三:技术交底的方法主要是以口头交底为主。

问题:

1. 针对事件一,项目部的技术交底通常分几级?除了背景所叙述的第一级外,还有哪几级?

2. 补充事件二中第一级交底的内容。

3. 改正事件三的交底方式,并说明技术交底方法的主要要求。

【案例 122】

背景资料:

某施工单位承接了一条长21km的二级公路的路基、路面工程,路基宽12m,水泥混凝土路面。为保证测量工作质量和提高测量工作效率,项目部制定了详细的测量管理制度,要求如下:

要求一:测量队对有关设计文件和监理签认的控制网点测量资料,由两人共同进行核对,核对结果应作记录并进行签认,成果经项目技术主管复核签认,总工程师审核签认后方可使用。

要求二:测量外业工作必须有多余观测,并构成闭合检测条件。

要求三:对各工点、工序范围内的测量工作,测量组应自检、复核并签认,分工衔接的测量工作,由测量队或测量组进行互检、复核和签认。

要求四:项目经理部总工程师和技术部门负责人要对测量队(组)执行测量复核签认制的情况进行检查,测量队对测量组执行测量复核签认制的情况进行检查,所有检查均应作好检查记录。

要求五:测量记录与资料必须分类整理、妥善保管,并作为竣工文件的组成部分归档保存,具体归档资料包括以下内容:

(1)交接桩资料、监理工程师提供的有关测量控制网点、放样数据变更文件。

(2)各工点、各工序测量原始记录、观测方案布置图、放样数据计算书。

问题:

1. 逐条判断测量管理制度中要求一~要求四是否正确,并改正错误之处。

2. 补充测量管理制度要求五中作为竣工文件的其他测量归档资料。

【案例 123】

背景资料：

某桥梁工程，采用钻孔灌注桩基础，承台最大尺寸为：长 8m、宽 6m、高 3m，梁体为现浇预应力钢筋混凝土箱梁。桩身混凝土浇筑前，项目技术负责人到场就施工方法对作业人员进行了口头交底，随后立即进行 1 号桩桩身混凝土浇筑，导管埋深保持在 0.5～1.0m。浇筑过程中，拔管指挥人员因故离开现场。后经检测表明 1 号桩出现断桩。在后续的承台、梁体施工中，项目部新购买了一套性能较好、随机合格证齐全的张拉设备，并立即投入使用。

问题：

1. 项目技术负责人的技术交底是否正确？说明理由。
2. 指出桩身混凝土浇筑过程中存在的错误之处。
3. 钻孔桩的质量控制关键点有哪些？

【案例 124】

背景资料：

1994 年 4 月 22 日，某公路工程处第三项目经理部在某立交桥施工期间，对立交作业区域内原有厂房拆除过程中，发生了一起因被拆除的建筑物坍塌，导致 2 人死亡的事故。

建设单位委托第三项目部进行 3000m² 厂房拆除工程的施工，并要求 4 月底前拆完。条件是第三项目经理部向建设单位上交 4 万元，拆除下来的钢筋由第三项目经理部支配。项目经理 K 在工期紧，项目自身无能力进行此项拆除工程和民工队负责人 L 多次要求承包此项拆除工程的情况下，最终将此项工程分包给了 L 民工队。条件是以拆除下来的钢筋作为支付 L 的拆除施工的工程款，并于 3 月 27 日签订了合同书。

厂房是砖混结构的二层楼房。民工队为了能以最小的投入获得最多的收益，不支搭拆除工程的脚手架，而是站在被拆除厂房的楼板上，用铁锤进行作业。4 月 22 日，厂房只剩最后一间约 16m² 的休息室时，民工 L、H 和 C 站在休息室顶棚（二楼地板，二楼已被拆除）上，继续用铁锤捶击顶棚。同日 16：45 左右，房屋中心部位的顶棚水泥已基本脱落，民工 L、H 和 C 仍用铁锤捶击暴露出来的钢筋，致使顶棚呈 V 字形折弯，继而拉倒两侧墙壁，C 及时跳下逃生，L 和 H 被迅速缩口的顶棚 V 字形折弯包夹。L 在送往医院途中死亡，H 在经医院抢救 1h 后死亡。

问题：

1. 请从技术方面和管理方面分别对本起事故进行分析。
2. 如何制定事故的预防对策？

【案例 125】

背景资料：

某施工单位承接了西部高速公路 M 合同段的施工任务。工程开工前，施工单位对施工图进行了初审、内部会审。在此基础上，建设单位组织设计、施工等单位共同对施工图进行了综合会审。各阶段会审的主要内容包括：施工图是否符合国家有关标准和经济政策的规定；建筑结构与安装工程的设备同管线的结合部位是否符合要求；安装工程各分项专业之间有无重大矛盾；图纸的份数及说明是否齐全、清楚、明确，图纸上标注的尺寸、坐标、标高及地上地下工程和公路交会点等有无遗漏和矛盾。路线 K51＋350～K51＋680 为路堑段，地表上部覆盖薄层第四系残积木，其下为风化较严重的砂岩。边坡最大高度 45.3m，分五级，每级设置 4m 宽的平台。边坡支护采用预应力锚固技术，下面四级边坡每级设置三排无粘结预应力锚索网格梁，网格梁锚索间距为 4m。

施工单位拟定的预应力锚索施工工艺流程为：

施工准备→测量放样→工作平台搭设→钻孔→清孔→制作锚索→安装索→ A →网格梁施工→张拉和锁定→ B。

为验证锚索锚固力是否符合设计文件要求和指导施工，施工单位进行了锚固性能基本试验。张拉分预张拉和超张拉两阶段进行，并采用"双控法"控制。锚索固定后，余露锚索采用电弧切割，并留 5～10cm 外露锚索。现场监理及时发现施工中的错误，并进行了纠正。

边坡支护施工完成后，质量检测机构对边坡支护质量进行了监测评估。其中实测项目经加权计算得 93 分，因网格梁外观缺陷扣 1 分，因项目工程施工原始记录部分不详扣 2 分。

问题：

1．补充图纸会审的主要内容。

2．指出预应力锚索施工工艺流程中 A、B 代表的工序名称。

3．写出"双控法"的含义。

4．改正锚索锁定后施工单位的错误做法。

5．计算边坡支护分项工程评分值，并评定其质量等级。

【案例 126】

背景资料：

某高速公路路基工程，路线全长 12km，包含土方填筑 1342549m³，沿线地表为高、低液限黏土及低液限黏土夹粉细砂层。根据总体施工计划，有效利用施工期为 300d。某施工企业承担了该项工程，其企业设备管理统计，机械利用率为 90%，其拥有的部分碾压设备及其生产率见表 16–15。

表 16–15　部分碾压设备及其生产率

项目	羊足碾		光轮压路机		振动压路机		轮胎压路机	双轮双振压路机	
	功率（kW）		自重（t）		自重（t）		9～16t	自重（t）	
	60 以内	75 以内	12～15	18～21	12	18	—	11	13
台班（m³）	360	425	126	161	200	257	40	40	40

问题：

1．该企业哪些碾压设备适于该项目？

2. 以使用光轮压路机（18～21t）为例，计算完成该工程需要配置的碾压设备台班。

【案例 127】

背景资料：

某公司承建一段环城高速公路沥青混凝土路面工程，路线长 16km，路面结构形式为双幅，上、中、下层厚度分别为 4cm、5cm、6cm，每幅宽 18.5m，下面层试验段铺筑长度为 150m，消耗沥青混合料 399.6t（未最终压实的混合料密度取 $2t/m^3$）。

问题：

1. 试计算需要配置沥青混凝土摊铺机的数量。
2. 试计算试验段摊铺完成后的平均厚度。

【案例 128】

背景资料：

某沥青混凝土路面工程，路面结构形式自上而下依次为：上面层 4cm AC-16（Ⅰ）中粒式沥青混凝土、中面层 6cm AC-25（Ⅰ）粗粒式沥青混凝土、下面层 8cm AC-25（Ⅰ）粗粒式沥青混凝土，工程量为：上面层 $482200m^2$、中面层 $484200m^2$、下面层 $470100m^2$，施工有效工期为 200d。某企业准备使用一台 3000 型沥青混凝土拌合站进行拌和，拌合站的有关参数为：搅拌器每次搅拌量 3000kg，加料时间 6s；混合料搅拌时间 41s；成品料卸料时间 5s。一台摊铺宽度为 12m 的超大型摊铺机进行摊铺。

问题：

1. 分析沥青混凝土拌合站是否能满足施工要求？
2. 分析沥青混凝土摊铺机是否能满足施工要求？

【案例 129】

背景资料：

某路桥公司承包了某高速公路标段路面工程的施工任务，在施工过程中，沥青混凝土摊铺机连续发生机械设备事故，导致该合同段没有按合同规定的日期完成施工任务。

问题：

1. 承包工程后，应如何编制施工机械设备计划？
2. 机械设备事故的预防措施要点是什么？
3. 发生机械设备事故后，应按怎样的程序进行处理？

实务操作和案例分析题答案

【案例 1】答：

1. 构造物 A 的名称是钢筋混凝土框架（或竖向肋柱）。标注为 2cm 的结构名称是伸缩缝（或变形缝）。
2. 预应力锚索混凝土框架施工流程的正确工序：①②⑤④⑥⑦③⑧⑨。
3. 事件 1 中的双控的具体内容是：采用张拉应力和伸长量进行张拉控制。

根据《公路路基施工技术规范》JTG/T 3610—2019 规定，边坡预应力锚固防护施工质量检查的项目有：锚索张拉应力、张拉伸长率、断丝与滑丝数。

4. "框架梁铺设于边坡表面"错误。改正为"骨架宜完全嵌入坡面内"。

"养护时间为 7d"错误。改正为"养护时间宜不少于 14d"。

【案例 2】答：

1. 工序 A 是摊铺下层砂垫层。工序 B 是埋砂袋头。

2. 错误 1："砂袋的渗透系数应小于砂的渗透系数"。改正为："砂袋的渗透系数应不小于砂的渗透系数"。

错误 2："发生砂袋带出或损坏时，应在原孔位重打"。改正为："发生砂袋带出或损坏时，应在原孔位边缘重打"。

3. 粉喷桩施工前还应进行成桩强度试验。工序 C 的内容：重复搅拌提升。

4. 粉喷桩施工质量检查的检查项目还包括：单桩每延米喷粉量、强度、地基承载力。

【案例 3】答：

1. 该合同段有高路堤。因为规范规定，当边坡高度超过 20m 的路堤时即属于高路堤，本合同段部分路堤边坡高度已达到 23.50m。

2. "填料的松铺厚度根据压路机型号确定"错误。根据《公路路基施工技术规范》JTG/T 3610—2019，每种填料的松铺厚度应通过试验确定。

"采用光轮压路机进行压实"错误。砂性土采用光轮压路机压实效果较差，应该采用振动压路机。

3. 灌砂法、环刀法、核子密度湿度仪法。

【案例 4】答：

1. 该挡土墙是修建在路基前进方向的右侧。因为在立面图上其里程从左到右是逐步增大的。

2. 工程数量表中 $\phi 50mm$ 的 PVC 管用于泄水孔排水。

3. 施工工序的正确顺序：② 施工准备；③ 基坑开挖；⑦ 基坑验收；① 基础砌筑；④ 墙身砌筑；⑧ 勾缝抹面；⑤ 养护；⑥ 墙后路基填筑。

4. 解决方案一：采用碎石土换填或打桩作为挡墙基础。

解决方案二：采用扩大基础。

【案例 5】答：

1. 不符合。本变更因超过施工图设计批准预算，属于较大设计变更。对较大设计变更，正确的做法是：建议建设单位经审查论证确认后，向省级交通运输主管部门提出公路工程设计变更的申请，省级交通运输主管部门自受理申请之日起 15d 内作出是否同意开展设计变更的勘察设计工作的决定，并书面通知申请人。

较大设计变更文件经建设单位审查确认后报省级交通运输主管部门审查。较大设计变更文件由省级交通运输主管部门批准，并报交通运输部备案。

2. 不应采用平地机整平。因含石量为 67%，整平应采用大型推土机辅以人工进行。

不应采用竖向填筑法。土石路堤只能采用分层填筑，分层压实。

3. 不应该实测弯沉值，还应实测平整度。

【案例6】答：

1．不合理。原因有：

（1）软基深度较深、面积大（工程经济性较差）。

（2）地表无常年积水、土质呈软塑～可塑状态（施工速度慢）。

2．整平原地面→机具定位→桩管沉入→加料压实→拔管。

3．还应考虑：土质的工程特性；机械运行情况；运距和气象条件；相关工程和设备的协调性。不妥当，不应选择布料机和滑模摊铺机。

【案例7】答：

1．该段填土路基属于高路堤。

理由：路基填土边坡高度大于20m的路堤称为高路堤。该段路堤边坡最低20.6m，最高24.8m，均大于20m。A：300，B：100。

2．掺灰土不能作为上路床填料。

理由：高速公路上路床填料 CBR 值最小为8%，掺灰土 CBR 值在6%～7%，不符合高速公路 CBR 值的要求。

3．确保路基稳定，减少路基工后沉降。

4．采用袋装砂井合理。

理由：对于软土路基，抛石挤淤处理深度不宜大于3m。袋装砂井（竖向排水体）适用于深度大于3m的软土地基处理。该路段软土层厚度大于4m，小于8m，适用袋装砂井。

5．（1）路基基底存在软弱层；（2）清淤不彻底，回填不均匀或压实度不足。

【案例8】答：

1．施工单位应配置挖掘机、运土车等工程机械。

2．施工工序的正确顺序：②⑤①③④⑦⑥⑧。

3．路基渗沟施工的工序还应包括顶部封闭层施工。

4．做法一不正确。有孔管身朝向上部。

做法二正确。

做法三正确。

【案例9】答：

1．必须设置透层。水泥、石灰、粉煤灰等无机结合料稳定土基层上必须浇洒透层沥青，以使沥青面层与非沥青材料基层结合良好。

2．做法二中"最好在表面形成油膜"不正确，应该是"不得在表面形成油膜"。做法六中"用轮胎压路机稳压"不正确，应该是"用钢筒式压路机稳压"。

【案例10】答：

1．试验段铺筑的主要目的有两类，一是为控制指标确定相关数据，如：松铺系数、机械配备、压实遍数、人员组织、施工工艺等；二是检验相关技术指标，如：沥青含量、矿料级配、沥青混合料马歇尔试验、压实度等。

2．出厂时混合料出现白花料，拌和中可能存在油料偏少的情况；拌和时间偏短；矿粉量过多等。

3．沥青混凝土路面施工中压实度是一重要控制指标，温度低是造成压实度不足的原因之一，随时检查并做好记录是保证沥青路面压实度的重要手段之一。

4. 碾压进行中压路机要运行均匀，不得中途停留、转向或制动；也不能随意改变碾压速度；不允许在新铺筑路面上停机加油、加水。

【案例 11】答：

1. A：土路肩；B：硬路肩（或应急停车带）；C：路缘带。

2. 通过试验路段确定的参数还有：施工配合比，材料的松铺系数。

3. 按技术规范养护期应不小于 7d。

该路面养护的方法还有：土工布覆盖养护、铺设湿砂养护、草帘覆盖养护、洒铺乳化沥青养护等方法。

【案例 12】答：

1. 功能层 A 是粘层。

功能层 B 是粘层。

功能层 C 是封层。

功能层 D 是透层。

2. 事件一中施工单位做法不正确。基层分三层铺筑，铺筑底基层 20cm，铺筑基层 36cm 应按两层施工。

3. 事件二中从装车到运输至现场超过 2.5h 的水泥稳定材料不可以用于基层。水泥稳定材料从装车到运输至现场，时间宜不超过 1h，超过 2h 时应作为废料处置。

4. 事件三中施工单位做法不正确。底、中面层采用走线法施工，表面层应采用平衡梁法施工。

【案例 13】答：

1. 工艺流程中 A 是填缝。

2. 技术要点（1）正确。

技术要点（2）错误。搅拌楼的配备，应优先选配间歇式搅拌楼，也可使用连续搅拌楼。

技术要点（3）错误。水泥混凝土面层采用滑模摊铺机进行铺筑不需要安装模板。

技术要点（4）正确。

3. 切缝时间较迟，应在路面混凝土强度达到 40% 时进行切缝。切缝深度不足，无拉杆、传力杆时槽口深度宜为面板厚度的 1/4～1/3，最浅 60mm；设拉杆、传力杆时槽口深度宜为面板厚度的 1/3～2/5，最浅 80mm。

【案例 14】答：

1. 在条件限制时可以在现场用人工拌制。乳化沥青碎石混合料最适宜采用拌合机拌和。

2. 施工人员拌和混合料的时间不符合规定。混合料的拌和时间应保证乳液与集料拌和均匀，机械拌和不宜超过 30s，人工拌和不宜超过 60s。

3. 不合理。为了保证混合料具有充分的施工和易性，混合料的拌和、运输和摊铺应在乳液破乳前结束。

4. 混合料的碾压方法不正确。正确方法：混合料摊铺后，先采用 6t 左右的轻型压路机初压，宜碾压 1～2 遍，使混合料初步稳定，再用轮胎压路机或轻型筒式压路机碾压 1~2 遍。初压时应匀速进退，不得在碾压路段上紧急制动或快速启动。当乳化沥青开始破乳，混合料由褐色转变成黑色时，用 12~15t 轮胎压路机或 10~12t 钢筒式压路机复压。复压 2~3 遍后，立即停止，待晾晒一段时间，水分蒸发后，再补充复压至密实为止。碾压时发现局部混合料有松散或开裂时，应立即挖除并换补新料，整平后继续碾压密实。

【案例 15】答：

1．该混凝土路面施工方式需要安装模板。

2．构造物 A 是拉杆，构造物 B 是传力杆。接缝布置示意图中还有横向胀缝、纵向缩缝。

3．工艺流程中 C 是密集排振。

4．轴前料位过高时应铲除，过低则采取补料处理。

【案例 16】答：

1．由面层、基层、底基层、垫层组成。

2．15 年，大于 400 万次／车道。

3．沥青碎石混合料分为 5 个种类：特粗式、粗粒式、中粒式、细粒式、砂粒式；沥青混凝土分为 4 个种类：粗粒式、中粒式、细粒式、砂粒式。

【案例 17】答：

1．施工过程中出现情况的不妥之处：

情况一存在不妥。正确做法：做好配合比设计后报监理工程师审批。

情况二存在不妥。正确做法：试验段开工前 28d 安装好试验仪器和设备，配备好试验人员后报请监理工程师审核。

情况三存在不妥。正确做法：混合料的表面层采用平衡梁法施工，底、中、面层采用走线法施工。

情况四存在不妥。正确做法：碾压应顺纵向由低边向高边按规定要求的碾压速度均匀进行。

2．对沥青路面混合料的运输要求：

（1）根据拌合站的产量、运距合理安排运输车辆。

（2）运输车的车箱内保持干净，涂防黏薄膜剂。运输车配备覆盖棚布以防雨和热量损失。

（3）已离析、硬化在运输车箱内的混合料，低于规定铺筑温度或被雨淋的混合料予以废弃。

【案例 18】答：

1．不正确，因为施工配料应该采用"施工配合比"。

2．搅拌楼搬迁后，在投入使用前都应该重新进行标定。

3．还应该进行水泥混凝土抗折（抗弯拉）强度试验。

4．第六步中，高速公路路面不能采用小型机具铺筑进行施工，应该改用滑模施工机械施工。第十步中，钢纤维水泥混凝土路面养护后不能使用软拉毛机械，应该采用硬刻槽机进行抗滑沟槽施工。

5．水泥混凝土路面的接缝类型有：纵缝、横缝、胀缝以及施工缝。

【案例19】答：

1.（1）可能发生在 10m 处，吸泥机清理不彻底时，形成灌注桩中断或混凝土中夹有泥石。

（2）可能发生在 27m 处，采取强制提升而造成导管脱节。

2. 进水、塞管、埋管。

3. 可采用拔抽抖动导管（不可将导管口拔出混凝土面）。当所堵塞的导管长度较短时，也可以用型钢插入导管内来疏通导管，或在导管上固定附着式振捣器进行振动。

【案例20】答：

1. 存在问题有：

（1）在钢筋笼制作时，一般要采用对焊，以保证焊口平顺。当采用搭接焊时，要保证焊缝不要在钢筋笼内形成错台，以防钢筋笼卡住导管。

（2）对导管进行接头抗拉试验，并用 1.5 倍的孔内水深压力的水压进行水密承压试验，试验合格之后，才可以使用安装导管。导管口不能埋入沉淀的淤泥渣中。

（3）进行混凝土灌注，混凝土坍落度 15cm，存在问题。混凝土坍落度要控制在 16～22cm，要求和易性好。

（4）施工单位考虑到灌注时间较长，在混凝土中加入缓凝剂，须征得监理工程师的许可。

（5）当灌注到 27m 时，导管挂在钢筋骨架上，施工人员采取了强制提升的方法。这是不对的。当钢筋笼卡住导管后，可设法转动导管，使之脱离钢筋笼。

2. 当混凝土堵塞导管时，可采用拔插抖动导管（注意不可将导管口拔出混凝土面）处理，当所堵塞的导管长度较短时，也可以用型钢插入导管内来疏通导管，也可以在导管上固定附着式振动器进行振动来疏通导管内的混凝土。

3. 埋设护筒、制备泥浆、钻孔、清底、钢筋笼制作与吊装、灌注水下混凝土。

4. 冲击法、冲抓法、旋转法。

【案例21】答：

1. 钻孔灌注桩的工艺流程顺序：②①④③⑤⑥。

2. 施工单位配置的钻机类型不恰当。因为桩要嵌入弱风化层砂岩，而旋转钻机适合土层中钻进，还应配置冲击钻机。

3. 套箱围堰封底混凝土厚度应根据桩周摩擦阻力、浮力、套箱及混凝土重力等计算确定。

4. 针对本项目承台基坑中出现的地下水，可采取基底四周设排水沟的做法，然后设一集水井，用潜水泵将水排出，保持基坑无积水。

【案例22】答：

1. 支架工程属于超过一定规模的危大工程。

理由：支架搭设高度 24m，超过 8m，属于超过一定规模的危大工程。

专项施工方案实施前还应完善的手续：（1）专项施工方案应当由施工单位技术负责人审核签字、加盖单位公章，并由总监理工程师审查签字、加盖执业印章。（2）施工单位应当组织召开专家论证会对专项施工方案进行论证。（3）专项施工方案实施前，编制人员或者项目技术负责人应当向施工现场管理人员进行方案交底。施工现场管理人员应当向作业人员进行安全技术交底，并由双方和项目专职安全生产管理人员共同签字确认。

2．不满足相关规定。

理由：支架搭设高度 24m，宽度 9m，支架高宽比＝ 24/9 ＝ 2.67，支架高宽比宜小于等于 2，所以本工程支架不符合要求。

处理措施：扩大下部架体尺寸（支架宽度）或采取其他构造措施。

3．（1）对地基承载力进行验算或加固验收；（2）设置预拱度，支架搭设完成后应进行验收，并进行预压；（3）超过 8m 的支架，还应对其稳定性进行安全论证。

4．（1）浇筑时由高处向低处浇筑，不符合要求。

（2）浇筑时间过长，高于 25℃时，C30 以上混凝土浇筑时间不应大于 150min。

5．（1）错误。正确做法：张拉程序为：0 →初应力→ σ_{con}（持荷 5min 锚固）。

（2）错误。正确做法：宜采用钙矾石系或复合型膨胀剂，不得使用铝粉膨胀剂。

（3）错误。正确做法：压浆自低处向高处进行。

【案例 23】答：

1．根据索塔外形不同，索塔横向结构形式还有桁架式、混合形式。

2．塔柱外模不宜采用滑模施工。该桥塔柱有一定倾斜度（塔柱横纵向均设坡，纵向斜率 1：150，横向外侧斜率 1：25，内侧 1：30），埋件较多，另外采用滑模施工，其施工控制复杂，外观质量较差，易污染。

3．主塔施工还应配备起重设备、混凝土浇筑设备、混凝土养护设备等。

4．构造物 A 是牛腿，构造物 B 是托架。

【案例 24】答：

1．见表 16–16。

表 16–16　桥梁施工机械设备

桥梁施工装备	适用桥梁
骑缆吊机	
挂篮	悬臂施工混凝土连续梁桥
架桥机	预应力混凝土（后张法）小箱梁
缆索吊装系统	装配式混凝土拱桥

2．工序 A 是安装内外模，工序 B 是预应力张拉。

3．"跨中设 2cm 的预拱度，采用悬链线"错误，应为"跨中设 2cm 的预拱度，采用二次抛物线"。

【案例 25】答：

1．构件 A 的名称是剪刀撑。可调顶托在施工中的作用是用来调整支架高度和拆除模板用。

2．底模强度计算还应考虑的荷载：（1）振捣混凝土时产生的振动荷载；（2）其他可能产生的荷载，如风荷载、雪荷载、冬季保温设施荷载、温度应力等。

3．"预压荷载为支架所承受荷载的 1 倍"错误。改正为："预压荷载为支架所承受荷载的 1.05～1.10 倍。"预压的目的还有：消除地基不均匀沉降和支架的非弹性变形。

4．"预应力混凝土结构的侧模与底模在结构建立预应力后进行了拆除"错误。改正为："预应力混凝土结构的侧模应在预应力钢束张拉前拆除；底模应在结构建立预应力后方可拆除。"

【案例 26】答：

1．人工挖孔桩的主要作业流程中工序 A 是混凝土锁口施工，工序 B 是浇筑混凝土护壁。

2．"护壁混凝土等级为 C20"错误。护壁混凝土的强度等级：当桩径小于或等于 1.5m 时应不小于 C25，桩径大于 1.5m 时应不小于 C30。

3．挖孔过程中，施工单位还应经常检查平面位置和竖轴线倾斜。

4．图中 D 为 1200mm 或 1500mm。

【案例 27】答：

1．属于原招标文件和工程量清单中未包括的"新增工程"的变更（或设计变更）。工程变更确认过程和环节包括：提出工程变更→分析提出的工程变更对项目目标的影响→分析有关的合同条款和会议、通信记录→初步确定处理变更所需的费用、时间范围和质量要求→确认工程变更。

2．不完善。设置预拱度时还应考虑支架在荷载作用下的非弹性沉陷和张拉上拱的影响。支架预压的目的是收集支架地基的变形数据，作为设置预拱度的依据。

3．预应力筋宜使用砂轮锯（砂轮切割机）下料，预应力张拉过程中应控制张拉应力和伸长值两项指标，以张拉应力控制为主（以伸长值作为校核）。

4．不能满足质量要求，压浆应使孔道另一端饱满和出浆，并使排气孔排出与规定稠度相同的水泥浓浆为止。

5．避免出现支架下沉；避免脱模过早，以及模板的不均匀沉降；加强箱梁混凝土浇筑后的养护工作。

【案例 28】答：

1．"垫块的间距在竖向为 4m"错误。改正为"垫块的间距在竖向不应大于 2m"。

"安装钢筋骨架时，将钢筋骨架支承在孔底，并采取措施保持其平稳"错误。改正为"安装钢筋骨架时，应将其吊挂在孔口的钢护筒上，或在孔口地面上设置扩大受力面积的装置进行吊挂，不得直接将钢筋骨架支承在孔底"。

2．模板超出允许偏差变形的主要原因有地基处理不彻底，支架未进行预压。

3．盖梁施工中还可采用立柱穿孔式支架和钢抱箍支架。

【案例 29】答：

1．分包工程在开工前承包人必须填报开工报审表，并附有监理人审批并取得发包人同意的书面文件，由监理人审查其是否具备开工条件，确定是否批复其开工申请。

为规范公路工程施工分包活动，加强公路建设市场监管，交通运输部组织修订了《公路工程施工分包管理办法》。

分包工程的管理：

（1）严格履行开工申请手续

分包工程在开工前承包人必须填报开工报审表，并附有监理人审批并取得发包人同意的书面文件，由监理人审查其是否具备开工条件，确定是否批复其开工申请。

（2）将分包工程列入工地会议议程

每次工地会议，将分包工程作为一个议题进行研究，承包人必须详细介绍分包工程实施的情况，就分包工程实施中的有关问题进行讨论，制定解决问题的措施和方法，必要时，可邀请分包人参加工地会议。

（3）检查核实分包人实施分包工程的主要人员与施工设备

在分包工程实施中，监理人应检查核实分包人实施分包工程的主要技术、管理人员及主要施工设备是否与资格审查时所报的情况相符，如发现分包人的人员、施工设备、技术力量等难以达到工程要求时，应要求承包人采取措施处理。

（4）对分包工程实施现场监督检查

监理人应对分包工程实施现场监管，及时发现分包工程在质量、进度等方面的问题，由承包人采取措施处理。

2．要点一正确。

要点二正确。

要点三正确。

要点四错误，应按实际伸长量校核，张拉到设计应力相应油表刻度时，应稳压一段时间后再锚固。

要点五正确。

要点六错误，压浆使用压浆泵从梁最低点开始。

值得注意的两点是：其一，按设计要求在两端同时对称张拉，张拉时千斤顶的作用线必须与预应力轴线重合，两端各项张拉操作必须一致。预应力张拉采用应力控制，同时以伸长值作为校核。实际伸长值与理论伸长值之差应满足规范要求，否则要查明原因采取补救措施。张拉过程中的断丝、滑丝数量不得超过设计规定，否则要更换钢筋或采取补救措施。

其二，压浆使用压浆泵从梁最低点开始，在梁两端压浆孔各压浆一次，直至规定稠度的水泥浆充满整个孔道为止。

3．不正确，B公司作为分包人，不能直接向监理单位提出分包工程的变更要求，分包人应该报告承包人，由承包人向监理单位提出变更要求。

分包工程的变更管理：承包人接到监理人依据合同发布的涉及发包工程的变更指令后，以书面确认方式通知分包人执行。承包人也有权根据工程的实际进展情况通过监理人向发包人提出有关变更建议。

监理人一般不能直接向分包人下达变更指令，必须通过承包人。分包人不能直接向监理人提出分包工程的变更要求，也必须由承包人提出。

分包工程的索赔管理：分包合同履行过程中，当分包人认为自己的合法权益受到损害，无论事件起因于发包人或监理人，还是承包人的责任，都只能向承包人提出索赔要求。如果是因发包人或监理人的原因或责任造成了分包人的合法利益的损害，承包人应及时按施工合同规定的索赔程序，以承包人的名义就该事件向监理人提交索赔报告。

对于由承包人的原因或责任引起分包人提出索赔，这类索赔产生于承包人与分包人之间，双方通过协商解决。监理人不参与该索赔的处理。

4．还需钢筋工、电焊工。

首先要熟悉梁厂的工作内容和工序安排。背景资料中提到了"测量工、试验工、混凝土工、模板工、电工、起吊工、张拉工"，考虑到T梁的钢筋骨架的绑扎、焊接作业，必须补充钢筋工和电焊工。

【案例30】答：

1．应补充的参数为：压实速度、压实遍数、沉降差等。

2．（1）硬质岩石、中硬岩石可用作路床、路堤填料；软质岩石可用作路堤填料，不得用于路床填料；膨胀性岩石、易溶性岩石和盐化岩石等不得用于路堤填筑。

（2）路床填料粒径应小于100mm。

（3）填石路堤填料的粒径应不大于500mm，并不宜超过层厚的2/3，不均匀系数宜为15～20。

（4）填石路堤顶部最后一层填石料的铺筑层厚不得大于0.4m，填料粒径不得大于150mm，其中小于5mm的细料含量不应小于30%，且铺筑层表面应无明显孔隙、空洞。填石路堤上部采用其他材料填筑时，可视需要设置土工布作为隔离层。

3．A：地表排水设施施工（截水沟和排水沟）；B：地下排水设施施工（暗沟、支撑渗沟、边坡渗沟、平孔）。

4．事件二中"在滑坡体前缘采取了爆破减载的方法减载"错误。

改正：严禁爆破减载和在滑坡体前缘减载。

事件三中"挡土墙基坑采用全断面拉槽开挖"错误。

改正：挡土墙基坑采用分段跳槽施工。

5．关键项目：砂浆强度、断面尺寸。

【案例31】答：

1．此大桥墩台基础施工更适合草（麻）袋堰。

2．① 在黏土地基中不宜使用射水法，可使用锤击法或振动法；② 将钢板桩拔出的顺序应为：从上游附近易于拔出的一根或一组钢板桩开始。

3．为了利用围堰内水压力抵消围堰外挤压力，使桩壁与水下混凝土脱离从而减小拔出钢板的摩阻力。

【案例32】答：

1．不正确。对地质不明确的地段应进行地质补钻，应根据地质补钻所得岩石厚度、硬度，在能满足桩的承载力时，才能进行终孔。

2．不正确。回填后，应等待数日待填土沉实后，再重新钻孔。

【案例33】答：

1．合理，适用于该桥墩基坑开孔的措施还有混凝土护壁、钢板桩、锚杆支护和地下连续壁等。

2．施工方为保证承台立模及混凝土浇筑所采取的措施还应包括在基坑底部设排水沟和集水井。

3．合理。除此之外还有：

（1）敷设冷却水管。

（2）分层浇筑，以通过增加表面系数，利于混凝土的内部散热。

【案例34】答：

本方案有错误。

主筋下料长度相同，不能满足规范同一截面接头不超过50%的规定。

有些墩柱太高，起重臂长度不够，模板不能整体吊装，只能分节段整体拼装就位。

只在顶部箍筋四周插入木楔，不能有效控制钢筋保护层厚度，应按要求系好保护层垫块。

【案例35】答：

1. 基坑边坡不稳时，可采取加固坑壁措施，如挡板支撑、混凝土护壁、钢板桩、锚杆支护、地下连续壁等。如有渗水时，基坑底部应设排水沟和集水井，及时排除基坑积水。

2. 挖除承台底层松软土，在基坑底部设排水沟和集水井，换填砂砾土垫层，使其符合基底的设计标高并整平，即立模灌筑承台混凝土。

3. 模板一般采用组合钢模，纵、横楞木采用型钢，在施工前必须进行详细的模板设计，以保证模板有足够的强度、刚度和稳定性，能可靠地承受施工过程中可能产生的各项荷载，保证结构各部形状、尺寸的准确。模板要求平整、接缝严密、拆装容易、操作方便。一般先拼成若干大块，再由起重机或浮吊（水中）安装就位，支撑牢固。

【案例36】答：

1. 错误之处：采用环形开挖留核心土法施工，开挖进尺为3m。

正确的做法：隧道软弱围岩施工应遵循"超前探、管超前、短进尺、弱（不）爆破、强支护、勤量测、紧衬砌"的原则，施工组织围绕这一原则开展施工。开挖进尺应为0.5～1.0m，确保施工安全。

2. ⑥为喷射混凝土。

初期支护是④⑤⑥⑦；防水层是②③；二次衬砌是①。

3. 系统锚杆应与④⑤⑥彼此牢固连接。

4. 边墙灌注施工错误是：先浇筑一边，再浇筑另一边。

正确的做法应为：灌注边墙混凝土时，要求两侧混凝土保持分层对称地均匀上升，以免两侧边墙模板受力不均匀而倾斜或移位。

【案例37】答：

1. "工作空间较小"错误，应为：工作空间较大。"全断面开挖法具有较小的断面进尺比"错误，应为：全断面开挖法具有较大的断面进尺比。

2. 本项目施工监控量测的必测项目还有：周边位移与拱顶下沉。其对应方法及工具分别是各种类型收敛计、全站仪、水准仪、钢尺。

3. （1）"电钻工应戴棉纱手套"错误，应戴绝缘胶皮手套。

（2）"炸药和雷管分别装在带盖的容器内用汽车一起运送"错误，应改为：炸药和雷管分别装在带盖的容器内用汽车分别运送。

（3）"隧道开挖及衬砌作业地段的照明电器电压为110～220V"错误，应改为：隧道开挖及衬砌作业地段的照明电器电压为12～36V。

（4）"通风设施由专职安全员兼管"错误，应改为：通风设施由专人管理。

【案例 38】答：

1．判断隧道各段围岩的级别如下：

（1）K68＋238～K68＋298 段以及 K69＋498～K69＋538 段应为 V 级围岩（洞口浅埋段，地下水不发育，出露岩体极破碎，呈碎、裂状）。

（2）K68＋298～K68＋598 段和 K69＋008～K69＋498 段应为 IV 级围岩（地下水不发育，岩体为较坚硬岩，岩体较破碎，裂隙较发育且有夹泥）。

（3）K68＋598～K69＋008 段应为 III 级围岩（地下水不发育，岩体为较坚硬岩，岩体较为完整，呈块状体或中厚层结构，裂隙面内夹软塑状黄泥）。

比选出的施工方法为：环形开挖留核心土法，因为核心土法比双侧壁导坑法经济，比全断面法安全。

2．① 事件二中必测项目为：洞内外观察、拱顶下沉、周边位移。

② 拱顶下沉量测方法为水准测量，工具为全站仪、水准仪和钢尺等。

3．事件三中的错误有采用干喷技术，采用挂模的方式喷射混凝土。隧道喷射混凝土宜采用湿喷工艺，不得挂模喷射。喷射混凝土的实测项目除喷射混凝土强度之外，还有喷层厚度、喷层与围岩解除状况。

4．（1）事件四中喷射混凝土掉落的原因为喷射混凝土前没有对岩面清理干净，喷射混凝土因残留黄泥不能和围岩很好地结合而掉落。（2）施工单位应将原来喷射混凝土凿除，并清理清洗岩面，再按设计要求喷射混凝土。

5．（1）本项目需要编制专项施工方案，因属于不良地质隧道。（2）不需要专家论证。

【案例 39】答：

1．A 为防水层。按跨度分类，该隧道属于一般跨度隧道。

2．报项目监理工程师和项目法人备案。

3．选测项目：围岩内部位移（洞内设点）、锚杆轴力、钢架内力及外力。

U_0 表示设计极限位移值。

B 施工状态的内容为：应加强支护。

4．凿岩机用水、空压机冷却用水。

5．衬砌开裂原因：

（1）施工时，由于先拱后墙法施工时拱架支撑变形下沉，造成拱部衬砌产生不均匀下沉，拱腰和拱顶发生施工早期裂缝。

（2）由于施工测量放线发生差错、欠挖、模板拱架支撑变形、塌方等原因，而在施工中又未能妥善处理，造成局部衬砌厚度偏薄。

（3）施工质量管理不善，混凝土材料检验不力，施工配合比控制不严，水灰比过大等造成衬砌质量不良，降低承载能力。

6．隧道衬砌裂缝病害的防治：

（1）设计时应根据围岩级别、性状、结构等地质情况，正确选取衬砌形式及衬砌厚度，确保衬砌具有足够的承载能力。

（2）施工过程中发现围岩地质情况有变化，与原设计不符时，应及时变更设计。

（3）钢筋保护层必须保证不小于 3cm，钢筋使用前应做除锈、清污处理。

（4）混凝土强度必须符合设计要求，宜采用较大的骨灰比，降低水胶比，合理选用外加剂。

（5）衬砌背后如有可能形成水囊，应对围岩进行止水处理，根据设计施作防水隔离层。

（6）衬砌施工时应严格按要求正确设置沉降缝、伸缩缝。

7. 隧道衬砌裂缝的治理措施：

可总结为加强衬砌自身强度和提高围岩稳定性两种。对于隧道衬砌裂缝的治理一般会采用锚杆加固、碳纤维加固、骑缝注浆、凿槽嵌补、直接涂抹工艺中的一种或数种相结合的措施。

加强衬砌自身强度可通过对隧道衬砌结构混凝土施工材料进行加固以及通过对衬砌结构的裂缝进行碳纤维加固等措施提升结构自身的承载能力。提高围岩稳定性能够有效地保证隧道衬砌结构施工的安全性，可通过锚固注浆、深孔注浆等措施对围岩进行加固。

8. 监控量测数据整理、分析与反馈应符合的规定是：

（1）对初期支护时态曲线进行回归分析，预测可能出现的最大值和变化速度，掌握位置变化的规律。

（2）数据异常时，应及时分析原因，提出对策和建议，并及时反馈有关单位。

9. 错误做法：项目法人不能组织竣工验收。改正为：交通运输主管部门按竣工验收工作程序及时组织竣工验收。

该隧道的竣工验收分值为：$85 \times 0.2 + 86 \times 0.2 + 82 \times 0.6 = 83.4$。

质量等级：合格。

【案例 40】答：

1. 属于小净距隧道。理由：根据规范要求，Ⅴ级围岩最小净距应大于等于开挖断面宽度 $\times 3.5$。

而背景资料中，13.5（单隧道开挖断面宽度）$\times 3.5 = 47.25m$，即最小净距应大于此数值。

背景资料反映，50（两条隧道中心点距离）$-$（13.5/2＋13.5/2）（隧道开挖断面半径）$= 36.5m$，小于规范 $47.25m$ 要求，所以是小净距隧道。

小净距隧道专项施工方案应包括的内容有：（1）左右洞的开挖先后次序；（2）先行洞和后行洞开挖方法；（3）先行洞和后行洞爆破设计和爆破振动控制；（4）先行洞和后行洞开挖错开距离；（5）先行洞仰拱、衬砌与后行洞开挖错开距离；（6）中夹岩保护和加固；（7）其他内容。

2. BQ：岩体基本质量指标。

K20＋230～K20＋970：Ⅲ（三级）。

K20＋970～K21＋350：Ⅳ（四级）。

Ⅳ占总长百分比：（380＋410）÷1730×100%＝45.7%。

3. 错误一改正：初期支护中，宜采用湿喷工艺。

错误二改正：超挖部分应采用与砌体同强度混凝土浇筑。

错误三改正：仰拱和底板强度达到100%时，允许车辆通行。

错误四改正：二次衬砌距Ⅳ级围岩掌子面的距离为不大于90m。

4．错误一与错误四涉及重大安全事故隐患。

单位重大安全事故隐患排查治理第一负责人：法定代表人。

项目重大安全事故隐患排查治理第一负责人：项目经理。

5．初喷混凝土厚度宜控制在20～50mm，岩面有较大凹洼时，可结合初喷找平；拱顶每次复喷不宜大于100mm，边墙每次复喷厚度不宜大于150mm，复喷最小厚度不宜小于50mm。初喷和复喷混凝土应分别进行，初喷混凝土不分层，复喷混凝土可一层或分层多次施作。喷射混凝土分段、分片、分层由下而上顺序进行，拱部喷射混凝土应对称作业；后一层应在前一层喷射混凝土终凝后进行。

【案例 41】答：

1．根据"治塌先治水"的原则，在处理隧道塌方前应采取的技术措施有：

（1）地表沉陷和裂缝，应采用注浆填充和加固，或采用不透水土壤夯填紧密，开挖截水坑，防止地表水下渗进入塌体。

（2）通顶陷穴口的地表四周应挖沟排水，搭设防雨篷遮盖穴顶；洞内衬砌通过塌方后，陷穴应及时回填，回填应高出原地面，并用黏土或浆砌片石封闭穴口，做好排水。

（3）塌体内有地下水活动时，采用管、槽引至排水沟排出，无法进行引排时可采用注浆堵水。

2．为防止隧道塌方，施工现场管理应符合的要求有：

（1）严格按照设计文件及施工组织设计要求进行施工，未经批准，不得擅自改变开挖方法及支护形式。

（2）认真进行支护作业，确保支护参数和质量达到设计要求。

3．隧道施工时，应该做好四个方面的防尘工作：

（1）湿式凿岩标准化。

（2）机械通风正常化。

（3）喷雾洒水正规化。

（4）个人防护普遍化。

【案例 42】答：

1．开挖施工方法是台阶分部法即留核心土法，是合理的。留核心土法开挖面小，便于支撑和稳定；如果施工单位采用上下台阶法则不合理，因为背景资料中提及"隧道开挖过程中，由于地下水发育，洞壁局部有股水涌出，特别是大型断层地带岩石破碎，裂隙发育，涌水更为严重"，所以不宜采用全断面或台阶法。

2．超前钻孔或辅助坑道排水；超前小导管预注浆堵水；超前围岩预注浆堵水；轻型井点降水及深井降水。

3．应进行监控量测的项目有三个，分别是洞内外观察、周边位移、拱顶下沉，而地表下沉可以不测，因为最大埋深1049m，所以只要洞口段埋深大于2倍的洞宽就可以不测。

4．根据背景资料，公路隧道地质超前预报的内容有地质构造和地下水。背景资料中隧道地质超前预报的最严重灾害的级别是 A 级，因为有"大型断层地带岩石破碎"。A 级地质超前预报方法有（选其中两种）：地质调查法、地震波反射法、超声波反射法、陆地声呐法、地质雷达法、瞬变电磁法、红外探测法、超前水平钻探法等进行综合预报。

5. 事件一按照预警分级管理实行Ⅰ级管理。建议"暂停施工，采取相应工程对策"。

6. 事件二按照预警分级管理实行Ⅱ级管理。建议"综合评价设计施工措施，加强监控量测，必要时采取相应工程对策"。

【案例43】答：

1. 合适。光面爆破是通过调整周边眼的各爆破参数，使爆炸先沿各孔的中心连线形成贯通的破裂缝，然后内围岩体裂解，并向临空面方向抛掷。这种爆破在围岩中产生的裂缝较少，使爆破后的岩石表面能按设计轮廓线成型，表面较平顺，超欠挖很小。

2. 光面爆破的技术要求：根据围岩特点合理选择周边眼间距和周边的最小抵抗线。严格控制周边眼的装药量，应使用药量沿炮眼全长合理分布，并合理选择炸药品种和装药结构。采用周边同时起爆。

3.（1）掏槽眼（掏槽炮）的作用：将开挖面上适当部位先掏出一个小型槽口，以形成新的临空面，为后爆的辅助炮开创更有利的临空面，以达到提高爆破效率的目的。

（2）辅助眼的作用：进一步扩大槽口体积和爆破量，并逐步接近开挖断面形状，为周边眼创造有利的条件。

（3）周边眼是一种辅助炮眼，目的是成型作用。周边眼爆破后使坑道断面达到设计的形状和尺寸。

【案例44】答：

1. K19＋720～K19＋775段，Ⅴ级围岩连续长度为55m，超过50m，所以需要进行风险评估。

2. A为施工单位，B为评估方法，C为评估步骤。

3. 45÷60×100％＝75％。

根据《公路隧道施工技术规范》JTG/T 3660—2020中相关规定，对于中硬岩，炮孔痕迹保存率应不小于70％，而本次爆破后炮孔痕迹保存率为75％＞70％，故满足该要求。

4. 按材料的组成还可以采取格栅钢架形式的钢支撑。

5.（1）错误。改正：Ⅳ级围岩仰拱与掌子面距离不得超过50m，Ⅴ级围岩仰拱与掌子面距离不得超过40m。

（2）错误。改正：仰拱施工宜整断面一次成型，不宜左右半幅分次浇筑。

（3）错误。改正：搭接宽度不应小于100mm。

【案例45】答：

1. Ⅲ级围岩长度：970＋880＝1850m，占67.9％。

Ⅳ级围岩长度：210＋150＋120＋170＝650m，占23.9％。

Ⅴ级围岩长度：60＋100＋65＝225m，占8.3％。

2. Ⅲ级围岩采用全断面法、台阶法；Ⅳ级围岩采用台阶法。

3. 左洞进口工区开挖支护所需工期：970/135＋（210＋150）/95＋60/50＝12.2个月。

左洞出口工区开挖支护所需工期：880/135＋（120＋170）/95＋（100＋65）/50＝

12.9 个月。

施工工期：以右洞为控制工期，准备2＋滞后1＋12.9＋二次衬砌1＋沟槽路面3＝19.9 个月。

搭接关系横道图如图 16–31 所示。

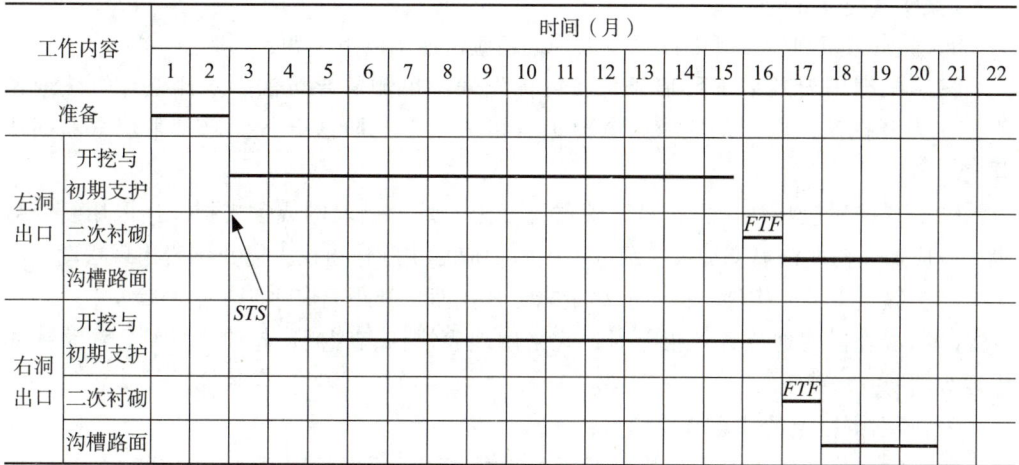

工作内容		时间（月）																					
		1	2	3	4	5	6	7	8	9	10	11	12	13	14	15	16	17	18	19	20	21	22
准备		▬	▬																				
左洞出口	开挖与初期支护			▬	▬	▬	▬	▬	▬	▬	▬	▬	▬	▬	▬	▬							
	二次衬砌																FTF ▬						
	沟槽路面																	▬	▬	▬			
右洞出口	开挖与初期支护			STS ▬	▬	▬	▬	▬	▬	▬	▬	▬	▬	▬	▬								
	二次衬砌																	FTF ▬					
	沟槽路面																		▬	▬	▬		

图 16–31　搭接关系横道图

4．工序位置如图 16–32 所示。

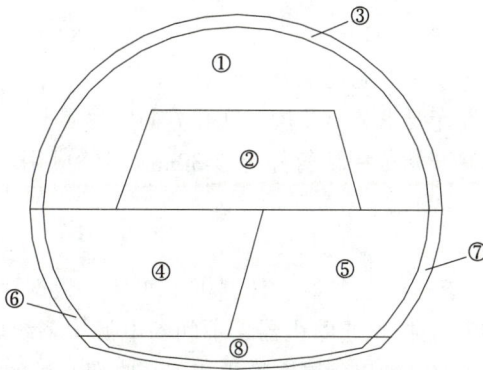

图 16–32　工序位置

各工序正确排序为：①③②⑤⑦④⑥⑧。

【案例46】答：

1．M 为超前钻探法；隧道地质超前预报属于中距离预报。

2．开挖顺序：ACBED 或 ACEBD。D 工序的紧后工序为仰拱初期支护。

3．（1）属于高瓦斯隧道。

（2）① 不正确。正确做法：爆破作业中必须采用煤矿许用炸药和煤矿许用电雷管，严禁反向装药。

② 不正确。正确做法：爆破网络必须采用串联连接方式，不得并联或串并联。

③ 正确。

④ 不正确。正确做法：通风机设置两路专用电源，并应装设风电闭锁装置和甲烷

电闭锁设施。

4.（1）重大事故隐患为②③。

（2）易引发的事故类型为坍塌。

（3）专项安全检查的费用在安全生产费用中列支。

【案例47】答：

1. 除背景资料中提到的注意事项外，还应该注意以下问题：

（1）根据围岩及周围环境条件，可优先采用单侧壁导坑法、双侧壁导坑法或预留核心土开挖法；围岩的完整性较好时，可采用多台阶法开挖。严禁采用全断面法开挖。

（2）开挖后应尽快施作锚杆、喷射混凝土、敷设钢筋网或钢支撑。当采用复合衬砌时，应加强初期锚喷支护。Ⅴ级以下围岩，应尽快施作衬砌，防止围岩出现松动。

（3）锚喷支护或构件支撑，应尽量靠近开挖面，其距离应小于1倍洞跨。

（4）浅埋段的地质条件很差时，宜采用地表锚杆、管棚、超前小导管、注浆加固围岩等辅助方法施工。

2. 喷射混凝土的注意事项如下：

（1）喷射作业应分段、分片由下而上顺序进行，每段长度不宜超过6m。一次喷射厚度应根据设计厚度和喷射部位确定，初喷厚度不得小于4~6cm。

（2）喷射混凝土作业需紧跟开挖面时，下次爆破距喷射混凝土作业完成时间的间隔，不得小于4h。

3. 锚杆支护施工注意事项如下：

（1）锚杆安设作业应在初喷混凝土后及时进行。

（2）钻孔前应根据设计要求定出孔位，钻孔方向宜尽量与岩层主要结构面垂直。

（3）灌浆作业：注浆开始或中途暂停超过30min时，应用水润滑灌浆罐及其管路。注浆孔口压力不得大于0.4MPa。

【案例48】答：

1. 收费站计算机系统包括服务器、计算机工作站、数据存储备份设备、打印机、IC卡读写器、三层以太网交换机或路由器、不间断电源、系统软件以及收费应用软件等。这些设备与收费站监控室的以太网交换机相连，收费车道的以太网交换机与收费站监控室的以太网交换机相连形成一个收费站的局域网。

2. 计重收费系统的功能有：① 有效防止超重车辆对高速公路的破坏，保护道路，延长高速公路的使用寿命。② 净化货物运输市场，维护守法者的利益。③ 减少高速公路的维护保养费用。④ 减少道路交通事故，提高道路服务水平。

3. 车牌自动识别系统的功能有：① 防止不同车辆之间的换卡。② 防止通行卡流失。③ 防止收费员利用车种或降档车型进行营私舞弊。④ 自动放行，提高通行能力，减少通行券的投资。⑤ 稽查黑名单。通过车牌号和黑名单库比较，可发现各类黑名单车。

【案例49】答：

1. 高速公路监控系统的管理结构如图16-33所示。

2. 具备交通工程专业收费系统分项资质。

3．该高速公路收费系统中还需要的系统有：内部对讲系统、安全报警系统、电源系统等，并可根据需要增加计重系统、车牌自动识别装置等。

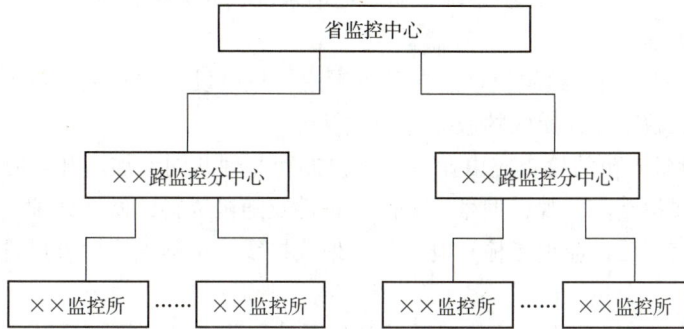

图 16-33　高速公路监控系统的管理结构

【案例 50】答：

1．不完整。其功能还有：

（1）具有对拥堵、交通事故现场的视频图像进行录像、存储，并能利用路段地点、时间等参数对录像图像进行检索、回放，为交通事件的事后分析和取证提供依据。

（2）当监控分中心和省中心或区域中心实现视频联网监控时，系统应具有多级联网视频监控功能。

2．视频监视包括沿线、隧道、桥梁等地设置的遥控及固定摄像机、视频和数据传输设备以及监控分中心的视频监视、存储及控制装置等组成。

【案例 51】答：

1．由于此项目包括的摄像机较齐全，相应的收费视频监视子系统的功能也较全面。收费视频监视子系统的功能为：

（1）便于收费时的交通管理。

（2）实时监视收费车道通过车辆的类型、车牌号通行券的发放与收回、收费员操作及收费过程，并进行有效的监督，防止收费员发生差错，漏收、逃费、贪污等现象。

（3）实时监视金库情况，保证金库的安全。

（4）实时监视收费站监控室监控员的工作情况，实现多级监视，防止监控员与收费员勾结进行集体贪污等。

（5）收到车道报警信号，自动切换图像，便于重点监控。

（6）实时记录图像资料，为进行收费工作的动态分析、随机管理、善后处理和稽查等提供正确依据。

2．广场摄像机的具体安装要求：

（1）安装在立柱上，使得摄像机的可视半径大于等于 2km。

（2）避雷针均安装在立柱顶端。

（3）防雷接地电阻小于等于 10Ω，安全接地电阻小于等于 4Ω。两个接地的距离大于等于 20m。

（4）电、光缆分支到摄像机之间应加光、电缆保护钢管。

1．油浸变压器安装前，应检查油箱密封情况，做油的绝缘测试，并注以合格油。

2．还应设有隧道通风控制系统、紧急电话系统、火灾报警系统。

【案例 53】答：

1．交通工程的施工组织设计还应重点考虑：机电设备的测试、各（子）系统的调试及联动调试、缺陷责任期内的服务计划。

2．到场设备开箱的检查应由业主、承包方和监理共同参加。开箱时除对规格、数量检查外，还要检查其外观、型号、备品、备件及随机资料，做好详细记录，并签字认可。设备安装完毕后，应重点检查电源线、地线接线，正确无误后方可进行通电试验和测试。

3．收费系统可以分成：收费车道计算机系统、收费站计算机系统、收费分中心计算机系统。

4．集成后的收费系统应进行如下内容系统测试：网络测试、功能测试、性能测试、可靠性测试、安全性测试、可维护性测试、易用性测试。

【案例 54】答：

1．应具备通信、监控、收费综合系统工程分项承包或收费系统工程分项承包资质。

2．收费车道计算机系统的功能还有：

（1）将收费原始数据上传收费站（计算机系统）。

（2）接收收费站下传的收费运行参数（费率表、黑白名单、同步时钟、免费车、系统设置参数等）。

（3）可保存一定时间段收费原始数据，但不丢失数据。

（4）通信中断时具有独立工作能力，可降级使用。

（5）为车辆提供控制及收费信息。

（6）将各种违章报警信号实时上传给收费站。

3．变更依据：

（1）工程变更对项目目标的影响。

（2）有关合同条款、会议和通信记录。

变更确认过程：

（1）首先应由一方提出工程变更。

（2）初步确定处理变更所需的费用、时间范围和质量要求。

（3）双方协商一致签署补充协议后确认变更。

4．出口车道轴（称）重检测系统要增设：称重仪、轮胎识别器、红外线车辆分离器、称重数据（采集）处理器。

【案例 55】答：

1．项目施工应当具备以下条件：

（1）项目已列入公路建设年度计划。

（2）施工图设计文件已经完成并经审批同意。

（3）建设资金已经落实，并经交通主管部门审计。

（4）征地手续已办理，拆迁基本完成。

（5）施工、监理单位已依法确定。

（6）已办理质量监督手续，已落实保证质量和安全的措施。

2．项目法人在申请施工许可时应当向相关的交通运输主管部门提交以下材料：

（1）施工图设计文件批复。

（2）交通运输主管部门对建设资金落实情况的审计意见。

（3）自然资源部门关于征地的批复或者控制性用地的批复。

（4）建设项目各合同段的施工单位和监理单位名单、合同价情况。

（5）应当报备的资格预审报告、招标文件和评标报告。

（6）已办理的质量监督手续材料。

（7）保证工程质量和安全措施的材料。

3．公路建设从业单位应当按照合同约定全面履行义务：

（1）项目法人应当按照合同约定履行相应的职责，为项目实施创造良好的条件。

（2）勘察、设计单位应当按照合同约定，按期提供勘察设计资料和设计文件。工程实施过程中，应当按照合同约定派驻设计代表，提供设计后续服务。

（3）施工单位应当按照合同约定组织施工，管理和技术人员及施工设备应当及时到位，以满足工程需要。要均衡组织生产，加强现场管理，确保工程质量和进度，做到文明施工和安全生产。

（4）监理单位应当按照合同约定配备人员和设备，建立相应的现场监理机构，健全监理管理制度，保持监理人员稳定，确保对工程的有效监理。

（5）设备和材料供应单位应当按照合同约定，确保供货质量和时间，做好售后服务工作。

（6）试验检测单位应当按照试验规程和合同约定进行取样、试验和检测，提供真实、完整的试验检测资料。

【案例56】答：

1．公路工程质量监督主要包括以下内容：

（1）工程质量管理的法律、法规、规章、技术标准和规范的执行情况。

（2）从业单位的质量保证体系及其运转情况。

（3）勘察、设计质量情况，工程质量情况，使用的材料、设备质量情况。

（4）工程试验检测工作情况。

（5）工程质量资料的真实性、完整性、规范性、合法性情况。

（6）从业单位在工程实施过程中的质量行为。

2．交通运输主管部门对公路工程质量监督的职责主要是：

（1）监督检查从业单位是否具有依法取得的相应等级的资质证书，从业人员是否按照国家规定经考试合格，取得上岗资格。

（2）监督检查建设、勘察、设计单位、施工和监理单位质量保证体系的针对性、严密性和运行的有效性，以及各单位质量保证体系之间的协调性和一致性。

（3）监督检查勘察、设计文件是否符合国家规定的技术标准和规范要求，设计文件是否达到国家规定的编制要求。

（4）监督检查施工、监理和设备、材料供应单位是否严格按照有关质量标准和技术规范进行施工、监理和供应设备、材料。

（5）监督检查监理单位的质量管理和现场质量控制情况，以及对公路工程关键部位和隐蔽工程的旁站情况、对各施工工序的质量检查情况。

（6）监督检查试验检测设备是否合格，试验方法是否规范，试验数据是否准确，试验检测频率是否符合有关规定。

（7）监督检查材料采购、进场和使用等环节的质量情况，并公布抽查样品的质量检测结果，检查关键设备的性能情况。

（8）对公路工程质量情况进行抽检，分析主要质量指标的变化情况，评估总体质量状况和存在的主要问题，提出加强质量管理的政策措施和指导性意见，定期发布质量动态信息。

（9）对完工项目进行质量检测和质量鉴定。

3. 建设单位办理公路工程质量监督手续，应当向公路工程项目所在地的质监机构提出申请，并提交以下材料：

（1）公路工程质量监督申请书，包括公路工程项目名称及地点、建设单位、联系方式、提出工程质量监督的申请等。

（2）公路工程项目审批文件。

（3）公路工程项目设计、施工、监理等合同文件。

（4）公路工程项目从业单位的资质证明材料。

（5）交通运输主管部门要求的其他相关材料。

【案例57】答：

1. 公路工程设计变更是指自公路工程初步设计批准之日起至通过竣工验收正式交付使用之日止，对已批准的初步设计文件、技术设计文件或施工图设计文件所进行的修改、完善等活动。

公路工程设计变更分为重大设计变更、较大设计变更和一般设计变更。

2. 有下列情形之一的属于重大设计变更：

（1）连续长度10km以上的路线方案调整的。

（2）特大桥的数量或结构形式发生变化的。

（3）特长隧道的数量或通风方案发生变化的。

（4）互通式立交的数量发生变化的。

（5）收费方式及站点位置、规模发生变化的。

（6）超过初步设计批准概算的。

3. 有下列情形之一的属于较大设计变更：

（1）连续长度2km以上的路线方案调整的。

（2）连接线的标准和规模发生变化的。

（3）特殊不良地质路段处置方案发生变化的。

（4）路面结构类型、宽度和厚度发生变化的。

（5）大中桥的数量或结构形式发生变化的。

（6）隧道的数量或方案发生变化的。

（7）互通式立交的位置或方案发生变化的。

（8）分离式立交的数量发生变化的。

（9）监控、通信系统总体方案发生变化的。

（10）管理、养护和服务设施的数量和规模发生变化的。

（11）其他单项工程费用变化超过 500 万元的。

（12）超过施工图设计批准预算的。

4．一般设计变更是指除重大设计变更和较大设计变更以外的其他设计变更。

【案例 58】答：

1．公路工程设计变更分为重大设计变更、较大设计变更和一般设计变更。事件一中的设计变更属于较大设计变更。因为单项变更金额达到 720 万元［2400000×（19－16）＝7200000 元］，超过 500 万元的规定。

2．不应采用平地机整平。因含石量为 66%，整平应采用大型推土机辅以人工进行。不应采用竖向填筑法。土石路堤只能采用分层填筑，分层压实。

3．不应该实测弯沉值，还应实测平整度。

4．土石混合料中石料强度大于 20MPa 时，石块的最大粒径不得超过压实层厚的 2/3，超过的石料应清除或打碎。

【案例 59】答：

1．公路工程竣工验收应具备下列条件：

（1）通车试运营 2 年后。

（2）交工验收提出的工程质量缺陷等遗留问题已处理完毕，并经项目法人验收合格。

（3）工程决算编制完成，竣工决算已经审计，并经交通运输主管部门或其授权单位认定。

（4）竣工文件已完成"公路工程项目文件归档范围"的全部内容。

（5）档案、环保等单项验收合格，土地使用手续已办理。

（6）各参建单位已完成各工作总结报告。

（7）质量监督机构对工程质量检测鉴定合格，并形成工程质量鉴定报告。

2．公路工程竣工验收有下列主要工作内容：

（1）成立竣工验收委员会。

（2）听取公路工程项目执行报告、设计工作报告、施工总结报告、监理工作报告及接管养护单位项目使用情况报告。

（3）听取公路工程质量监督报告及工程质量鉴定报告。

（4）竣工验收委员会成立专业检查组检查工程实体质量，审阅有关资料，形成书面检查意见。

（5）对项目法人建设管理工作进行综合评价。审定交工验收对设计单位、施工单位、监理单位的初步评价。

（6）对工程质量进行评分，确定工程质量等级，并综合评价建设项目。

（7）形成并通过《公路工程竣工验收鉴定书》。

（8）负责竣工验收的交通运输主管部门印发《公路工程竣工验收鉴定书》。

（9）质量监督机构依据竣工验收结论，对各参建单位签发公路工程参建单位工作综合评价等级证书。

3．参加竣工验收各单位的主要职责：

（1）竣工验收委员会负责对工程实体质量及建设情况进行全面检查。对工程质量进行评分，对各参建单位及建设项目进行综合评价，确定工程质量和建设项目等级，形成工程竣工验收鉴定书。

（2）项目法人负责提交项目执行报告及验收工作所需资料，协助竣工验收委员会开展工作。

（3）设计单位负责提交设计工作报告，配合竣工验收检查工作。

（4）施工单位负责提交施工总结报告，提供各种资料，配合竣工验收检查工作。

（5）监理单位负责提交监理工作报告，提供工程监理资料，配合竣工验收检查工作。

（6）接管养护单位负责提交项目使用情况报告，配合竣工验收检查工作。

（7）公路建设项目设计、施工、监理、接管养护等有多家单位的，项目法人应组织汇总设计工作报告、施工总结报告、监理工作报告、项目使用情况报告。竣工验收时选派代表向验收委员会报告。

【案例 60】答：

1．该桥施工安全风险评估的四大步骤为：开展总体风险评估、确定专项风险评估范围、开展专项风险评估和确定风险控制措施。

2．报告内容还应包括评估步骤、评估内容、评估结论及对策建议等。

3．针对桥墩施工的风险，施工单位还应进一步采取的主要措施有：

（1）重大风险源的监控与防治措施、应急预案经施工企业技术负责人和项目总监理工程师审批后，由建设单位组织论证或复评估。

（2）施工单位应建立重大风险源的监测及验收、日常巡查、定期报告等工作制度，并组织实施。

（3）施工项目经理或技术负责人在工程施工前应对施工人员进行安全技术教育与交底；施工现场应设立相应的危险告知牌。

（4）适时组织对典型重大风险源的应急救援演练。

（5）当专项风险等级为IV级（极高风险）且无法降低时，必须提高现场防护标准，落实应急处置措施，视情况开展第三方施工监测；未采取有效措施的，不得施工。

4．工程开工后，监理单位应督查施工单位安全风险控制措施的落实情况，并予以记录。对施工中存在的重大隐患应及时指出并督促整改，对施工单位拒不整改的，应及时向建设单位及公路工程应急管理部门报告。

【案例 61】答：

1．需要进行专项风险评估。

2．当工程设计方案、施工方案、工程地质、水文地质、施工队伍等发生重大变化时，应重新进行风险评估。

【案例 62】答：

该施工单位为了赶施工进度，将约 40t 的构件吊运集中堆放在有严重安全问题的脚手架上，导致脚手架因负荷严重超载而坍塌，是造成事故发生的直接原因，在这起事故中负有主要责任。

该脚手架安装公司在脚手架搭设作业中，未严格执行有关规定，在脚手架未完工的情况下就同意并协助施工单位吊运杆件，是造成这起事故的重要原因，对这起事故负有重要责任。

该监理公司负责该工程质量、安全的全程监理。但该监理公司未能严格遵守监理规范的要求，没有严格审核施工单位提出的脚手架施工组织设计和脚手架安装公司施工组织方案；在脚手架搭设过程中，未对其进行监督检查，在脚手架尚未完成、未办理验收移交的情况下，对杆件历时数天的两次吊装作业，未提出制止指令，失去监理应尽的职责，对这起事故负有次要责任。

【案例63】答：

1. 该总承包二级企业能承包该工程。

因为总承包二级企业承包工程范围是：可承担单跨跨度150m以下、单座桥长1000m以下的桥梁。

2. 该质量事故的调查处理由国务院交通运输主管部门会同省级交通运输主管部门负责调查处理。

3. 该质量事故应由施工单位报告。

【案例64】答：

1. 公路工程质量事故分为质量问题、一般质量事故及重大质量事故三类。

第一类：质量问题。质量较差、造成直接经济损失（包括修复费用）在20万元以下。

第二类：一般质量事故。质量低劣或达不到合格标准，需加固补强，直接经济损失（包括修复费用）在20万~300万元的事故。

第三类：重大质量事故。由于责任过失造成工程倒塌、报废和造成人身伤亡或者重大经济损失的事故。

2. 一般质量事故分三个等级。

一级一般质量事故：直接经济损失在150万~300万元。

二级一般质量事故：直接经济损失在50万~150万元。

三级一般质量事故：直接经济损失在20万~50万元。

重大质量事故分为三个等级。

具备下列条件之一者为一级重大质量事故：

（1）死亡30人以上。

（2）直接经济损失1000万元以上。

（3）特大型桥梁主体结构垮塌。

具备下列条件之一者为二级重大质量事故：

（1）死亡10人以上，29人以下。

（2）直接经济损失500万元以上，不满1000万元。

（3）大型桥梁主体结构垮塌。

具备下列条件之一者为三级重大质量事故：

（1）死亡1人以上，9人以下。

（2）直接经济损失300万元以上，不满500万元。

（3）中小型桥梁主体结构垮塌。

3．国务院交通运输主管部门归口管理全国公路工程质量事故，省级交通运输主管部门归口管理本辖区内的公路工程质量事故。质量事故的调查处理实行统一领导、分级负责的原则。重大质量事故由国务院交通运输主管部门会同省级交通运输主管部门负责调查处理；一般质量事故由省级交通运输主管部门负责调查处理；质量问题原则上由建设单位或企业负责调查处理。

【案例65】答：

1．任何单位和个人均有权利和义务将工程质量事故的情况及时报告有关部门。公路工程在建项目，施工单位为事故报告单位；交付使用的工程，接养单位为事故报告单位。

质量事故发生后，事故发生单位必须以最快的方式，将事故的简要情况同时向建设单位、监理单位、质量监督站报告。在质量监督站初步确定质量事故的类别后，再按要求进行报告。

2．质量问题：问题发生单位应在2d内书面上报建设单位、监理单位、质量监督站。

3．一般质量事故：事故发生单位应在3d内书面上报质量监督站，同时报企业上级主管部门、建设单位、监理单位和省级质量监督站。

4．重大质量事故：事故发生单位必须在2h内速报省级交通运输主管部门和国务院交通运输主管部门，同时报告省级质量监督站和交通运输部质量监督总站，并在12h内报出《公路工程重大质量事故快报》。

【案例66】答：

1．对于重大质量事故，事故发生单位必须在2h内速报省级交通运输主管部门和国务院交通运输主管部门，同时报告省级质量监督站和交通运输部质量监督总站，并在12h内报出《公路工程重大质量事故快报》。质量事故书面报告如下：

（1）工程项目名称，事故发生的时间地点，建设、设计、施工、监理等单位名称。

（2）事故发生的简要经过、造成工程损伤状况、伤亡人数和直接经济损失的初步估计。

（3）事故发生原因的初步判断。

（4）事故发生后采取的措施及事故控制情况。

（5）事故报告单位。

2．发生重大质量事故的现场保护措施：

事故发生后，事故发生单位和该工程的建设、施工、监理单位应严格保护事故现场，采取有效措施抢救人员和财产防止事故扩大。

因抢救人员、疏导交通等原因，需要移动现场物件时，应当做出标志，绘制现场简图并做出书面记录，妥善保存现场重要痕迹、物证，并应采取拍照或录像等直录方式反映现场原状。

【案例67】答：

1．公路工程质量事故分质量问题、一般质量事故及重大质量事故三类。

2．事故一属于质量问题；事故二属于三级一般质量事故；事故三属于三级重大质量事故。

1．公路工程在建项目，施工单位为事故报告单位，所以为 A 公司。

2．事故发生单位必须在 2h 内速报省级交通运输主管部门和国务院交通运输主管部门，同时报告省级质量站和交通运输部质量监督总站，并在 12h 内报出《公路工程重大质量事故快报》。

质量事故书面报告内容如下：

（1）工程项目名称，事故发生的时间、地点，建设、设计、施工、监理等单位名称。

（2）事故发生的简要经过、造成工程损伤状况、伤亡人数和直接经济损失的初步估计。

（3）事故发生原因的初步判断。

（4）事故发生后采取的措施及事故控制情况。

（5）事故报告单位。

3．发生重大质量事故的现场保护措施：

事故发生后，事故发生单位和该工程的建设、施工、监理等单位，应严格保护事故现场，采取有效措施抢救人员和财产，防止事故扩大。

因抢救人员、疏导交通等原因，需要移动现场物件时，应当做出标志，绘制现场简图并做出书面记录，妥善保存现场重要痕迹、物证，并应采取拍照或录像等直录方式反映现场原状。

【案例 69】答：

1．一般施工组织设计还应包含：

（1）施工总体部署。

（2）大型临时工程。

（3）主要分项工程施工工艺。

（4）质量管理与质量控制的保证措施。

（5）安全管理与安全保证措施。

（6）项目职业健康安全管理措施。

（7）环境保护和节能减排的措施及文明施工。

（8）本工程需研究的关键技术课题及需进行总结的技术专题。

2．桥梁施工方案和施工方法的描述中正确与错误的评价如下：

（1）桥台基础施工中的施工顺序是错误的，正确的施工顺序为：

围堰施工→基础开挖→基础排水→安装模板→绑扎钢筋→浇筑混凝土。

（2）1 号墩和 6 号墩的桩基础与承台的施工顺序是错误的，正确的施工顺序为：

筑岛→钻孔桩施工→围堰施工→水中基坑开挖→封底→抽水→安装模板→绑扎钢筋→浇筑混凝土。

（3）2～5 号墩的桩基础的施工方法的正确与错误逐点评价如下：

① 沉入钢管桩作为施工平台的支撑，用贝雷梁片组成平台骨架，上铺方木形成平台，正确。

② 冲击钻孔桩的护筒内径比桩径大 25cm，错误，应改为：护筒内径比桩径大 30～

40cm。

③安装钻孔设备后，进行钻孔。对于河床的淤泥覆盖层用冲抓钻的抓斗清除，而岩层则用轻型冲击钻机成孔，正确。

④终孔检查合格后，应迅速清孔，正确。采用清水换浆法，错误，应改为：掏渣法。清孔时必须保持孔内的水头，提管时避免碰孔壁，正确。

⑤在钢筋笼的吊装工作中，钢筋笼接长时每根钢筋应在同一横截面，错误，应改为：相邻的钢筋接长错开，不能全部在一个横截面内，按规范要求的搭接长度进行焊接。钢筋笼安放应牢固，以防止在混凝土浇筑过程中钢筋笼浮起，可在钢筋笼周边安放圆形混凝土保护层垫块，正确。

⑥钢筋笼安放完成后，进行混凝土灌注。水下混凝土采用导管法进行灌注，导管使用前应进行闭水试验（水密、承压、接头抗拉），正确。施工中导管内应始终充满混凝土，正确。随着混凝土的不断浇入，应及时测量并提拔拆除导管，正确。使导管埋入混凝土中的深度保持在 2m 以内，错误，应改为：导管埋入混凝土中的深度保持在 2m 以上 6m 以内。

（4）2～5 号墩的承台施工的相关工序的施工顺序是：

沉放钢套箱→封底→抽水→安装模板→绑扎钢筋→浇筑混凝土。

（5）桥梁下部墩身施工顺序是错误的，正确的施工顺序为：

下节钢筋绑扎→下节模板安装→下节混凝土浇筑→上节钢筋绑扎→上节模板安装→上节混凝土浇筑。

（6）对后张法预应力 T 梁预制要点逐点评价如下：

①T 梁预制台座的建造

根据地形选择 0 号桥台这侧河岸的一块高地整平压实后作为 T 梁的预制场，正确。台座用表面压光的梁（板）筑成，台座应坚固不沉陷，正确，但是，以保证底模不沉降，错误，应改为：底模沉降不大于 2mm。台座上铺钢板底模并考虑与侧模的连接，正确，但是，钢板底模和台座应保持水平，错误，应改为：要按规定设置反拱，因为桥跨已超过 20m。

②钢筋骨架制作、预应力孔管道的固定和压浆孔的设置

在绑扎工作台上将钢筋绑扎焊接成钢筋骨架，把预应力孔管道按坐标位置固定，并用龙门吊机将钢筋骨架吊装入模，正确。在孔道两端设置压浆孔，在最低处设置排气孔，错误，应改为：在最低处和孔道两端设置压浆孔，在最高处设置排气孔。

③混凝土浇筑、预应力张拉和压浆

混凝土浇筑达到强度后，按规范要求进行预应力张拉，正确。张拉控制应力达到设计要求后立即进行预应力钢筋锚固，错误，应改为：张拉控制应力达到设计要求处于稳定状态时再进行预应力钢筋锚固。从梁两端压浆孔各压浆一次，错误，应改为：在孔道冲洗干净吹干后，用压浆泵，从最低处开始，在梁的两端压浆孔各压浆一次，直到水泥浆充满整个孔道为止。

（7）T 梁吊装采用双导梁架桥机架设法是正确的，因为 45m 是重型梁。

【案例 70】答：

1．补充施工方案的优化内容：施工顺序的优化、施工机械组织优化等。

2. 针对平均运距 3000m 的土方宜配置的挖运施工机械为：推土机、铲运机、挖掘机、装载机和自卸汽车等。

3. 全标段土方的平均运距为：（50×150000 + 200×100000 + 3000×80000）÷（150000 + 100000 + 80000）= 811m。

【案例 71】答：

1. 劳动组织优化的基本原理是分工与协作。

2. 劳动组织应符合下列原则：

（1）能够按工程项目总体施工计划要求，按时、按质、按量完成预定的分项和分部工程的全部施工任务。

（2）各队、班（组）之间的作业基本平衡，并且符合各自的特点；班（组）内各工种及每个人的工作量达到满负荷。

（3）投入项目人工日数不超过项目人力全员计划的总数。

（4）施工队、班（组）的工人技术平均等级不高于定额规定的平均等级。

（5）各队、班（组）的工人技术等级要成比例，搭配合理，不能全高，也不能全低。

（6）施工队、班（组）的工人施工水平不能低于规定的施工定额水平。

【案例 72】答：

1. 要约邀请是业主的投标邀请书或招标公告，要约是投标人提交的投标文件，承诺是业主发出的中标通知书。

2. 不符合《中华人民共和国招标投标法》的规定。理由：根据《中华人民共和国招标投标法》的有关规定，招标人和中标人应当自中标通知书发出之日起 30 日内订立书面合同。

3. B 承包商可以采取的措施有：

① 继续要求业主签订合同。

② 向招标监督管理机构投诉。

③ 向约定的仲裁机构申请仲裁。

④ 向法院起诉。

4. 工程预付款金额 = 6240×25% = 1560 万元。

工程预付款的起扣点 = 6240−1560÷60% = 3640 万元。

从表中可以看到第 9 月累计完成工程量为 3930 万元，大于 3640 万元，工程预付款应从第 9 月开始起扣。

业主工程师代表应签发的工程款如下：

1—7 月合计工程师应签发的工程款为 3000 万元。

第 8 月工程师应签发的工程款为 420 万元。

第 9 月应扣的工程预付款 =（3930−3640）×60% = 174 万元，第 9 月应签发的工程款 = 510−174 = 336 万元。

第 10 月应扣工程预付款 = 770×60% = 462 万元，第 10 月应签发的工程款 = 770−462 = 308 万元。

【案例 73】答：

1. 开标由招标人主持；投标人未参加开标的，视为对开标过程无异议。

2. 公路工程施工招标的评标方法有综合评估法或者经评审的最低投标价法。综合评估法包括合理低价法、技术评分最低价法和综合评分法。

3. 合理低价法，是指对通过初步评审和详细评审的投标人，不对其施工组织设计、财务能力、技术能力、业绩及信誉进行评分，而是按招标文件规定的方法对评标价进行评分，并按照得分由高到低的顺序排列，推荐前3名投标人为中标候选人的评标方法。

技术评分最低价法，是指对通过初步评审的投标人的施工组织设计、项目管理机构、技术能力等因素进行评分，按照得分由高到低排序，对排名在招标文件规定数量以内的投标人的报价文件进行评审，按照评标价由低到高的顺序推荐中标候选人的评标方法。招标人在招标文件中规定的参与报价文件评审的投标人数量不得少于3个。

综合评分法，是指对通过初步评审的投标人的评标价、施工组织设计、项目管理机构、技术能力等因素进行评分，按照综合得分由高到低排序，推荐中标候选人的评标方法。其中评标价的评分权重不得低于50%。

经评审的最低投标价法，是指对通过初步评审的投标人，按照评标价由低到高排序，推荐中标候选人的评标方法。

【案例74】答：

1.（1）注意投标的截止日期。（2）注意投标文件的完备性。（3）注意标书的标准。（4）注意投标的担保。（5）注意工程分包规定。

2. 不可以。因为《公路工程建设项目招标投标管理办法》规定，投标人根据招标文件有关分包的规定，拟在中标后将中标项目的部分工作进行分包的，应当在投标文件中载明。投标人在投标文件中未列入分包计划的工程或者服务，中标后不得分包，法律法规或者招标文件另有规定的除外。

【案例75】答：

1. 初始事件原则，不利于承包商原则，责任分摊原则，工期从宽、费用从严原则。

2. 承包人可以从以下两个方面向业主提出索赔：

（1）由于不利的实物障碍和不利的自然条件引起索赔。

（2）承包商根据监理工程师指示，进行额外钻孔及勘探工作引起索赔。

3. 项目部与当地有资质的一家公司签订的合同为劳务分包合同。人员报酬通过劳务公司支付给农民工个人，承包人有监管劳务公司支付农民工工资的义务。该合同订立有不妥之处，因为即使是劳务分包合同，分包人不仅要具有劳务资质，而且合同的另一方不能是项目部必须是公司法人（即承包人）。

【案例76】答：

1. 驻地监理工程师对计量结果的审查包括：一是计量的工程质量是否达到合同标准；二是计量的过程是否符合合同条件。

2. 工程变更价款的计算方法有：

（1）合同已有适用于变更工程的价格，按合同已有的价格计算变更合同价款。

（2）合同中有类似于变更工程的价格，可以参照此价格确定变更价格，变更合同价款。

（3）合同中没有适用或类似于变更工程的价格，由承包人提出适当的变更价格，经工程师确认后执行。

3. 直接费（注：以下都是单价）：120 工＋310 料＋240 机＝670 元 /m³。

定额直接费：150＋300＋260＝710 元 /m³。

措施费：定额直接费×施工辅助费费率＋定额人工费和定额施工机械使用费之和×其余措施费综合率＝710×0.05＋410×0.07＝64.20 元 /m³。

企业管理费：710 定额直接费 ×0.1 企业管理费率＝71 元 /m³。

规费：（120＋40）人工费含机械人工 ×0.35 规费综合费率＝56 元 /m³。

利润：（710 定额直接＋64.2 措施＋71 企管）×0.07＝59.16 元 /m³。

税金：（670 直＋0 设备＋64.2 措施＋71 企管＋56 规＋59.16 利）×0.09＝82.83 元 /m³。

建筑安装工程费（单价）：670＋64.2＋71＋56＋59.16＋82.83＝1003.19 元 /m³。

【案例 77】答：

1. 方案计算和选择：

方案一：4 挖装费＋7 运 1km＋增运费 1×（9.3＋0.5＋0.5－1）/0.5＝11＋1×19＝30 元 /m³。

注：两个中心桩分别是 K15＋500 和 K6＋500，便道 9.3km＋两个 500m 再扣除第 1 个已经计费 7 元的 1km 运距即为增运距。

方案二：含借土场（4＋7＋4＋3）＋借方超运费 1×1（平均运距 250m＋竖直线 1.1km 扣 1km 后超了 100m＝350＞250 算 1 级）＋挖方段挖装费 4＋弃方运费 [7＋1×（15.5－14.3）/0.5]＝18＋1＋4＋7＋1×2＝32 元 /m³。（注：借土还要考虑弃方费）

注：线性连续平均运距＝1/2×（左边长度²＋右边长度²）/ 总长度 L，中点分界的平均运距＝1000÷4＝250m。

所以选择方案一（即调运）。

2. 根据《公路工程标准施工招标文件》（2018 年版）的计量规则 405 的规定，计量桩长为桩底高程至系梁底面。

单根桩最终计量支付长度为：系列地面高程（14－1）－桩底高程（－33）＋变更增长 15＝61m。

3. 安排一错误。应配备专职安全生产管理人员至少 5 名，且按专业配备。

安排二正确。

4.（1）索赔工期计算即工期延长时间：

如果钻机钻孔完成可以移位，例如冲击钻、旋挖钻，则 20 根增加 15m 可以按照流水作业，计算如下：

拖延 12＋增加（20×15/2＋15/3）/24－总时差 8＝10.5d。

如果钻机钻孔完成后待浇筑混凝土后才可以移位，例如回旋钻，则 20 根增加 15m 按照顺序作业计算如下：

拖延 12＋增加（20×15/2＋20×15/3）/24－总时差 8＝12＋10.4－8＝14.4d。

（2）索赔费用计算：

窝工费：8×12×80＋1000×12＝19680 元。（注：索赔费用 12d 拖延不扣 8d 总时差）

用工费：10×100×（1＋20%）＝1200 元。

【案例 78】答：

1. 开工预付款金额为：2000×10% = 200 万元。

2. 开工预付款的起扣月是第 3 个月：

因为第 2 个月的累计支付：200（开工预付款）+ 100 + 150 = 450 万元＜30%×2000 = 600 万元。

第 3 个月的累计支付：450 + 250 = 700 万元＞600 万元，700/2000 = 35%。

3. 计算从起扣月开始每个月应扣回的金额：

第 3 个月的开工预付款扣回：[（700－600）/2000]×2×200 = 20 万，累计 700 万元，35%。

第 4 个月的开工预付款扣回：（300/2000）×2×200 = 60 万元，累计 1000 万元，50%。

第 5 个月的开工预付款扣回：（400/2000）×2×200 = 80 万元，累计 1400 万元，70%。

到第 6 个月的累计支付：1400 + 300 = 1700 万元，累计 85%＞80%。

所以第 6 个月的开工预付款扣回：200－20－60－80 = 40 万元。

计算过程也可参考表 16-17（单位：万元）：

表 16-17　计算过程

月份	1	2	3	4	5	6	7	8	9
实际完成的进度款	100	150	250	300	400	300	300	100	50
未扣预付款的累计	200 + 100	450	700	1000	1400	1700			
未扣预付款的累计百分数	15%	22.5%	35%	50%	70%	85%			
开工预付款扣回	0	0	20	60	80	40	0	0	0
预付款累计扣回	0	0	20	80	160	200	0		
实际财务支付	200 + 100	150	230	240	320	260	300	100	50
实际财务支付累计	300	450	680	920	1240	1500	1800	1900	1950
实际支付累计百分数	15%	22.5%	34%	46%	62%	75%	90%	95%	97.5%

释义：应正确理解"在进度付款证书的累计金额未达到签约合同价的 30% 之前不予扣回。全部金额在进度付款证书的累计金额达到签约合同价的 80% 时扣完。"这段话中的"付款证书的累计金额"，正确理解为不含各种扣款的应付款金额，如果累计金额一旦包含扣款，从计算表中可以发现在第 6 个月全部预付款已经扣回后实际的财务支付累计才达到 75%，完全违背了到累计 80% 时全部扣回预付款的约定。分析计算表第 4 行和第 9 行第 6 个月的百分数也不难理解 85% 和 75% 相差的 10% 正好就是预付款总额为签约合同价的 10%。同理在计算开工预付款扣回时每月的质保金（保留金）也不应扣除。

【案例 79】答：

$P = 4338×（0.3 + 0.35×4280/3800 + 0.15×6.13/5.9 + 0.2×215/200）$

$= 4338×1.065 = 4619.97$ 万元。注：0.3 不调因子和价格表示是重点。

【案例80】答：

网络图如图 16−34 所示。

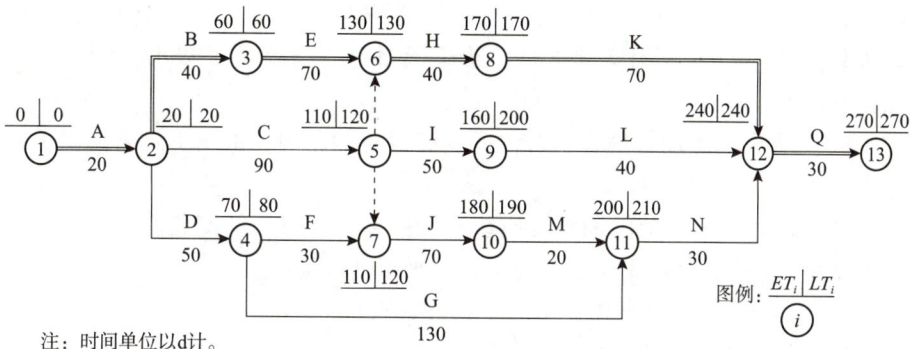

图 16−34　网络图

1．⑤：$\dfrac{110}{120}$；⑥：$\dfrac{130}{130}$；⑦：$\dfrac{110}{120}$；关键线路是①②③⑥⑧⑫⑬；计划工期为 270d。

2．本工程预付款：$4000×10\%=400$ 万元。

起扣点金额：$4000×60\%=2400$ 万元。

工程在达到 $400+100+200+350+600+800=2450$ 万元的第 5 个月开始扣回，即在 5 月和 6 月这两个月扣回。平均每月扣回 200 万元。

3．4 月份的工程进度款：$600×（1−0.05）=570$ 万元。

5 月份的工程进度款：$800×（1−0.05）−200=760−200=560$ 万元。

4．6 月份的应付款：$800×（0.6+0.2×1.1+0.1×1+0.1×1）=816$ 万元。

6 月份的调价款：$816−800=16$ 万元。

5．3 月末进度检查结果 E 工作延误 20d，C 工作延误 10d，F 工作按计划进行，G 工作提前 10d。因为 E 是关键工作所以工程工期将拖 20d。

6．（1）处理硬质岩石导致 G 工作延误 20d 提出的工期索赔不合理。因为原计划 G 工作有 10d 总时差（$210−70−130=10$d），在 3 月末时 G 工作提前了 10d，因此相对于 270d 的工期有 20d 的总时差。处理硬质岩石的时间大约是 $70+65=135$d，在 3 月末以后发生，所以 20d 的延误有 20d 的总时差可以消化，不会造成工程工期（总工期）拖延，不能索赔工期。

（2）处理硬质岩石导致增加费用 20 万元，施工单位可以索赔。因为合同未标明硬质岩石属于业主方的责任，所造成的费用增加理应获得补偿。

【案例81】答：

1．（1）T 梁运输与安装属于超过一定规模的危险性较大的分部分项工程。

理由：因为 T 梁的长度为 40m，根据《公路工程施工安全技术规范》JTG F90—2015 中的相关规定，桥梁工程中的梁、拱、柱等构件施工属于危险性较大的分部分项工程，同时长度不小于 40m 的预制梁的运输与安装还需要组织专家论证、审查。

（2）施工单位还应组织专家论证，并由专职安全员进行现场监督。

2．事件二中：

做法一正确。

做法二错误，改正：应采用同条件养护的混凝土试块强度作为预应力筋施加张拉条件。

做法三错误，改正：$0 \rightarrow$ 初应力 $\rightarrow \sigma_{con}$（持荷 5min 锚固）。

做法四错误，改正：设计无要求时，混凝土弹性模量不应低于 28d 弹性模量的 80%。

做法五正确。

3.（1）T 梁梁端顶面与桥台台背之间间隙过小的原因：由于 T 梁需按纵坡倾斜安装，T 梁上端面侵占了伸缩缝安装空间。

（2）错误之处：施工单位调整支座垫石倾斜度、支座倾斜安装。理由：支座垫石必须水平设置，支座必须水平安装，应通过调平板进行调坡。

4.（1）定值权重 $A = 1-0.3-0.13-0.11-0.06 = 0.4$。

（2）基本价格指数为 2019 年 2 月的价格指数，现行价格指数为 2019 年 5 月的现行价格。

5. 钢材价格指数涨幅：$(180-150)/150 \times 100\% = 20\%$，涨幅超过 5%。

水泥价格指数跌幅：$(115-121)/121 \times 100\% \approx -5\%$，跌幅未超过 -5%。

碎石价格指数跌幅：$(100-120)/120 \times 100\% = -16.7\%$，跌幅超过 -5%。

砂价格指数涨幅：$(140-134)/134 \times 100\% = 4.5\%$，涨幅未超过 5%。

只需调整钢材和碎石价格，对价格指数超过 5% 的钢材指数扣减定基指数的 5%，对跌幅超过 5% 的碎石指数增加定基指数的 5%。说明：水泥和砂为涨跌幅未超过 5%，没有调价，所以在计算式中最后一项乘以权重，分别为 0.13 和 0.06。

6. 套用调价公式时，对涨跌幅度超过 5% 的指数，涨时指数扣减 5%，跌时指数增加 5%。

6 月份业主方支付给承包商工程款为：

$150 \times [0.4 + 0.3 \times (180-150 \times 0.05)/150 + 0.11 \times (100+120 \times 0.05)/120 + (0.13+0.06) \times 1] = 150 \times (0.4+0.3 \times 172.5/150 + 0.11 \times 106/120 + 0.19 \times 1) = 154.8$ 万元。

【案例 82】答：

1. 关键线路：①②④⑥⑦⑨⑩和①②③⑤⑧⑨⑩（或 A→B→E→I→K 和 A→C→G→J→K）。

2. 压实工艺参数还有：机械组合、松铺厚度、碾压遍数、碾压速度、最佳含水率及碾压时含水率范围。

3. 事件二中：

（1）正确。

（2）正确。

（3）不正确。正确做法：路堤填料粒径应不大于 500mm，且宜不超过层厚的 2/3；路床底面以下 400mm 范围内，填料最大粒径不得大于 150mm，其中小于 5mm 的细料含量应不小于 30%。

（4）不正确。正确做法：施工过程中，每填高 3m 宜检测路基中线和宽度。

4. 事件三中正确的工艺顺序为：④⑥①⑤②⑧③⑦。

5. 事件三中，填石路堤压实质量控制两项指标是：沉降差、孔隙率。

6. 事件四中，监理单位的做法正确。理由：根据《公路工程标准施工招标文件》（2018年版）中工程量清单计量规则204-1-b所包含的工程内容，边坡码砌的工程量应计量在"利用石方"子目中，不单独计量。

【案例83】答：

1. 网络计划工期为：480d。

关键线路 B→D→G→H→K 或（①②⑤⑥⑦⑧⑨⑩）。

2. 成桩试验工艺参数：喷粉压力、瞬时喷粉量、累计喷粉量、提升速度。

实测项目：桩体成桩强度、孔深、桩身完整性。

3. 下沉量1.5m以下的用水泥土回填；下沉量超过1.5m，先用素土回填，然后原位补桩，补桩应超过洞深0.5m。

4. 事件二中施工单位的技术方案分析评价如下：

①正确。

②错误。改正：桥台后背回填应顺路线方向，自台身起，其填土的长度在顶面应不小于桥台高度加2m，在底面应不小于2m；拱桥台背填土的长度应不小于台高的3～4倍。

③正确。

④错误。改正：压实度不小于96%。

⑤错误。改正：台背回填在结构物强度达到设计强度75%以后进行。

5. 事件三中各种情形的索赔处理如下：

（1）工作B可索赔20d。

（2）新增工程可索赔30d。

（3）工作I总时差60d，推迟40d不影响工期，可索赔0d。

（4）总工期索赔，由于B工作与G工作不是平行工作，所以20+30=50d。

【案例84】答：

1. 细粒式沥青混凝土的直接工程费见表16-18。

表16-18　细粒式沥青混凝土的直接工程费

序号	单价（元）	工程量	合计（元）
1	631.31	1800	1136358.0
2	5.743	1800	10337.4
3	0.5	10800	5400.0
4	13.84	1800	24912.0
5			0
直接费总计			1177007.4

注：$3000 \times 15 \times 0.04 = 1800 m^3$；$3000 \times 15 \times 0.04 \times 6 = 10800 m^3$；$(3.98-1) \div 0.5 \approx 6$。

2. 不调整单价。

理由：$1000/11000 = 0.0909 < 10\%$。

结算工程款为：$10000 \times 20 = 200000$ 元 = 20万元。

3. 工期为：5+25+8+5+7+5=55d，关键线路①②⑥⑦⑧⑨⑩。

4. 针对事件二，施工单位主要问题是关键设备（发电机组）无备用。

5. 针对事件二，桩基质量不合格。理由是混凝土灌注间歇时间超过水泥初凝时间会造成断桩。

6. 针对事件三，工期索赔 8d 和费用索赔为：25＋1＝26 万元。因为图纸设计方案不完善而引起工期延误属于业主方原因和责任，工期和费用都应索赔，设计原因对东桥台施工影响时间为：5＋10＝15d，但是东桥台总时差为：7d，所以 15－7＝8d，索赔 8d。

7. 针对事件四，施工单位停工的做法不正确。理由：施工单位应当继续施工，双方应暂时按照总监确定的价格进行中间结算，如果双方在交工结算时仍然达不成一致按争议解决处理。

【案例 85】答：

1. 本工程总体施工网络图计划中的关键线路是：①②③④⑤⑥⑧⑨和①②③④⑤⑥⑦⑧⑨。

2. 本工程总体施工网络计划改成横道图如图 16-35 所示。

分部分项	持续时间（d）		时间进度（旬＝10d）													
	北幅	南幅	10	20	30	40	50	60	70	80	90	100	110	120	130	140	150
准备	7		▬													
雨水管	56	—		▬▬▬▬▬												
路基垫层基层	37	37							▬▬▬▬			▬▬▬▬				
路面	5	5											▬		▬	
人行道	5	5											▬		▬	
清场	2															▬

图 16-35　横道图

3. 根据总体施工网络图，可采用流水施工压缩工期的分项工程是：雨水管施工、北半幅路基垫层基层施工、南半幅路基垫层基层施工。

4. 补全本工程 SMA 改性沥青面层碾压施工要求的内容如下：

（1）振动压路机应紧跟摊铺机，采取高频、低振幅的方式慢速碾压。

（2）防止过度碾压。

【案例 86】答：

1. $120÷5＝24$ 次周转，$T＝（5－1）×2＋24×10＝8＋240＝248d$。可以参见图 16-36。

台座	时间 (d)														
	2	4	6	8	10	12	14	16	18	20	22	24	…	…	
1号	A	B		C		A6	B6		C6				…	…	
2号		A	B		C		A7	B7		C7				…	…
3号			A	B		C		A8	B8		C8			…	…
4号				A	B		C		A9	B9		C9		…	…
5号					A	B		C		A10	B10		C10	…	…

图 16-36　流水施工进度计划 1

2. 如果只有 4 个预制梁台座，$120÷4＝30$ 次周转，$T＝（4－1）×2＋30×10＝6＋300＝306d$。参见图 16-37。

台座	时间（d）													
	2	4	6	8	10	12	14	16	18	20	22	24	…	…
1号	A	B		C			A5	B5		C5			…	…
2号		A	B		C			A6	B6		C6		…	…
3号			A	B		C			A7	B7		C7	…	…
4号				A	B		C			A8	B8		C8	… …

图 16-37　流水施工进度计划 2

从第 5 片梁预制开始 A 工序出现的施工不连续是"窝工"，参见图 16-37 中"△"处，说明 A 工序第 9～10 两日"停工"等待台座即"窝工"。

3. 如果有 6 个预制梁台座，参见图 16-38，此时同 1 台座预制梁之间施工不连续，如果将台座作为工作面，此时施工不连续是"间歇"2d（即台座上无预制梁 2d），说明 5 个台座足够，出现了一个多余工作面（台座）。

台座	时间（d）													
	2	4	6	8	10	12	14	16	18	20	22	24	…	…
1号	A	B		C				A7	B7		C7		…	…
2号		A	B		C				A8	B8		C8		…
3号			A	B		C				A9	B9		C9	
4号				A	B		C				A10	B10		C10	…	…
5号					A	B		C				A11	B11		C11	…	…
6号						A	B		C				A12	B12		C12	…	…

图 16-38　流水施工进度计划 3

参见图 16-39 更容易理解流水工期的计算式（即观察横道图最后一行），$T =（120 - 1）\times 2 + 10 = 238 + 10 = 248d$，此处含义是 120-1 个空白格乘以每个空白格代表的时间（类似于流水步距，此处是间隔）再加上最后一行的连续时间值，与 5 个台座计算结果相同。从图 16-38 中可以看出当第 6 片梁预制时可以在第 6 号台座上预制，也可以在第 1 号台座上预制，说明第 6 号台座是多余的浪费。

台座	预制梁	时间（d）																		
		2	4	6	8	10	12	14	16	18	20	22	24	26	28	30	32	34	36	38	…	…
1	第1片	A	B		C															
2	第2片		A	B		C														
3	第3片			A	B		C													
4	第4片				A	B		C												
5	第5片					A	B		C											
6	第6片						A	B		C										
1	第7片																			
2	第8片																			
3	第9片																			
4	第10片																			
5	第11片																			
6	第12片																			
…	…												…	…						
													…	…						
	第120片																			

图 16-39　流水施工进度计划 4

4. 在桥台的施工模板仅有 1 套的条件下，合理组织施工。因为西侧桥台基础为桩基，施工时间长（25d），而东侧桥台为扩大基础，施工时间短（8d），故应将原施工网络计划中西侧桥台和东侧桥台基础施工完毕后再施工东侧桥台的施工组织方案改为在东侧桥台和西侧桥台基础施工完毕后，再组织施工东侧桥台，这样改变一下施工组织方式，可以将该施工网络计划的计划工期缩短到 55d，小于要求工期 60d，也不需要增加费用。调整后的网络图如图 16-40 所示。

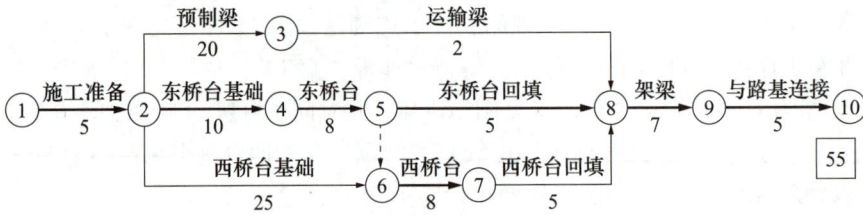

图 16-40　调整后的网络图

【案例 87】答：

1. 平行施工（作业）方式的主要特点是进度快，所需的资源量大。采用两个路面施工队的前提条件是该施工单位要有足够的专业设备和人员（即足够资源量）。从背景材料的描述，该施工单位具备此条件。采用平行施工方式能达到缩短工期的要求，两个路面施工队平行施工的组织方式能达到预期效果。

2. 在工作（工序）持续时间计算和进度计划安排方面：

（1）工序的持续时间的计算是正确的。

（2）底基层与基层之间的搭接关系选择正确的 STS，因为底基层快于基层。

（3）底基层与基层之间的搭接时距计算方面是正确的。

（4）基层与面层之间搭接关系的分析是错误的，因为面层速度快于基层不应选择 STS（开始到开始）的搭接关系，应该为 FTF（完成到完成）搭接关系。

（5）搭接时距计算是错误的，应该除以两者中较快的速度：1200/160 ＝ 7.5d，取 8d。考虑到养护至少 7d，所以 FTF ＝ 8 ＋ 7 ＝ 15d。

（6）路面工程总工期的计算错误。在考虑搭接类型和搭接时距情况下应改为：总工期为：STS ＋基层持续时间＋ FTF ＝ 5 ＋ 80 ＋ 15 ＝ 100d。

进度计划横道图的表示是错误的，进度计划横道图的正确表示如图 16-41 所示。

施工队	工作内容	时间（d）																		
		5	10	15	20	25	30	35	40	45	50	55	60	65	70	75	80	85	90	95	100
第一路面队	底基层																				
	基层																				
	面层																				
第二路面队	底基层																				
	基层																				
	面层																				

图 16-41　正确的横道图

【案例88】答：

1. 图16-26中E表示预制场的存梁区，F表示材料加工区。

2. 根据背景资料，参考图16-42的流水工期横道图。

台座	2	4	6	8	10	12	14	16	18	20	22	24	……	……	……							
1号	A	B		C		A6	B6		C6				……	……	……							
2号		A	B		C		A7	B7		C7			……									
3号			A	B		C		A8	B8		C8		……									
4号				A	B		C		A9	B9		C9										
5号					A	B		C		A10	B10		C10	……								

图16-42 根据背景资料有5个台座的流水工期横道图（单位：d）

$120 \div 5 = 24$ 次周转，$T = (5-1) \times 2 + 24 \times 10 = 8 + 240 = 248\text{d}$。

3. 如果预制梁台座只有4座，参考图16-43的流水工期横道图。

台座	2	4	6	8	10	12	14	16	18	20	22	24	……	……	……							
1号	A	B		C		A5	B5		C5				……	……	……							
2号		A	B		C		A6	B6		C6			……									
3号			A	B		C		A7	B7		C7		……									
4号				A	B		C		A8	B8		C8										

图16-43 只有4个台座的流水工期横道图（单位：d）

$120 \div 4 = 30$ 次周转，$T = (4-1) \times 2 + 30 \times 10 = 6 + 300 = 306\text{d}$，如果不做流水工期横道图，乱套公式计算的结果，则与背景资料5个预制台座的结果 $= \sum L + \sum t_{\text{最后一个段}} = (120-1) \times 2 + 10 = 248\text{d}$ 相同，无法得到306d的结果。

4. 如果预制梁台座有6座，参考图16-44的流水工期横道图。

台座	2	4	6	8	10	12	14	16	18	20	22	24										
1号	A	B		C			A7	B7		C7			……									
2号		A	B		C			A8	B8		C8		……									
3号			A	B		C			A9	B9		C9		……								
4号				A	B		C			A10	B10		C10		……							
5号					A	B		C			A11	B11		C11		……						
6号						A	B		C			A12	B12		C12		……					

图16-44 6个台座的流水工期横道图（单位：d）

$120 \div 6 = 20$ 次周转，$T = (6-1) \times 2 + 19 \times (10+2) + 10 = 10 + 228 + 10 = 248d$。

在预制梁台座有 6 座情况下，如果是参考图 16-45 的另外一种流水工期横道图，则与套公式计算相同。

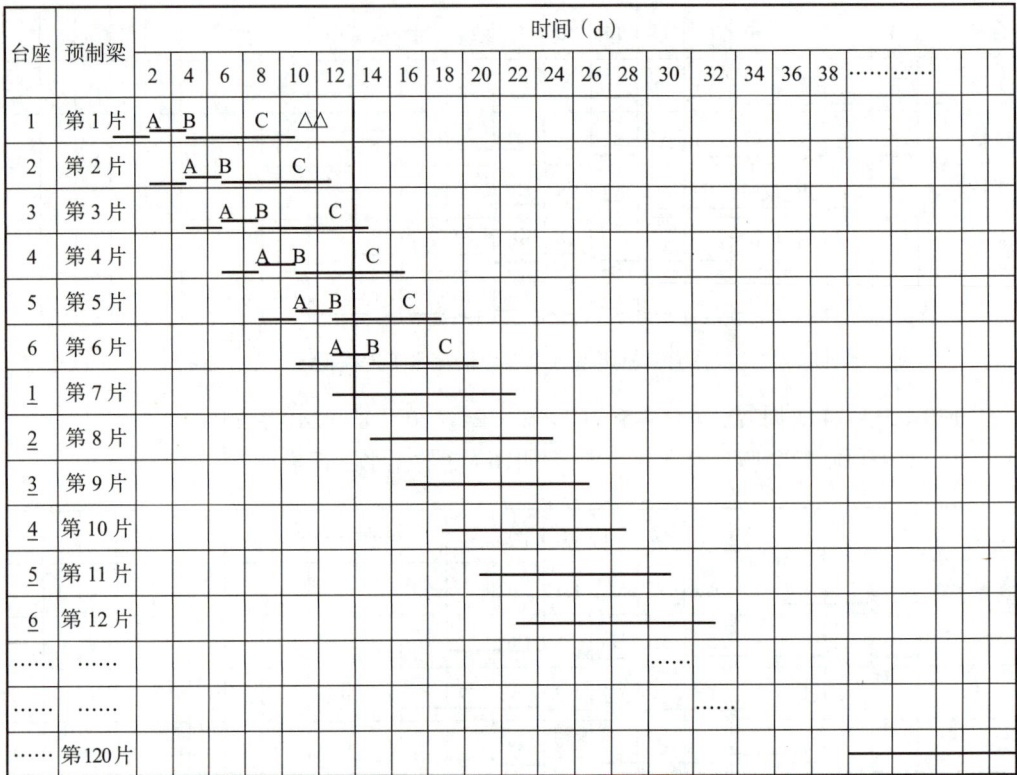

台座	预制梁	时间（d）																				
		2	4	6	8	10	12	14	16	18	20	22	24	26	28	30	32	34	36	38	……			
1	第1片	A B			C	△△																
2	第2片		A B		C																	
3	第3片			A B		C																
4	第4片				A B		C															
5	第5片					A B		C														
6	第6片						A B		C													
1	第7片																					
2	第8片																					
3	第9片																					
4	第10片																					
5	第11片																					
6	第12片																					
……	……																		……			
……	……																			……		
……	第120片																					

图 16-45　6 个台座的另外一种流水工期横道图（△△表示台座间歇）

则：6 个预制台座的结果 $= \sum L + \sum t_{最后一个段} = (120-1) \times 2 + 10 = 248d$，与 5 个预制台座的结果相同。这说明 6 个台座，在流水工期方面是浪费了一个台座。台座周转，在理论上相当于空间有节拍流水，该问题的所需施工段（即台座）＝扩展后的工序个数＝10/ 统一流水步距＝10/2 ＝5 个施工段（台座）。

通过 5 个台座与 4 个台座、6 个台座的流水工期计算，建议读者采用第一种流水工期横道图的形式绘制，通过计算周转次数再观察流水横道图，判断其能否实现周转；最后，根据横道图的最后一行，计算得：

流水工期为：前半部分的空格时间值＋后半部分的连续横线长度时间值。

【案例 89】答：

1. A 为横梁，预制工期为：$2 + 22 \times 7 = 156d$。

2. 此题中平行流水的平行含义是指第 1 个两道中 8 片梁预制之间的平行，或者第 2 个两道中 8 片梁预制之间的平行。要进行流水的原因是模板只有 8 套，资源受限才需要流水。流水是指第 1 个两道与第 2 个两道 8 片梁的模板安装→浇筑混凝土→拆除模板之间 1d 的流水。

3. 如果这 5 座桥是共 22 跨简支梁桥，那么这 5 座简支梁桥的上部结构空心板安装是采用顺序作业。因为一般一跨预制梁的时间大于一跨梁的安装，一跨梁的安装设备顺序逐跨安装能满足要求。

4. 如果第一跨预制完成马上就安装梁3d，势必窝工等待4d才能安装第二跨。为保证安装空心板连续施工，参考图16-46，则台座的最后4片预制完成与空心板安装之间的流水步距 $K_{4\text{片预制，安装}} = 22 \times 7 - 21 \times 2 = 91d$，$91 \div 7 = 13$ 跨，13 跨 $\times 20$ 片 $= 260$ 片。所以为保证安装空心板连续施工，存放空心板的梁区至少需要容下260片空心板。

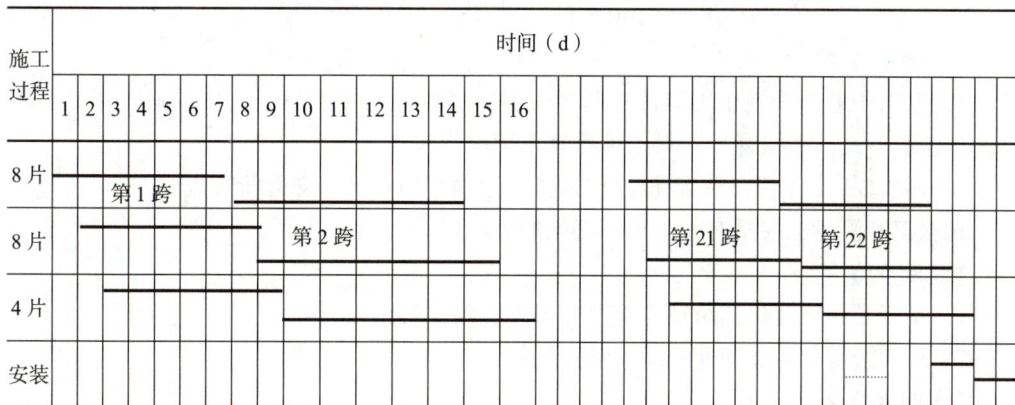

施工过程	时间（d）																
	1	2	3	4	5	6	7	8	9	10	11	12	13	14	15	16	
8片	第1跨															第21跨	
8片		第2跨												第21跨			第22跨
4片																	
安装															……		

图 16-46　横道图 1

5. 有人计算该题所有空心板预制完成需要：$22 \times 20 \div 8 = 55$ 个施工段，则工期为：$(55 - 1) \times 1 + 7 = 61d$。如果要61d完成所有空心板预制，在只有8套模板不变的情况下，从图16-47可以看出7个8片过后第一个8片预制台座将可以腾空第8个8片就可以进行预制，所以预制场应满足 2 道 $\times 7 = 14$ 道预制台座。

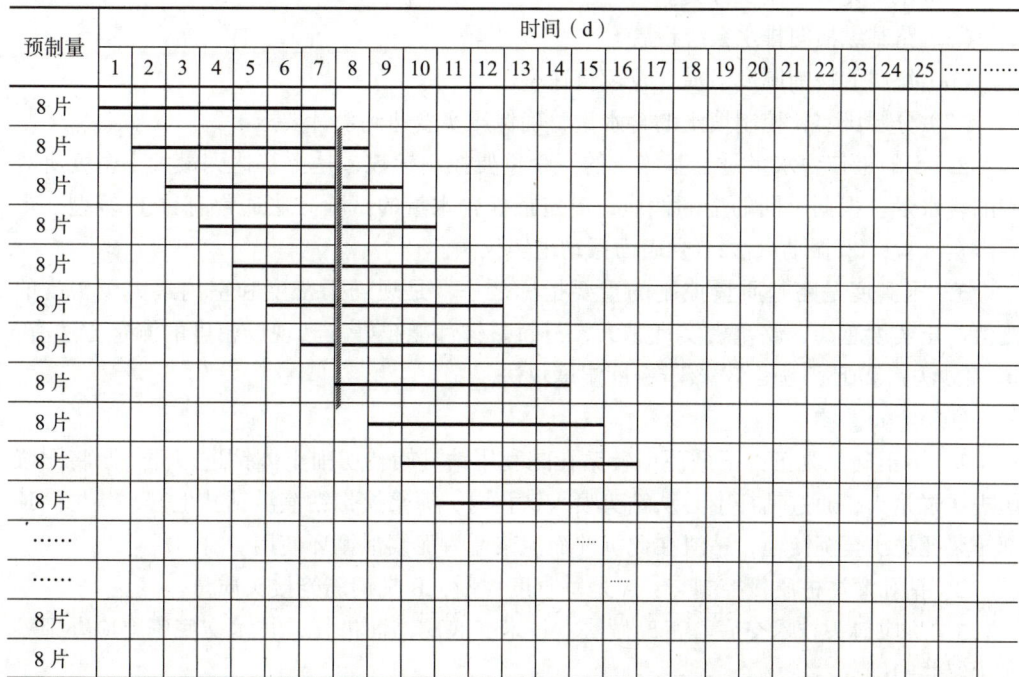

预制量	时间（d）																									
	1	2	3	4	5	6	7	8	9	10	11	12	13	14	15	16	17	18	19	20	21	22	23	24	25	……
8片																										
8片																										
8片																										
8片																										
8片																										
8片																										
8片																										
8片																										
8片																										
8片																										
8片																										
……										……																
……										……																
8片																										
8片																										

图 16-47　横道图 2

【案例 90】答：

1．根据给出的定额表可知人工定额为 339.2 工日 /1000m²。

整个项目劳动力数量：

$$D = Q \times S = 50000 \div 1000 \times 339.2 = 16960 \text{ 工日。}$$

2．所需劳动力数量：

$$R = \frac{D}{t \times n} = \frac{16960}{150 \times 1} = 113.1 \text{ 人，取 } R = 114 \text{ 人。}$$

【案例 91】答：

1．在组织若干个施工工区段进行施工时，可以采用依次施工、平行施工和流水施工三种组织形式。根据背景资料本项目宜采用平行施工。

2．还需要：试验工、装载机操作人员、运输车辆司机和交通管理人员。

试验工和测量工在所有的工程中必须配置。

【案例 92】答：

1．不完备，还应检测跨径（支座中心至支座中心）。

2．还应开展预拱度和伸缩缝安装质量控制。

【案例 93】答：

1．土方路基控制的关键点有：

（1）施工放样与断面测量。

（2）路基原地面处理，按施工技术合同或规范规定要求处理，并认真整平压实。

（3）使用适宜材料。必须采用设计和规范规定的适用材料，保证原材料合格，正确确定土的最大干密度和最佳含水量。

（4）压实设备及压实方案。

（5）路基纵横向排水系统设置。

（6）每层的松铺厚度、横坡及填筑速率。

（7）分层压实，控制填土的含水量，确保压实度达到设计要求。

2．土的最佳含水量是土基施工的一个重要控制参数，是土基达到最大干密度所对应的含水量。根据不同的土的性质，测定最佳含水量的试验方法通常有：① 轻型、重型击实试验；② 振动台法；③ 表面振动击实仪法。

3．压实度是路基质量控制的重要指标之一，是现场干密度和室内最大干密度的比值。压实度越高，路基密实度越大，材料整体性能越好。其现场密度的测定方法有：① 灌砂法；② 环刀法；③ 核子密度湿度仪法。

【案例 94】答：

1．不正确。改正：正循环回转钻孔是利用钻具旋转切削土体钻进，泥浆泵将泥浆压进泥浆笼头，通过钻杆中心从钻头喷入钻孔内，泥浆挟带钻渣沿钻孔上升，从护筒顶部排浆孔排出至沉淀池，钻渣在此沉淀而泥浆流入泥浆池循环使用。

2．钻孔灌注桩质量控制点：A 是垂直度控制；B 是钢筋笼接头质量。

3．不应口头技术交底。正确做法：技术交底应书面进行，技术交底资料应办理签字手续并归档。

（1）错误。改正：混凝土浇筑安排在一天中气温较低时进行。

（2）错误。改正：减小浇筑层厚度，加快散热速度。

5. 不正确。理由：张拉用的千斤顶与压力表应配套标定、配套使用，标定应在经国家授权的法定计量技术机构定期进行，标定时千斤顶活塞的运行方向应与实际张拉工作状态一致。

【案例95】答：

1. 现场质量检查控制制度中，工序交接检查制度不完整，对关键工序或对工程质量有重大影响的工序，要经过自检、互检、交接检的程序。另外，还应增加开工前检查，隐藏工程检查，分项、分部工程完工后的检查，成品、材料、机械设备的检查。

2. 钻孔桩的质量控制点还有：孔径的控制、钢筋笼接头控制、水下混凝土的浇筑质量控制。

【案例96】答：

1. 错误之处：要求项目总工对质量控制负总责错误。正确做法：应是项目经理负总责。

2. 现场质量检查控制的方法还有：观察、记录、总结改进。

3. 不完整。应补充：每层的松铺厚度，横坡；分层压实，控制填土的含水量，确保压实度达到设计要求。

4. 错误之处1：选用黏性土作为填料。正确做法：应选用透水性好的碎（卵）石、砂砾石方碎渣和砂类土作为填料。

错误之处2：每一层表面，应做成1%～2%的双向横坡。正确做法：做成2%～4%的双向路拱横坡。

错误之处3：当天填筑土层，在第2天早晨碾压。正确做法：当天填筑的土层，当天或雨前完成压实。

5. 施工单位路堑开挖方法的名称是混合式挖掘法。采用这种方法是恰当的。理由：混合式挖掘法适用于路线纵向长度和挖深都很大的路堑开挖。

【案例97】答：

1.（1）不应采用平地机整平。因含石量为71%，整平应采用大型推土机辅以人工进行。（2）不应采用竖向填筑法。土石路堤只能采用分层填筑，分层压实。

2.（1）实测弯沉值不正确。（2）还需补充实测平整度。

【案例98】答：

1. 不全面。还应实测压实度、弯沉值。

2. ① 用平整度仪按全线每车道连续检测，每100m计算标准偏差 σ、国际平整度指数 IRI；② 中线平面偏位用经纬仪进行检测，每200m测4点。

【案例99】答：

1. 孔深、孔底沉淀厚度、钢筋骨架底面高程等。

2. 不合理，应检测混凝土的强度，以及凿除桩头后有无残缺的松散混凝土。

【案例100】答：

1. 不完备，还应检测跨径（支座中心至支座中心）。

2. 预拱度和伸缩缝安装质量控制。

1. 扩大基础主要的质量控制点有：① 基底地基承载力的确认，满足设计要求；② 基底表面松散层的清理；③ 及时浇筑垫层混凝土，减少基底暴露时间；④ 大体积混凝土的防裂。

2. 钻孔灌注桩主要的质量控制点有：① 桩位坐标控制；② 垂直度的控制；③ 孔径的控制，防止缩径；④ 清孔质量；⑤ 钢筋笼接头质量；⑥ 水下混凝土的灌注质量。

3. 明挖地基的主要检验内容如下：① 基底平面位置、尺寸大小和基底标高；② 基底地质情况和承载力是否与设计资料相符；③ 地基所用材料是否达到设计标准。

【案例 102】答：

1.（1）属于高处作业特级。

（2）高血压、心脏病、精神病、恐高症、癫痫病、严重贫血、严重关节炎等。

（3）系安全带、戴安全帽、穿软底鞋。

2. 高处作业时，如因工作需要对安全防护设施部分移位，部分进行拆除时必须征得项目负责人同意，不允许载人电梯搭载货物。

【案例 103】答：

1. 内容不完善，还需要对桥梁的总长度进行检测。

2. 检测要求中对引道中心线与桥梁中心线的衔接检查描述有误，要求引道中心线与桥梁中心线的平面位置允许偏差不超过 ±20mm。

【案例 104】答：

1. 沥青混凝土面层的实测项目有：厚度（△）、平整度、压实度（△）、弯沉值、渗水系数、抗滑（含摩擦系数和构造深度）、中线平面偏位、纵断面高程、路面宽度及路面横坡（打△的为关键项目）。

2. 涉及结构安全和使用功能的重要实测项目为关键项目，其合格率不得低于 90%，且检测值不得超过规定的极值，否则必须进行返工处理。

3. 沥青面层施工质量控制要求有：① 沥青混合料的矿料质量及矿料级配应符合设计要求和施工规范的规定。② 严格控制各种矿料和沥青用量及各种材料和沥青混合料的加热温度，沥青材料及混合料的各项指标应符合设计和施工规范要求。沥青混合料的生产，每日应做抽提试验、马歇尔稳定度试验。矿料级配、沥青含量、马歇尔稳定度等结果的合格率应不小于 90%。③ 拌和后的沥青混合料应均匀一致，无花白，无粗细颗粒分离和结团成块的现象。④ 基础必须碾压密实，表面干燥、清洁、无浮土，其平整度和路拱度应符合要求。⑤ 摊铺时应严格控制摊铺厚度和平整度，避免离析，注意控制摊铺。碾压要稳定，碾压至要求的密实度。

【案例 105】答：

1. ① 铺装层的厚度每 100m 检查 5 处；② 平整度应用平整度仪检测：全桥每车道连续检测，每 100m 计算 IRI 或 σ；③ 抗滑构造深度用砂铺法每 200m 检查 3 处。

2. 不完善，还需要检测桥面横坡。

3. 关键项有：铺装层的强度或压实度、厚度及平整度。

【案例 106】答：

1. 弯沉测试除贝克曼梁法外还有自动弯沉仪法和落锤弯沉仪法。

2．第一步在测试路段布置测点，测点应在轮迹带上；第二步将试验车后轮对准测点后约3～5cm处位置上；第三步将弯沉仪插入汽车后轮之间的缝隙处与汽车方向一致，梁臂不能碰到轮胎，弯沉仪测头置于测点上（轮隙中心前方3～5cm）。

【案例107】答：

1．事项一中的错误，不应该由合同预算员组织编制施工成本计划，而应该由项目经理组织才对。成本计划编制程序的前三步是：

（1）按照施工方案，计算各分部分项工程的计划工程量。

（2）按照企业施工定额，计算各分部分项工程的计划人工、材料、机械使用量。

（3）按照企业内部或市场生产要素价格信息，计算各分部分项工程的施工预算成本。

2．针对事项二，补充完善成本控制的方法还有：

（1）以目标成本控制成本支出。

（2）用净值法进行工期成本的同步控制。

3．事项三，中标后：

项目预算总成本为：∑（标后预算清单单价×清单工程量）

标后预算清单单价为：某工程细目（单位直接费或单位设备购置费＋单位措施费＋单位现场管理费）

4．项目预算总成本的组成正确，但是具体分类有些错误，具体分析如下：

直接费正确。

设备购置费正确。

措施费：①②③④⑤⑥正确；⑦不正确，应属于企业管理费；⑧不正确，应属于规费。

专项费用正确。

现场管理费：①不正确，应该是保险费；②③④⑤⑥正确。

【案例108】答：

1．施工成本核算的内容有：

（1）人工费的核算。

（2）材料费核算。

（3）机械使用费的核算。

（4）措施费的核算。

（5）间接费用的核算。

2．项目部制定的降低施工项目成本的主要方法和途径包括：

（1）进行合同交底，使项目经理部全面了解投标报价、合同谈判、合同签订过程中的情况。

（2）项目经理部应认真研读合同文件，对设计图纸进行会审，对合同协议、合同条款、技术规范进行精读，结合现场的实际情况，对可能变更的项目、可能上涨的材料单价等进行预测，对项目的成本趋势做到心中有数。

（3）企业根据项目编制的实施性施工组织设计、材料的市场单价以及项目的资源配置编制并下达标后预算；项目经理部根据标后预算核定的成本控制指标，预测项目的阶段性目标，编制项目的成本计划，并将成本控制指标和成本控制责任分解到部门班组和个人，做到每个部门有责任，人人肩上有担子。

（4）制定先进的、经济合理的施工方案。施工方案主要包括四项内容：施工方法的确定、施工机具的选择、施工顺序的安排和流水施工的组织。

（5）落实技术组织措施。落实技术组织措施，走技术与经济相结合的道路，以技术优势来取得经济效益，是降低项目成本的又一个关键。

（6）组织均衡施工，加快施工进度。

（7）降低材料成本。

（8）提高机械利用率。

【案例 109】答：

1．标后预算中措施费具体包括：冬期施工增加费、雨期施工增加费、夜间施工增加费、特殊地区施工增加费、工地转移费、行车干扰工程施工增加费、施工辅助费等。

2．材料成本在整个项目中的比重最大，一般可达 70% 左右，而且有较大的节约潜力，往往在其他成本项目（如人工费、机械费等）出现亏损时，要靠材料成本的节约来弥补。因此，应做好材料的采购计划，采取招标采购的形式，降低材料的采购单价。同时，做好混合料配合比的优化设计，加强施工过程控制，降低各类材料的生产消耗量和不必要的损耗。

【案例 110】答：

1．A 为土路肩，B 为硬路肩，C 为路缘带。

2．所需数量：$0.15 \times 22300 = 3345.00 m^3$。

材料费：$22300/1000 \times （16.755 \times 400 + 21 \times 4 + 220.32 \times 80）= 544378.68$ 元。

机械费：$22300/1000 \times （0.48 \times 1200 + 0.24 \times 1500）= 20872.80$ 元。

3．冬期施工增加费、高原地区施工增加费要计取，行车干扰工程增加费不需要计取。

冬期施工增加费计算基数为直接工程费；高原地区和行车干扰费计算基数为人工费加机械费之和。

【案例 111】答：

1．要求一不合理。因为碎石应提出强度和耐磨性要求。

要求二不合理。因为应采用细度模数和平均粒径区分砂的粗细度。

要求三不合理。因为水泥应提出化学性质、物理性质（抗压强度和抗折强度）要求。

2．因为材料原价未变，所以从"价差"分析，材料成本增加可能是因为运杂费、场外运输损耗率、采购及保管费的增加而引起。通过物耗管理控制成本的方法有：量差控制、量差考核和推行限额领料制度。

3．不正确。应采用整修的办法进行处理。

4．新购仪器在使用前应到国家法定计量技术检定机构检定，而不能直接使用。当仪器超过了规定的周检确认时间间隔而未检定，则视为不合格，必须停止使用，隔离存放，并做明显标记，须再次检定确认合格，并经项目技术部门主管验证签认后，方可使用。

【案例 112】答：

1．桥涵工程中涉及转体施工、开挖深度大于 4m 的基坑、隧道穿越岩溶发育区、高风险断层、砂层、采空区等地质条件复杂的地质环境均需要编制专项技术方案。

2．桥梁工程中的转体施工、隧道穿越岩溶发育区、高风险断层、砂层、采空区等地质条件复杂的地质环境需要编制专项技术方案并需要专家论证、审查。

3．专项施工方案应包括下列主要内容：

（1）工程概况。包括工程基本情况，施工平面布置，施工要求和技术保证条件。

（2）编制依据。包括相关法律、法规，规范性文件，标准，规范及图纸（国标图集），施工组织设计等。

（3）施工计划。包括施工进度计划，材料与设备计划。

（4）施工工艺技术。包括技术参数，工艺流程，施工方法，检测验收等。

（5）施工安全保证措施。包括组织保障，技术措施，应急预案，监测监控等。

（6）劳动力计划。包括专职安全管理人员，特种作业人员等。

（7）计算书及图纸。

【案例113】答：

1．不正确。应报项目建设单位审批。

2．还应考虑安装方法、工期及机械设备情况等因素。

3．先张法施工的张拉台座不得采用重力式台座，应采用钢筋混凝土框架式台座。底模宜采用通长钢板，不得采用混凝土底模。

4．梁场布置方案内容应包含各类型梁板的台座数量、模板数量、生产能力、存梁区布置及最大存梁能力等。

【案例114】答：

1．主要指规范场容和抓好安全两个方面。

2．主要包括施工临时道路、供水供电管道、施工材料制品堆场及仓库等临时设施的阶段性施工平面图。

3．公示标志的内容包括：

（1）工程概况牌，包括工程规模、性质、用途，发包人、设计人、承包人和监理单位的名称及施工起止年月等。

（2）安全纪律牌。

（3）防火须知牌。

（4）安全无重大事故计时牌。

（5）安全生产、文明施工牌。

（6）施工总平面图。

（7）项目经理部组织架构的主要管理人员名单图。

【案例115】答：

1．安全员为第一负责人不妥，安全管理领导小组应以项目经理为第一责任人。安全管理领导小组还应有项目技术负责人、项目班组长，负责从开工到竣工过程安全生产工作。

2．项目经理部还应设置安全纪律牌、安全无重大事故计时牌、安全生产牌、文明施工牌、项目经理部组织架构的主要管理人员名单图、管理人员名单及监督电话牌。

3．（1）直接用15t压路机碾压错误，应采用大于18t压路机进行碾压。

（2）采用薄层贴补的方法找平错误，严禁用薄层贴补法进行找平，应遵守"宁高勿低，宁刨勿补"的原则。

4. 直接把施工组织设计交给相关各方人员作为技术交底不妥。应由技术负责人向施工人员讲解设计规范要求，强调工程难点及解决办法。

【案例 116】答：

1. 补充公路工程施工测量管理的其他内容：

（1）施工监测中的测量工作。

（2）施工测量复核、交底管理。

（3）测量记录管理。

（4）测量仪器、工具的保养和使用管理。

（5）测量人员的培训和考核，建立明确的责任制度。

2. 施工放样测量的具体要求有：

（1）施工放样测量主要包括路基施工放样测量、路面施工测量、涵洞工程施工测量、桥梁施工测量、隧道施工测量等。

（2）工序放样须引用经审批的复测和控制网测量成果。测量的外业工作必须构成闭合检核条件，控制测量、定位测量和重要的放样测量必须坚持采用两种不同方法（或不同仪器）或换人进行复核测量。内业工作应坚持两组独立平行计算并相互校核。

【案例 117】答：

1. 制度一不妥，项目在采购材料之前，材料采购部门应填写《材料试验检验通知单》交项目试验室，由试验室派人配合材料采购人员到货源处取样，进行性能试验，经检验合格的材料，方可与供应方签订合同。

制度二不妥，除接受监理工程师监督和检查外，还有业主、质量监督站的监督检查。

制度三正确。

制度四不妥，抽检频率应为20%。

制度五不妥，试验报告还应有复核人签字，并加盖试验专用章。

制度六正确。

2. 检验后加盖检验合格章。安装后，在合格证上注明使用部位。

【案例 118】答：

1. 对于重大事故方案，应由项目技术负责人进行编制，施工单位技术管理部门组织审核，必要时组织相关专家进行论证，由施工单位技术负责人进行审批。

2. 施工技术交底必须在相应工程内容施工前分级进行。

第一级：项目总工程师向项目各部门负责人及全体技术人员进行交底。

第二级：项目技术部门负责人或分部分项工程主管工程师向现场技术人员和班组长进行交底。

第三级：现场技术员负责向班组全体作业人员进行技术交底。

3. 技术交底的主要内容有：

第一级交底主要内容为实施性施工组织设计、技术策划、总体施工方案、重大事故方案等。

第二级交底内容为分部工程施工方案等。

第三级交底主要内容为分部分项工程的施工工序等。

4．在扩大基础施工时工程质量检验的基本要求如下：① 基底平面位置、尺寸大小和基底标高；② 基底地质情况和承载力是否与设计资料相符；③ 地基所用材料是否达到设计标准；④ 不得出现露筋和空洞现象；⑤ 严禁超挖回填虚土。

【案例 119】答：

1．不应口头技术交底。

正确做法：技术交底应书面进行，技术交底资料应办理签字手续并归档。

2．桩身混凝土灌注过程中拔管指挥人员离开现场是错误的，正确的做法是：拔管应有专人负责指挥。

导管埋深保持在 0.5～1.0m 也不正确，正确的做法是：导管埋置深度宜控制在 2～6m，并经常测探井孔内混凝土面的位置，及时调整导管埋深。

3．要求一应修改为：泵送混凝土应选用硅酸盐水泥、普通硅酸盐水泥，不宜使用火山灰质硅酸盐水泥。

要求二中，泵送混凝土中应掺入泵送剂或减水剂。

要求三中，泵送混凝土试配时要求的坍落度值应为：入泵时的坍落度加从拌合站至入泵前的预计经时损失值。

4．不正确，因为张拉机具应与锚具配套使用，并应在进场时进行检查和校验。

【案例 120】答：

1．技术策划由项目总工程师负责组织，而不是项目经理组织。其中主要施工技术方案应按工程项目类别制定施工中所采取的主要技术方案、工艺标准，并提出技术交底要求。

2．交桩应在现场进行。项目接受导线控制点、水准控制点的桩位后，要及时对这些控制点进行复测，并将复测的结果报监理工程师审核批准，为下一步的控制测量做好准备。

【案例 121】答：

1．技术交底分三级进行，另外两级分别是：

第二级：项目分部分项工程技术交底应分别进行，由各分部分项主管工程师向现场技术人员和班组长进行交底。

第三级：现场技术员负责向班组全体作业人员进行技术交底。

2．第一级交底还包括：施工技术方案、工程的重难点、施工主要使用的材料标准和要求；主要施工设备的能力要求和配置；主要危险源、质量保证措施、安全技术措施、季节性施工措施以及有关四新技术要求等。

3．技术交底应采用书面交底的方法。主要要求有：

施工技术交底以书面的形式进行，可采取讲课、现场讲解或模拟演示的方法；项目总工程师在交底前应按照交底内容写出书面材料，交底后应由接受交底的人员履行签字手续；各分部分项主管工程师在交底前应写出书面材料，并经项目总工程师审核，交底后应由接受交底的人员签认。

【案例 122】答：

1．测量管理制度中要求一不正确。前半句改正为：测量队应核对有关设计文件和监理签认的控制网点测量资料，应由两人独立进行，核对结果应作记录并进行签认……

测量管理制度中要求二～要求四正确。

2. 测量管理制度要求五中作为竣工文件的其他测量归档资料如下：

（1）测量内业计算书，测量成果数据图表。

（2）测量器具周期检定文件。

【案例 123】答：

1. 项目技术负责人在桩身混凝土浇筑前技术交底中，不应口头技术交底。技术交底应书面进行，技术交底资料应办理签字手续并归档。

2. 桩身混凝土浇筑过程中存在错误之处：桩身混凝土灌注过程中拔管指挥人员不能离开现场，拔管应有专人负责指挥；导管埋深保持在 0.5～1.0m 也不正确，而宜控制在 2～6m，并经常测探井孔内混凝土面的位置，及时调整导管埋深。

3.（1）桩位坐标与垂直度控制。

（2）护筒埋深。

（3）泥浆指标控制。

（4）护筒内水头高度。

（5）孔径的控制，防止缩径。

（6）桩顶、桩底标高的控制。

（7）清孔质量（嵌岩桩与摩擦桩要求不同）。

（8）钢筋笼接头质量。

（9）导管接头质量检查与水下混凝土的灌注质量。

【案例 124】答：

1. 技术方面：

作业人员未支搭拆除工程施工脚手架，站在被拆除建筑物上进行拆除作业，违反了拆除工程施工操作规程，是导致此次事故发生的直接原因。

管理方面：

（1）建设单位未在拆除工程施工前向建设行政主管部门报送材料和备案。

（2）在资质管理上存在一系列的不规范行为。从建设单位到施工项目到民工作业队都视国家关于拆除工程的资质要求于不顾，任意委托或分包。

（3）在没有厂房图纸及技术资料的情况下，该项目负责人就允许拆除工程开工，未对拆除工程进行专门的书面的安全技术交底，未以书面形式明确拆除方案。

（4）该工程处及其第三项目经理部的安全教育、安全检查制度不落实，对主体工程以外的部位和民工作业队的安全管理中，存留死角，连续 20 多天的典型严重违章作业没有被发现、没有被制止。

2. 如何制定事故的预防对策：

（1）建设、施工单位等各方都应当加强对相关安全法律、法规的学习并严格执行。按照《中华人民共和国建筑法》《建设工程安全生产管理条例》等规定该建设单位负责的工作，不能转嫁给施工单位，施工单位要合法分包，拆除工程施工要履行严格的手续，制定安全可行的拆除方案。

（2）施工单位必须加强全员、全过程、全方位的安全管理，认真落实包括劳务队伍在内的各类人员的安全教育培训，落实安全技术交底工作，并保证现场安全监控不留死角。

【案例125】答：

1. 还需会审的内容有：

（1）施工的技术设备条件能否满足设计要求；当采取特殊的施工技术措施时，现有技术力量及现场条件有无困难，能否保证工程质量和安全施工的要求。

（2）有关特殊（新）技术或新材料的要求，其品种、规格、数量能否满足需要及工艺规定要求。

2. A代表"注浆"，B代表"封锚"。

3. "双控法"是采用张拉力和伸长值控制张拉，用伸长值校核张拉力。

4. 锚索锁定后，应采用机械切割余露锚索。

5. 分项工程评分值＝93－1－2＝90，质量等级为"合格"。

【案例126】答：

1. 由于沿线地表土为高、低液限黏土及低液限黏土夹粉细砂层，根据该企业拥有设备情况，宜采用光轮压路机及轮胎压路机进行碾压，羊足碾由于功率太小不适于高速公路施工。

2. 根据 $N = \dfrac{P}{W_1 Q k_B} = \dfrac{1342549}{300 \times 161 \times 90\%} = 31$ 台。

【案例127】答：

1. 根据沥青路面施工技术规范，沥青路面摊铺宽度不宜超过7.5m。

根据公式：$n = \dfrac{B-x}{b-x} = \dfrac{18.5 - (0.025 + 0.08)/2}{7.5 - (0.025 + 0.08)/2} = 2.55$。

所以，应配置3台大型（摊铺宽度6～10m）摊铺机。

2. 根据公式：$h = \dfrac{100G}{r \times A} = \dfrac{100 \times 399.6}{2 \times 18.5 \times 150} = 7.2$cm。

【案例128】答：

1. 沥青混凝土的密度一般在 2.35～2.4t/m³，取 2.375t/m³。

则该工程沥青混凝土总重：

$(482200 \times 0.04 + 484200 \times 0.05 + 470100 \times 0.06) \times 2.375 = 170297$t。

根据公式 $Q_j = \dfrac{nG_j K_B}{1000} = \dfrac{3600 \div (6 + 41 + 5) \times 3000 \times 0.85}{1000} = 176.54$t/h。

200d 的有效工期，可以生产沥青混凝土：$177 \times 200 \times 8 = 283200$t。

生产能力大于实际生产量，所以该沥青混凝土拌合站满足施工要求。

2. 根据公式 $Q = hBv_o\rho K_B$（t/h）。

摊铺机摊铺上面层的生产能力：摊铺机的行驶速度 2～6m/min。

$Q = 0.04 \times 12 \times (4 \times 60) \times 2 \times 0.8 = 184.32$t/h。

摊铺机摊铺下面层的生产能力：

$Q = 0.06 \times 12 \times (4 \times 60) \times 2 \times 0.8 = 276.48$t/h。

摊铺机摊铺能力大于沥青混凝土拌合站拌和能力，满足施工要求。

【案例 129】答：

1. 项目经理部负责施工计划的安排，确定工程配备的机种、机型和数量，做出投入工程的主要施工机械计划表，供上级管理部门进行机械资源的汇总、协调和配置。当自有机械不能满足需要时，还需做出租赁机械计划。

2. 机械设备事故的预防措施要点：

（1）建立安全管理制度。

（2）做好冬期前机械防冻工作。

（3）做好机械的防洪工作。

（4）做好机械的防火工作。

3. 机械设备事故的处理程序：

（1）机械事故发生后进行妥善处理。

（2）肇事者和肇事单位均应如实上报，并填写"机械事故报告单"。

（3）机械事故发生后，必须按照"四不放过"的原则进行批评教育。

（4）在处理过程中，对责任者要追究责任，对非责任事故也要总结教训。

（5）单位领导忽视安全，追究领导责任。

（6）在机械事故处理完毕后，将事故详细情况记录。

综合测试题（一）

一、单项选择题（共20题，每题1分。每题的备选项中，只有一个最符合题意）

1. 袋装砂井处理软基的工艺流程中，"沉入砂袋"的后一道工序是（   ）。
    - A．拔出套管
    - B．机具定位
    - C．埋砂袋头
    - D．摊铺下层砂垫层

2. 当地下水埋藏较深或有固定含水层时，宜采用的地下水排除设施是（   ）。
    - A．渗沟
    - B．渗井
    - C．检查井
    - D．暗沟

3. 用于公路路基的填料要求挖取方便，压实容易，强度高，水稳定性好。其中强度要求应通过取土试验确定填料（   ）。
    - A．最大承载比和最大粒径
    - B．最小承载比和最小粒径
    - C．最小承载比和最大粒径
    - D．最大承载比和最小粒径

4. 关于石灰稳定土基层施工备料的说法，正确的是（   ）。
    - A．当生石灰堆放时间较长时，应露天堆放，不得覆盖
    - B．消石灰应保持一定的湿度，但不可过湿成团
    - C．生石灰应在加水消解后马上使用，不得隔夜使用
    - D．消石灰无需过筛即可使用

5. 在旧水泥混凝土路面上加铺沥青混凝土结构层时，在两者之间应设置（   ）。
    - A．透层
    - B．粘层
    - C．封层
    - D．防水层

6. 钢筋混凝土桥、预应力混凝土桥、木桥是按（   ）来划分的。
    - A．承重结构的材料
    - B．桥梁用途
    - C．静力体系
    - D．跨越障碍的性质

7. 下列合同文件优先级最高的是（   ）。
    - A．已标价工程量清单
    - B．图纸
    - C．项目专用合同条款
    - D．技术规范

8. 适用于无水或浅水河滩，地形相对平坦，孔数较多的中型梁板安装的架设方法是（   ）。

A．自行式吊机架设法   B．简易型钢导梁架设法

C．跨墩龙门架架设法   D．联合架桥机架设法

9. 极重、特重、重交通荷载等级公路面层水泥混凝土用的天然砂质量不应低于（   ）。

    A．Ⅰ级   B．Ⅱ级

    C．Ⅲ级   D．Ⅳ级

10. 非洞口深埋段隧道的富水软弱破碎围岩段必须进行量测的项目是（   ）。

    A．拱脚下沉   B．地表下沉

    C．围岩压力   D．围岩体内位移

11. 挡土墙墙背所受的土压力最小的是（   ）。

    A．俯斜墙背   B．仰斜墙背

    C．垂直墙背   D．凸折式墙背

12. 交通标线是主要的交通安全设施之一，其主要作用是管制和引导交通，下列设施中属于交通标线的是（   ）。

    A．指路标志   B．指示标志

    C．路面突起路标   D．防护栏

13. 不属于拱桥支架施工常见质量控制点的是（   ）。

    A．支架的沉降控制   B．拱架加载控制

    C．卸架工艺控制   D．砌体强度控制

14. 仪器设备使用状态标识为"准用"的用（   ）标签进行标识。

    A．绿色   B．黄色

    C．蓝色   D．红色

15. 关于技术档案管理的叙述，错误的是（   ）。

    A．施工企业必须按公路工程建设项目及单项工程，建立工程技术档案

    B．技术档案必须与所反映的建设对象的实物保持一致

    C．形成技术档案的工程资料应实行分级管理

    D．装订好的档案资料应在六个月内向建设单位办理移交手续

16. 对于土方开挖工程，选择的机械与设备组合最好的是（   ）。

    A．挖掘机、推土机、移动式空气压缩机、凿岩机

    B．推土机、铲运机、挖掘机、装载机和自卸汽车

    C．推土机、挖掘机、装载机和平地机

D. 推土机、铲运机、羊足碾、压路机、洒水车、平地机和自卸汽车

17. 对风险等级为（   ）的分部分项工程应编制专项施工方案，并附安全验算结果，经施工单位技术负责人签字后报监理工程师批准执行。

A. Ⅰ级
B. Ⅱ级
C. Ⅲ级
D. Ⅲ级及以上

18. 属于自有机械费中不变费用的是（   ）。

A. 人工费
B. 车船使用税
C. 经常修理费
D. 动力燃料费

19. 钻孔灌注桩施工中，为满足混凝土和易性要求，坍落度宜控制在（   ）cm范围内。

A. 8～12
B. 10～15
C. 12～16
D. 16～22

20. 根据《公路水运工程质量监督管理规定》（中华人民共和国交通运输部令 2017 年第 28 号），有关项目工程质量鉴定报告的论述正确的是（   ）。

A. 公路工程竣工验收后，竣工验收委员会应当出具项目工程质量鉴定报告
B. 公路工程竣工验收前，工程质量监督机构应当出具项目工程质量鉴定报告
C. 公路工程交工验收前，工程质量监督机构应当出具项目工程质量鉴定报告
D. 公路工程交工验收后，工程质量监督机构可以出具项目工程质量鉴定报告

二、多项选择题（共 10 题，每题 2 分。每题的备选项中，有 2 个或 2 个以上符合题意，至少有 1 个错项。错选，本题不得分；少选，所选的每个选项得 0.5 分）

21. 项目负责人带班生产时，检查本合同段安全生产条件落实情况，包括特种作业人员持证上岗情况以及（   ）等设备检验验收与安全运行情况。

A. 起重机械
B. 施工测量仪器
C. 架桥机
D. 滑模爬模
E. 整体提升式脚手架

22. 路基压实度的常用检测方法有（   ）。

A. 贝克曼梁法
B. 灌砂法
C. 环刀法
D. 核子密度湿度仪法
E. 超声波检测

23. 下列关于无机结合料基层养护的说法，正确的有（   ）。

A. 每一段碾压完成并经压实度检查合格后，应立即开始养护
B. 无机结合料稳定材料公路基层的养护期不宜少于 7d

C．水泥稳定土基层不能用沥青乳液进行养护

D．养护期间，稳定材料层表面应始终保持湿润

E．石灰稳定土养护期间，不应过湿或忽干忽湿

24. 下列预应力张拉要求中，错误的有（　　　）。

A．有几套张拉设备时，可根据现场情况随机组合使用

B．进行张拉作业前，必须对千斤顶进行标定

C．当梁体混凝土强度达到设计规定的张拉强度时，方可进行张拉

D．预应力张拉以实际伸长量控制为主

E．预应力钢筋张拉时，应先调整到初应力再开始张拉和量测伸长值

25. 隧道施工通风按照风道的类型和通风安装位置，通风方式有（　　　）。

A．风管式通风　　　　　　　　B．射流机通风

C．巷道式通风　　　　　　　　D．无风道通风

E．风墙式通风

26. 交通安全设施主要包括（　　　）及里程标、百米标和公路界碑等。

A．交通标志、交通标线　　　　B．防撞设施、隔离栅

C．可变情报板　　　　　　　　D．桥梁防抛网

E．防眩光设施

27. 湿黏土路堤施工应符合（　　　）。

A．按设计要求对基底湿黏土层进行处理

B．石灰粒径应小于 20mm，质量宜符合三级及以上标准

C．湿黏土填料宜采用消石灰或磨细生石灰粉进行改良

D．施工前应取现场有代表性的土做石灰掺配试验确定石灰用量

E．改良后的湿黏土路堤质量应采用灰剂量与压实度两个指标控制

28. 根据交通运输部颁布的《公路水运建设工程质量事故等级划分和报告制度》（交办安监〔2016〕146 号），下列属于公路工程一般质量事故的是（　　　）。

A．特长隧道结构坍塌

B．造成直接经济损失在 100 万元以上 1000 万元以下

C．除高速公路以外的公路项目中桥或大桥主体结构垮塌

D．造成直接经济损失在 1000 万元以上 5000 万元以下

E．造成 2 人死亡的

29. 符合现行国标的饮用水可直接作为混凝土搅拌和养护用水。拌和使用的非饮用水应进行水质检验，技术要求应符合（　　　）的规定。

A．SO_4^{2-} 含量（mg/L）不大于 2700

B. 可溶物含量（mg/L）不大于 5000

C. 不溶物含量（mg/L）不大于 5000

D. pH 不小于 4.5

E. 不应有其他漂浮的杂质和泡沫及明显的颜色和异味

30. 水泥混凝土路面填缝时，使用的背衬垫条应具有（　　　）等特性。

A. 高温软化　　　　　　　　　B. 良好的弹性

C. 柔韧性　　　　　　　　　　D. 不吸水

E. 耐酸碱腐蚀

三、实务操作和案例分析题（共 5 题，每题 20 分）

【案例一】

背景资料：

某施工单位承接了一段长 30km 的沥青混凝土路面施工，其中基层采用厂拌石灰粉煤灰稳定碎石，施工前选择了相应的施工机械并经计算确定了机械台数，施工工艺如图 1 所示。

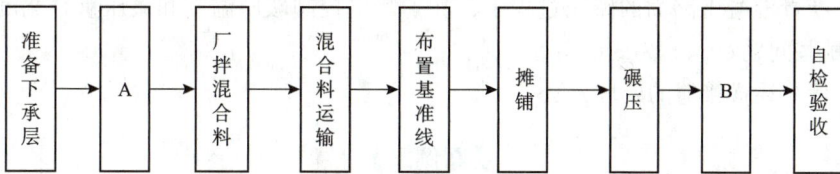

图 1　施工工艺

其中部分路段采用两幅施工，纵缝采用斜缝连接；同日施工的两个工作段接缝处，要求前一段拌和整修后，留 5～8m 不进行碾压，作为后一段摊铺部分的高程基准面，后段摊铺完成后立即碾压以消除缝迹。

石灰粉煤灰基层施工完毕后，且在面层施工前，检测了如下项目：弯沉、压实度、平整度、纵断面高程、宽度、横坡、回弹模量，以评定该分项工程质量。

问题：

1. 石灰粉煤灰基层施工准备中，计算机械台数需要考虑哪些因素？

2. 补充方框 A、B 内的工序。

3. 改正接缝处理中错误的做法。

4. 指出石灰粉煤灰基层质量检测评定实测项目中的错项，并补充漏项。

【案例二】

背景资料：

某高速公路设计车速 120km/h，路面面层为三层式沥青混凝土结构。施工为大型公路专业施工企业，设施精良，技术力量雄厚。为保证工程施工质量，施工时作了如下控制：

（1）选用合格的石料进行备料，严格对下承层进行清扫，并在开工前进行试验段铺筑。

（2）沥青混合料的拌合站设置试验室，对沥青混合料及原材料及时进行检验，拌和中严格控制集料加热温度和混合料的出厂温度。

（3）根据拌合站的产量、运距合理安排运输车辆，确保运输过程中混合料的质量。

（4）设置两台具有自动调节摊铺厚度及找平装置的高精度沥青混凝土摊铺机梯进式施工，严格控制相邻两机的间距，以保证接缝的相关要求。

（5）主要压路机械采用两台双轮双振压路机及 2 台 16t 胶轮压路机组成，严格控制碾压温度及碾压重叠宽度。

（6）纵缝采用热接缝，梯进式摊铺，后摊铺部分完成，立即骑缝碾压，以除缝迹，并对接缝作了严格控制。

问题：

1. 施工准备中，对石料的堆放应注意哪些问题？

2. 沥青混合料铺筑试验段的主要目的是什么？

3. 若出厂的混合料出现白花料，请问在混合料拌和中可能存在什么问题？

4. 混合料的运输中应注意的主要问题是什么？

5. 沥青混合料摊铺过程中，为什么应对摊铺温度随时检查并作好记录？

6. 沥青混凝土路面的碾压过程中，除了严格控制碾压温度和碾压重叠宽度外，还应注意哪些问题？

7. 请简述横接缝的处理方法。

【案例三】

背景资料：

某公路隧道最大埋深约 150m，设计净高 5.0m，净宽 14.0m，隧道长 940m。隧道区域内主要为微风化黑云母和长花岗岩，设计阶段对围岩定级为Ⅱ／Ⅲ级，施工过程中围岩发生了变化，需要重新评定。隧道区域内地表水系不发育，区域内以基岩裂隙水为主，浅部残坡积层赋存松散岩类孔隙水，洞口围岩变化段水系较发达。施工单位根据围岩情况拟分别采用全断面法和台阶法开挖施工。

问题：

1. 根据背景资料，围岩详细定级时，在哪些情况下，应对岩体基本质量指标进行修正？

2. 根据背景资料，光面爆破的分区起爆顺序是什么？

3. 根据背景资料，什么叫台阶法？台阶法有几种形式？

【案例四】

背景资料：

某高速公路 M 合同段（K17＋300～K27＋300）主要为路基土石方工程，本地区岩层构成为泥岩、砂岩互层，抗压强度 20MPa 左右，地表土覆盖层较薄。在招标文件中，工程量清单列有挖方 2400000m³（土石比例为 6∶4），填方 2490000m³，填方路段填料由挖方路段调运，考虑到部分工程量无法准确确定，因此采用单价合同，由监理工程师与承包人共同计量，土石开挖综合单价为16元/m³。施工过程部分事件摘要如下：

事件一：施工单位开挖路基后，发现挖方土石比例与设计文件出入较大，施工单位以书面形式提出设计变更，后经业主、监理、设计与施工单位现场勘察、洽商，设计单位将土石比例调整为3.4∶6.6，变更后的土石方开挖综合单价调整为19元/m³。经测算，变更后的项目总价未超过初步设计批准的概算。

事件二：在填筑路堤时，施工单位采用土石混合分层铺筑，局部路段因地形复杂而采用竖向填筑法施工，并用平地机整平每一层，最大层厚40cm，填至接近路床底面标高时，改用土方填筑。

事件三：该路堤施工中，严格质量检验，实测了压实度、弯沉、纵断高程、中线偏位、宽度、横坡、边坡。

问题：

1．《公路工程设计变更管理办法》将设计变更分为哪几种？事件一中的设计变更属于哪一种？说明理由。

2．指出事件二中施工方法存在的问题，并提出正确的施工方法。

3．指出事件三中路堤质量检验实测项目还需补充哪个实测项目。哪些是关键项目？其按相应路基质量实测项目指标的理由是什么？

4．针对该路段选择的填料，在填筑时，对石块的最大粒径应有何要求？

【案例五】

背景资料：

某二级公路的主要工序见表1。

表1　某二级公路的主要工序

工作代号	工作名称	备注
A	施工准备	
B	路基土石方开挖	其中部分石方需爆破施工
C	挡墙基坑开挖	
D	涵洞施工	
E	桥梁基础施工	钻孔灌注桩基础
F	上边坡防护工程施工	分5级，平均高40m
……	……	……

施工单位按合同工期编制了如图2所示的网络计划并经监理工程师批准。

施工中发生了如下事件：

事件一：由于施工单位设备故障，导致C工作中断4d。

事件二：由于百年一遇的冰雪灾害，导致D工作晚开工15d。

事件三：由于图纸晚到，导致E工作停工10d。

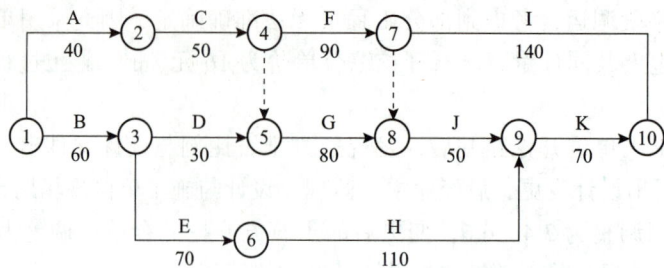

注：时间单位以 d 计。

图 2　网络计划

针对上述事件中的暂停施工，施工单位在合同规定时间内向监理提出了延期申请和费用索赔的要求。合同约定，成本损失费为人民币 1.5 万元 /d，利润损失费为人民币 0.2 万元 /d。

问题：

1. 计算图示网络工期，并指出关键线路。

2. 针对背景中的网络计划，分别分析 C、D、E 工作工期索赔和费用索赔的合理性。

3. 计算可索赔的费用。

4. 结合背景资料，分析施工单位应编制哪些安全生产专项施工方案？

综合测试题（一）答案与解析

一、单项选择题

1. 答案 A

袋装砂井按整平原地面→摊铺下层砂垫层→机具定位→打入套管→沉入砂袋→拔出套管→机具移位→埋砂袋头→摊铺上层砂垫层的施工工艺流程进行。

2. 答案 B

首先排除检查井，它一般设置在深而长的暗沟、渗沟及渗水隧洞，在直线段每隔一定距离及平面转弯、纵坡变坡点等处，它的主要作用是检查通道，不属于独立的地下水排水设施。暗沟（管）用于排除泉水或地下集中水流。本题最具干扰性的是渗沟，渗沟和渗井都用于降低地下水位或拦截地下水。当地下水埋藏浅或无固定含水层时，宜采用渗沟；当地下水埋藏较深或有固定含水层时，宜采用渗井。

3. 答案 C

用于公路路基的填料要求挖取方便，压实容易，强度高，水稳定性好。其中强度要求应通过取土试验确定填料最小承载比 *CBR* 和最大粒径，其要求应符合路堤填料最小承载比和最大粒径规定。路床填料最大粒径应小于 100mm，路床填料应均匀。

4. 答案 B

当石灰堆放时间较长时，应覆盖封存，故选项 A 错误。生石灰块应在使用前 7～10d 充分消除，故选项 C 错误。消石灰宜过孔径 10mm 的筛，故选项 D 错误。消除后的石灰应保持一定的湿度，不得产生扬尘，也不可过湿成团。

5. 答案 B

透层，顾名思义是"透"入基层的功能层，它使沥青面层与基层结合良好，在基层上浇洒乳化沥青、煤沥青或液体沥青而形成的透入基层表面的薄层。粘层是使上下层沥青结构层或沥青结构层与结构物（或水泥混凝土路面）完全"粘"结成一个整体的功能层。封层的作用：一是封闭某一层起着保水防水作用；二是起基层与沥青表面层之间的过渡和有效联结作用；三是路的某一层表面破坏离析松散处的加固补强；四是基层在沥青面层铺筑前，要临时开放交通，防止基层因天气或车辆作用出现水毁。透层、粘层、封层都有一定的防水作用，一般不需要再专门施工防水层。本题题干是在旧水泥混凝土路面上加铺沥青混凝土结构层，旧水泥混凝土路面是刚性路面，只有水泥混凝土面板的接缝可能漏水，只需对接缝进行修补，更无需对整个水泥混凝土路面施工防水层。

6. 答案 A

按主要承重结构所用的材料划分，有圬工桥（包括砖、石、混凝土桥）、钢筋混凝土桥、预应力混凝土桥、钢桥和木桥等。答案选 A。按用途划分，有公路桥、铁路桥、公路铁路两用桥、农桥、人行桥、运水桥（渡槽）及其他专用桥梁（如通过管路、电缆等）。按跨越障碍的性质，可分为跨河桥、跨线桥（立体交叉）、高架桥和栈桥。桥梁没有按静力体系的分类。

7. 答案 C

合同文件的优先顺序是：① 合同协议书；② 中标通知书；③ 投标函及投标函附录；④ 项目专用合同条款；⑤ 公路工程专用合同条款；⑥ 通用合同条款；⑦ 工程量清单计量规则；⑧ 技术规范；⑨ 图纸；⑩ 已标价工程量清单。

8. 答案 C

跨墩龙门架架设法：预制梁由轨道平车或者平板拖车运至桥孔一侧，用两台同步运行的跨墩门式起重机将梁吊起再横移到设计位置落梁就位。适用条件：无水或浅水河滩，地形相对平坦，孔数较多的中型梁板安装。

9. 答案 B

极重、特重、重交通荷载等级公路面层水泥混凝土用的天然砂质量不应低于Ⅱ级，中、轻交通荷载等级公路面层混凝土可使用Ⅲ级天然砂。

10. 答案 A

围岩压力、围岩内部位移均为选测项目，地表下沉只有洞口段和浅埋段才是必测项，富水软弱破碎围岩必测拱脚下沉。

11. 答案 B

俯斜墙背土压力较大，仰斜墙背土压力较小，垂直墙背土压力介于俯斜和仰斜之间，凸折式墙背土压力大于垂直墙背。

12. 答案 C

交通标线的主要作用是传递有关道路交通的规则、警告和指引交通。它是由施划或安装于道路上的各种线条、箭头、文字、图案、立面标记、实体标记、突起路标等构成的。所以答案选 C。选项 A、B，指路标志、指示标志均是交通标志；选项 D 防护栏是防撞设施。

13. 答案 D

拱桥支架施工常见质量控制点：支架基础承载力控制、支架沉降量控制、拱架加载控制、卸架工艺控制。

14. 答案 B

仪器设备应实施标识管理，分为管理状态标识和使用状态标识，使用状态标识分为"合格""准用""停用"三种，分别用"绿""黄""红"三色标签进行标识。

15. 答案 D

施工企业必须按公路工程建设项目及单项工程，建立工程技术档案，它必须与所反映的建设对象的实物保持一致。工程技术档案工作的任务是按照一定的原则和要求，系统地收集记述工程建设全过程中具有保存价值的技术文件材料，并按归档制度加以整理，以便完工验收后完整地移交给有关技术档案管理部门。基本规定的第1点要求工程资料应实行分级管理。

16. 答案 B

对于土方开挖工程，选择的机械与设备主要有：推土机、铲运机、挖掘机、装载机和自卸汽车等。对于石方开挖工程，选择的机械与设备主要有：挖掘机、推土机、移动式空气压缩机、凿岩机、爆破设备等；对于清基和料场准备等路基施工前的准备工作，选择的机械与设备主要有：推土机、挖掘机、装载机和平地机等；对于土石填筑工程，选择的机械与设备主要有：推土机、铲运机、羊足碾、压路机、洒水车、平地机和自卸汽车等。

17. 答案 D

《公路水运工程安全生产监督管理办法》第二十四条规定：施工单位应当依据风险评估结论，对风险等级较高的分部分项工程编制专项施工方案，并附安全验算结果，经施工单位技术负责人签字后报监理工程师批准执行。风险等级Ⅲ级及以上表示风险较高。

18. 答案 C

施工机械台班预算价格应按交通运输部公布的现行《公路工程机械台班费用定额》JTG/T 3833—2018 计算，台班单价由两类费用组成。第一类费用又称不变费用，包括折旧费、大修费、经常修理费、替换设备及工具附具费、润滑和擦拭材料费、安装费及辅助设施费、机械管理费；第二类费用又称可变费用，包括人工费、动力燃料费和养路费及车船使用税。

19. 答案 D

钻孔灌注桩浇筑时，如果混凝土坍落度小，离析或石料粒径过大，导管直径较小（一般为25cm），在混凝土浇筑过程中堵塞导管，且在混凝土初凝前未能疏通好，当提导管时，容易形成断桩。所以，混凝土要求和易性好，坍落度宜控制在16～22cm，对混凝土方量大，浇筑时间长的大直径长桩，混凝土配合比中宜掺加缓凝剂。导管的直径应根据桩径和石料的最大粒径确定，尽量采用大直径导管。

20. 答案 B

《公路水运工程质量监督管理规定》（中华人民共和国交通运输部令 2017 年第 28号）第二十六条规定：公路水运工程竣工验收前，交通运输主管部门委托的建设工程质量监督机构应当根据交通运输主管部门拟定的验收工作计划，组织对工程质量进行复测，并出具项目工程质量鉴定报告，明确工程质量水平；同时出具项目工程质量监督管理工作报告，对项目建设期质量监督管理工作进行全面总结。选项 D 不仅未强调竣工验收前，而且"可以"错了，因为"应当"是强制性表示。

二、多项选择题

21. 答案 A、C、D、E

项目负责人带班生产时，检查本合同段安全生产条件落实情况有：

特种作业人员持证上岗情况；起重机械和整体提升式脚手架、滑模爬模、架桥机等设备检验验收与安全运行情况。

22. 答案 B、C、D

压实度是路基质量控制的重要指标之一，是现场干密度和室内最大干密度的比值。压实度越高、路基密实度越大，材料整体性能越好。其现场密度的测定方法如下：① 灌砂法；② 环刀法；③ 核子密度湿度仪法。

23. 答案 A、B、D、E

考查无机结合料基层养护。① 每一段碾压完成并经压实度检查合格后，应立即开始养护。② 无机结合料稳定材料基层的养护期不宜少于 7d。③ 水泥稳定土基层也可采用沥青乳液进行养护。④ 养护期间，稳定材料层表面应始终保持湿润。⑤ 石灰稳定土养护期间，不应过湿或忽干忽湿。

水泥稳定土基层也可采用沥青乳液进行养护，选项 C 错误；选项 A、B、D、E 均符合规范规定。

24. 答案 A、D

考查预应力的张拉。① 在进行张拉作业前，必须对千斤顶、油泵进行配套标定，并每隔一段时间进行一次校验。有几套张拉设备时，要进行编组，不同组号的设备不得混合。② 当梁体混凝土强度达到设计规定的张拉强度时，方可进行张拉。③ 预应力的张拉采用双控，即以张拉力控制为主，以钢束的实际伸长量进行校核，实测伸长值与理论伸长值的误差不得超过规范要求，否则应停止张拉，查找原因。预应力筋张拉时，应先调整到初应力，再开始张拉和量测伸长值。④ 张拉的程序按技术规范的要求进行。⑤ 张拉过程中的断丝、滑丝不得超过规范或设计的规定。

选项 B、C、E 符合张拉要求。有几套张拉设备时，要进行编组，不同组号的设备不得混合，选项 A 做法错误。预应力的张拉采用双控，即以张拉力控制为主，以钢束的实际伸长量进行校核，选项 D 做法错误。

25. 答案 A、C、E

实施机械通风，必须具有通风机和风道，按照风道的类型和通风安装位置，有如下几种通风方式：风管式通风、巷道式通风、风墙式通风。

26. 答案 A、B、D、E

交通安全设施主要包括交通标志、交通标线、防撞设施、隔离栅、轮廓标、防眩设施、桥梁护网、里程标、百米标、公路界碑等。

27. 答案 A、C、D、E

湿黏土路堤施工应符合以下规定：按设计要求对基底湿黏土层进行处理；湿黏

土填料宜采用消石灰或磨细生石灰粉进行改良；石灰粒径应不大于 20mm，质量宜符合三级及以上标准；施工前应取现场有代表性的土做石灰掺配试验确定石灰用量；灰土拌和可采用路拌法，翻拌后填料的块状粒径超过 15mm 的含量宜小于 15%，填筑层厚度宜不超过 200mm；改良后的湿黏土路堤质量应采用灰剂量与压实度两个指标控制。

28．答案 B、C

一般质量事故，是指造成直接经济损失 100 万元以上 1000 万元以下，或者除高速公路以外的公路项目中桥或大桥主体结构垮塌、中隧道或长隧道结构坍塌，或者小型水运工程主体结构垮塌、报废的事故。

29．答案 A、C、D、E

拌和使用的非饮用水应进行水质检验，技术要求应符合表 2 的规定。

表 2　非饮用水技术要求

项次	项目	技术要求	试验方法
1	pH 值	$\geqslant 4.5$	《混凝土用水标准》JGJ 63—2006
2	Cl^- 含量（mg/L）	$\leqslant 3500$	
3	SO_4^{2-} 含量（mg/L）	$\leqslant 2700$	
4	碱含量（mg/L）	$\leqslant 1500$	
5	可溶物含量（mg/L）	$\leqslant 10000$	
6	不溶物含量（mg/L）	$\leqslant 5000$	
7	其他杂质	不应有其他漂浮的杂质和泡沫及明显的颜色和异味	

30．答案 B、C、D、E

填缝时使用背衬垫条，其应具有良好的弹性、柔韧性、不吸水、耐酸碱腐蚀和高温不软化等性能。

三、实务操作和案例分析题

【案例一】

参考答案：

1．考虑因素：

（1）计划时段内应完成的工程量。

（2）计划时段内的制度台班数（或：台班制度数）。

（3）机械台班生产率（或生产能力）。

（4）机械利用率。

2．A：施工放样（或测量，或放线）；B：养护。

3．两幅施工纵缝必须采用垂直接缝（或直接缝）；后一段施工时，前一段未压部分，应加部分生石灰（或结合料）重新拌和（或与新料一起拌和），并与后段一起碾压。

4．错项：弯沉、回弹模量。

漏项：厚度、强度。

【案例二】

参考答案：

1. 石料应分类堆放；石料堆放场地最好作硬化处理；石料堆放场地四周作好排水。

2. 试验段铺筑的主要目的有两个。一是为控制指标确定相关数据，如：松铺系数、机械配备、压实遍数、人员组织、施工工艺等；二是检验相关技术指标，如：沥青含量、矿料级配、沥青混合料马歇尔试验、压实度等。

3. 出厂时混合料出现白花料，拌和中可能存在油料偏少；拌和时间偏少；矿粉量过多等。

4. 沥青混合料运输应注意的问题是：保持车厢干净并涂防粘薄膜剂，运输时必须覆盖棚布以防雨水和热量损失。

5. 沥青混凝土路面施工中压实度是一重要控制指标，温度低是造成压实度不足的原因之一，随时检查并作好记录是保证沥青路面压实度的重要手段之一。

6. 碾压进行中压路机的运行应均匀，不得中途停留、转向或制动；也不能随意改变碾压速度；不允许在新铺筑路面上停机加油、加水。

7. 先用3m直尺检查端部平整度，垂直于路中线切齐清除，在端部涂粘层后继续摊铺，横向接缝的碾压先用双轮双振压路机进行横压，压路机位于压实的部分伸入新铺层的15cm，每压一遍向新铺层移动15~20cm，直到压路机全部移到新铺层，再改为纵向碾压。

【案例三】

参考答案：

1. 围岩详细定级时，如遇下列情况之一，应对岩体基本质量指标进行修正：

（1）有地下水影响。

（2）主要软弱结构面的影响。

（3）高初始应力的影响。

2. 光面爆破的分区起爆顺序：掏槽眼→辅助眼→周边眼→底板眼。辅助眼则应由里向外逐层起爆。

3.（1）台阶法是先开挖上半断面，待开挖至一定距离后再同时开挖下半断面，上下半断面同时并进的施工方法。

（2）台阶法分为二台阶法、三台阶法。

【案例四】

参考答案：

1.（1）公路工程设计变更分为重大设计变更、较大设计变更和一般设计变更。

（2）属于较大设计变更。因为单项变更金额达到720万元 [2400000×（19-16）=7200000元]，超过500万元的规定。

2.（1）不应采用平地机整平。因含石量为66%，整平应采用大型推土机辅以人工进行。

（2）不应采用竖向填筑法。土石路堤只能采用分层填筑，分层压实。

3. 还应实测平整度。检测的关键项目是压实度和弯沉。因为根据《公路路基施工技术规范》JTG/T 3610—2019 的 2.1.8 规定，石料含量占总质量 30%～70% 的土石混合料填筑的路基为土石路堤。土石比例变更前后依然属于土石路堤，按照该规范 4.6.4 规定，土石路堤路基完成后质量应符合该规范表 4.4.5 的规定，即土方路基质量规定。

4．土石混合料中石料强度大于 20MPa 时，石块的最大粒径不得超过压实层厚的 2/3，超过的石料应清除或打碎。

【案例五】

参考答案：

1．参见图 3 计算，网络计划的工期为 320d。

关键线路为：①②④⑦⑩（或：A → C → F → I）。

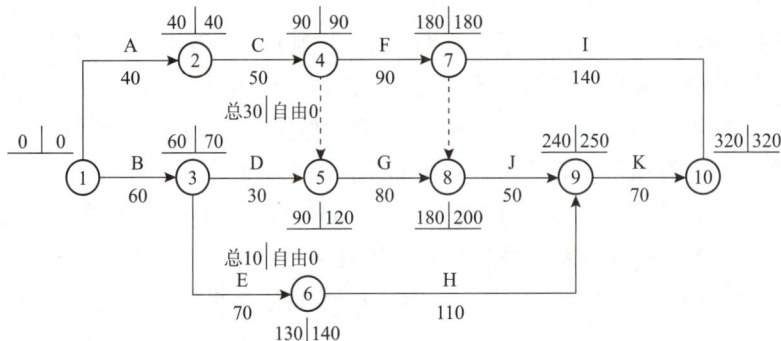

注：时间单位以 d 计。

图 3　网络计划

2．事件一中，由于是施工单位的设备故障，属于施工单位应承担的风险和责任，所以工期和费用的索赔申请不合理，即使 C 工作为关键工作也不能索赔工期和费用。

事件二中，百年一遇的冰雪灾害属于双方共同的风险，依据合同条款可以考虑工期索赔，而不应考虑费用索赔；但是根据图 3 网络计划的计算，D 工作总时差 = 120 - 60 - 30 = 30d，超过其本身延误开工 15d，未造成合同工期 320d 的拖延，因此该延误不能索赔工期，索赔申请不合理。

事件三中，是由于业主迟交图纸引起的，为业主应承担的责任，根据合同条款可以考虑工期和费用的索赔，同时应考虑利润要求。根据图 3 网络计划的计算，E 工作总时差 = 140 - 60 - 70 = 10d，与 E 工作延误 10d 相同，即该延误未超过总时差，未造成合同工期拖延，所以不索赔工期，但可索赔停工损失的费用含利润。（注：合同条款指 2018 年版交通运输部招标范本）

3．可索赔的费用为：10×（1.5 + 0.2）= 17 万元。

4．应编写的专项施工方案有：高边坡处理方案，石方爆破方案，挡墙基础施工方案，桥梁中的梁、拱、柱等构件施工方案，钻孔灌注桩基础施工方案，高处作业施工方案，水上水下作业施工方案等。

综合测试题（二）

一、单项选择题（共 20 题，每题 1 分。每题的备选项中，只有一个最符合题意）

1. 下列对路基常用爆破方法的描述，符合光面爆破特征的是（　　）。
   A. 在没有侧向临空面和最小抵抗线的情况下，用控制药量爆破的方法，使拟爆体与山体分开，作为隔振减振带
   B. 两相邻药包或前后排药包以若干毫秒的时间间隔依次起爆
   C. 在有侧向临空面的情况下，用控制抵抗线和药量的方法进行爆破
   D. 利用爆能将大量土石方按照指定的方向，挪移到一定的位置并堆积成光滑平整的路堤

2. 水泥混凝土路面出现严重断裂，板被分割成 3 块以上，有错台或裂块并且已经开始活动的断板，应采用（　　）治理措施。
   A. 压注灌浆　　　　　　　　　　B. 扩缝灌浆
   C. 条带罩面　　　　　　　　　　D. 整块板更换

3. 下列可作为预防路基横向裂缝的措施是（　　）。
   A. 路基填料禁止使用液限大于 50、塑性指数小于 26 的土
   B. 同一填筑层不得混用不同种类的土
   C. 路床底以下的路基填筑，严格控制每一填筑层的含水率，标高、平整度的控制可适当放宽
   D. 路基顶填筑层压实厚度小于 8cm

4. 二级以下公路无机结合料稳定基层使用等外石灰时，有效氧化钙含量应在 20% 以上，且（　　）应满足要求。
   A. 石灰的未消化残渣含量　　　　B. 石灰的细度
   C. 石灰的氧化镁含量　　　　　　D. 混合料强度

5. 矿料最大粒径为 16mm 或 19mm 的沥青混合料为（　　）沥青混合料。
   A. 细粒式　　　　　　　　　　　B. 中粒式
   C. 粗粒式　　　　　　　　　　　D. 特粗式

6. 下列关于经纬仪的说法，错误的是（　　）。
   A. 经纬仪可以进行水平角测量和竖直角测量
   B. 经纬仪可以进行高精度距离测量和高差测量
   C. 经纬仪具有高精度的定线的辅助功能

D. 经纬仪的主要作用是进行角度测量

7. 钢丝、钢绞线、热轧带肋钢筋检验时分别抽取（　　）t。
A. 60、100、60
B. 100、60、60
C. 60、60、100
D. 100、60、100

8. 塑料排水板施工中，插入套管的前一道工序是（　　）。
A. 摊铺下层砂垫层
B. 整平原地面
C. 塑料排水板穿靴
D. 摊铺上层砂垫层

9. 用大功率路面铣刨拌合机将路面混合料在原路面上就地铣刨、翻挖、破碎，再加入稳定剂、水泥、水（或加入乳化沥青）和集料同时就地拌和，用路拌机原地拌和，最后碾压成型。该沥青路面的施工工艺是（　　）。
A. 厂拌热再生法
B. 现场热再生法
C. 厂拌热冷生法
D. 现场冷再生法

10. 下列应洒布粘层的是（　　）。
A. 半刚性基层上铺筑沥青层
B. 沥青混凝土面层与检查井侧面之间
C. 沥青混凝土面层的下面层和二灰稳定碎石基层之间
D. 多雨地区空隙较大的沥青面层下部

11. 用于疏干潮湿边坡和引排边坡上局部出露的上层滞水，并起支撑边坡作用的排水设施是（　　）。
A. 支撑渗沟
B. 仰斜式排水孔
C. 急流槽
D. 边坡渗沟

12. 下列关于公路配电工程所采用的钢管及其敷设的说法，正确的是（　　）。
A. 潮湿场所应采用薄壁钢管
B. 钢管外壁应做防腐处理，内壁可不进行防腐处理
C. 镀锌钢管应采用螺纹连接或套管紧定螺栓连接
D. 钢管伸入到接线盒内的管口与地面的距离应不大于 100m

13. 在桥梁基础分类中，将来自上部结构的荷载通过基础底板直接传递给承载地基的基础是（　　）。
A. 扩大基础
B. 桩基础
C. 地下连续墙基础
D. 沉井基础

14. 地下连续墙的施工工艺有：① 水下灌注混凝土；② 导墙沟槽开挖；③ 导墙施

工；④ 槽底清理；⑤ 拔接头管；⑥ 安放接头管；⑦ 地连墙沟槽分段开挖；⑧ 吊放钢筋笼。下列排序正确的是（　　　）。

    A．②①③⑥⑤⑦⑧④   B．②③⑦④⑥⑧①⑤

    C．②③⑦④⑧⑥①⑤   D．⑦②①③④⑥⑦⑤

15．桥梁钢筋骨架施焊顺序错误的是（　　　）。

    A．由中到边对称地向两端进行

    B．先焊骨架下部，后焊骨架上部

    C．相邻的焊缝采用分区对称跳焊

    D．顺骨架轴线方向一次焊成

16．下列关于基坑开挖安全防护要求的说法，正确的是（　　　）。

    A．在基坑边缘与荷载之间应设置护道，基坑深度不大于 4m 时，护道宽度不大于 0.5m

    B．在基坑边缘与荷载之间应设置护道，基坑深度大于 4m 时，护道宽度为 1m

    C．深基坑四周距基坑边缘不大于 0.5m 处应设置钢管护栏，挂密目式安全网

    D．基坑周边 1m 范围内不得堆载和停放设备

17．防眩设施关键实测项目是（　　　）。

    A．安装高度   B．防眩板设置间距

    C．竖直度   D．防眩网网孔尺寸

18．现浇盖梁施工中，模板及支架变形的要求是（　　　）。

    A．盖梁侧模板不得超过盖梁跨度的 1/250

    B．钢模板面板变形不得超过 2.5mm

    C．盖梁支架的弹性挠度不大于其结构跨度的 1/400

    D．钢模板的钢材变形不超过计算跨径的 1/300

19．下列不属于监控系统主要功能的是（　　　）。

    A．数据处理   B．系统参数管理

    C．信息共享   D．数据备份和系统恢复

20．下列属于第二级技术交底内容的是（　　　）。

    A．重大施工方案   B．主要危险源

    C．施工详图和加工图   D．施工工艺流程

二、多项选择题（共 10 题，每题 2 分。每题的备选项中，有 2 个或 2 个以上符合题意，至少有 1 个错项。错选，本题不得分；少选，所选的每个选项得 0.5 分）

21．下列无机结合料基层养护正确的有（　　　）。

A. 碾压完成并经压实度检查合格后，应及时养护

B. 养护期不宜少于 7d，养护期宜延长至上层结构开始施工的前 2d

C. 可采用撒铺沥青乳液进行养护

D. 养护期间应封闭交通，洒水车和小型通勤车辆可通行

E. 养护期间，稳定材料类表面应保持干燥

22. 下列关于水准点复测与加密要求的说法，正确的有（ 　　 ）。

A. 水准点精度应符合规范规定

B. 同一建设项目应采用同一高程系统，并与相邻项目高程系统相衔接

C. 临时水准点应符合相应等级精度要求，并与相邻水准点闭合

D. 对设计提供水准点，施工前只能加固并永久使用

E. 水准点应进行不定期检查和定期复测，复测周期不低于 9 个月

23. 基层出现收缩裂缝，经过弯沉检测，结构层的承载能力满足设计要求时，处理裂缝可采取的措施有（ 　　 ）。

A. 在裂缝位置灌缝　　　　　　　B. 在裂缝位置铺设玻璃纤维格栅

C. 洒铺热改性沥青　　　　　　　D. 拉杆拉结

E. 翻挖重铺

24. 下列关于洞门和明洞施工的说法，正确的有（ 　　 ）。

A. 洞门端墙的砌筑与回填应两侧对称进行，不得对衬砌产生偏压

B. 洞口边坡、仰坡的开挖可采用大爆破

C. 明洞墙背回填应两侧对称进行

D. 明洞后背为土质地层，应将墙背坡面开凿成台阶状，用干砌片石分层码砌，缝隙用碎石填塞紧密，不得任意抛填土石

E. 明洞后背石质地层中墙背与岩壁空隙不大时，可采用与墙身同级混凝土回填

25. 热拌沥青混合物的路面压实可以采用（ 　　 ）。

A. 单钢轮振动压路机　　　　　　B. 双轮双振压路机

C. 凸块压路机　　　　　　　　　D. 冲击压路机

E. 胶轮压路机

26. 编制公路项目标后预算，应引入的专项费用有（ 　　 ）。

A. 场地平整费　　　　　　　　　B. 临时工作便道维修费

C. 指挥车辆使用费　　　　　　　D. 施工安全风险评估费

E. 工地试验室建设费

27. 计算设于水中的支架或拱架的强度和稳定时，应考虑的荷载有（ 　　 ）。

A. 风力 B. 水流压力

C. 流冰压力 D. 船只漂流物的冲击力

E. 土压力

28. 下列应进行桥梁施工安全风险评估的工程有（　　）。

  A. 跨径大于 150m 的钢筋混凝土拱桥

  B. 跨径 200m 的梁桥

  C. 墩高 200m 的桥梁工程

  D. 跨径 200m 的斜拉桥

  E. 跨径 500m 的悬索桥

29. 下列关于后张法预应力筋压浆的说法，正确的有（　　）。

  A. 曲线预应力筋从管道的最低点压入

  B. 直线预应力筋可以从任意一端压浆

  C. 竖向预应力筋从中间开始压浆

  D. 分层布置的张拉孔道按先下后上的顺序压浆

  E. 同一孔道的压浆宜缓慢均匀进行，可多次压浆

30. 施工方案的优化有（　　）。

  A. 施工方法的优化 B. 施工作业组织形式的优化

  C. 施工机械组织的优化 D. 施工顺序的优化

  E. 物资采购和供应的优化

三、实务操作和案例分析题（共 5 题，每题 20 分）

【案例一】

背景资料：

  某施工单位承建季冻区双向四车道高速公路水泥混凝土路面工程，设计路面结构为：26cm 水泥混凝土面层、30cm 水泥稳定碎石基层、20cm 级配碎石底基层，硬路肩与行车道路面结构相同。根据施工方案要求，中央分隔带每侧面层按全幅摊铺且设置两条纵向接缝，并采用滑模摊铺技术进行施工，其工艺流程为：基层质量检查验收测量放样→摊铺机就位→混凝土运输车卸料及布料→滑模摊铺机摊铺、振捣、整平→X→初期养护→Y→刻槽→Z→后期养护→质量检测→开放交通。用于面层施工的水泥为道路硅酸盐水泥，外加剂采用引气高效减水剂。另外，针对可能出现的特殊天气情况以及水泥混凝土路面接缝多、构造复杂的特点，制定了专项施工组织方案和应急处理预案。

  施工过程中发生以下事件：

  事件一：面层水泥混凝土拌和中掺入了一定量符合规定要求的粉煤灰掺合料，并在施工前进行了混凝土配合比试配与粉煤灰掺量优化试验，对水泥混凝土弯拉强度等设

计指标进行了符合性检验。

事件二：滑模摊铺面层前，架设双线基准线，基准线桩纵向间距在直线段按 10m 设置，在竖曲线和平曲线段按 20m 设置，滑模摊铺机底板设置为双向路拱形状。

事件三：在水泥混凝土面层摊铺施工过程中，发生了 6 级以上强风并伴随气温骤降的天气情况。

问题：

1. 写出背景资料中 X、Y、Z 代表的工序名称以及面层施工纵向接缝的类型。

2. 补充事件一中配合比设计需要检验的其他设计指标。

3. 改正事件二中的两处错误做法。

4. 事件三中的天气情况可能对面层造成怎样的后果？施工现场应如何处置？

【案例二】

背景资料：

某公路工程，起止桩号为 K6＋800～K12＋300。其中 K7＋600～K11＋700 段为桥梁，其余部分为道路。桥梁部分采用后张法预制梁板。施工前，施工单位规划了预制场地，进行了整平压实，并完善了排水系统。按照实际要求编制了施工组织设计。在进行后张法预制梁板时，施工队进行了如下操作：

（1）张拉时，混凝土的强度和弹性模量在设计中均没有相关规定，项目经理根据情况要求混凝土的强度应不低于设计强度等级值的 50%，弹性模量应不低于混凝土 14d 弹性模量的 50%。

（2）压浆前对孔道进行清洁处理。

（3）对预留孔道应用通孔器或压气、压水等方法进行检查。端部预埋铁板与锚具和垫板接触处的焊渣、毛刺、混凝土残渣等应清除干净。

（4）预应力筋切割后的外露长度不宜小于 20mm，且不应小于 1.2 倍预应力筋直径。预制梁制作完成后，将其装至浮船上，浮运到架设孔以后就位安装。该项目的道路工程主要包括路基路面的处理、挡土墙的修筑。由于工期较紧张，施工单位人手不够，故施工总承包单位将其分包给另一施工单位进行施工，签订了分包合同。根据合同要求及施工实际情况，施工分包单位选择修筑加筋挡土墙进行护坡处理，路基工程则采用乳化沥青碎石基层施工方法。先用拌合机拌和混合料，然后进行摊铺，碾压时发生局部混合料松散开裂现象，施工分包单位随即采取了措施进行补救。补救后，做好养护，并封闭交通。施工完成后，由于施工分包单位急需资金，便直接向监理工程师提出了支付工程款的请求，但遭到监理工程师拒绝。

问题：

1. 施工组织设计的编制依据主要有哪些？

2. 逐项分析施工队后张法预制梁板的施工过程做法的正误。若不正确，改正错误之处。

3. 加筋土挡土墙有哪些优点？

4. 乳化沥青碎石混合料碾压时的松散开裂现象应采取什么措施进行补救？

5. 分包单位请求支付的要求是否合理？若不合理，请给出理由。

背景资料：

某双车道公路隧道，全长 620m，地层岩性为石灰岩，地下水较丰富，有一条 F 断层破裂带，隧道最大埋深 490m，纵坡为 -3%，其围岩级别及长度如图 1 所示。合同总工期为 20 个月。

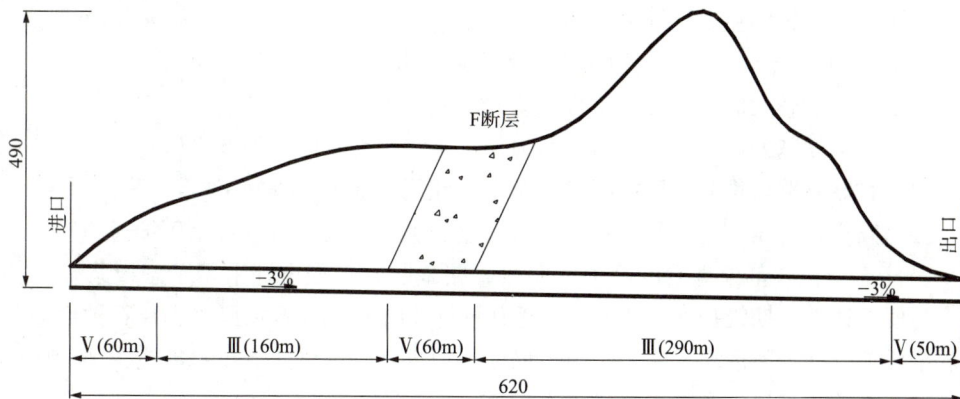

注：图中尺寸以m为单位。

图 1　围岩级别及长度

根据以往施工经验及该项目实际情况，施工前，相关人员经讨论分析确定隧道主要施工内容的进度计划指标为：Ⅲ 级围岩 70～90m/ 月，Ⅳ 级围岩 50～70m/ 月，Ⅴ 级围岩 30～50m/ 月，施工准备 3 个月，隧道内沟槽、路面及附属设施施工 3 个月。

在开挖 F 断层带时，出现了围岩掉块、塌落的现象。

问题：

1. 从满足进度要求及经济性考虑，该隧道应布置几个工作面？工作面掘进方向如何设置较为合理？分别说明理由。

2. 按照《公路桥梁和隧道工程施工安全风险评估指南（试行）》，该隧道是否需要进行安全风险评估？说明理由。

3. 根据背景资料给出的地质条件，写出该隧道在地质方面存在的主要安全危险源以及可能造成的安全事故类别。

4. 从地质构造机理分析 F 断层施工出现围岩掉块、塌落的原因，并写出预测塌方常用的几种方法。

【案例四】

背景资料：

某施工单位承建了长度为 15km 的高速公路路基工程，合同工期 2 年。主要工程内容包括路基、桥梁、通道涵洞、防护及排水等。其中，路基工程有约 3km 连续段落需进行软基处理，并经 90d 预压后进行路基填筑，本段落软基处理深度 4～8m，设计要求以竖向排水体方式进行软基处理，填冻边坡高度 3～21m，为保证高填方路基稳定，设计采用了 3m 高、6m 宽的反压护道。本合同段路基挖、填方边坡均采取浆砌片石坡面防护。工程实施过程中，发生如下事件：

事件一：项目部就本合同段路基工程编制了施工方案，主要内容包括：

（1）编制依据。

（2）工程概况。

（3）工艺流程及操作要点，关键技术参数与技术措施。

（4）施工技术方案设计图。

（5）技术方案的主要计算书。

（6）A、B、质量保证，文物保护及文明施工措施。

（7）危险性较大的分部分项工程安全专项施工方案。

事件二：软基处理完成后，项目部为加快工程进度采取了如下措施：

（1）在软基路段堆载预压期间进行桥台、涵洞、通道工程施工。

（2）路堤与反压护道分开填筑，待所有路堤施工完成后再进行反压护道施工。

事件三：在软基处理后的高填方路段，路基防护工程设计采用了三级浆砌片石护坡，为便于边坡后期维护，每200m长度内间断采用了10m宽加厚浆砌片石护面墙，并按规范要求设计了防滑坎。施工队为了保证工程进度，提出如下技术措施：

（1）在路堤预压期间施工浆砌片石护坡。

（2）所有片石在路基坡面上直接铺筑后再以砂浆填充缝隙。

（3）片石护坡每10～15m应设置一道伸缩缝，缝宽宜为20～30mm。基底地质有变化处应设沉降缝。伸缩缝与沉降缝可合并设置。

（4）砂浆初凝后，立即进行养护，砂浆终凝前，砌体应覆盖。

（5）护面墙施工完成后再施工防滑坎。

事件四：工程开工半年后，因特殊原因，经专家论证，建设单位下发正式文件要求本合同工程提前半年交工，并在文件中指令将路基预压期压缩为70d。承包人为响应该要求，及时向内部自行招标确定的分包队伍下达了新的工期计划，经共同努力提前半年完成了全部合同工程。工程交工后，本合同段承包人及时向建设单位提交了相关工期及费用的书面索赔报告。

问题：

1. 结合背景资料，写出软基处理关于竖向排水体较常用的两种方式。

2. 结合事件一及对工程管理过程中编制施工方案的理解，完善第（6）条中A、B的内容。

3. 事件二中（1）、（2）两项措施均明显错误，写出正确做法。

4. 逐条判断事件三中的措施是否正确。若不正确，写出正确做法。

5. 结合事件四，施工单位在执行建设单位下达的文件前，监理方应补充什么？

6. 事件四中，承包人向建设单位提交书面索赔报告的做法是否正确？并说明理由。另写出分包人应向哪方提交索赔报告。

【案例五】

背景资料：

某施工单位承接了某二级公路的施工，工程合同总价为6758万元。其工程划分见表1。

表1 工程划分

单位工程	分部工程（代号）	分项工程
路基工程	路基土石方工程（A）	土方路基、石方爆破路堑、软土路基
	排水工程（B）	浆砌排水沟、跌水、集水槽
	涵洞（C）	基础及下部结构、主要构件预制及安装、填土、总体
	砌筑防护工程（D）	锚喷防护、护坡
路面工程	路面工程（E）	底基层……
桥梁工程	基础及下部结构	桩基……
	（F）	……
	总体、桥面系及附属工程	……
	防护工程	……

本项目中的桥梁工程为一座 3×25m 简支梁桥，梁板采用预制构件。

根据施工组织安排，排水工程（B）开始施工 20d 后才能开始路基土石方工程（A）施工，涵洞（C）完成后 20d 后才能开始路基土石方工程（A）施工，而砌筑防护工程（D）与涵洞（C）、排水工程（B）同时开始施工，在路基工程全部完成后才能进行路面工程（E）施工。

在本项目施工组织设计中，项目机构组成人员中的主要领导包括：项目经理 1 名，项目副经理 1 名，总工 1 名，党支部书记 1 名，财务主管 1 名，技术主管 1 名。

为搞好廉政建设，在项目管理文件中还写明了廉政建设的具体措施。

问题：

1．绘制分部工程中 A～E 工程的单代号网络计划图。

2．写出 F 代表的分部工程名称。

3．根据《公路水运工程安全生产监督管理办法》，指出表 1 中已列出的分项工程中需要编制安全生产专项施工方案的工程。（如列出错误分项工程，要倒扣分，直到本小题得分扣完为止）

4．根据《公路水运工程安全生产监督管理办法》，本项目哪些人员应该持有交通运输部颁发的安全生产三类管理人员上岗证书？最少有几人？

5．为保证廉政建设措施的落实，一般情况下，按照招标文件要求，施工单位应与哪个单位签订什么文件？

综合测试题（二）答案与解析

一、单项选择题

1．答案 C

光面爆破：在开挖限界的周边适当排列一定间隔的炮孔，在有侧向临空面的情况下，用控制抵抗线和药量的方法进行爆破，使之形成一个光滑平整的边坡。

预裂爆破：在开挖限界处按适当间隔排列炮孔，在没有侧向临空面和最小抵抗线的情况下，用控制药量的方法，预先炸出一条裂缝使拟爆体与山体分开，作为隔震减震带，起保护开挖限界以外山体或建筑物和减弱地震对其破坏的作用。

微差爆破：两相邻药包或前后排药包以若干毫秒的时间间隔（一般为 15～75ms）依次起爆，称为微差爆破，亦称毫秒爆破。

定向爆破：利用爆能将大量土石方按照指定的方向，搬移到一定的位置并堆积成路堤的一种爆破施工方法，称为定向爆破。

2. 答案 D

对于严重断裂，裂缝处有严重剥落，板被分割成 3 块以上，有错台或裂块并且已经开始活动的断板，应采用整块板更换的措施。

3. 答案 B

路基横向裂缝预防措施：

（1）路基填料禁止直接使用液限指数大于 50、塑性指数大于 26 的土。当选材困难，必须直接使用时，应采取相应的技术措施。

（2）不同种类的土应分层填筑，同一填筑层不得混用。

（3）路基顶填筑层分段作业施工，两段交接处，应按要求处理。

（4）严格控制路基每一填筑层的含水率、标高、平整度，确保路基顶填筑层压实厚度不小于 8cm。

4. 答案 D

二级以下公路无机结合料稳定基层使用等外石灰时，有效氧化钙含量应在 20% 以上，且混合料强度应满足要求。

5. 答案 B

按矿料粒径分类：（1）砂粒式沥青混合料。矿料最大粒径等于或小于 4.75mm（圆孔筛 5mm）的沥青混合料，也称为沥青石屑或沥青砂。（2）细粒式沥青混合料。矿料最大粒径为 9.5mm 或 13.2mm（圆孔筛 10mm 或 15mm）的沥青混合料。（3）中粒式沥青混合料：矿料最大粒径为 16mm 或 19mm（圆孔筛 20mm 或 25mm）的沥青混合料。（4）粗粒式沥青混合料。矿料最大粒径为 26.5mm 或 31.5mm（圆孔筛 30～40mm）的沥青混合料。（5）特粗式沥青混合料。矿料最大粒径等于或大于 37.5mm（圆孔筛 45mm）的沥青混合料。

6. 答案 B

经纬仪根据度盘刻度和读数方式的不同可分为游标经纬仪、光学经纬仪和电子经纬仪。经纬仪是进行角度测量的主要仪器，它包括水平角测量和竖直角测量。另外，经纬仪兼有低精度的间接测距和测定高差以及高精度的定线的辅助功能。

经纬仪无法完成高精度的测距和测量高程的工作。

7. 答案 C

钢丝：钢丝分批检验时每批质量应不大于 60t，检验时应先从每批中抽查 5% 且不少于 5 盘，进行表面质量检查。在每盘钢丝的两端取样进行抗拉强度、弯曲和伸长率的试验。

钢绞线：钢绞线分批检验时每批质量应不大于 60t，检验时应从每批钢绞线中任取

3盘，并从每盘所选的钢绞线端部正常部位截取一组试样进行表面质量、直径偏差和力学性能试验。

热轧带肋钢筋：热轧带肋钢筋分批检验时每批质量应不大于100t，对表面质量应逐根目视检查，外观检查合格后在每批中任选2根钢筋截取试件进行拉伸试验。

8. 答案 C

塑料排水板施工顺序：整平原地面→摊铺下层砂垫层→机具就位→塑料排水板穿靴→插入套管→拔出套管→割断塑料排水板→机具移位→摊铺上层砂垫层。

9. 答案 D

现场冷再生法是用大功率路面铣刨拌合机将路面混合料在原路面上就地铣刨、翻挖、破碎，再加入稳定剂、水泥、水（或加入乳化沥青）和集料同时就地拌和，用路拌机原地拌和，最后碾压成型。就地冷再生工艺一般适用于病害严重的一级以下公路沥青路面的翻修、重建，冷再生后的路面一般需要加铺一定厚度的沥青罩面。目前应用类型已从最初的单纯水泥冷再生，逐步丰富形成泡沫沥青、乳化沥青冷再生。

现场冷再生工艺的优点有：原路面材料就地实现再生利用，节省了材料转运费用；施工过程能耗低、污染小；适用范围广。缺点是：施工质量较难控制；一般需要加铺沥青面层，再生利用的经济性不太明显。

10. 答案 B

粘层作用与适用条件：

（1）粘层的作用：使上下层沥青结构层或沥青结构层与结构物（或水泥混凝土路面）完全粘结成一个整体。

（2）符合下列情况，必须喷洒粘层沥青：

① 双层式或三层式热拌热铺沥青混合料路面的沥青层之间。

② 水泥混凝土路面、沥青稳定碎石基层或旧沥青路面层上加铺沥青层。

③ 路缘石、雨水进水口、检查井等构造物与新铺沥青混合料接触的侧面。

11. 答案 D

边坡渗沟用于疏干潮湿边坡和引排边坡上局部出露的上层滞水或泉水，并起支撑边坡的作用。

12. 答案 C

钢管敷设：

（1）潮湿场所和直埋于地下时应采用厚壁钢管，干燥场所应采用薄壁钢管。

（2）钢管的内壁、外壁均应做防腐处理。钢管不应有折扁和裂缝，管内应无铁屑及毛刺，切断口应平整，管口应光滑。

（3）镀锌钢管和薄壁钢管应采用螺纹连接或套管紧定螺栓连接。

（4）明配钢管或暗配镀锌钢管与盒（箱）连接应采用锁紧螺母或护套帽固定，与设备连接时，应敷设到设备的接线盒内，管口与地面的距离宜大于200mm。

（5）镀锌钢管的跨接接地线宜采用专用接地线、卡跨接。

13. 答案 A

本题考查的是桥梁的扩大基础。扩大基础是由地基反力承担全部上部荷载，将上部荷载通过基础分散至基础底面，使之满足地基承载力和变形要求。适用于地基承载力较好的各类土层。

14. 答案 B

本题考查的是地下连续墙的施工。地下连续墙的施工工艺为：导墙沟槽开挖→导墙施工→地连墙沟槽分段开挖→槽底清理→安放接头管→吊放钢筋笼→水下灌注混凝土→拔接头管。

15. 答案 D

本题考查的是钢筋工程施工。钢筋骨架的焊接拼装应在坚固的工作台上进行，操作时应符合下列要求：

（1）拼装时，在需要焊接的位置用楔形卡卡住，防止电焊时局部变形。待所有焊接点卡好后，先在焊缝两端点焊定位，然后进行焊缝施焊。

（2）骨架焊接时，不同直径钢筋的中心线应在同一平面上。为此，较小直径的钢筋在焊接时，下面宜垫以厚度适当的钢板。

（3）施焊顺序宜由中到边对称地向两端进行，先焊骨架下部，后焊骨架上部。相邻的焊缝采用分区对称跳焊，不得顺方向一次焊成。

16. 答案 D

基坑开挖时，应对基坑边缘顶面的各种荷载进行严格限制，基坑周边 1m 范围内不得堆载和停放设备。

在基坑边缘与荷载之间应设置护道，基坑深度小于或等于 4m 时护道的宽度应不小于 1m；基坑深度大于 4m 时护道的宽度应按边坡稳定计算的结果进行适当加宽，水文和地质条件较差时应采取加固措施。

深基坑四周距基坑边缘不小于 1m 处应设立钢管护栏、挂密目式安全网，靠近道路侧应设置安全警示标志和夜间警示灯带。

17. 答案 A

本题考查的是交通安全设施工程质量检验。防眩设施实测项目有安装高度（△）、防眩板设置间距、竖直度、防眩网网孔尺寸。

18. 答案 C

验算模板、支架的刚度时，其变形值不得超过下列允许值：（1）结构表面外露的模板，挠度为模板构件跨度的 1/400；（2）结构表面隐蔽的模板，挠度为模板构件跨度的 1/250；（3）支架受载后挠曲的杆件（盖梁纵梁），其弹性挠度为相应结构跨度的 1/400；（4）钢模板的面板变形为 1.5mm；（5）钢模板的钢棱和柱箍变形为 $L/500$ 和 $B/500$（其中 L 为计算跨径，B 为柱宽）。

19. 答案 B

监控系统的主要功能：① 信息采集功能；② 数据处理；③ 信息显示功能；④ 视频图像管理；⑤ 路网监测、协调管理（交通管理与应急处置）；⑥ 公众信息服务；⑦ 信息共享；⑧ 统计查询；⑨ 数据备份和系统恢复；⑩ 设备管理功能；⑪ 系统安全功能。

20. 答案 C

第二级交底主要内容为分部分项工程施工方案等，包括施工详图和加工图；试验参数及配合比；测量放样桩、测量控制网、监控量测等；爆破设计；施工方案实施的具体措施及施工方法；交叉作业的协作及注意事项；施工质量标准及检验方法；重大危险源的应急救援措施；成品保护方法及措施；施工注意事项等。

二、多项选择题

21. 答案 A、B、C、D

养护期间，稳定材料类表面应始终保持湿润。

22. 答案 A、B、C

水准点复测与加密规定：

（1）水准点精度应符合规范的规定。

（2）同一建设项目应采用同一高程系统，并应与相邻项目高程系统相衔接。

（3）沿路线每 500m 宜有一个水准点，高速公路、一级公路宜加密，每 200m 有一个水准点。在结构物附近、高填深挖路段、工程量集中及地形复杂路段，宜增设水准点。临时水准点应符合相应等级的精度要求，并与相邻水准点闭合。

（4）对可能受施工影响的水准点，施工前应加固或改移，并应保持其精度。

（5）水准点应进行不定期检查和定期复测，复测周期应不超过 6 个月。

23. 答案 A、B、C

基层在养护过程中出现裂缝，经过弯沉检测，结构层的承载能力满足设计要求时，可继续铺筑上面的沥青面层，也可采取下列措施处理裂缝：

（1）在裂缝位置灌缝。

（2）在裂缝位置铺设玻璃纤维格栅。

（3）洒铺热改性沥青。

24. 答案 A、C、D、E

本题考查的是公路隧道洞口、明洞施工。洞口边坡、仰坡的开挖应减少对岩土体的扰动，严禁采用大爆破。

25. 答案 B、E

热拌沥青混合物的路面压实：压路机采用 2～3 台双轮双振压路机及 2～3 台重量不小于 16t 的胶轮压路机组成。

26. 答案 A、B、D、E

专项费用包括施工场地建设费和安全生产费。

（1）施工场地建设费。按照工地建设标准化要求进行承包人驻地、工地试验室建设、办公、生活居住房屋和生产用房屋等费用；场区平整、场地硬化、排水、绿化、标志、污水处理设施、围墙隔离设施等费用，以及以上范围内各种临时工作便道、人行便道，工地临时用水、用电的水管支管和电线支线临时构筑物、其他小型临时设施等的搭设或租赁、维修、拆除及清理的费用。工地试验室所发生的属于固定资产的试验设备和仪器等折旧、维修或租赁费用以及施工扬尘污染防治措施费和文明施工、职工健康生活的费用，但不包括红线范围内贯通便道、进出场的临时便道、保通便道。

（2）安全生产费。包括完善、改造和维护安全设施设备费用，配备、维护、保养应急救援器材、设备费用，开展重大危险源和事故隐患评估和整改费用，安全生产检查、评价、咨询费用，配备和更新现场作业人员安全防护用品支出，安全生产宣传、教育、培训费用，安全设施及特种设备检测检验费用，施工安全风险评估、应急演练等有关工作及其他与安全生产直接相关的费用。指挥车辆使用费属于现场管理费。

27. 答案 A、B、C、D

计算模板、支架和拱架时，应考虑下列荷载：

（1）模板、支架自重和拱架自重。

（2）新浇筑混凝土、钢筋、预应力筋或其他圬工结构物的重力。

（3）施工人员及施工设备、施工材料等荷载。

（4）振捣混凝土时产生的振动荷载。

（5）新浇筑混凝土对模板侧面的压力。

（6）混凝土入模时产生的水平方向的冲击荷载。

（7）设于水中的支架所承受的水流压力、波浪力、流冰压力、船只及其他漂浮物的撞击力。

（8）其他可能产生的荷载，如风荷载、雪荷载、冬季保温设施荷载等。

28. 答案 A、B、C

应进行桥梁施工安全风险评估的工程有：

（1）多跨或跨径大于40m的石拱桥，跨径大于或等于150m的钢筋混凝土拱桥，跨径大于或等于350m的钢箱拱桥，钢架、钢管混凝土拱桥。

（2）跨径大于或等于140m的梁式桥，跨径大于400m的斜拉桥，跨径大于1000m的悬索桥。

（3）墩高或净空大于100m的桥梁工程。

（4）采用新材料、新结构、新工艺、新技术的特大桥、大桥工程。

（5）特殊桥型或特殊结构桥梁的拆除或加固工程。

（6）施工环境复杂、施工工艺复杂的其他桥梁工程。

29. 答案 A、B、D

压浆时，对曲线孔道和竖向孔道应从最低点的压浆孔压入；对水平直线孔道可从任意一端的压浆孔压入；对结构或构件中以上下分层设置的孔道，应按先下层后上层的顺序进行压浆。同一孔道的压浆应连续进行，一次完成。压浆应缓慢、均匀地进行，不得中断，并应将所有最高点的排气孔依次打开和关闭，使孔道内排气通畅。

30. 答案 A、B、C、D

施工方案优化主要通过对施工方案的经济、技术比较，选择最优的施工方案，达到加快施工进度并能保证施工质量和施工安全，降低消耗的目的。主要包括：施工方法的优化、施工顺序的优化、施工作业组织形式的优化、施工劳动组织的优化、施工机械组织的优化等。

三、实务操作和案例分析题

【案例一】

参考答案：

1. X：端头处理；Y：切缝；Z：灌缝。

2. 水泥混凝土工作性、抗磨性、抗冰冻性、抗盐冻性等指标。

3. 错误一：滑模摊铺面层前，架设双线基准线。改正：滑模摊铺高速公路、一级公路时，应采用单向坡双线基准线。

错误二：在竖曲线和平曲线段按 20m 设置。改正：隧道路面及竖曲线和平曲线路段宜为 5～10m。

4．面层可能会产生龟裂。现场处理：（1）如混凝土在初凝前出现龟裂，可采用馒刀反复压抹或重新振捣的方法来消除，加强湿润覆盖养护；（2）一般对结构强度无影响，可不予处理；（3）必要时应用注浆进行表面涂层处理，封闭裂缝。

【案例二】

参考答案：

1．施工组织设计的编制依据：① 所涉及的国家和行业标准、规范和规程（包括编号）。② 与施工组织及管理工作有关的政策规定、环境保护条例、上级部门对施工的有关规定和工期要求等。③ 相关文件，包括工程招标文件、工程投标书、工程设计文件和设计图纸、与业主签订的施工合同文件。④ 企业质量管理体系、环境管理体系和职业健康安全管理体系文件。⑤ 现场调查资料或报告，包括道路沿线的地形、地貌、土壤、地质、水文和气象条件；当地筑路材料、劳动力和能源的分布情况，对外交通运输；沿线村镇、居民点、厂矿企业以及其他工程建设的分布情况。⑥ 各种定额及概预算资料，包括概算定额、施工定额、沿线地区性定额、预算单价、工程概预算编制依据等。

2．第（1）项错误。正确做法：张拉时，结构或构件混凝土的强度、弹性模量（或龄期）应符合设计规定；设计未规定时，混凝土的强度应不低于设计强度等级值的 80%，弹性模量应不低于混凝土 28d 弹性模量的 80%。

第（2）项正确。

第（3）项正确。

第（4）项错误。正确做法：预应力筋切割后的外露长度不宜小于 30mm，且不应小于 1.5 倍预应力筋直径。

3．加筋土是柔性结构物，能够适应地基轻微的变形，并且加筋土挡土墙施工简便、快速，节省劳动力和缩短工期。

4．碾压时发现局部混合料有松散或开裂时，应立即挖除并换补新料，整平后继续碾压密实。修补处应保证路面平整。

5．不合理。理由：分包人不能直接向监理工程师提出支付要求，必须通过承包人。

【案例三】

参考答案：

1．应布置一个工作面，因为按最低进度指标计算总工期为：（160 ＋ 290）/70 ＋（60 ＋ 60 ＋ 50）/30 ＋ 3 ＋ 3 ＝ 18.1 个月＜ 20 个月，因此按照单口掘进（即布置一个工作面）就能满足合同总工期要求。如果布置两个工作面，虽然也满足工期要求，但显然不经济。

施工场地布置在出口，由出口向进口掘进较为合理，因为工作面设在出口有利于顺坡排水。

2．需要。因为该隧道穿越岩溶发育区，且 V 级围岩连续长度达到 60m（或超过 50m）。

3．主要安全危险源为：溶洞、地下水、断层破裂带、洞口浅埋段。可能造成隧道坍塌、突泥突水等安全事故。

4．隧道穿过断层及其破碎带，或在薄层岩体的小褶曲、断层错动发育地段，一经开挖，潜在应力释放快、围岩失稳，小则引起围岩掉块、塌落，大则引起塌方。当通过各种堆积体时，由于结构松散，颗粒间无胶结或胶结差，开挖后引起坍塌。在软弱结构面发育或泥质充填物过多，均易产生较大的坍塌。

预测塌方常用的几种方法：观察法、一般量测法、微地震学测量法和声学测量法。

【案例四】

参考答案：

1．竖向排水体较常用的两种方式：塑料排水板、袋装砂井。

2．A 为安全；B 为环保。（A、B 内容可互换）

3．（1）桥台、涵洞、通道工程的施工应该在堆载预压沉降完成后进行。

（2）路堤与反压护道如需要分开填筑，应该在路堤达到临界高度前完成反压护道的施工。

4．（1）不正确。改正：浆砌片石护坡宜在路堤沉降稳定后施工。

（2）不正确。改正：所有片石都应坐于新拌砂浆之上。

（3）正确。

（4）正确。

（5）不正确。改正：护面墙与防滑坎应当与墙身同步施工。

5．（1）在执行前，监理工程师可向施工单位发出变更意向书，说明变更的具体内容和对变更的时间要求，并附必要的图纸和资料。

（2）施工单位应向监理提交变更工作的计划、措施和完成时间的具体实施方案。

（3）监理工程师将实施方案报甲方批准，监理工程师根据批准发出变更指示。

6．（1）正确。理由：因分包单位与建设单位无合同关系，分包单位的索赔应以承包人的名义提出。

（2）分包人应向承包人提交索赔报告。

【案例五】

参考答案：

1．单代号网络计划图如图 2 所示。

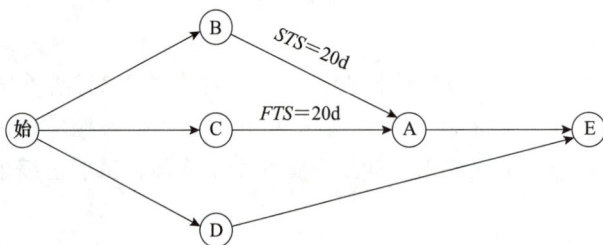

图 2　单代号网络计划图

2．F 代表上部构造预制和安装。

3．石方爆破路堑、桩基。

4．应持有三类管理人员上岗证书的有：项目经理、项目副经理、项目总工程师、现场专职安全生产管理人员。最少有 5 人。

5．与建设（业主）单位签订廉政合同。

网上增值服务说明

为了给一级建造师考试人员提供更优质、持续的服务，我社为购买正版考试图书的读者免费提供网上增值服务。增值服务包括在线答疑、在线视频课程、在线测试等内容。

网上免费增值服务使用方法如下：

1. 计算机用户

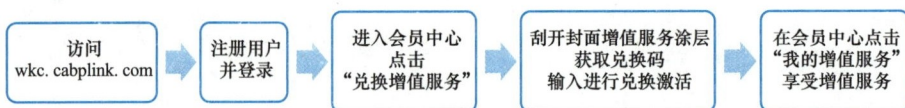

2. 移动端用户

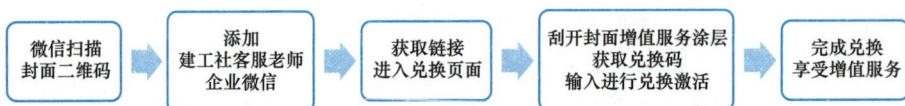

注：增值服务从本书发行之日起开始提供，至次年新版图书上市时结束，提供形式为在线阅读、观看。如果无法通过验证，请及时与我社联系。

客服电话：4008-188-688（周一至周五 9：00—17：00）

Email：jzs@cabp.com.cn

防盗版举报电话：010-58337026，举报查实重奖。

网上增值服务如有不完善之处，敬请广大读者谅解。欢迎提出宝贵意见和建议，谢谢！